KB242151

문화의 패턴

PATTERNS OF CULTURE
by Ruth Benedict
1934

R U T H
B E N E D I C T

문화의 패턴

루스 베네딕트 지음 | 이종인 옮김

P A T T E R N S   O F   C U L T U R E

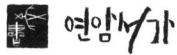 연암서가

옮긴이 **이종인**

1954년 서울에서 태어난 이종인은 고려대 영문과를 졸업하고 한국 브리태니커 편집
국장, 성균관대 전문 번역가 양성 과정 교수를 역임했다. 현재 전문 번역가로 활동
중이다. 옮긴 책으로 『루스 베네딕트 : 인류학의 휴머니스트』, 『파더링 : 아버지가
된다는 것』, 『촘스키, 사상의 향연』, 『폴 오스터의 뉴욕 통신』, 『오픈북』, 『폰더씨의
위대한 하루』, 『성서의 역사』, 『자서전』(프랭크 로이드 라이트), 『축복받은 집』, 『비블
리오테라피』, 『만약에』, 『영어의 탄생』 등이 있고, 지은 책으로는 『전문번역가로
가는 길』, 『번역은 내 운명』(공저), 『지하철 헌화가』 등이 있다.

문화의 패턴

2008년 8월 20일 초판 1쇄 인쇄
2011년 3월 30일 초판 5쇄 발행

지은이 | 루스 베네딕트
옮긴이 | 이종인

펴낸이 | 전명희
펴낸곳 | 연암서가
등록 | 2007년 10월 8일(제396-2007-00107호)
주소 | 경기도 고양시 일산동구 장항동 591-15 2층
전화 | 031-907-3010
팩스 | 031-912-3012
이메일 | yeonamseoga@naver.com

ISBN 978-89-960434-3-0 03380
값 13,000원

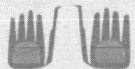

태초에 하느님은 모든 사람에게 진흙으로 만든 잔을 주었어요.
사람들은 이 잔을 가지고 그들의 생명을 마셨어요.

디거 인디언들의 민담

역자의 말

    이 책은 미국의 문화인류학자 루스 베네딕트(1887~1948)
의 *Patterns of Culture*(1934)를 완역한 것이다. 발간된 지 70
년이 지나서도 꾸준히 증쇄를 거듭하고 있는 이 책은 이제
문화인류학 분야의 고전이 되었다. 특히 북아메리카의 두 인
디언 부족인 주니 족과 콰키우틀 족, 그리고 동부 뉴기니의
도부 족 등 세 부족의 문화 패턴을 상세하면서도 통찰력 깊
게 묘사함으로써, 인간의 문화와 사회에 관심 있는 독자들에
게 최적의 안내서라는 평가를 받고 있다. 또한 최근에 들어
와서는 루스 베네딕트의 조울증과 성 정체성이 확실하게 밝
혀짐으로써 이 책이 갖고 있는 자기 지칭성(베네딕트 자신의
문제를 문화의 분석에 원용하는 것)의 주제도 부상하게 되었다.

    이 책은 1980년도에 국내에 처음 번역 소개되었으나 이후
30년이 흘렀고, 또 여러 정보들이 새롭게 밝혀져서 새 번역
의 필요성이 커졌다. 가령 미 의회도서관에 보관 중이던 마
거릿 미드 문서 중 루스 베네딕트 관련 문서가 입수되어 베
네딕트와 마거릿 미드의 동성애 관계가 밝혀진 것이다. 게다
가 베네딕트는 이 책에서 미국의 교육방식, 인종차별, 인종우

월주의, 정신병, 기업계의 비인도적 경쟁의식, 동성애의 불관용, 퓨리턴 시대의 뉴잉글랜드 목사들의 비인간적 처사 등을 비판하고 있다. 이 책이 씌어진 1930년대 당시의 미국 상황으로 이런 문제들을 노골적으로 비판할 수는 없었기 때문에 저자는 완곡어법을 동원하여 공격하고 있다. 이러한 완곡어법과 지난 30년의 상황 변화를 감안할 때, 새로운 관점, 새로운 해석, 새로운 번역의 『문화의 패턴』이 필요하게 되었다. 따라서 이 번역본에서는 루스 베네딕트의 완곡어법과 애매한 표현들을 좀더 분명하게 번역하여 21세기의 한국 독자가 쉽게 이해하도록 노력했다.

저자의 생애

루스 베네딕트(처녀 때 성은 풀턴)는 1887년 6월 5일 뉴욕 시에서 태어났다. 두 살 무렵에 외과 의사이던 아버지 프레더릭 풀턴이 급사하는 바람에 뉴욕 주 섀턱 농장(외할아버지 집)에서 자랐다. 어머니는 교사와 도서관 사서 등으로 근무하면서 힘겹게 두 딸을 키우면서 "내가 너희들 때문에 이 고생을 한다"는 말을 많이 했다. 그 때문에 베네딕트는 내면적으로 깊은 고뇌를 느끼며 성장했다. 어린 베네딕트가 아버지의 관 옆에 서 있는데 어머니가 신경질적으로 아버지의 얼굴을 기억하라고 채근하는 바람에 자신이 우울한 성격의 여자가 되었다고 회상하기도 했다. 게다가 그녀는 아주 어릴 적에 열병을 앓아 한쪽 귀의 청력을 잃었다. 이에 비해 두 살 아래 여동생 마저리는 성격이 밝고, 예쁘고, 활달한 아이여서 더욱 대조가 되었다. 베네딕트는 고등학교 시절부터 시를 썼고, 1909년 바사 대학 영문과를 우등으로 졸업했다.

1914년 여름 스탠리 베네딕트를 만나 결혼했다. 스탠리는 뉴욕 시의 코넬 의과대학에서 생화학자로 근무하는 장래가 촉망되는 사람이었다. 그러나 결혼 후 베네딕트는 자기 정체성의 문제를 두고서 남편과 갈등하게 되었다. 그것을 해결해줄 촉매제로서 아이의 출생을 간절히 기다렸지만 1919년 자신이 아주 위험한 산부인과 수술을 받지 않으면 아이를 가질 수 없다는 사실을 알게 되었다. 남편은 그 수술에 반대했고 그리하여 부부 관계는 더욱 틀어지게 되었다.

베네딕트는 32세가 되던 1919년 일반인을 위한 인류학 강의를 들으면서 그것이 아주 흥미로운 학문임을 알게 되었다. 그리하여 34세가 되던 1921년 프란츠 보아스 밑에서 학위를 받기 위해 컬럼비아 대학원에 입학했다. 1928년 그 동안 써놓은 시를 한 권의 책으로 묶어 하코트 브레이스 출판사의 주간 루이스 언터마이어에게 보냈으나 거절을 당하고 이것을 계기로 시 쓰기는 중단했다. 1931년 남편과 별거에 들어갔고 이후 보아스는 그녀에게 정년 보장 없는 컬럼비아 대학의 조교수 자리를 마련해 주었다.

베네딕트는 남편과 사이가 틀어진 1920년대 초반부터 자신의 성 정체성에 대하여 고민을 하기 시작했다. 1922년 가을 마거릿 미드를 만났고, 미드의 룸메이트가 자살하는 사건이 발생하여 베네딕트가 친절하게 위로해준 것이 계기가 되어 두 사람은 친해지게 되었다. 1923년 미드가 대학을 졸업하면서 두 사람은 연인 관계로 발전했다. 1925년 미드가 사모아 섬으로 현지 탐사를 나가게 되자 베네딕트는 속으로 굉장히 가슴 아파했다. 1926년경 루스는 미드보다 두 살 아래인 21세의 나탈리 레이몬드라는 여성과 사귀게 된다. 루스는 1931년 자신의 성 정체성을 확신하고 더 이상 남자와는 데이트를 하지 않았다. 1938년 나탈리와 헤어질 때까지 교제를 계속했고, 그 후 52세 때이던 1939년 4세 연하인 루스 밸런타인을 만나서 사망할 때까지 파트너 관계를 유지했다. 캘리포니아 주 패서디나 출신의 밸런타인은 루스와 함께 배서 대학 동창생이었고, 루스의 생애 말년에 뉴욕과 워싱턴을 따라다닌 친밀한 파트너였다. 베네딕트가 사망할 때에도 그 곁을 지킨 것은 밸런타인이었다.

1936년 보아스가 컬럼비아 대학 인류학과의 과장직에서 은퇴했고, 1937년 베네딕트는 부교수에 임명되었다. 보아스의 후계자로는 W. 로이드 워너와 랠프 린턴이 강력한 후보로 부상했다. 베네딕트는 학문 방법이 자신과 비슷한 린턴보다는 상호 보완의 효과를 기대하며 워너를 밀었다. 하지만 1937년 가을 린턴이 영구 학과장 지명을 받았다. 그는 루스가 자신을 밀지 않았다는 사실을 알고서 그녀를 용서하지 않았다.

1936년 스탠리 베네딕트가 사망하면서 그녀는 재정적으로 유복하게 되었다. 그녀는 이 돈으로 제자들의 현장 탐사를 지원했다. 보아스의 은퇴와 1942년 보아스가 사망할 때까지 어려운 시기가 계속 되었으나 1943년 워싱턴의 전쟁공보청에 파견되어 전쟁 지원 업무를 맡음으로써 학과장 린턴과의 어려운 관계를 피할 수 있었다. 그녀는 이때 임상 심리학자인 루스 밸런타인과 함께 살았다. 전쟁공보청에서는 우방국가, 적성국가, 적국에 의해 점령된 국가들 등 전시 미국과 관련이 있는 나라들의 문화를 연구했다.

전쟁이 끝나가던 1945년 여름 그녀는 군부로부터 독일로 가서 점령 문제를 연구해 달라는 요청을 받았으나 신체검사에서 허약한 심장 때문에 불합격되어 가지 못하게 되었다. 그녀는 젊은 시절 극심한 두통으로 고생했고 종전 중의 몇 년 동안 갑작스런 까닭모를 심한 현기증에 시달렸다.

유럽행이 좌절되자, 그녀는 1945~46년 학기 동안 컬럼비아 대학로부터 전시(戰時) 연가를 받아 캘리포니아로 가서 일본문화 연구서인 『국화와 칼』을 썼다. 그녀는 1946~47년 미국 인류학회 회장으로 선임되었고 1948년 7월 그녀의 사망 두 달 전에 컬럼비아 대학의 정교수로 임명되었다. 이것은 미국 사회 내의 완고한 성차별을 보여주는 것이었다. 1948년 5월 그녀는 체코슬로바키아에서 열리는 유네스코 세미나에 참석했다. 이 여행으로 체력 소모가 심했고 귀국한 지 이틀 후 심장 혈전증을 일으켜 닷새 뒤인 1948년 9월 17일 61세의 나이로 사망했다.

저작의 배경

문화인류학은 19세기 후반에 시작된 학문으로서 비교적 후발 학문에 속한다. 문화는 정신문화와 물질문화로 나누어지는데, 초창기의 인류학은 주로 인종, 지리, 환경 등 물질문화에 집중되었으나 곧 종교, 예술, 사회 조직 등의 정신문화에 대한 연구로 확대되었다. 이러한 문화의 발달을 설명하는 이론으로는 우선 진화론이 있다. 이 이론은 어떤 민족은 다른 민족들에 비하여 더 수준 높은 문화를 달성했고 이것이 나중에 다른 문화로 퍼져 나갔다고 본다. 그들은 문명 사회와 원시 사회의 차이는 환경적·문화적·역사적 상황의 차이에서 기인한다고 본다.

이에 맞서는 또 다른 이론은 문화적 상대론인데 진화론은 인종 중심주의에 지나지 않는다고 비판한다. 그 이론은 자기가 소속된 집단 이외의 집단은 모두 열등한 집단으로 보려는 인간의 우월의식에서 나온 근거 없는 이론이라는 것이다. 상대론자들은 모든 문화는 소속 지역 내에서 동등하게 진화해 왔으며 단지 그 진화의 단계가 다를 뿐이라고 주장한다.

이 문화 상대론의 대표는 루스 베네딕트의 스승인 프란츠 보아스(1858~1942)이다. 보아스는 원래 독일의 킬 대학에서 물리학과 지리학으로 박사학위를 받은(1881) 자연과학도였던 만큼 정확하고 객관적인 자료의 확보를 무엇보다도 강조했다. 베를린 대학의 지리학 교수로 민족지학 연구에 관심을 기울이던 보아스는 1886년 밴쿠버 섬의 아메리칸 인디언 연구를 나갔다가 그 문화에 매혹되어 아예 미국에 눌러 앉았다. 1899년부터 컬럼비아 대학의 교수로 근무했고, 그 후 미국 문화인류학의 터전을 닦았다.

보아스는 현지탐사를 강조했고 그렇게 해서 얻어진 자료들을 철저하게 비판했다. 그 이전의 인류학 연구는 부정확한 방법에다 주관적 환상이 끼어들어 객관성이 제대로 확보되지 않았었다. 보아스는 한 민족의 문화를 연구하기 위해서는 반드시 역사 · 지리적 본거지를 제한해야 하고 동시에 물질 환경, 주위의 문화 및 문화 각 방면에 복잡하게 얽힌 심리적 요소 등을 조사 분석해야,한다고 주장했다.

보아스의 시절까지만 해도 모든 인류학자들이 인류는 하나의 종이라는 사실에 동의했으나, 모든 인종 집단이 독자적으로 문화적 형태를 발전시킬 수 있다는 사실에는 동의하지 않았다. 그러나 보아스의 객관적 자료와 연구로 인해 그런 문화 차별이 실은 인종 차별주의에 지나지 않는다는 것이 밝혀졌다. 보아스가 루스 베네딕트를 지도하고 또 베네딕트가 『문화의 패턴』을 집필하던 1930년대 초반은 독일에서 나치의 아리안 우월주의가 서서히 머리를 들던 때였다. 인종차별은 야만이라고 주장하는 보아스를 나치스는 미워했고, 그리하여 히틀러 정권은 보아스의 저서를 불태우고 킬 대학 박사 학위를 취소시켰다.

베네딕트는 스승 보아스의 가르침에 따라 1920년대 후반 여러 해에 걸쳐 여름마다 주니 족의 현지탐사를 나갔다. 베네딕트는 초창기 인류학자들이 원시부족을 직접 만나 얻은 지식을 바탕으로 하여 글을 쓴 것이 아니라, 안락의자 연구자들로서, 여행자와 선교사들의 노트와 초창기 민족지학자들의 산발적 이야기들을 바탕으로 글을 쓴 것을 비판했다. 제임스 프레이저의 『황금 가지』 같은 문화 연구서들과 비교 민족지학 저서들은 문화적 특징을 논의하는 데만 집중했을 뿐, 문화적 통합의 여러 양상들은 무시한다고 보았다. 문화를 특징(증상)으로만 파악하려는 태도 또한 어리석은 것이라고 생각했다. 만약 어떤 문화적 과정에 관심이 있다면, 그 의미를 파악하는 길은 그 문화 내에 제도화되어 있는 동기, 정서, 가치 등을 판단해야 한다고 보았다. 다시 말해 살아 있는 문화를 연구하면서 그 사고방식, 기능, 제도를 살펴보아야 한다는 것이다.

또한 문화 형태를 연구하는 데 있어서 어떤 특정 부족의 제도를 원시부족의 일반적 제도인 것처럼 주장해서도 안 된다고 보았다. 이런 입장이었기 때문에 다수의 부족을 서로 비교 연구해야 한다고 생각했고 그것을 실천한 결과물이 바로 『문화의 패턴』이다. 이런 사상적 배경에다 그녀가 몸담고 있는 컬럼비아 대학 내의 학내 사정도 겹치게 되었다.

1931년 초 보아스는 자신의 후임으로 앨프레드 크로버에게 학과장 직을 제의했다. 하지만 크로버는 자신이 구축한 캘리포니아 대학 버클리 분교의 인류학과에 그대로 남기로 결심했다. 그 대신 1932년 한 학기 동안 컬럼비아에서 방문

교수로 강의하게 되었다. 크로버는 문화 현상은 초유기적 · 초개인적 · 초심리적인 현상이라는 초유기론을 정립한 학자인데, 문화적 상대성과 개인적 심리를 강조하는 베네딕트와는 학문적으로 맞지 않았다. 그녀는 1932년 봄, 크로버의 강의에 불만을 느끼고 자신의 책을 써보겠다고 생각했다. 이렇게 해서 2년 동안 집필한 끝에 나온 것이 『문화의 패턴』이다.

그녀는 처음부터 믿을 수 있는 자료만 사용하겠다는 방침을 정했다. 그녀가 잘 알고 또 현지 탐사자들과 충분히 의논한 자료들만 사용했다. 주니 족의 경우는 이 책의 〈감사의 말〉에도 나와 있듯이 그녀 자신이 수집한 자료 외에 루스 번즐의 것을 추가로 사용했다. 루스 베네딕트는 주니 문헌을 속속들이 알고 있었고 주니 신화에 대해서는 광범위한 배경 작업을 하여 나중에 『주니 신화』(1935)라는 책으로 발간하기도 했다. 두 번째 논의 대상인 북서 해안의 문화에 대해서, 그녀는 스승인 프란츠 보아스의 자료를 활용했다. 그러나 같은 대륙에 소속된 두 부족의 자료만으로는 부족하다고 생각하여 제3의 자료를 찾던 중 당시 뉴기니로 나가 있던 동료 겸 연인인 마거릿 미드를 통하여 레오 포춘 박사(이 사람은 나중에 마거릿 미드와 결혼했다)가 연구한 도부 족 자료를 얻게 되었다. 베네딕트는 도부 문화가 책 속의 다른 두 문화를 상호 보완하기 때문에 사용한 것이 아니라, 도부 족 연구를 한 레오 포춘의 민족지학 자료를 믿었기 때문에 사용했다. 1932년 8월 루스 베네딕트는 레오 포춘에게 편지를 보내, 도부 족 자료의 사용 승인을 요청하면서 책 집필의 의도를 이렇게 밝혔다.

주제는 물론 문화적 통합(패턴)이고 이어 문화의 다양성이라는 챕터가 나옵니다. 문화가 주변 환경을 다르게 활용함으로써 다른 문화가 생겨나고, 그런 문화 흔적의 해석이 문화의 다양성을 만들어낸다는 내용입니다. 그 다음 장은 문화의 통합인데 문화를 하나의 패턴으로 연구해야 하는 이유를 제시합니다. 세 번째 사례로서 도부 족을 쓸까 해요. 문제는 당신이 이미 이 부족을 조사했고 해야 할 말은 다 했다는 겁니다. 조악한 자료를 정제해야 하는 남서부와 북서부 해안(의 인디언 부족들)과는 다른 경우이지요. 하지만 도부 자료는 너무 훌륭해요. 어떤 문화를 직접 탐사한 사람과 얘기를 나누지도 않은 채, 순전히 책을 통해서만 알아낸 문화를 내 책에다 사용하고 싶지 않아요. 그래서 도부 족 자료를 이 챕터에 넣기로 결심한 겁니다. 나는 당신의 "화제 만발한 자료"에 집중하면서 논의를 펼쳐나갈 것이고 독자들의 관심을 그쪽으로 유도할 겁니다. 서로 대비되는 문화들이 무엇을 의미하는지 독자들에게 분명하게 말해주고 싶어요.

베네딕트는 니체의 용어인 〈아폴로적〉과 〈디오니소스적〉을 차용해 왔던 것처럼, 이번에는 정신의학에서 〈편집증〉과 〈과대망상증〉이라는 용어를 빌려 왔다. 그녀는 도부 족과 콰키우틀 족의 문화적 특성을 설명하기 위해 이 용어를 썼는데, 니체나 정신의학(나아가 정신분석)에 대한 베네딕트의 깊은 관심을 보여주는 사례이다. 그녀는 문화가 특정 인성을 강조하는 구체적 사례들을 제시하기 위해 세 부족의 자료를 선정했다. 그녀는 이 세 부족의 문화는 결국 인간성이라는 넓은 스펙트럼의 어떤 한 부분만 강조한다고 보았다. 다시 말해 각각의 역사적 문화는 해당 지역의 이점을 최대한 활용하면서 여러 세대에 걸쳐서 진행되어 온 짝짓기, 선별하기, 적응하기의 과정이고, 그 문화는 다시 그 속에 살고 있는 개인들의 선택을 형성한다는 것이다. 그러면서 문화의 패턴이 어떤 고정된 타입과는 다른 것이기 때문에, 지금의 나쁜 문화 패턴을 의식한다면 좋은 패턴으로 바꿀 수도 있다는 가능성을 제시하면서, 현대 미국 내에 남아 있는 야만적 문화의 관습도 이런 관점에서 재검토해야 한다고 주장한다.

이 책이 출판된 1934년으로부터 많은 세월이 흘렀으나 객관적 자료의 제시로 여러 문화를 비교분석한 방법론은 아직도 흥미롭다. 특히 세 부족의 자료를 가지고 양의 동서, 시의 고금을 망라한 문화 전반을 비판하면서 서로 다른 문화들 사이의 관용과 이해가 진정한 인류 발전의 길이라는 주장은 여전히 유효하다. 미국의 일부 지식인들이 역사의 종언 운운하면서 문명의 충돌을 일으키고 있는 오늘날의 현상은 베네딕트가 그처럼 경계했던 나와 남의 편 가르기가 아니고 무엇인가.
내가 이 책을 읽게 된 것은 『국화와 칼』 때문이었다. 대학 시절, 아직 한국에 『국화와 칼』 번역판이 나와 있지 않아 시

그넷 북스에서 나온 원서를 읽었다. 그 후 루스 베네딕트라는 이름을 기억하게 되었고, 이어 14개국어로 번역되었으며 전 세계적으로 무려 80만 부가 팔려나갔다는 멘터판 『문화의 패턴』 문고본을 청계천 헌책방에서 구입하여 읽게 되었다. 나는 이 책을 읽고서 『국화와 칼』보다 더 깊은 감명을 받았고 이것이 더 잘 알려져야 마땅한 대표작인데도 한국 내 사정은 그렇지 못한 것을 늘 안타깝게 여겨왔다. 나는 이 책에서 인디언 문화에 대한 이해의 눈을 떴고 그때 이후 미국 인디언들의 언어, 민담, 종교, 결혼, 성적 관습 등을 즐겨 찾아 읽게 되었다. 번역가 생활을 하면서 기회가 된다면 이 책을 번역하고 싶어 했는데 마침 연암서가에서 번역을 제의해와 기쁜 마음으로 수락했다. 『국화와 칼』을 읽은 독자들에게 이 책을 꼭 한번 읽어보라고 권하고 싶다. 훨씬 스케일이 큰 문화론을 발견할 수 있을 것이다.

2008년 7월
이종인

추천사

20세기 동안에 사회 인류학의 문제에 접근하는 많은 새로운 접근 방법이 개발되었다. 이런 저런 자연적 접촉에서 얻어진 단편적 정보들과 전 세계에서 이런 저런 시대에 나온 부분적 정보를 가지고 인간의 문화사를 구축하던 방식은 이제 그 영향력이 상당 부분 사라졌다. 그 후 특별한 특징의 분포와 그에 대한 고고학적 증거를 찾아내어 역사적 연결 관계를 힘들게 구성하려는 작업이 이어졌다. 이 관점에 입각하여 인류학자들은 세계의 점점 더 많은 지역들을 관찰하기 시작했다. 다양한 문화적 특징들 사이에 확고한 연결망을 구축하려는 시도가 이루어졌고, 이것을 활용하여 더 넓은 역사적 연결망을 구축하려고 했다. 유사한 문화적 특징이 독자적으로 발전되어 왔을 가능성(일반 문화사의 핵심 주장)은 부정되거나 아니면 주변적 주제로 밀려나게 되었다. 그리하여 문화적 형태의 선후관계를 파악해 내기 위해 진화적 방법론과 독자적 현지 문화의 분석이 동시에 수행되었다. 전자(진화적 방법)는 문화사의 통일된 구도를 구축하려 했고, 후자(현지 문화의 분석)는 각각의 문화를 하나의 독립된 단위 혹은 개별적인 역사적 문제로 인식했는데 특히 보수적 지지자들 사이에서 그런 경향이 강했다.

문화를 집중적으로 분석해야 한다는 흐름이 강력해지자, 문화적 형태와 관련된 객관적 사실들의 수집이 필수 불가결해졌고 그런 수집 활동이 많은 진전을 보였다. 이렇게 하여 수집된 자료는 그 문화의 사회생활에 대하여 우리에게 많은 정보를 주었다. 그러면서 그 사회생활이 마치 경제생활, 테크놀로지, 예술, 사회 조직, 종교 등 별도의 독립 카테고리로 구성되어 있는 것처럼 인식하게 되었다. 그리하여 이런 독립된 부분을 통합시켜주는 손은 발견하기가 어렵게 되었다. 인류학자들의 입장은 괴테가 풍자한 바로 그런 처지가 된 듯했다.

> 살아 있는 것을 인식하고 기술하겠다는 자들이
> 우선 정신을 그 속에서 내몰고자 한단 말일세.
> 그래서 부분적인 것은 손에 넣고 있지만,
> 딱하게도 정신적인 유대가 없이 되어 버리거든.*

> Wer will was Lebendig's erkennen und beschreiben,
> Sucht erst den Geist heraus zu treiben,
> Dann hat er die Teile in seiner Hand,
> Fehlt leider nur das geistige Band.

---

* 괴테의 『파우스트 1부』 1936~39행에서 메피스토펠레스가 유럽 대학들의 형식 논리와 학교식 사고 훈련을 강력하게 비판한 말. -옮긴이

살아 있는 문화에 대한 천착은 각 문화의 총체성에 대하여 깊은 관심을 불러일으켰다. 따라서 문화의 일반적 배경에서 따로 떼어놓으면 그 문화적 특징은 점점 이해할 수 없게 되었다. 단 하나의 조건 집합에 의해 통제되는 문화의 총체성을 구축하려 해서는 결코 문제를 풀지 못했다. 가령 인류학적·지리적 접근, 경제적 접근, 형태주의적 접근 등 단일한 접근 방법은 왜곡된 그림을 제시할 뿐이었다.

우리는 총체적 문화의 의미를 파악하려는 욕구를 갖고 있고, 그 때문에 어떤 문화의 표준 행동은 다른 문제들로 나아가는 징검다리 정도로만 여기게 되었다. 각 개인들이 살고 숨쉬는 문화는 그들에 의해 실천되는 것임을 이해해야 한다. 이처럼 사회 심리적 문제에 대하여 깊은 관심을 보이는 것은 결코 역사적 접근과 대치되는 것이 아니다. 오히려 그것은 문화적 변화 내에서 적극적으로 작용하는 역동적 과정을 드러내 보여주고, 우리로 하여금 관련 문화들의 자세한 비교연구로 이루어진 증거를 평가하게 만든다.

관련 자료의 특성 때문에, 문화생활의 문제는 종종 문화의 다양한 양상들 사이의 문제로 제시된다. 어떤 경우에 있어서, 이러한 연구는 어떤 문화 내의 통합형태가 얼마나 강력한지 혹은 허약한지 잘 알게 해준다. 그것은 다양한 문화 유형 속에서 벌어지는 통합의 형태들을 분명하게 각인시킨다. 그리하여 문화의 서로 다른 양상들 사이의 관계는 다양한 패턴을 따라갈 뿐, 어떤 일반화에 종속되지 않음을 증명한다. 또 어떤 때는 희귀하게도 혹은 간접적으로, 개인과 문화 사이의 관계를 이해하게 도와준다.

이렇게 하자면 문화의 특징을 아주 깊게 통찰할 수 있어야 한다. 개인의 행동과 단체의 행동을 통제하는 태도들에 대하여 명확히 알고 있어야 한다. 베네딕트 박사는 문화의 통합형태가 곧 문화의 특징이라고 진단한다. 이 책에서 저자는 그 문제를 독자 앞에 제시했고 또 각각 하나의 지배적 사상을 중심으로 구축된 세 개 부족의 사례를 들어 그것을 예증했다. 이러한 접근 방법은 사회 현상에 대한 기능주의적 접근과는 뚜렷하게 구분되는 것이다. 각 문화적 사항들 사이의 기능적 관계를 파악하려는 것이 아니라, 근본적 태도들을 발견하려고 하기 때문이다. 일반적 통합형태는 사회 내에서 위력을 발휘하는 동안에는 변화의 방향을 제약하는 점도 있지만, 이 점만 제외한다면 역사적 개념이 아니다. 그리고 문화적 내용의 변화와 비교해 볼 때 통합형태는 종종 놀라운 지속성을 가지고 있다.

저자가 지적했듯이, 모든 문화가 주도적 특성에 의해 특징지워지는 것은 아니다. 하지만 개인의 행동을 추동하는 문화적 드라이브에 대해서 우리가 더 많이 알수록, 정서의 통제, 행동의 이상 등이 더 큰 역할을 한다는 것을 알 수 있고, 이것이 우리 문화의 입장에서 볼 때 비정상적으로 보이는 태도들을 잘 설명해 줄 것이다. 그리하여 사회적과 반사회적, 정상과 비정상의 2분법적 관계도 새로운 관점으로 살펴볼 수 있을 것이다.

저자가 선택한 극단적 사례들은 이런 문제의 중요성을 분명하게 밝혀준다.

프란츠 보아스*

---

* 프란츠 보아스(Franz Boas) : 1858년 프로이센(현재의 독일) 민덴에서 태어나 킬 대학에서 박사학위를 받고 베를린 대학에서 강의를 하다가 1886년 캐나다 밴쿠버 섬 인디언에 대한 연구를 마치고 뉴욕에 잠시 들른 것이 계기가 되어 미국에 정착하였다. 잡지 *Science*의 편집인을 지냈고 1899년 컬럼비아 대학 인류학 교수가 되었다. 인디언의 민속과 예술에 대한 연구를 비롯하여 미국 인디언의 민족학에 이르기까지 폭넓은 연구 업적을 남겼다. 미국 인류학회 창설에도 참여하였으며, 저서로 문화와 인종에 관한 강연을 엮은 『원시인의 마음』이 있다.

감사의 말

　이 책에서 다루어진 세 개의 원시부족은 이런 이유로 선정
되었다. 우선 이들 부족에 대한 지식이 비교적 풍부하고 만
족스럽기 때문이다. 또 이들 부족과 실제로 함께 생활했던
민족지학자들 혹은 이들 부족에 대하여 권위 있는 저작을 내
놓은 학자들과 여러 번 토론을 거침으로써 기존의 발표된 자
료들을 보완할 수 있었기 때문이다. 나 자신 여러 해 동안 여
름마다 주니의 푸에블로와 인근 인디언 부락에서 생활했고,
그 부락을 푸에블로 문화와 서로 비교해 볼 수 있었다. 나는
루스 L. 번즐 박사에게 많은 신세를 졌다. 그녀는 주니 언어
에 정통할 뿐만 아니라 그녀가 수집한 주니 이야기와 텍스트
들은 현존하는 푸에블로 연구서 중 최상의 것이다. 도부 족
자료는 닥터 레오 F. 포춘의 귀중한 논문 『도부의 주술사들』
과 그와 나눈 여러 번의 대화에 많은 신세를 졌다. 아메리카
의 북서해안 자료로는, 프란츠 보아스 교수의 발간 텍스트
및 자세한 콰키우틀 생활지를 이용했을 뿐만 아니라, 그 분
의 미발표 원고 및 지난 40년 동안 북서 해안에 대한 폭넓은
체험과 논평을 활용했다.

이 책 속에 들어 있는 내용에 대해서 그 책임은 전적으로 나의 것이며, 내가 이런 저런 현장 탐사자들보다 관련 자료들을 좀더 광범위하게 해석했을 수도 있다. 하지만 각각의 관련 챕터들은 그 부족 전문가들이 읽고 사실을 확인해 주었으며 자세한 설명을 듣고자 하는 분들을 위해 책 뒤에 참고 문헌 목록을 붙였다.

다음 논문에서 일부 문장을 인용할 수 있도록 허락해주신 출판사들에게 감사드린다. 〈센추리 매거진〉의 「관습을 연구하는 학문」, 〈미국 인류학자〉의 「북부 아메리카의 문화 통합 형태」, 〈일반 심리학 저널〉의 「인류학과 비정상」.

또한 『도부의 주술사들』의 출판사인 E.P. 더튼 사에게도 감사드린다.

루스 베네딕트

차례

역자의 말 · 6

추천사 _ 프란츠 보아스 · 18

감사의 말 · 23

제1장 관습을 연구하는 학문   29

관습과 행동 • 아이의 유산 • 우리의 그릇된 관점 • 지역적 관습을 "인
간 본성"과 혼동하기 • 다른 문화들에 대한 우리의 맹목적 태도 • 인종
편견 • 인간은 본능이 아니라 관습에 의해 형성된다 • "인종적 순수성"
이라는 망상 • 원시부족을 연구하는 이유

제2장 문화의 다양성   55

생명의 잔 • 선택의 필요성 • 서로 다른 사회들 내에서의 청소년기와
사춘기 • 전쟁이라는 말을 들어본 적이 없는 사람들 • 결혼의 관습 •
문화적 특징들의 뒤섞임 • 수호신과 비전 • 결혼과 교회 • 이러한 결합
은 사회적인 것일 뿐 생물적으로 필연적인 것은 아니다

제3장 문화의 통합성   87

모든 행동 기준은 상대적이다 • 문화의 패턴화 • 대부분의 인류학 저서
들이 안고 있는 단점 • 전체에 대한 견해 • 슈펭글러의 "서구의 몰락"
• 파우스트적 인간과 아폴로적 인간 • 서구 문명은 너무 복잡하여 연구
하기가 어렵다 • 원시부족들을 통한 우회

제 4 장 뉴멕시코의 푸에블로 부족 105

훼손되지 않은 공동체 • 주니의 의례 • 사제와 가면신 • 주술의 집단 • 강력하게 사회화된 문화 • "중간 노선" • 그리스적 이상과의 유사성 • 평원 인디언들의 관습 • 디오니소스적 광란과 비전 • 약물과 알코올 • 과잉에 대한 주니 족의 불신 • 권력과 폭력에 대한 경멸 • 결혼, 죽음, 장례식 • 다산 의례 • 섹스의 상징 • "인간과 우주의 하나 됨" • 전형적인 아폴로적 문명

제 5 장 도부 족 203

악의와 배신을 미덕으로 여기는 곳 • 전통적인 적개심 • 신랑 가두기 • 남편의 굴욕적 입장 • 소유권의 지독한 배타성 • 주술에의 의존 • 텃밭 의례 • 질병 주문과 주술사 • 상업에 대한 열정 • 사기성 농후한 무역 거래인 와부와부 • 죽음 • 생존자들 사이의 상호 비난 • 웃음의 배제 • 체면치레 • 살인적 투쟁

제 6 장 아메리카의 북서 해안 261

해안 문명 • 밴쿠버 섬의 콰키우틀 족 • 전형적인 디오니소스적 인물들 • 식인회 • 푸에블로 부족과 정반대의 입장 • 경제적 경쟁 • 우리 사회에 대한 패러디 • 자화자찬 • 손님들에게 수치심 안겨주기 • 포틀래치 교환 • 허장성세의 극치 • 신부에 대한 투자 • 결혼, 살인, 종교 – 샤머니즘을 통한 특권들 • 조롱에 대한 두려움 • 최고의 모욕인 죽음 • 정서의 스펙트럼

제7장 사회의 성격   325

통합과 동화 ● 조화롭지 못한 요소들의 갈등 ● 우리의 복잡한 사회 ●
조직 대 개인 ● 문화적 해석 대 생물학적 해석 ● 원시부족의 교훈을 적
용하기 ● 고정된 "타입"은 없다 ● 전파와 문화적 통합형태의 중요성 ●
사회적 가치들 ● 자기 평가의 필요

제8장 개인과 문화의 패턴   361

사회와 개인은 적대적이 아니라 상호의존적이다 ● 패턴에 즉각 적응하
기 ● 좌절에 대한 반응 ● 부적응의 현저한 사례들 ● 동성애자들의 수용
● 권위에 이르는 수단인 몽환과 경직성 발작 ● 사회 내의 "부적응자"의
위치 ● 관용의 배제 ● 어떤 문화적 타입의 극단적 사례들 ● 퓨리턴 성
직자들과 현대의 성공한 에고이스트들 ● 사회적 상대성은 절망이 아니
라 희망의 교리이다

해설 _ 문화 인류학을 넘어선 우리 시대의 고전 · 397

참고문헌 · 405

찾아보기 · 414

1장

관습을 연구하는 학문

:: 관습과 행동

인류학은 인간을 사회적 존재로 인식하면서 연구를 수행하는 학문이다. 이 학문은 지리와 환경 등의 물질적 특징, 산업적 기술, 협약과 가치 등에 관심을 집중하는데 이런 것들은 어떤 공동체를 다른 전통의 공동체들과 구분해 주는 사항들이다.

사회과학 분야에 속하는 인류학의 주된 특징은 인류학자가 소속된 사회를 연구하는 것이 아니라 그 외의 다른 사회들을 진지한 연구의 대상으로 삼는다는 점이다. 그 학문적 목적을 위해, 그런 사회들의 짝짓기나 번식 등에 관련된 사회적 규약이 우리 사회의 그것만큼이나 중요하다고 보는 것이다. 가령 그 사회가 뉴기니의 바다 디아크 족이고, 또 그 부족이 미국 문명과 아무 역사적 관계가 없다고 하더라도 아주 중요한 연구 대상으로 삼는다. 인류학자가 볼 때, 미국의 관습이나 뉴기니 부족의 관습이나 공통의 문제를 해결하기 위해 구축된 두 가지 사회적 구도의 현실태(現實態)이다. 그가 진정한 인류학자라면 이 두 관습 중 어느 것을 더 우월하다고 판단하는 일은 하지 않을 것이다. 그는 우리의 전통에 의해 형성된 인간의 행동에 주목하는 것이 아니라, 우리 이외의 다른 전통에 의해 빚어진 인간의 행동에 관심을 갖고 있다. 그는 다양한 문화들에서 발견되는 폭넓은 관습의 스펙트럼에 관심이 있으며, 그의 주된 목적은 이런 문화들이 변화, 발전하고 서로 차이를 이루는 방식을 이해하는 것이다. 나아가 그런 문화들이 어떻게 서로 다른 형태로 표면화되고, 어떤 부족의 관습이 그 부족 구성원의 개인적 생활에서 어떤 영향을 미치는지 등을 이해하려고 애쓴다.

지금껏 관습은 중요한 학문적 주제라고 인식되지 않았다. 인간 두뇌의 내적 기능은 공들여 탐구할 만한 가치가 있다고 중시한 반면, 관습이란 기껏해야 아주 흔하게 발견되는 행동에 불과하다고 생각해 왔다. 하지만 실상은 정반대이다. 전 세계적으로 볼 때 전통적 관습은 아주 구체적 행동의 집적(集積)이다. 그것은 한 개인이 개별적으로 저지를 수 있는 그 어떤 놀라운 행동보다 더 놀라운 행동의 덩어리인 것이다. 하지만 이러한 인식은 문제의 사소한 측면에 지나지 않는다. 정말로 중요한 사실은, 관습이 부족 구성원들의 체험과 신념에 압도적 역할을 하고 또 아주 다양한 형태로 표출된다는 것이다.

:: **아이의 유산**

이 세상을 완벽한 순수의 눈으로 볼 수 있는 사람은 아무도 없다. 그는 일정한 관습, 제도, 사고방식으로 조절된 눈을 가지고 이 세상을 본다. 철학적 탐구를 할 적에도 인간은 이런 전제조건을 넘어서지 못한다. 인간의 진위(眞僞)에 대한 관점도 특정 전통적 관습의 틀 내에서 형성된다. 존 듀이*는 사회적 관습이 개인 아무개의 행동에 미치는 영향은 그 반대(아무개의 행동이 관습에 미치는 영향)에 비해 압도적인 위력을 갖고 있다고 아주 진지하게 말했다. 그 상대적 위력을 비유적으로 말해보자면 아무개의 모국어 전체 어휘 크기와 아무개가 어릴 적에 말하던 아어(兒語)가 그 집안의 일상 어휘에 편입되는 크기와 비슷하다는 것이다. 우리가 자연적으로 발달된 사회적 체제들을 진지하게 연구해 보면, 이런 비유는 그저 비유에 그치는 것이 아니라 정확하고 객관적 수치를 제시한 것임을 알 수 있다. 개인의 인생사라는 것은 무엇보다도 그의 소속 공동체에서 전통적으로 이어져온 패턴과 기준에 적응해온 역사이다. 탄생하는 그 순간부터 소속 사회의 관습이 그의 체험과 행동을 형성한다. 아무개가 말을 할 즈음이면 그는 그 문화가 빚어낸 자그마한 존재이며, 아무개가 커서 그 사회의 활동 속에 참여하게 되면 사회의 습관이 곧 그의 습관이 되고, 관습적 믿음이 곧 그의 믿음이 되며, 그

* 존 듀이(John Dewey, 1859~1952) : 미국의 철학자 겸 교육자. 실용주의 학파의 창시자들 중 한 사람이다. -옮긴이

사회 내에서 불가능한 것은 곧 그의 불가능함이 되어버린다. 그가 소속된 공동체에 태어난 다른 모든 아이들은 그와 똑같은 체험을 공유하게 되고, 지구 반대편의 생판 다른 사회에서 태어난 아이는 이런 체험의 1,000분의 1도 체험하지 못한다. 사회적 문제 중에서 이 관습의 역할을 이해하는 것보다 더 중요한 문제는 없다. 우리가 그 법칙과 다양성을 잘 이해하지 못한다면 인간 생활의 복잡하면서도 주된 양상을 깊이 있게 통찰하는 것은 불가능하다.

:: 우리의 그릇된 관점

관습의 연구가 유익한 것이 되려면, 먼저 특정 전제 조건들을 받아들여야 하고, 이어 그 조건들의 일부에 대하여 강력한 반발을 제기해야 한다. 과학적 연구는 이런 필수 사항을 담보해야 한다. 다시 말해, 그 과학적 연구가 고려 대상으로 선정한 일련의 사항들 중에서, 어떤 사항을 다른 사항보다 더 중시하는 일은 없어야 한다.

선인장, 흰개미, 성운 등 명확한 대상을 연구하는 학문에 있어서도 관련 자료들을 한데 모은 다음 다양한 변형과 조건들을 살펴보는 것이 필수적 방법이다. 이런 방법을 써야만 천문학의 법칙 혹은 사회 곤충들의 습관 등에 관하여 모든 사항들을 알아낼 수 있다. 그런데 인간을 연구한다는 학문에서는 사정이 이렇게 객관 중립적이지 못하다. 주요 사회과학 학문들은 인간 문화의 여러 변종 중 하나인 서양 문화만을 연구의 대상으로 삼고 있고 또 그 문화를 보편적 문화로 인식하고 있는 것이다.

그 학문들은 서양인과 원시인, 서양인과 야만인, 기독교인과 이교도, 이런 식으로 나와 남을 구분한다. 이렇게 이원적으로 구분을 하기 시작하면 인류학 연구는 사실상 수행 불가능하다. 우리는 먼저 우리의 신념을 이웃의 미신보다 더 우월시하는 태도를 버리고 공정하면서도 세련된 정신적 태도를 성취해야 한다. 동일한 전제조건, 가령 초자연적인 것에 바탕을 둔 사회 제도들을 서양의 제도와 함께 검토하는 것이 필요하고, 우리의 것도 그런 제도 중 하나라고 보아야 한다.

∷ 지역적 관습을 "인간 본성"과 혼동하기

19세기 초반, 서구 문명의 개명된 인사들조차도 인류학의 이런 기본적 전제조건을 생각해내지 못했다. 역사상 인간은 자신이 아주 독창적인 존재라는 사실을 명예롭게 여겨왔다. 코페르니쿠스의 시대에 이런 인간 우월의식은 너무나 포괄적이어서 심지어 인간이 살고 있는 지구가 우주의 중심이라고 여겼다. 그렇기 때문에 14세기의 사람들은 지구가 태양계의 한 별에 지나지 않는다는 사실을 열정적으로 거부했다. 다윈의 시대에 이르러, 태양계의 존재를 인정하게 된 인간은 동원 가능한 온갖 무기를 다 내세워 영혼의 독창성을 옹호했다. 영혼은 신이 인간에게만 주신 미지의 속성이라고 굳게 믿으면서 인간의 선조가 동물의 왕국에서 비롯되었다는 사실을 거부했다. 그리하여 이런 주장에 논리적 연속성이 없다는 것을 무시해 버렸고, 인간 영혼의 성질에 대하여 당연하게 생각했으며, 심지어 19세기의 서양인이 이방인들에 대하여 전혀 형제애를 느끼지 못한다는 사실도 문제 삼지 않았다. 하지만 이러한 태도들은, 인간의 독창성을 의심한 진화론이 가져온 저 엄청난 적개심과 흥분에 비하면 그리 중요한 문제가 아니었다.

이 두 가지 논쟁은 이제 거의 끝난 듯하다. 만약 아직 끝나지 않은 것이라면 곧 끝나게 될 것이다. 하지만 싸움은 또 다른 전선에서 더욱 확대되고 있다. 이제 지구가 태양 주위를 돈다는 사실과 인간의 조상이 동물이라는 사실은, 찬란한 업적을 이루어낸 인간의 독창성과는 별반 상관이 없다고 누구나 말한다. 그러면서 이런 식으로 논리가 전개된다. 우리가 무수히 많은 별을 가진 태양계의 한 별에 우연히 살게 되었다니 그것은 오히려 우리의 영광을 더욱 드높이는 것이 아니냐. 서로 어울리지 않는 인간의 종족들이 진화론에 의해 동물 조상으로 소급된다는 것이 무어 대수냐. 우리 자신과 저 미개한 종족들의 차이는 너무나 확연하니, 우리 제도의 독창성이야말로 더욱 놀라운 것이 아니냐.

이 주장대로라면 우리의 성취와 우리의 제도만이 독창적이라는 얘기다. 이런 성취와 제도는 열등한 종족들의 그것과는 차원이 다르므로 무슨 일이 있어도 보호되어야 마땅하다. 사정이 이렇기 때문에 우리는 오늘날 여전히 독창성의 문제에 사로잡혀 있다. 제국주의, 인종상의 편견, 기독교도와 이교도의 구분 등이 그런 구체적 사례이다. 지구촌에 수립되어 있는 인간의 여러 제도에 대해서는 아랑곳하지 않고, 오로지 우리의 제도와 성취, 우리의 문명만이 독창적이라고 주장하는 것이다.

:: 다른 문화들에 대한 우리의 맹목적 태도

우연한 역사적 상황으로 인해 서구 문명이 다른 인종 그룹의 문명보다 더 널리 퍼진 것은 사실이다. 지구상의 대부분 지역에서 표준이 되었고, 그래서 인간들의 행동에 통일성이 있다고 믿게 되었다. 하지만 역사적 상황이 다르게 전개되었더라면 그러한 통일성은 벌어지지 않을 수도 있었다. 심지어 아주 원시적인 부족들도 우리 못지않게 문화적 특징들의 역할을 의식하고 있었고, 거기에는 타당한 이유가 있었다. 그들은 자기들과 다른 문화에 대해서도 잘 알고 있었다. 하지만 그들은 자신의 종교, 경제 제도, 결혼상의 금기사항이 백인들의 그것 앞에 무너져가는 것을 보아왔다. 그들은 자신의 것을 버리고, 때때로 잘 이해하지도 못하면서 백인의 것을 받아들였다. 사정에 밀려 이렇게 되었지만 그들은 인간의 생활이 얼마든지 다르게 배열될 수 있다는 것을 분명하게 알고 있었다. 그들은 때때로 백인의 특징을 상업적 경쟁 혹은 전쟁 제도 등으로 파악했는데 이것은 인류학자의 진단 방식과 아주 유사했다.

백인은 그들(원시부족민)과는 다른 체험을 해왔다. 백인은 국외자를 만나본 적이 없었다. 설혹 국외자를 만났다고 하더라도 그는 이미 유럽화되어 있었다. 설사 백인이 세계 일주 해외여행을 한다고 하더라도 그의 행동반경은 국제 호텔의 범위를 넘어가지 않는다. 그는 백인의 생활 방식 이외에 다른 생활 방식에 대해서는 아는 것이 거의 없다. 그가 주위에서 둘러보는 관습과 인생관은 너무나 통일되어 있어서 그는 인생의 방식은 이것(서양식)밖에 없다고 생각하게 된다. 바로 이런 환경 때문에 그 백인은 그것이 역사적 우연에 불과하다는 사실을 꿰뚫어보지 못하게 된다. 그리하여 서양의 문화적 기준이 곧 보편적 인간성에 바탕을 둔 것이라는 전제를 별 저항 없이 받아들인다.

　　그러나 어떤(백인의) 문명이 세계적으로 널리 퍼진 사실이 역사적으로 단 한번만 있는 사건은 아니다. 비교적 최근의 일로서, 폴리네시아 인종은 온통, 자바, 이스터 섬, 하와이, 뉴질랜드 등지로 퍼져나갔고, 반투 어를 말하는 부족은 사하라에서 남부 아프리카로 퍼져 나갔다. 하지만 우리는 이 두 가지 경우를 현지 인종의 증가 정도로 여기면서 대수롭지 않게 생각한다. 서양 문명은 다양한 수송수단과 상업 연결망을 갖고 있었고, 그래서 역사적으로 세계 각지에 널리 퍼져나갈 수 있었는데, 이런 넓은 이동성이 없다고 그런 문명을 무시하는 것이다.

　　이런 백인 문명의 전파가 가져온 정신적 결과는 물질적 결과와는 비교할 수 없을 정도로 거대한 것이었다. 전 세계적 문화 전파 덕분에 서양인들은 다른 인종의 문명에 대해서는 심각하게 여기지 않게 되었다. 이런 타 문명 홀대는 예전에 찾아보기 어려울 정도로 광범위했다. 서양 문화는 엄청난 보편성을 획득하게 되었고 우리는 더 이상 그런 보편성의 역사적 근거를 따져보려 하지 않았다. 그것이 인간 누구에게나 필요할 뿐만 아니라 필연적 현상이라고 해석했던 것이다. 가령 서양 문명이 도입한 경제적 경쟁 체제에 대해서는, 인간성의 한 특징인 경쟁심이 자연스럽게 발현된 경우라고 해석했고, 서양 문명 속에서 혹은 소아과 병원에서 기록된 어린 아이들의 행동을 보편적 아동 심리학으로 여겨 모든 어린이는 그렇게 행동한다고 해석했다. 심지어 서양의 윤리나 가족 제도 또한 보편적인 것이라고 생각했다. 우리가 옹호하는 이런 인간적 동기를 필연적인 것이라고 보았기 때문에 서양인의 행동이 곧 보편적 행동이요, 서양인의 사회적 습관이 곧 인간성 그 자체라고 여기게 되었다.

현대 서양인은 이러한 사고방식(나와 남을 구분하는 방식)을 그의 생각과 행동 체계에서 핵심사항으로 삼고 있다. 하지만 그런 사고방식은 근원을 추적해 보면 이미 원시부족들 사이에서도 널리 퍼져 있었음을 알 수 있다. 즉, "내가 소속된" 폐쇄적 그룹과 그 밖의 그룹은 종류가 다르다고 구분하는 사고방식이 그것이다. 모든 원시부족은 이런 국외자의 카테고리를 인정하고 있다. 국외자는 자신의 부족 내에 통용되는 도덕률 밖에 있는 자들일 뿐만 아니라, 인간으로 인정해 줄수 없는 자였다. 널리 사용되는 부족 명칭 가령 주니, 데네, 키오와 같은 이름들은 원시부족들이 그들 자신을 지칭하는 것일 뿐만 아니라, "인간" 그 자체를 가리키는 보통 명사이기도 했다. 그들이 볼 때 이 폐쇄적인 집단 이외에는 인간이 없는 것이나 마찬가지였다. 각 부족은 다른 사람들로 둘러싸여 살아가면서도 이런 생각을 했다. 각종 기술, 물질적 고안, 부족들끼리 상호 주기 행동에 의해 빚어진 정교한 실천 사항들을 공유하면서도, 자기 부족 이외의 사람들은 인간이 아니고 동물이라고 보았던 것이다.

원시인들은 자신들이 살고 있는 세상 바깥을 내다보지 않았으며 "인류"를 하나의 집단으로 보지도 않았고 인간이라는 종에 대하여 공동의 대의를 느끼지도 않았다. 처음부터 원시인은 자신의 세상에다 담을 높이 두른 지방인이었다. 아내를 데려오거나 머리가죽을 벗겨오는 등 중요한 행위를 할 때, 가장 핵심적 구분은 자신의 인간 그룹인가 혹은 경계선 너머의 그룹인가를 따지는 것이었다. 자신의 그룹과 그 안에서 벌어지는 모든 행동방식은 독창적이라고 생각했다.

따라서 선택받은 민족과 위험한 이교도를 구분하고, 자신의 문명 내에서 유전과 문화에 따라 사람을 구분하는 현대인은 그리 독창적 타입의 인간이라 할 수 없다. 가령 오스트레일리아의 부시 족의 경우에서 볼 수 있듯이, 이런 차별적 태도를 뒷받침하는 유구한 역사적 연속성이 이미 있어 왔던 것이다. 피그미 족 또한 이와 유사한 구분을 했다. 따라서 인간은 이런 나와 남을 구분하려는 근본적인 특성을 간단히 제거해 버릴 수 없다. 하지만 우리는 그런 특징의 역사와 다양한 발현 형태를 인식할 수는 있는 것이다.

이런 유사 형태 중의 하나가 종교를 중심으로 나와 남을 구분하는 것이다. 이런 구분은 어떤 일반적 지방화보다는 종교적 정서에 의해서 촉발되는데, 서양인들이 종교를 중심 주제로 여기는 한, 서양 문명 내에서 그대로 유지될 것이다. 좀 더 구체적으로 말하면 폐쇄적 집단과 외부 집단의 구분인데, 종교적 용어로 다시 풀어본다면 진정한 신자와 이교도의 구분이다. 지난 수천 년 동안 이 두 카테고리 사이에는 아무런 공통 접촉점이 없었다. 한 집단 내에서 통용되는 사상이나 제도는 다른 집단 내에서는 통용되지 않았다. 모든 제도는 그것이 어떤 종교적 집단(이 갈등하는 집단들 사이의 차이는 미미할 뿐인데도)에 소속되느냐에 따라 정반대의 것이 되어버렸다. 한편에서 보면 그것이 신성한 진리요, 진정한 신자요, 신의 계시인데 반해 다른 한편에서 보면 치명적 오류, 헛소리, 저주받은 자 혹은 악마가 되어버린다. 이런 정반대 그룹들의 태도들을 평준화해본다는 것은 생각조차 할 수 없었고 그래서 객관적 자료에 입각하여 이 중요한 인간적 특징(종교)의 성격을 이해한다는 것이 불가능했다.

우리는 종파를 초월하는 표준적 종교인의 태도를 논하는 글을 읽을 때면 당연히 우월감을 느끼게 된다. 어떤 특정 종파가 고집하는 어리석음을 내던지고 비교 종교학의 입장을 취하게 되었으니까 말이다. 하지만 우리 문명에서 인종적 편견이 아직도 널리 퍼져 있는 것을 보면 약간의 회의감을 갖게 된다. 과연 종교 문제의 세련된 태도가 유치한 심성을 벗어났기 때문인지, 아니면 종교가 더 이상 현대의 중요한 전투의 장이 되지 못하기 때문인지 불확실한 것이다. 우리는 서구 문명의 중요한 문제들을 다루는 데 있어서, 종교 분야에서의 그런 초연한 태도를 보이지 못하고 있다.

관습의 진지한 연구를 뒤늦은 학문 혹은 하나마나 한 학문으로 만들려는 또 다른 상황이 있다. 이것은 우리가 위에서 금방 언급한 문제보다 더 극복하기가 어려운 난제이다. 관습은 도무지 사회 이론가들의 관심을 끌지 못한다. 왜냐하면 관습이라는 것은 곧 그들의 사고방식 그 자체로서, 그들이 사물을 관찰하는 렌즈이기 때문이다. 관습이란 이처럼 근본적인 것이기 때문에 아예 의식적 관심의 대상이 되지 못한다. 이런 맹목 현상은 어쩌면 너무나 당연하다고 할 수 있다. 가령 한 대학원생이 국제간 차관, 학습 과정, 노이로제의 증상인 나르시시즘 등에 관한 자료를 수집한다면, 그 자료는 곧 경제학자, 심리학자, 정신의학자가 사용하는 자료와 동일한 것이다. 그는 그런 자료들을 얼마든지 다르게 배열시킬 수 있는 다른 사회적 조건들, 즉 문화적 조건들은 신경 쓰지 않는다. 자신이 다루는 자료가 잘 알려진 필연적 현상이라고 보는 것이다. 또 그가 연구하면 되는 자료는 그게 전부이므로 자신 있게 그것을 절대적 정보로 제시한다. 그는 1930년 대라는 현재 시점에서 통용되는 그런 국지적 태도들을 인간성 그 자체라고 보고, 또 그것들을 보편적 경제학 혹은 심리학의 기술(記述)이라고 생각하는 것이다.

실제 생활에 있어서도 이런 생각은 문제가 되지 않는다. 우리의 자녀들에게 우리의 교육적 전통을 가르치고 또 우리의 학교에서 가르치는 학습과정이 제일 중요하니까. 우리의 경제 체제에 대해서도 어쩔 수 없다는 듯이 어깨를 으쓱하면서 받아들인다. 아무튼 우리는 우리의 문화가 제도화한 내 것과 네 것을 구분하는 자본주의적 틀 안에서 살고 있는 것이다.

하지만 문화적 다양성은 있는 그대로 묘사할 때 가장 잘 서술이 된다는 사실은 이런 무관심에 대하여 하나의 자극을 제공한다. 그러나 문화는 시간 속에서 승계되는 것이기 때문에, 관습에 대한 역사적 자료들이 제한되어 있어 적절한 사례들을 뽑아오는 것이 어렵다. 이러한 승계는 우리가 피하고자 하여도 피할 수 없는 것이다. 우리가 한 세대 전의 일을 되돌아보더라도 우리의 가장 친숙한 행동에서도 상당한 수정이 발생했음을 발견할 수 있다. 이러한 수정은 맹목적이기 때문에 그런 상황의 결과를 회고적으로 기술할 수 있을 뿐이다. 하지만 마지못해 문화적 변화를 대면하려는 미온적인 태도만 불식할 수 있어도 우리는 보다 합리적이고 생산적인 태도를 취할 수 있다. 이런 변화에 대한 저항은 대체로 보아 문화적 관습을 오해한 결과이다. 특히 우리의 국가와 시대에 소속된 관습을 특히 중시하고 당연시하려는 태도 때문에 그렇게 된 것이다. 우리와는 다른 관습들이 많이 있다는 사실을 조금이라도 이해하게 된다면 합리적 사회 질서를 추진하는 데 큰 도움을 얻을 수 있는데도 말이다.

다른 문화에 대한 연구는 오늘날의 생각과 행동에 또 다른 중대한 관계가 있다. 현대에 들어와 많은 문명권들이 서로 긴밀하게 접촉하게 되었다. 그리고 지금 현재 이런 상황에 대한 가장 압도적인 반응은 민족주의와 인종 우월주의이다. 요즘처럼 진정으로 문화를 의식하는 개인들, 아무런 두려움이나 비난 없이 다른 민족의 사회적 행동들을 객관적으로 관찰하는 개인들이 절실하게 요구되는 시대도 없을 것이다.

:: 인종 편견

이방인에 대한 경멸감은 인종과 민족의 접촉이 빈번한 오늘날 아무런 해결안도 되지 못한다. 그것은 과학적 근거도 없다. 전통적인 앵글로 색슨 족의 불관용은 다른 문화적 특징과 마찬가지로 국지적이고 일시적인 문화적 특징일 뿐이다. 앵글로 색슨과 거의 같은 혈통과 문화를 가진 스페인 사람들도 그런 특징을 갖고 있지 않다. 그래서 스페인 사람이 정착한 나라들의 인종 편견은 영국과 미국이 지배하고 있는 나라들의 인종 편견과는 사뭇 다르다. 미국에서는 인종의 불관용이 생물학적으로 다른 인종들 간의 통혼에만 그치는 것이 아니다. 보스턴의 아일랜드 계 가톨릭 신자들과 뉴잉글랜드 공장도시의 이탈리아 인들에 대한 인종적 비호감(非好感)이 캘리포니아의 동양인에 대한 비호감 못지않게 높기 때문이다. 이것은 아주 오래 전부터 있어 왔던 내부 집단과 외부 집단을 구분하는 태도이다. 만약 우리가 이런 원시적 전통을 계속 이어간다면 우리는 야만의 부족들과 별반 다를 게 없다. 우리는 세계를 널리 여행하고 우리의 세련미를 뽐내 왔지만 문화적 습관의 상대성을 이해하지 못했다. 그리하여 다른 기준을 가진 사람들과 인간관계를 맺음으로써 얻을 수 있는 이득과 즐거움을 누리지 못하고, 나아가 그들과의 거래에도 믿음을 갖지 못하게 되었다.

현재의 서구 문화에서는 인종 편견의 문화적 기반을 인식하는 것이 무엇보다도 화급한 문제이다. 우리는 같은 피를 나눈 형제인 아일랜드 인들에 대하여 인종적 편견을 갖고 있고, 노르웨이와 스웨덴은 서로 다른 혈통인 것처럼 으르렁거리고 있다. 프랑스와 독일이 서로 적국이 되어 싸우던 제1차 세계대전 동안에, 소위 혈통이라는 것이 바덴의 사람들과 알자스의 사람들을 갈라놓았다. 그들은 신체적으로 똑같이 알프스 아종족(亞種族)에 속하는데도 말이다. 사람들이 발 빠르게 이동을 하고 또 공동체의 오래된 가문들도 오래 전부터 다른 가문과 통혼을 하는 요즘 세상에, 미국은 순수 혈통이라는 낡은 복음을 줄기차게 전파하고 있는 것이다.

이런 현상에 대하여 인류학은 두 가지 답변을 갖고 있다.

하나는 문화의 성격에 대한 것이고 다른 하나는 유전의 성격에 관한 것이다. 문화의 성격을 다루려면 인간 이전의 사회로 거슬러 올라가야 한다. 자연의 섭리가 생물학적 기계론을 적용하여 모든 행동의 변화를 원천적으로 봉쇄한 사회들이 있었다. 하지만 이것은 인간의 사회가 아니라 사회적 벌레들의 사회에서 벌어진 이야기이다. 외로운 둥지에 따로 떨어져 있는 여왕개미는 성적 행동의 특징과 또 둥지의 세부사항을 그대로 복제한다. 사회적 벌레들은 자연이 시키는 대로 한 치의 오차도 없이 행동한다. 자연은 사회적 구조의 패턴을 개미의 본능적 행동과 연계시켜 놓은 것이다. 설혹 개미 한 마리가 개미 사회로부터 이탈한다고 하여, 그 개미에게 내장된 개미 사회의 사회적 계급이나 농업 패턴이 바뀔 가능성은 거의 없다. 이것은 개미가 머리의 안테나 혹은 배의 갑옷 없이 태어나지 않는 것과 비슷한 이야기다.

그런데 좋든 나쁘든 인간의 해결안은 개미(유전)와는 정반대(문화)에 놓여 있다. 부족의 사회 구조, 언어, 종교 등은 인간의 생식세포에 새겨져 있지 않다. 지나간 세기에 유럽의 어느 지역에서는, 어릴 적에 버려져 야생의 숲속에서 혼자 성장한 아이들이 발견되곤 했다. 이 아이들은 린네가 말한 호모 페루스(Homo ferus : 짐승인간)와 너무나 유사했고 그리하여 아주 희귀하게 만나게 되는 일종의 땅도깨비 정도로 여겨졌다. 린네는 이 팔푼이 짐승이 인간으로 태어난 존재라고 아무도 생각하지 않았다. 이 숲속의 아이들은 자기 주변에서 벌어지는 일에 무관심했고, 야생동물처럼 몸을 앞뒤로 리드미컬하게 흔들어댔으며, 발성기관과 청각기관은 도무지 제대로 작동을 하지 못했다. 넝마를 걸치고서 추위를 견뎌냈고 아무 불편도 없이 끓는 물에서 감자를 꺼내 먹었다. 이들은 아주 어릴 적에 버려져 또래 아이들과 어울린 경험이 전혀 없는 아이였다. 또래 아이들과 교제가 있어야만 인간의 여러 능력이 형성되고 또 형체를 잡는데, 그렇지 못한 아이들이 었다.

∷ 인간은 본능이 아니라 관습에 의해 형성된다

현대의 보다 인간적인 문명에서는 야생의 어린이들을 만나는 법이 없다. 하지만 다른 종족 혹은 문화권으로 입양되어 간 아이들에게서도 동일한 현상을 볼 수가 있다. 서양의 가정에 입양된 동양 아이는 영어를 배우고, 또래 서양 아이들이 부모에게 대하는 태도를 양부모에게 보이고, 나중에 커서는 또래들이 고르는 똑같은 직업을 잡게 된다. 입양된 사회의 문화적 특징들을 고스란히 배울 뿐만 아니라 실제 낳아준 부모들은 이 과정에서 아무런 역할도 하지 못한다. 전체 민족이 두 세대 사이에 기존의 전통 문화를 벗어버리고 이방인 그룹의 관습을 취할 때에도 동일한 현상이 벌어진다. 미국 북부 도시들에 사는 흑인들의 문화는 동일한 도시들에 사는 백인들의 문화를 거의 그대로 답습하고 있다. 몇 년 전 흑인 거주 구역인 할렘에 대한 문화 조사가 이루어졌을 때 그들의 독특한 특징으로 이런 게 있었다. 그들은 어제 팔린 주식의 거래 총액 중 마지막 세 자리 숫자를 맞추는 노름을 즐겨 했다. 이것은 백인들이 실제 주식을 사고팔면서 벌이는 도박보다는 비용이 덜 드는 노름이지만, 불확실하고 흥분을 일으킨다는 점에서는 실제 주식거래나 다를 바 없었다. 그것은 백인 문화 패턴의 변형일 뿐 크게 일탈한 특징은 아니다. 대부분의 할렘 특징들은 백인 그룹에서 유통되는 문화 형태와 아주 유사한 것이다.

역사의 시작 이래, 전 세계에서 사람들은 다른 혈통을 가진 사람들의 문화를 채택해 왔다. 사람들의 생물적 구조는 그것(다른 문화의 채택)을 어렵게 하지 않았다. 인간은 생물적 기질 때문에 다양한 행동에 굳게 결속되는 것이 아니다. 가령 여러 상이한 문화권에서 짝짓기 혹은 상거래 관습은 인간의 타고난 재능을 바탕으로 하여 구축된 것으로 인간의 재능 범위 내에 있었던 것들이다. 이렇게 볼 때 문화는 생물학적으로 유전되는 복합체가 아니다.

자연이 안전을 보장해 주지 못하는 것은 자연의 더 큰 유연성에 의해 보상이 된다. 인간이라는 동물은 북극 곰처럼 두툼한 외피를 키워서 몇 세대 후에 북극의 추위에 적응하지는 않는다. 그 대신 털을 기워서 옷을 만들어 입고 눈 집을 짓는 방법을 고안한다. 인간 이전의 사회와 인간이 출현한 사회들의 지성사를 살펴보면 인간이 발전하고 또 실제로 그 발전을 구체화할 수 있었던 것은 바로 이 유연성 덕분이었다.

매머드의 시대에 유연성이 없는 많은 종들이 지상에 왔다가 발달의 정점에 이르고 그 다음에는 죽어갔다. 주변 환경을 극복하기 위하여 생물학적 특성을 최대한으로 발전시킨 결과 오히려 죽음을 맞이하게 되었던 것이다. 그 다음에 다른 동물을 잡아먹는 맹수들이 등장했고 마침내 유인원이 등장하여 생물학적 적응이 아닌 다른 생존방식을 사용하기 시작했다. 이렇게 유연성을 계속 축적해 나가는 과정에 조금씩 조금씩 지능이 발달하게 되었다. 자주 지적되는 바이지만, 인간은 어쩌면 이 지능이 지나치게 발달하여 인간의 종을 파괴할지도 모른다. 하지만 사회적 벌레의 생물학적 기계론으로 돌아가자는 사람은 아무도 없고, 그래서 우리에게는 지능 이외에 대안이 없다. 이렇게 볼 때 인간의 문화적 유산은 좋든 나쁘든 생물학적으로 전달되는 것은 아니다.

현대 정치학이 내린 결론은 이러하다. 우리의 정신적·문화적 성취는 어떤 선정된 유전 생식질에 신세지고 있지 않다. 서양의 문명만을 보더라도 지도자의 자리는 상이한 시대에 상이한 민족으로 넘어갔다. 셈 어를 말하는 민족에게서 햄 어를 말하는 민족으로, 이어 백인종의 지중해 아인종으로, 최근에는 노르딕(북유럽) 인종으로 옮겨갔다. 현재 이 순간 문명의 전달자가 누구이든 간에 문명에는 문화적 연속성이 있다. 우리는 문화유산의 실상을 있는 그대로 받아들여야 한다. 생물학적으로 전달되는 행동은 그 중 아주 작은 부분이고, 문화적 과정이 개입하여 후대로 계승시켰던 것이다.

∷ "인종적 순수성"이라는 망상

순수 혈통 주장에 대하여 인류학이 제시하는 두 번째 대답은 유전의 성격과 관련이 있다. 순수 혈통이라는 것은 허구에 지나지 않는다. 도대체 "인종적 유산"이란 무엇인가? 유전은 아버지한테서 아들에게로 이어지는 것이다. 한 가계 내에서 유전은 엄청나게 중요하다. 그러나 유전이란 가계(家系)의 문제일 뿐이다. 가계를 넘어서는 큰 범위를 놓고 보면 유전은 허구적 개념일 뿐이다. 에스키모 마을 같은 소규모의 정체(停滯)된 공동체에서 "인종적" 유전과 부자간의 유전은 거의 같은 것이고 그런 만큼 종족의 유전은 의미가 있다. 하지만 광범위한 지역에 펼쳐져 있는 인구 집단 가령 노르딕 족에 이 개념을 적용해 보면, 그건 현실적 근거가 없다. 가령 노르딕 국가의 가계들이 알프스나 지중해의 공동체들에서도 발견되는 것이다. 유럽 인구의 구체적 구성을 분석해 보면 인종들이 서로 중복되어 있음을 알 수 있다. 검은 눈에 검은 머리카락을 가진 스웨덴 사람의 가계가 유럽 남부 쪽에 더 많이 집중되어 있다. 그렇다면 이 스웨덴 사람은 남부 유럽의 인종 그룹과 관련된 인종 그룹인가? 그의 유전이 구체적 형체를 가지려면 결국 가계를 따져야 하는데 그 가계라는 것이 스웨덴에만 국한되어 있지 않다. 우리는 신체적 유형이 외부와의 통혼 없이 달라지는지 어쩐지 알지 못한다. 하지만 근친혼이 특정 유형을 가져온다는 것은 안다. 코스모폴리터니즘(사해동포주의)을 지향하는 백인 문명에서 이런 상황은 거의 존재하지 않는다. 그보다는 비슷한 경제적 지위를 가지고, 같은 대학 출신에 같은 주간지를 읽는 사람들의 집단을 규합하기 위해 "인종적 유전"이라는 말을 사용한다면(실제로 이렇게 사용되고 있다), 이러한 카테고리는 내부 그룹과 외부 그룹을 나누는 범주일 뿐이고, 인종 그룹의 생물적 동질성은 전혀 무관하다.

사람들을 실제로 함께 묶어놓는 것은 그들의 문화, 즉 그들이 공통으로 소유하고 있는 사상과 기준이다. 공통적 혈통이라는 상징 조작을 통하여 그것을 국가적 표어로 삼는 일은 그만두어야 한다. 국가는 사람들을 한데 묶어주는 문화에 주의를 기울여야 하고, 문화의 주된 장점을 높이 평가하면서 다른 문화권에서 다른 문화가 발달할 수 있음을 인정해 주어야 한다. 그렇게 되면 불필요한 오해로 위험을 초래할지도 모르는 상징조작이 사라지고 그 자리에 현실적인 사고방식이 자리 잡게 될 것이다.

사회적 생각을 하려면 문화적 형태에 대한 지식이 필수적인데 이 책은 그러한 문화의 문제를 집중적으로 다룬다. 우리가 방금 살펴본 바와 같이, 신체적 형태 즉 인종은 문화와는 별개의 것이므로 우리의 논의에서는 제외된다. 단 아주 특별한 이유로 인종이라는 화제가 필요할 경우에만 거론될 것이다. 문화를 논의하기 위한 필수적 조건은 먼저 다양한 문화적 형태를 확보하고 그것에 바탕을 두고서 이야기를 풀어나가는 것이다. 이러한 형태를 검토해야만 문화적 조건화에 따른 인간의 적응 상황(문화)과, 인간의 내부에 공통적으로 갖추어져 있는 필연적인 사항(본능)을 서로 구분할 수 있다. 하지만 어느 한 사회만 관찰 혹은 검토해서는 인간의 본능적 행동, 즉 기질적으로 결정되어 있는 행동을 발견하지 못한다. 어떤 행동을 본능적이라고 분류하기 위해서는, 그것이 자동적인 행동이라고 증명하는 것 이상의 검증이 필요하다. 조건화된 반응도 본능적 반응 못지않게 자동적이기 때문이다. 게다가 문화적으로 조건 형성된 반응들이 자동적 행동의 상당 부분을 차지하고 있다.

따라서 문화적 형태와 과정을 논의하는 데 있어서 가장 많은 빛을 던져주는 자료는, 역사적으로 보아 서양 문명과는 무관하고 또 그들(원시부족들) 사이에도 관련이 없는 원시사회의 문화 형태이다. 역사적으로 광범위한 접촉의 연결망이 구축되어 서양 문명의 많은 지역에 퍼져 있는 이 상황에서, 원시 문화들은 우리가 주의를 기울여야 할 하나의 원천이다. 그 문화는 인간 제도의 다양성을 연구할 수 있는 실험실이다. 많은 원시 문화들은 고립된 지역에서 살아왔기 때문에 여러 세기에 걸쳐 그들 고유의 문화적 주제들을 정교하게 가다듬을 수 있었다. 이들 문화는 인간의 다양한 적응 상황에 대하여 필요한 정보를 제공하고 있기 때문에, 그 정보를 잘 검토하는 것이 문화적 이해의 필수 요건이다. 이것이 우리가 가지고 있는 혹은 가지게 될 유일한 사회 형태의 실험실인 것이다.

이 실험실은 다른 이점을 가지고 있다. 원시부족의 문제들은 서양 문명에 비하여 비교적 간단한 관점에서 관찰할 수 있다. 반면에 현대 문명은 복잡하다. 국제 전신, 전화, 라디오 등에 의한 통신수단의 발달, 인쇄된 책자에 의한 정보의 폭넓은 전파와 영구 보존, 서로 경쟁하는 전문 직업군, 컬트, 계급의 발달과 전 세계적인 평준화 등으로 현대 문명이 너무 복잡해 그것을 전반적으로 분석하는 것이 불가능하게 되었다. 기껏해야 몇 개의 인위적인 분야로 나누어서 분석할 수 있을 뿐인데, 이런 부분적 분석은 많은 외부적 요인들을 통제할 수 없으므로 적절한 분석이 되기 어렵다. 어떤 한 그룹을 조사하려면 다른 이질적 그룹에 소속된 개인들(다른 기준, 사회적 목적, 가정 관계, 도덕성 등을 가진 개인)을 함께 조사해야 한다. 이처럼 두 그룹이 서로 복잡하게 얽혀 있어서 세부적으로 분석, 평가할 수가 없다. 반면에 원시 사회에서는 문화적 전통이 간단하여 개별 성인들의 지식 내에 모두 포섭될 수 있다. 한 그룹의 풍습과 도덕이 윤곽이 뚜렷한 일반적 패턴으로 포착되는 것이다. 이런 간단한 상황 내에서는 문화적 특징들의 상호 연계성을 측정하는 것이 가능한 반면, 서양의 복잡한 문명 속에서는 교차적 흐름들을 모두 파악하기가 불가능하다.

지금까지 원시문화의 객관적 사실들을 강조해온 이유들과, 과거 그 사실들을 학계에서 활용해온 흐름과는 서로 상관이 없다. 무슨 말인가 하면, 과거에는 이런 원시문화의 사실들을 오로지 근원의 재구성이라는 목적으로만 활용했던 것이다. 초창기의 인류학자들은 서로 다른 문화권의 특징들이 진화론적으로 발전하여 오늘날의 서양 문명에 도달하게 된 과정을 일렬로 배열하려고 애썼다. 하지만 서양의 종교가 아니라 오스트레일리아의 종교를 연구한다고 해서 최초의 원시 종교를 발견해 낸다는 보장이 없다. 또 이로쿼이 인디언의 사회구조를 연구한다고 해서 초창기 인간 조상들의 짝짓기 습관을 알아낼 수 있다고 보기 어렵다.

인간이라는 종족은 결국 하나의 종이기 때문에 어느 지역에 살건 인간은 그 배후에 아주 긴 역사를 가지고 있다고 보아야 한다. 일부 원시부족은 문명인에 비해 태초의 행동 형태에 비교적 가깝다고 할 수 있지만 이것도 상대적인 이야기이고 그런 추측은 맞을 확률만큼이나 틀릴 확률도 많다. 지금까지 전해지는 어떤 원시적 관습이 인간 행동의 원초적 유형이었다고 말할 근거는 없다. 방법론적으로 볼 때, 이 원초적 행동에 대하여 우리가 가장 비근한 지식을 얻을 수 있는 방법은 한 가지뿐이다. 그것은 인간의 사회에서 보편적으로 혹은 준 보편적으로 발견되는 몇 가지 특징들의 분포 상태를 연구하는 것이다. 잘 알려져 있는 보편적 특징들이 몇 가지 있다. 가령 모든 학자들이 동의하는 것으로는 애니미즘과 족외혼이 있다. 그 외에 널리 퍼진 개념으로 인간의 영혼과 내세(來世)가 있는데 이것은 많은 의문을 불러일으킨다. 아무튼 이것도 거의 보편적으로 퍼져 있는 것이므로, 아주 오래된 인간의 발명품이라고 보아야 할 것이다. 그렇다고 해서 이런 개념을 생물적으로 결정된 개념으로 보아서는 안 된다. 인간이 생각을 하게 된 이래 아주 초창기부터 기본적으로 형성된 "요람(搖籃)" 특징이라고 보아야 할 것이다. 결론적으로 이 개념들은 다른 현지의 관습처럼 사회적 조건화의 산물이라고 볼 수 있다. 하지만 그것들은 인간의 행동에서 자동적인 것이 되었다. 다시 말해 아주 오래되었고 또 보편적인 것이다. 그렇다고 해서 오늘날 관찰되는 어떤 문화의 형태가 태초에 있었던 원초적 형태라고 말할 수는 없다. 다양한 문화적 형태들을 연구한다고 해서 그 태초의 근원을 재구성할 수 있는 방법도 없다. 이런 신념들 중에서 보편적 핵심만 따로 떼어 내어 그것을 국지적 형태와 구분할 수도 있을 것이다. 하지만 그 경우에도 그 보편적 핵심이 두드러지게 나타난 국지적 형태에서 비롯된 것일 수도 있고, 모든 관찰된 특징들에서 가장 덜 발견되는 아주 근원적인 어떤 것(태초의 것)이 아닐 수도 있다.

이 때문에 원시 습관들을 활용하여 근원을 확립하려는 시도는 추론에 그치게 된다. 물론 이런 식으로 하여 어떤 근원에 대한 논증을 구축할 수 있을지도 모른다. 서로 보완적이면서도 서로 배타적인 어떤 최초의 근원을 말이다. 하지만 인류학적 자료들을 활용한 논증들 중 이런 근원을 찾으려는 시도는 추측에 추측이 이어지는 시도일 뿐이다. 정작 그 근원에 대한 결정적 증거는 제시하지 못한다.

:: 원시부족을 연구하는 이유

원시 사회의 자료를 활용하여 사회적 형태를 논의하려는 것은 원시적인 것으로의 낭만적 회귀와도 무관하다. 이 책은 원시부족을 아름답게 시화(詩化)하려는 의도를 갖고 있지 않다. 현대는 이질적 기준들의 시대이고 혼란스러운 기계적 소음의 시대이다. 그런 만큼 이런 저런 원시부족의 문화가 우리에게 강력하게 호소하는 바 있을 것이다. 하지만 우리가 원시부족의 이상(理想)으로 되돌아간다고 해서 우리 사회의 병폐가 치유되리라고 보지 않는다. 단순한 원시부족에게서 발견되는 낭만적 유토피아주의는 때때로 매력적이기는 하지만 민족지학적 연구에 도움을 준다기보다 장애를 줄 뿐이다.

그럼 오늘날 원시부족을 면밀히 연구하는 것이 왜 중요할까? 그것은 앞에서도 말한 바와 같이 문화적 형태와 과정을 연구하는 자료를 제공하기 때문이다. 현지의 문화 유형에 대응하는 반응과 인간의 본능에서 나오는 반응을 구분하도록 도와준다. 그것 이외에, 문화적으로 조건 형성된 행동이 굉장히 중요한 역할을 한다는 것을 이해하고 측정하게 해준다. 다양한 과정과 기능을 갖고 있는 문화는 우리가 놀라운 정신적 성취를 거둘 수 있는 학문 분야이다. 그리고 문자가 아직 생겨나지 않은 원시 사회의 객관적 사실들을 탐구하는 것은 우리에게 커다란 성과를 가져다 줄 것이다.

2장

문화의 다양성

I

:: **생명의 잔**

라몬은 캘리포니아 주 사람들 사이에 디거 인디언이라고 널리 알려진 인디언 부족의 추장이다. 그는 예전에 디거 인디언들이 살아왔던 방식에 대하여 나에게 많은 얘기를 해주었다. 그는 기독교 신자이면서 부족의 지도자이기도 하다. 사람들이 경작된 농지에 배나무와 살구나무를 심는 일을 도와주기도 한다. 그는 곰 춤을 추면서 곰으로 둔갑한 샤면 얘기를 해줄 때에는 손이 떨리고 목소리가 감동에 잠기기도 했다. 예전의 인디언 부족들이 갖고 있었던 위력은 감히 비교해 볼 수 없이 위대한 것이었다고 그는 말했다. 그는 예전에 디거 부족이 먹었던 사막 음식 얘기를 하는 것을 가장 좋아했다. 식물들을 뿌리째 뽑아 와서 나에게 사랑스럽다는 듯이 보여

55

주었고 그 식물이 정말로 소중한 것이라는 표정을 지어 보였다. 과거의 디거 부족은 "사막의 건강"을 먹었고 통조림 깡통에 든 것과 정육점에서 판매하는 고기 따위는 아예 몰랐다고 말했다. 이런 새로 나온 물건들이 오늘날 디거 부족을 타락시켰다는 것이다.

어느 날 라몬은 메스키트 열매를 갈아서 도토리 수프를 만드는 얘기를 하다가 뜬금없이 이런 말을 했다. "태초에 하느님은 모든 사람에게 진흙으로 만든 잔을 주었어요. 사람들은 이 잔을 가지고 그들의 생명을 마셨어요." 이 비유가 디거 족의 전통 의례에서 나오는 것인데 내가 모르고 있었던 것인지 아니면 그가 스스로 지어낸 이미지인지 알 수 없었다. 그가 캘리포니아 주 남부의 배닝 시에서 알게 된 백인들로부터 이런 얘기를 들었을 것 같지는 않았다. 백인들은 다른 민족의 습속에 대하여 토론하는 것을 별로 좋아하지 않기 때문이다. 아무튼 이 겸손한 인디언의 마음속에서 그 비유는 너무나 생생하고 의미심장한 것이었다. "사람들은 모두 그 잔으로 물을 뜹니다. 하지만 그들의 잔은 달라졌어요. 우리의 잔은 이제 깨어졌습니다. 그건 사라져버렸어요."

〈우리의 잔은 깨어졌습니다.〉 부족민의 생활에 의미를 부여했던 것들, 가령 식사의 가정 내 의례, 경제 체제의 의무사항, 마을에서 전통적으로 승계되는 의식들, 곰춤에서의 빙의(憑依) 상태, 옳고 그름의 기준, 이런 것들이 사라졌고 그리하여 그들의 인생의 형태와 의미가 사라졌다는 것이다. 라몬

노인은 아직도 정력적이었고 백인들과의 관계에서 지도자 노릇을 했다. 그는 자신의 부족이 멸절되었다는 뜻으로 그런 말을 한 것은 아니었다. 하지만 그의 마음속에서 생명 그 자체, 사람들의 기준과 믿음의 기반이라 할 어떤 것이 사라졌다는 뜻이었다. 물론 다른 잔들이 남아 있고 그걸로 같은 물을 퍼낼 수 있겠지만 그 상실은 돌이킬 수 없는 것이었다. 그 잔의 일부에다 뭔가 보태고 잔에서 일부 떼어내서 수리를 하면 되는 그런 문제가 아니었다. 그 물 잔은 통으로 나오는 것이고 어느 한 부분이 훼손되면 온전함을 유지하지 못하는 것이다. 그것은 그들에게만 있는 잔이었다.

: : 선택의 필요성

라몬은 자신이 말한 내용에 대하여 개인적 경험을 갖고 있었다. 그는 가치관과 사고방식이 일치하지 않는 두 문화에 걸터앉아 있었다. 그건 힘든 운명이다. 서구 문화는 분명 인디언 문화와는 다르다. 서구인은 하나의 국제적 문화에 맞추어 성장했고 서구의 사회과학, 심리학, 신학은 라몬의 비유가 표현하고 있는 진실을 계속 무시해 왔다.

인생의 방향과 환경의 압력, 풍성한 인간의 상상력 등은 인간에게 많은 가능한 단서들을 제공했고 그런 것들은 인간의 사회가 유지되는 데 봉사하고 있다. 그런 가능한 단서들로는 사유 재산 제도와 그것을 뒷받침하는 사회 내 계급이 있다. 또 물질적인 것들과 그것들을 뒷받침하는 기술이 있다.

성생활, 부모 노릇, 부모 노릇 이후의 역할에 따르는 다양한 측면이 있다. 사회에 구조를 제공하는 조합과 컬트가 있다. 신들과 초자연적 승인이라는 추상적 개념도 있다. 이런 여러 단서들 중 어떤 것을 선택하여 문화적·의례적 정교화를 이룩하여 어떤 문화적 에너지를 독점하는가 하면, 다른 문화적 특징들의 구축에는 별로 에너지를 쏟지 않기도 한다. 서구 문명에서는 중요하게 여겨지는 인생의 어떤 측면들이 다른 방향으로 문화를 구축해 온 부족들에게는 사소한 것으로 치부되어 무시되었다. 그렇다고 해서 이들 부족의 문화가 빈약한 것은 아니었다. 부족의 문화적 특징들 중 어떤 것은 너무 지나치게 정교화되어 우리 서구인은 그것을 황당무계하다고 생각한다.

문화적 생활의 이런 특징은 언어의 특징에서도 드러나고 있다. 어느 분야든 선택이 필수적인 것이다. 성대와 구강과 비강이 발음할 수 있는 소리의 숫자는 사실상 무한이다. 영어에서 사용되는 마흔 개 내지 쉰 개의 소리는 무한한 소리에서 선택한 것인데, 이 선택 분포가 유사 언어인 독일어나 프랑스의 그것과는 또 다르다. 전 세계에 알려진 언어들이 사용하는 소리의 총 숫자는 사실상 측정할 수가 없다. 그러나 각 언어는 이런 무한한 소리 중에서 일부를 선택하여 그것만 고집하는데 그렇게 하지 않으면 의미를 제대로 전달할 수가 없기 때문이다. 수백 개의 소리 – 실제로 기록 가능한 소리 –를 음소로 활용하는 언어는 의사소통용으로는 부적격이다. 반면에 영어와 관계없는 언어들을 제대로 이해하지 못하는 측면의 상당 부분은, 영어를 기준으로 그 낯선 언어들의 음성 체계를 파악하려드는 데서 비롯된다. 가령 영어의 K는 음가가 하나뿐이다. 그러나 다른 언어는 목구멍과 구강 등 다른 곳에서 발음되는 K의 소리에 다섯 개의 음가를 인정하여 어휘와 구문에 따라 다른 의미를 부여한다면, 이런 소리 체계를 습득하기 전까지 영·미인은 그 말을 이해하지 못할 것이다. 영어에는 D와 N이라는 음가가 있다. 반면에 다른 언어에는 그 두 음가 사이에 존재하는 중간음을 두고 있다고 해보자. 그러면 영·미인은 이 중간음을 어떤 때는 D, 또 어떤 때는 N이라고 표기하여 실제의 언어(그들의 언어)에서는 있지도 않은 구분을 하는 꼴이 될 것이다. 언어학 연구의 기본 전제는 각각의 언어들이 이 무수하게 많은 소리들 중 어떤 것들만을 선택하여 활용 음소로 삼는다는 사실을 인식하는 것이다.

문화도 이와 마찬가지여서 인간의 연령대, 자연환경, 인간의 활동 등 다양한 관심사들로 이루어진 커다란 스펙트럼을 갖고 있다. 이런 스펙트럼의 대부분을 활용하는 문화는 파열음, 폐쇄음, 순음, 치음, 치찰음, 유성음과 무성음 및 구음과 비음에 이르는 연구개음 등을 모두 활용하는 언어처럼 의사소통 불가능이 되어버릴 것이다. 어떤 문화의 정체성이란 바로 이런 스펙트럼의 어떤 부분을 선택하느냐에 따라 결정되는 것이다. 세계 각지의 인간 사회는 문화적 제도를 구축할 때 이처럼 선택을 해왔다. 각 문화는 자신의 관점에 입각하여 다른 문화가 중시하는 것을 무시하거나, 다른 문화가 중요하지 않다고 생각하는 사항들을 정교하게 개발했다. 어떤 문화는 금전의 가치를 거의 인정하지 않는 반면 어떤 문화는 행동의 모든 분야에서 금전을 제일 중시한다. 어떤 문화에서는 기술을 경시한 나머지 기술이 없으면 생존이 어려운 그런 생활 분야에서조차도 기술을 깔본다. 반면에 어떤 문화에서는 똑같은 간단한 기술이라도 잘 활용하여 기술적 성취를 더욱 높이며, 나아가 그것을 현실생활의 해당 국면에 알맞게 활용한다. 또 어떤 문화는 청소년기를 중시하여 그 위에 엄청난 문화적 상부구조를 구축하는가 하면 어떤 문화는 죽음 혹은 내세를 그런 바탕으로 삼기도 한다.

:: 서로 다른 사회들 내에서의 청소년기와 사춘기

청소년기의 문제는 특히 흥미롭다. 왜냐하면 그 시기는 우리 서구 문명에서 아주 중요한 시기이고 또 다른 문화권에서도 이 시기에 관한 정보가 풍성하기 때문이다. 우리 서구 문명에서는, 도서관을 채우고 남을 만한 심리학적 자료들이 청소년기(사춘기)의 불안이 필연적 현상이라고 강조하고 있다. 서구의 전통에서 사춘기의 생리적 상태는 가정 내에서의 반발과 반항이라고 보고 있는데, 이것은 장티푸스에 걸리면 고열이 나는 것처럼 필연적인 현상이라는 것이다. 사춘기라는 시기가 있다는 사실에 대해서는 아무도 의문을 제기하지 않는다. 미국에서도 그것은 흔하게 관찰된다. 그런데 의문은 사춘기의 반발과 반항이 과연 필연적 현상이냐는 것이다.

상이한 사회들이 사춘기에 대응하는 방식을 대충 살펴본다 해도 이 한 가지 사실은 피해갈 수 없는 듯하다. 즉, 사춘기라는 문화적 특징에 주목하는 여러 문화권들에서조차도, 그 사춘기의 구체적 연령에 대해서는 중구난방이라는 것이다. 우선, 생물학적 사춘기라는 개념만 살펴보아도 소위 사춘기라는 게 잘못 붙여진 명칭임을 알 수 있다. 각 문화권에서 인정하는 사춘기는 사회적 개념이고, 그와 관련된 의례는 주로 아이가 성인의 지위를 획득했다는 사실을 이런 저런 방식으로 인정하는 것이다. 새로운 직분과 의무를 부여하는 이 의례는 직분과 의무라는 것 못지않게 문화적으로 다양하게 조건화된 것이다. 어떤 문화는 성인의 유일한 명예로운 의무를 전쟁의 무용(武勇)이라고 여기는 반면, 어떤 문화는 가면신(假面神)을 형상화한 가면을 쓰고서 춤을 추는 것을 성인의 의무라고 여긴다. 이 경우 전사 성인식은 가면 춤 성인식보다 뒤에 나온 것이고 또 종류가 다른 것임을 알 수 있다. 사춘기(성인식) 제도를 이해하기 위하여 통과의례의 본질적 성격을 모두 분석해 볼 필요는 없다. 그보다는 상이한 문화권 내에서 성인식으로 어떤 것을 내세우고 또 사춘기의 청년을 성인으로 맞아들이는 방식이 어떤 것이 있는지 알아보는 것이 더 필요하다. 다시 말해 생물학적 사춘기를 알아보자는 것이 아니라, 문화적 조건(사춘기 의례) 내에서 어떤 성인의 의미가 부여되는지 알아보자는 것이다.

북아메리카 중부 지역에서 성인이 되었다는 것은 전쟁에 나갈 나이라는 뜻이다. 그곳에서는 전쟁의 무공이 어른의 가장 큰 목표였다. 성인식의 반복되는 주제(또 어떤 연령대를 막론하고 전쟁에 나갈 때의 준비사항)는 전쟁에 나가서 성공하게 해달라는 주술적 의례였다. 청소년들은 서로 상처를 입히는 것이 아니라 자기 자신에게 상처를 입혔다. 팔과 다리의 피부를 살짝 베거나, 손가락을 자르거나, 가슴이나 다리에 일부러 무거운 짐을 부착하고 힘들게 나아갔다. 이렇게 하면 전쟁에 나가서 용맹하게 된다는 것이었다.

반면에 오스트레일리아의 성인식은 여자를 완전 배제하는 것을 특징으로 하는 남성 컬트에 참가하는 것이었다. 여자를 어느 정도로 금기시하는가 하면, 이 의례에서 사용하는 불로어러(오스트레일리아 원주민의 의식용 악기)의 소리를 여자가 우연히 듣기만 해도 그녀는 죽음에 처해졌다. 여자들에게는 이 의례는 철저히 비밀이었다. 사춘기 의례는 정교했고 여성들과의 유대를 끊어버린다는 상징적 의미를 갖고 있었다. 남자는 상징적으로 자급자족하는 인물이 되어 공동체의 문제를 전적으로 책임지는 자가 되어야 했다. 이런 목적을 달성하기 위하여 남자들은 아주 과격한 성적 의식을 치르고 초자연적 증거물을 내놓아야 했다.

따라서 사춘기의 생리적인 사실은 문화적 해석에 눌려서 뒷전으로 밀려났다. 이것은 생리적인 것을 중시하는 사회에서도 그러했다. 사춘기 제도를 광범위하게 조사해 보면 추가적인 사실이 더욱 분명해진다. 생리적 관점의 사춘기는 남자와 여자의 인생 사이클에서 그리 중요한 것이 아니다. 만약 문화가 생리적 특징을 강조한다면, 여자의 성인식이 남자의 성인식보다 더 성대해야 되었을 것이다. 하지만 사실은 그렇지 않다. 성인식이라는 의식은 사회적 사실을 강조하는 것이다. 모든 문화에서 남자들의 성인 특권이 여자의 그것보다 훨씬 중요한 의미를 가졌고, 그래서 위의 사례들에서 살펴본 것처럼 여러 사회들은 여자보다는 남자의 사춘기를 더 중시한다.

그러나 여자와 남자의 성인식이 동일한 부족 내에서 동일한 방식으로 축하되기도 한다. 브리티시컬럼비아 지역의 오지에서 성인식은 모든 활동에 대비한 주술적 훈련의 장(場)이고 여자들도 남자들과 똑같이 참여한다. 남자들은 자신의 빠른 발을 과시하기 위하여 산꼭대기에서 돌을 굴리고 나서 돌보다 먼저 산기슭에 도착한다. 혹은 노름에서 행운을 얻기 위해 노름 막대기를 던진다. 여자들은 멀리 떨어진 샘물에서 물을 길어 오고 돌을 치마 안으로 넣어 땅에 떨어뜨리기도 한다. 이것은 나중에 아이를 이처럼 쉽게 낳기 위한 희망을 표시한 것이다.

동아프리카 호수 지역의 난디 부족의 경우, 여자와 남자는 똑같이 성년식에 참가한다. 그러나 이 문화에서 남자의 역할이 지배적이기 때문에 남자의 훈련 기간은 여자보다 훨씬 힘들고 **빡빡**하다. 이곳의 통과의례는 이미 성인이 된 사람이 이제 막 성인이 되려고 하는 남자들에게 가하는 시련이다. 그들은 성기 할례 등의 아주 교묘한 고문 앞에서 견인주의자 같은 인내를 발휘하기를 요구한다. 남녀의 성인식은 별도로 진행되지만 똑같은 패턴을 따른다. 남녀는 성인식을 위해 애인의 옷을 입는다. 할례식이 진행되는 동안 그들의 얼굴에 고통의 표정이 떠오르는지 면밀하게 살핀다. 용감함에 대한 보상은 커다란 기쁨 속에서 애인이 수여한다. 그녀는 남자에게 달려가 그로부터 장식품 일부를 받아들이는 것이다. 남녀는 성인식을 통하여 새로운 성적 역할에 입문한다. 남자는 이제 전사가 되었으므로 애인을 차지할 수 있고, 여자는 결혼을 할 수 있다. 성인식은 결혼 직전의 시련 같은 것으로서 애인들은 서로에게 종려나무를 수여한다.

성인식은 여자들의 사춘기에 바탕을 두어 구축될 수 있고 남자들에게는 적용되지 않을 수도 있다. 이런 사례들 중의 하나가 중부 아프리카에서 시행되고 있는 여성용 〈살찌는 집〉 제도이다. 여성의 아름다움을 비만 정도로 평가하는 이 지역에서 사춘기의 소녀는 몇 년 동안 별거하면서 단것과 지방질 많은 음식만 먹고 운동은 하지 않으며 피부를 반들거리게 하기 위해 온몸에 기름을 열심히 바른다. 그녀는 이 기간 동안 장래의 의무에 대해서 교육을 받으며 별거 기간이 끝나면 자신의 비만을 주위에 과시하고 이어 그녀를 자랑스럽게 여기는 신랑과 결혼을 한다. 반면에 남자는 결혼 전에 유사한 방식으로 이런 아름다움을 획득할 필요가 없었다.

여성 성인식의 중심이 되는 아이디어이지만 남자에게까지 확대되지 않는 것은 월경과 관련된 제도였다. 월경 중의 여자는 불결하다는 것은 널리 퍼진 사상이었고 몇몇 지역에서는 초경이 모든 관련 제도의 핵심사항이었다. 이 경우 성인식은 우리가 살펴본 것들과는 아주 다르다. 브리티시컬럼비아의 캐리어 인디언 부족 사이에서 소녀의 성인식에 대한 공포와 전율이 극에 달했다. 소녀가 3~4년 동안 별거하는 기간을 "생매장"이라 불렀고 소녀는 그 기간 동안 사람들의 발자취가 드문, 나뭇가지로 만든 움막에서 혼자 살아야 했다. 그녀는 너무나 위험한 인물이고 그래서 그녀를 쳐다보기만 하는 것으로도 악운이 생길 수 있었다. 그녀가 어떤 길이나 강에 발에 들여놓기만 해도 그 길과 강은 부정이 탔다. 그녀는 무두질한 가죽으로 만든 커다란 머리 장식을 써야 했는데 그 장식은 그녀의 얼굴과 가슴을 가리고 그녀의 등 뒤로 땅까지 흘러내렸다. 팔과 다리는 동물 근육으로 만든 넓적한 끈으로 묶었는데 그녀 안에 가득 들어 있는 사악한 악령으로부터 그녀를 보호하기 위한 것이었다. 그녀 자신이 위험의 한가운데 들어 있기 때문에 주위의 모든 사람에게 위험을 가져다주는 존재였다.

월경과 관련된 여자의 성인식은 그 당사의 관점에서 볼 때 정반대의 것(위험이 아니라 축복)으로 바뀔 수도 있었다. 신성한 것에는 언제나 정반대의 두 가지 양상이 교차되어 있어서

때로는 위험을 가져오는가 하면 때로는 축복을 내리기도 한다. 어떤 부족들에게 여자의 초경은 강력한 초자연적 축복을 의미했다. 나는 아파치 족을 방문하여 그들의 사제가 초경의 소녀들로부터 축복을 받기 위하여 무릎 꿇고 그들 앞으로 나아가는 것을 본 적이 있다. 어린 아이들과 노인들도 그 소녀들 앞에 나와서 병을 모두 가져가 달라고 빌었다. 이 소녀들은 위험의 원천으로 격리 조치되는 것이 아니라 오히려 초자연적 축복의 원천으로 섬김을 받았던 것이다. 캐리어 족이나 아파치 족이나 여성의 성인식은 월경에 바탕을 둔 것이므로, 남자들에게까지 확대되지는 않았다. 남자들의 성인식은 간단한 테스트나 무용의 과시로 이루어졌다.

따라서 사춘기의 성인식, 심지어 여자의 성인식도 그 시기의 생리적 특징에 의해서 주도되지 아니하고, 결혼과 주술 등 사회적 필요에 의해 주도되었다. 이러한 사회적 믿음 때문에 어떤 부족에서는 성인식이 종교적이면서 호혜적이었는가 하면, 어떤 부족에서는 너무나 위험할 정도로 불결하여 소녀는 숲속의 암자 길을 지나가는 사람들에게 위험하니 돌아가라고 소리쳐야 했다. 우리가 위에서 살펴본 바와 같이, 소녀들의 사춘기는 문화에 의해 제도화되지 않는 주제일 수도 있었다. 남자의 사춘기가 특별한 대접을 받는 오스트레일리아 대부분 지역에서도 성인식은 남자의 지위를 획득하고 부족의 일에 참여하는 것을 의미했을 뿐이고, 여자들의 사춘기는 아무런 공식적 승인 없이 지나가버렸다.

하지만 이런 사실들은 아직도 근본적인 문제에 대답을 하지 못하고 있다. 비록 제도적인 표현을 하지는 않는다고 하더라도 모든 문화권은 사춘기의 자연스러운 동요에 대응해야만 하는 것이 아닐까? 마거릿 미드 박사는 사모아에서 이 문제를 연구했다. 그곳에서 여자의 인생은 잘 구분되어 있는 시기를 통과한다. 여자가 유년 시절에서 벗어나면 남자들을 철저하게 배제하는, 이웃 또래 여자들의 소규모 집단에 들어간다. 그녀가 소속되어 있는 마을의 한 구석은 아주 중요하고, 같은 또래의 남자들은 전통적으로 적의 취급을 당한다. 그녀에게는 아이를 돌보아야 하는 한 가지 의무가 있다. 하지만 집에 머물면서 애를 보는 게 아니라 애를 데리고 다닐 수 있으므로 그녀의 놀이는 크게 방해를 받지 않는다. 사춘기가 되기 이태 전, 그녀가 튼튼해져 다른 어려운 일도 할 수 있고 또 숙련된 기술을 배울 나이가 되었으므로, 또래 여자들의 놀이 그룹은 해체된다. 그녀는 어른의 옷을 입고 집안의 일을 도와야 한다. 사춘기는 그녀에게 아무런 흥미도 없는 시기이고, 또 그에 수반되는 동요도 없다. 달리 말해 사춘기는 아무런 변화도 가져오지 않는 것이다.

　성인이 된 지 몇 년 후 그녀는 결혼 적령기에 이를 때까지 근심 없고 무책임한 연애를 몇 년간 끌며 즐긴다. 따라서 사춘기라고 해서 사회적 승인, 태도의 변화, 주변의 기대치 변화 등이 수반되지 않는다. 사춘기 이전의 수줍어하는 태도도 사춘기 이후 이태 동안 별반 달라지지 않는다. 사모아 여자의 사춘기는 생리적, 성적 원숙함이라는 주제와는 다른 주제에 의해 구획되고, 또 스트레스 없는 평화로운 시기여서 청소년기의 갈등 따위는 발생하지 않는다. 따라서 사춘기는 아무런 문화적 의례 없이 지나간다. 이 시기는 소녀의 정신 건강에 아무런 의미도 없으며 소녀를 대하는 마을 사람들의 태도 또한 그러하다.

전쟁은 다른 문화에서 사용될 수도 있고 사용되지 않을 수도 있는 또 다른 사회적 주제이다. 전쟁을 중시하는 사회에서, 전쟁은 평화 시와는 상반되는 목표, 상반되는 국가 조직, 상반되는 제재가 따른다. 그러나 아스텍 부족처럼 전쟁은 종교적 희생에 사용하는 포로를 얻기 위한 수단일 수도 있다. 아스텍 부족을 쳐들어온 스페인 사람들은 살해할 목적으로 전쟁을 수행했으므로, 그들은 아스텍 기준에 따르면 전쟁의 규칙을 위반한 것이 된다. 아스텍 부족은 그런 스페인 사람들을 보고 놀라서 퇴각했고 스페인 사령관 코르테스는 승자의 자격으로 아스텍 수도에 입성했다.

:: 전쟁이라는 말을 들어본 적이 없는 사람들

우리의 관점에서 보면 세계의 다른 지역들에는 정말 기이한 전쟁의 관념들이 있다. 우리의 논의의 목적을 위해, 조직적인 상호 학살이 사회 집단 내에서 결코 벌어지지 않는 지역도 있다는 것을 주목하면 충분할 것이다. 한 부족이 다른 부족을 상대할 때 전쟁의 상태가 평화의 상태가 교대로 벌어진다(우리는 전쟁이 빈번하게 벌어지기 때문에 이런 양상을 쉽게 이해할 수 있다). 물론 전쟁과 평화의 교대라는 아이디어는 전 세계적으로 흔한 현상이다. 그러나 어떤 부족들의 경우, 전쟁의 상태만 있을 뿐 평화의 상태라는 것은 생각조차 하지 못한다. 그것은 적대적인 부족을 사람들의 범주로 인정하는 것이나 다름없기 때문이다. 그러나 적은 결코 사람 취급을 해 줄 수가 없고, 그 적대적 부족이 동일한 종족과 문화에서 뻗어나간 부족일지라도 여전히 동물 취급을 하는 것이다.

이와는 정반대로 어떤 부족은 전쟁의 상태라는 것을 결코 이해하지 못한다. 라스무센은 서양의 전쟁 관습을 에스키모 족에게 설명해 주었는데 그들은 전혀 그 개념을 알아듣지 못했다. 에스키모 인들은 사람을 죽이는 행위에 대해서는 잘 알고 있었다. 어떤 상대가 방해가 되면 그 상대를 해치울 수 있는 힘이 자신에게 있는가를 판단하여 가능하다고 생각되면 그 상대를 죽인다. 만약 살해자가 힘센 사람이라면 그에게는 아무런 보복도 가해지지 않는다. 하지만 에스키모 부족이 다른 에스키모 부족을 상대로, 혹은 한 부족이 다른 부족을 상대로, 또는 한 마을을 매복 공격의 상대로 전쟁을 한다는 것은 에스키모 인들에게 낯선 개념이었다. 살인은 개인적인 것이나 집단적인 것이나 결국 하나의 항목으로 처리될 뿐, 서양의 경우처럼 국익을 위한 살해, 살인죄가 되는 살해 등으로 구분한다는 것은 생각조차 하지 못했다.

나 또한 캘리포니아의 미션 인디언에게 서양식 전쟁의 개념을 설명하려 했으나 불가능했다. 그들은 서양식 전쟁을 도무지 이해하지 못했다. 그들의 문화적 기반에는 그런 아이디어가 존재하지 않기 때문이다. 서양인들이 도덕적 열기 속에서 목숨을 바쳐가며 수행하는 전쟁이, 그들의 눈으로 볼 때에는, 뒷골목 패싸움에 지나지 않았다. 그들은 전쟁과 패싸움을 구분하는 문화적 패턴을 갖고 있지 않은 까닭이다.

전쟁이 서양 문명에서 중요한 위치를 차지하고 있다는 사실을 시인한다고 하더라도, 전쟁은 반사회적인 행위이다. 제1차 세계대전 이후의 대 혼란상을 감안할 때 전쟁 중에 부추겼던 용기, 이타심, 정신적 가치 등은 결국 전쟁 수행을 위한 공허한 구호가 아니었는가 하는 느낌마저 든다. 서양 문명 속의 전쟁은 문화적 특징이 잘못 발달하면 얼마나 파괴적인가를 보여주는 구체적 사례이다. 전쟁의 가치에 대하여 객관적으로 검토하지 않고 무조건 전쟁을 정당화하려고 한다면, 전 세계 모든 민족이 그들의 파괴적 문화 특징을 옹호하고 나서도 서양인들은 할 말이 없게 될 것이다.

:: 결혼의 관습

전쟁만이 그런 사례는 아니다. 전 세계 각처에서 그리고 문화적 복잡성의 여러 수준에서, 문화적 특징을 압도적으로 반사회적 형태로 구축하는 사례를 얼마든지 제시할 수 있다. 이러한 사례들은 섭식(攝食)과 혼인(婚姻) 규정에서 아주 분명하게 드러나는데, 전통적인 관습이 생물학적 충동과는 정반대 방향으로 구축되어 있는 것이다. 인류학에서 사회구조는 아주 특별한 의미를 갖는데, 모든 인간 사회가 혼인 문제와 관련하여 특별한 금지 사항을 두고 있다는 보편성 때문에 그러하다. 그 어떤 부족도 모든 여자를 가능한 배우자로 여기지 않았다. 이것은 통상 가정하는 대로 근친혼을 피하기 위한 의도적 노력은 아니었다. 세계의 여러 지역에서는, 결혼 당사자의 친 사촌이나 외삼촌의 딸(외사촌)을 배우자로 삼았기 때문이다. 결혼을 피하는 친척 범위는 민족들에 따라서 완전히 달라졌다. 그러나 혼인 대상자에 대하여 제한을 둔다는 점에서는 모든 인간 사회가 동일했다. 근친혼 금지처럼 지속적이면서도 복잡하게 문화의 간섭을 받았던 개념도 없다. 근친혼 금지 그룹은 부족의 가장 중요한 기능 단위였고, 이 그룹 구성원들의 의무는 상대적 지위에 의하여 규정되었다. 이 그룹은 종교적 의식과 일련의 경제적 교환에서 하나의 단위로 기능을 발휘했다. 이 집단이 사회적 역사에서 담당한 역할은 너무나 중요하여 그 중요성을 과장할 수가 없다.

어떤 지역들에서는 근친혼 금지를 다소 헐겁게 운영했다. 금지 규정에도 불구하고 결혼 적령기의 남자에게 돌아갈 여자들이 상당히 많이 있었다. 하지만 어떤 지역들에서는 근친혼 금지의 범위가 황당무계하게 넓어서 사회적 허구가 될 정도였다. 그리하여 선대로 소급하면 공통의 조상을 전혀 공유하지 않은 다수의 남녀가 근친혼 금기 대상에 편입되었고, 결과적으로 배우자 선택의 폭이 아주 좁게 되었다. 이러한 사회적 허구는 그 부족에서 사용되는 친척 관계 용어들에 잘 표현된다. 가령 서양에서는 아버지와 아저씨, 친형제와 사촌 등을 구분하여 직계와 방계라는 용어를 사용한다. 그러나 어떤 원시부족에서는 그런 구분이 없이 서양인에게 아주 낯선 구분을 하면서 "아버지와 같은 세대(친척 관계와 공동체 등)에 속하는 그룹의 남자"라는 용어를 사용한다. 가령 동부 오스트레일리아의 어떤 부족들은 이런 분류적(총체적) 친족 제도의 극단적 형태를 준수하고 있다. 그러니까 아버지와 어머니가 형제자매라고 부르는 같은 세대의 남녀 모두를 친척(직계의 형제자매에 상당)이라고 인정하는 것이다. 여기에 사촌이라는 카테고리는 아예 없다. 같은 세대의 친척들이 모두 형제자매가 되는 것이다.

이런 식으로 친척 관계를 따지는 관습은 전 세계적으로 볼 때 그리 이례적인 것이 아니다. 그러나 오스트레일리아 부족은 여동생(누나)과의 결혼을 극도로 혐오한 나머지, 전무후무한 족외혼 규정을 발전시켰다. 가령 쿠르나이 족은 여동생과의 결혼을 지나치게 혐오하여 분류적 친족 제도를 아주 극단적으로 준수했다. 그러니까 아버지와 어머니와 같은 세대에 속하는 모든 여자들이 여동생(혹은 누나)으로 인정되어 결혼을 금지했다. 이것 이외에 쿠르나이 족은 배우자 선택에 있어서 엄격한 지역 제한을 두었다. 이 부족은 15~16개의 지역으로 구성되어 있는데 이 중 단 두 지역만 선정하여 그 지역의 여자만 데려올 수 있고 다른 지역의 여자는 데려오지 못하게 했다. 게다가 오스트레일리아 전 지역에서 그러하듯이, 노인은 특권 그룹이었고 그 특권은 젊고 매력 있는 여자들을 취하는 데까지 확대되었다. 이런 엄격한 조치의 결과, 부족 내의 전 지역들에서 젊은 남자에게 아내로 내어줄 젊은 여자가 없게 되었다. 이런 엄격한 터부에 걸리지 않는 여자는 하나도 없었던 것이다. 그 젊은 여자는 어머니 세대와의 관계로 인해 "여동생"이거나 늙은 남자에게 약속이 되어 있거나 아니면 기타 사소한 이유로 그 젊은 남자에게 내어줄 수가 없었다.

사정이 이런데도 쿠르나이 족은 족외혼 규칙을 수정하지는 않았다. 그들은 폭력을 사용하면서까지 그 규칙의 준수를 강요했다. 따라서 남녀가 결혼할 수 있는 유일한 방법은 결혼 규정을 노골적으로 위반하는 것뿐이었다. 남녀는 마을에서 달아나는 것이다. 마을은 그 사실을 발견하면 곧 수색대를 결성하여 쫓아왔다. 만약 남녀가 붙잡힌다면 그들은 죽음에 처해진다. 수색대의 남자들도 과거에 그런 방식(달아나기)에 의해 결혼했다고 하더라도 그것은 문제가 되지 않는다. 도덕적 분노가 하늘을 찌른다. 하지만 전통적으로 안전한 피신처라고 알려진 섬이 하나 있다. 만약 달아난 남녀가 그 섬에 도달하여 아이를 낳는다면 그때는 마을에서 다시 받아준다. 그러나 이때는 수색대에 붙잡혔을 때처럼 일방적으로 몽둥이세례를 당하여 죽음을 당하는 것이 아니라, 남녀는 요령 있게 피하면서 자신을 방어할 수 있다. 이처럼 몽둥이세례를 당하고 나면 남녀는 부족 내에서 부부의 지위를 인정받게 된다.

쿠르나이 족은 그들의 문화적 난관을 전형적인 방식으로 해결했다. 그들은 특정한 행동 방식을 너무 지나칠 정도로 발전시켰다가 그게 결국은 사회적 부채가 되었다. 그들은 그것을 수정하거나 아니면 빠져나갈 구멍을 마련해야 되었다. 결국 도피처를 선택했다. 그들은 규정을 폐지하지 않는 대신, 그것을 묘하게 빠져나갈 수 있는 구멍을 마련해 준 것이다. 이처럼 풍속에 대처하는 방식은 문명의 발전 과정에서 빈번히 발견된다. 서양 문명의 과거 세대들은 이와 마찬가지로 일부일처제를 강조하면서도 공창 제도를 지지했다. 일부일처제에 대한 칭송이 하늘을 찌르던 그 시절이 바로 유곽의 최전성기였다. 사회들은 언제나 그들이 좋아하는 전통적 형태를 정당화해왔다. 이런 특징들이 통제 불가능한 상태가 되어 일부 보완적 형태가 도입될 때, 기존의 전통적 형태에 대한 형식적 칭송이 즉각 벌어졌다. 마치 보완적 형태는 도입이 되지 않은 것처럼.

이러한 인류의 문화적 형태에 대한 조감도는 몇몇 공통적인 오해들을 분명하게 밝혀준다. 먼저, 인간의 문화 제도가 환경이나 인간의 신체적 필요에 의해 구축되었다는 얘기는 그런 당초의 목적과는 별로 일치되지 않는 것임을 밝혀주고 있다. 그러한 힌트들은 실제에 있어서 아주 거친 윤곽이거나 기본적 사실의 열거에 지나지 않는다. 그것들은 사소한 구실에 지나지 않고 그것들을 중심으로 벌어진 문화의 정교화는 많은 다른 고려사항들에 의해서 추진되었다. 전쟁은 인간의 호전적 본능이 표현된 것이 아니다. 인간의 호전성은 인간이라는 시스템 전체를 놓고 볼 때 하나의 자그마한 힌트에 지나지 않으며, 그래서 부족 간의 관계에서는 아예 표현이 되지 않았다. 문화가 제도화될 때 그것은 당초의 목적이 아니라 어떤 일정한 생각의 틀을 따라가는 것이다. 호전성은 관습이라는 공을 굴리는 가벼운 터치에 불과하고 그런 터치가 없더라도 공은 굴러가게 되어 있다.

이러한 문화적 과정의 관점에서 볼 때, 서양의 전통적 제도를 지지하는 기존의 많은 논증들은 다시 검토해볼 필요가 있다. 기존의 논증들은 이런 특별한 전통적 제도가 없으면 인간은 기능을 발휘하지 못한다는 견해에 바탕을 두고 있었다. 이런 논증을 정당화하기 위해 아주 특별한 특징들 또한 동원되었는데 서양의 사유재산 제도에서 발생하는 특정한 경제적 드라이브의 형태(이기심에 바탕을 둔 시장 경제) 또한 전통적 가치의 하나라고 주장했던 것이다. 그것은 아주 특별한 동기임에는 틀림없으나 심지어 우리의 세대에서도 강력한 도전을 받아 수정되기에 이르렀다. 아무튼 그것을 생물학적 생존의 가치인 양 주장하여 문제의 핵심을 흐리는 일이 없어야 한다. 이기심은 우리의 문명이 그 동안 죽 활용해 왔던 동기였다. 우리의 경제 구조가 많이 바뀌어서 이 동기가 더 이상 위대한 프런티어 시대나 팽창하는 산업 시대처럼 강력한 드라이브가 아니게 되었다. 그렇다면 변화된 경제 구조에 알맞은 다른 많은 동기들을 감안해야 할 것이다. 모든 문화, 모든 시대는 다수의 가능태들 중에서 몇 개만 선택하여 집중적으로 발달시킨다. 변화는 아주 혼란스럽고 또 커다란 상실을 가져오기도 한다. 하지만 이런 상실은 변화 그 자체에 따른 어려움 때문에 그런 것이지, 우리의 시대나 국가가 인간 생활을 영위하기 위해 필요한 단 하나의 동기만을 고집하기 때문은 아닌 것이다. 변화에는 어려움이 많이 따르지만 변화는 불가피하다. 아주 사소한 관습의 변화에 대해서도 우려를 표시하는 것은 논의의 요점을 흐리는 일이다. 문명은 인간의 권위, 의지, 상상력이 예상한 것보다 더 급격하게 변화해 왔고 이것은 지금 시대에도 마찬가지이다. 오늘날 사람들의 비난이 쏟아지고 있는 사소한 관습의 변화, 가령 이혼율의 증가, 미국 도시들의 점증하는 세속화, 키스, 포옹 등이 허용되는 파티의 증가 등은 사소한 문화적 패턴의 변화로 간단히 수용될 수 있는 것이다. 이런 현상이 전통적인 관습으로 받아들여진다면 과거 세대들의 문화 패턴 못지않게 풍성한 내용, 중요성, 가치를 부여받게 될 것이다.

사실을 털어놓고 말하자면 문화의 단순함 혹은 복잡함의 여러 측면에 걸쳐서 실현 가능한 제도와 동기들은 아주 많다. 이러한 변형에 대하여 높은 관용의 정신을 보여주는 것이 바로 지혜의 본질이다. 어떤 문화의 형태에 따라서 성장하고 생활하지 않는 한 그 누구도 그 문화에 완전하게 참여할 수가 없다. 하지만 그는 자신의 문화에 부여하는 중요성을 다른 문화들에게도 부여하여 갈등을 일으킬 수도 있다.

II

:: 문화적 특징들의 뒤섞임

문화적 다양성은 존재의 여러 양태를 정교하게 구축 혹은 배제하는 데에서만 나오는 것이 아니다. 그것은 문화적 특징을 아주 복잡하게 상호 교차시킬 때에도 생겨난다. 위에서 방금 말한 것처럼, 전통적 제도의 최종적 형태는 인간의 최초 동기를 넘어서는 경향이 있다. 대체로 보아 이 최종 형태는 어떤 문화적 특징이 다른 경험 분야에서 나온 특징들과 상호 교차할 때 생겨난다.

널리 퍼진 문화적 특징은 어떤 민족의 종교적 신념들로 가득 차 있는데 이것은 그들의 종교 활동에서 중요하게 기능을 발휘한다. 다른 지역에서 그 특징은 전적으로 경제적 거래의 문제일 수 있고 그래서 금전적 조치의 양상을 띠게 된다. 가능성은 무한하고 그 결과 나타난 현상은 종종 기이하기까지 하다. 문화적 특징의 본질은 어떤 지역에서 어떤 요소들을 종합했느냐에 따라 지역별로 상당히 다르다.

우리가 이러한 과정을 명확하게 인식하는 것이 중요하다. 만약 그렇게 하지 않는다면 어떤 지역에서 발견된 문화적 특징을 사회학적 법칙으로 일반화하려고 들 수도 있고, 또 그런 문화적 요소와 특징의 결합을 보편적 현상으로 받아들일 수도 있기 때문이다. 유럽 조형미술의 위대한 시대는 종교적 동기에 의해 드라이브(推動)되었다. 미술은 그 시대의 전망에서 기본적 사항이었던 종교적 장면과 교리를 묘사했고, 또 공동의 재산으로 만들었다. 만약 중세 미술이 순전히 장식적인 것이었고 종교와 공동의 대의를 공유하지 않았더라면 현대 유럽의 미술 철학은 상당히 달라졌을 것이다.

역사적 발전을 살펴보면, 미술의 위대한 발전은 종종 종교적 동기와 용도로부터 아주 격리된 상태로 성취되었다. 그러나 미술과 종교가 아주 발달된 곳에서, 미술은 종교로부터 뚝 떨어져 있을 수도 있었다. 미국 남서부의 푸에블로 족의 경우, 도자기와 섬유의 예술 형태는 다른 문화에 소속된 예술가들의 존경을 받고 있지만, 그들의 사제가 가지고 다니는 접시 혹은 제단 위에 올려놓는 신성한 접시는 장식이나 문양이 너무 조잡하여 스타일이 없다. 박물관들은 이 접시들의 장인정신이 전통적인 도자기의 수준에 아주 미달하기 때문에 그 물건들을 폐기 처분하는 것으로 알려졌다. "우리는 그 접시에다 개구리를 집어넣습니다"라고 주니 인디언들은 말한다. 종교적 편의 때문에 예술적 필요를 배제했다는 뜻이다. 이런 예술과 종교의 분리 특징이 푸에블로에서만 발견되는 것은 아니다. 비록 동기는 다양하게 다르지만, 남아메리카와 시베리아의 부족도 유사한 구분을 하고 있다. 그들은 종교적 예배에 있어서 예술적 기술을 발휘하지 않는 것이다. 따라서 현지의 중요한 주제인 종교에서 예술의 원천을 찾으려 하기보다, 이 둘이 상호 침투한 과정을 탐구하여 그것이 어떤 결과를 가져왔는지 살피는 것이 더 중요하다.

:: 수호신과 비전

서로 다른 분야의 경험이 상호 침투하는 과정과 그것이 그 분야에 미친 파급 효과는, 경제, 성적 관계, 민담, 물질 문화, 종교 등 존재의 여러 단계에서 발견된다. 그 과정은 북아메리카 인디언들의 광범위한 종교적 특징 중 하나를 가져와 예시할 수 있다. 아메리카 대륙의 북부든 남부든, 남서부의 푸에블로를 제외한 모든 문화 지역에서 초자연적 힘은 꿈이나 환상(비전)에 의해 얻어진다. 그들의 믿음에 따르면, 인생의 성공은 초자연적인 것과의 개인적 접촉 덕분이다. 비전을 본 사람은 평생 동안 힘을 얻게 되고, 일부 부족들에서 그런 사람은 더 많은 비전을 추구함으로써 정령과의 개인적 관계를 계속 새롭게 해나간다. 그가 본 것, 가령 동물, 별, 식물, 초자연적 존재 등은 수호신이 되어 그를 보호하며, 그는 필요할 때마다 수호신을 부를 수가 있다. 그는 이 수호신을 위해 예식을 거행해야 하고 그에게 선물을 바쳐야 하고 각종 의무 사항을 이행해야 한다. 그에 대한 보답으로 수호신은 비전(환상) 속에서 그에게 약속했던 구체적 힘을 부여한다.

북아메리카의 모든 지역에서 이 수호신은 그와 밀접하게 관계되는 문화적 특징에 따라 다른 형태를 취한다. 브리티시컬럼비아의 고원에서는 그 형태가 위에서 막 살펴본 성인식과 합쳐진다. 이 부족들의 사춘기 남자와 여자는 주술의 훈련을 받기 위해 산속으로 들어간다. 성인식은 태평양 해안 북부와 서부에 널리 분포되어 있다. 이들 지역의 성인식은 대부분의 수호신 의례와 뚜렷하게 구분된다. 하지만 브리티시컬럼비아에서는 그 둘이 하나로 합쳐진다. 남자 아이가 받는 주술 훈련의 클라이맥스는 수호신을 획득하는 장면인데, 이때 등장하는 수호신은 하나의 선물로서 그 남자 아이의 평생 직업을 말해준다. 초자연적 존재의 점지에 의하여 그는 전사, 샤먼, 사냥꾼, 혹은 노름꾼이 된다. 수호신을 맞아들인 여자는 가정 내의 임무를 부여받는다. 이 지역의 수호신 의례는 성인식과 너무나 밀접한 관계가 있기 때문에, 이 지역을 잘 아는 인류학자들은 아메리칸 인디언의 비전 콤플렉스는 성인식에 근원을 두고 있다고 말한다. 하지만 그 둘은 유전적으로 관련이 있는 것은 아니다. 그 둘은 지역에 따라 하나로 합쳐지고, 그 합쳐지는 과정에서 두 가지 특징은 특별하면서도 특징적인 형태를 갖게 된다.

아메리카 대륙의 다른 지역들에서는 수호신을 성인식 때 추구하지 않고 또 부족의 모든 청년들이 맞아들이지도 않는다. 따라서 이들 문화에서 성인식이 비록 존재한다고 하더라도, 수호신 콤플렉스와는 아무런 관련도 없다. 남부 평원지대에서는 신비한 승인을 얻어야 하는 것은 성인 남자들이다. 이때 비전 콤플렉스는 성인식과는 아주 다른 특징과 합쳐진다. 오세이지 족의 친족 집단은 그 계통이 아버지 쪽에 의해 확립되고 어머니의 라인은 무시해버린다. 이 친족 그룹은 초자연적 축복이라는 공통의 유산을 갖고 있다. 이 씨족의 전설은 그 조상이 어떻게 비전을 보았고 또 그 동물로부터 축복을 받았는지 설명한다(씨족의 이름은 그 동물의 이름을 취한다). 홍합 씨족의 조상은 눈물이 뺨을 적시는 가운데 일곱 번이나 초자연적 축복을 기원했다. 마침내 그는 홍합을 만났고 이렇게 말한다.

오 할아버지,
저 작은 것들은 신체를 만들 만한 것을 가지고 있지 않습니다.

그러자 홍합이 그에게 대답했다.

너는 저 작은 것들이 신체를 만들 만한 것을 가지고 있지 않다고 말했다.
그럼 저 작은 것들이 나를 가지고 신체를 만들도록 하라.
저 작은 것들이 나를 가지고 신체를 만들면
그들은 아주 오래까지 살게 될 것이다.
내 피부(조개껍질)의 주름을 보아라.
나는 그것으로 노년으로 가는 수단을 만들었다.
저 작은 것들이 나를 가지고 신체를 만들면
그들은 오래 살아서 그들의 피부에 노년의 표시를 볼 수 있으리라.

인생의 강의 일곱 굽이를
나는 성공적으로 통과했다.
나의 여행 중에 신들도 내가 만든 통과의 흔적을 보지 못했다.
저 작은 것들이 나를 가지고 신체를 만들면
아무도, 심지어 신들도 그들이 만든 흔적을 보지 못하리라.

이 부족들 사이에는 비전 탐구의 낯익은 요소들이 모두 등
장한다. 하지만 그것은 씨족의 조상에 의하여 획득되었고 그
축복은 혈연 그룹을 통하여 상속되었다.

오세이지 부족의 이러한 상황은 토테미즘 세계의 그림을
여실하게 보여준다. 토테미즘이란 사회적 조직과 종교적 조
상 숭배가 아주 밀접하게 합쳐진 것이다. 토테미즘은 전 세
계 모든 지역에서 발견되는데, 인류학자들은 씨족 토템은
"개인적 토템" 혹은 수호신에서 비롯되었다고 주장해 왔다.
그러나 이 상황은 비전 탐구가 성인식과 합쳐진 브리티시컬
럼비아 고원의 상황과 아주 유사하다. 단지 여기서는 그것이
씨족의 상속 특권과 합쳐진 것일 뿐이다. 이런 새로운 연결
관계는 너무나 강력하여 비전은 더 이상 사람에게 힘을 준다
고 생각되지 않았다. 비전의 축복은 상속에 의해서만 획득된
다. 오세이지 족들 사이에서 조상과 토템의 만남을 노래하는
기다란 찬송가가 생겨났고 그의 후예들이 상속에 의해 가져
가는 축복을 자세히 설명하고 있다.

이 두 가지 경우에서, 성인식 혹은 씨족 조직과 합쳐지면

서 각 지역에서 다른 특징을 획득하게 되는 것은 비전 콤플렉스만이 아니다. 성인식과 사회 조직 또한 비전 탐구와 상호 교차됨으로써 영향을 받는 것이다. 그 상호작용은 서로에게 영향을 미치는 것이다. 비전 콤플렉스, 성인식, 씨족 조직, 기타 특징들이 비전과 관련하여 긴밀한 연관 관계를 맺으면서 다양한 조합을 만들어내는 가닥들이 된다. 이런 가닥들을 다르게 조합하여 생겨나는 결과는 아주 중요하다. 우리가 방금 살펴본 두 지역, 그러니까 종교적 경험이 성인식과 관련이 있는 지역과 종교적 경험이 씨족 조직과 합쳐지는 지역에서, 이런 합쳐짐의 자연스러운 결론으로서, 그 부족의 모든 개인들은 그 비전으로부터 자신이 하는 일의 성공을 보장하는 힘을 얻는다. 성공적인 사냥꾼, 성공적인 노름꾼은 성공적인 샤먼과 마찬가지로 그 비전으로부터 힘을 얻는 것이다. 그들의 교리에 의하면 초자연적 수호신을 얻지 못한 사람에게는 출세의 가도가 막혀 있는 것이다.

그러나 캘리포니아에서, 비전은 샤먼의 직업적 증거일 뿐이다. 그것은 샤먼을 별개의 인간으로 구분해준다. 따라서 이런 지역에서 비전 체험의 가장 일탈적인 양상이 발달되었다. 비전은 더 이상 단식, 고행, 고립 등에 의해서 유도되는 가벼운 환각 상태가 아니었다. 그것은 공동체의 아주 불안정한 구성원들 특히 여성들을 덮치는 몽환 체험이었다. 샤스타 족의 경우, 여성만이 그런 축복을 받는 것이 하나의 관습이었다. 그 체험은 경직성 발작에 의한 몽환인데 일차 꿈을 꾸고난 후에 여성을 찾아왔다. 그녀는 의식을 잃고 경직된 상태로 땅에 쓰러졌다. 의식이 되돌아왔을 때 그녀의 입에서는 피가 흘러나왔다. 그녀가 샤먼의 부름을 받은 이후 수년간 거행되는 모든 의례들은 그녀가 경직성 발작에 빚지고 있음을 증명하고 또 그 때문에 그녀의 질병이 치유되어 목숨을 건진 것으로 간주된다. 샤스타 족의 경우, 비전 체험은 그 특성을 경직성 발작으로 바꾸어 종교적 실천을 다른 것들과 구분하고 있지만, 샤먼의 특징 또한 몽환 체험의 성격에 의해서 수정된다. 그들은 분명 공동체의 불안정한 구성원들인 것이다. 이 지역에서 샤먼들 사이의 경쟁 방식은 같이 춤을 추어 상대방을 먼저 쓰러뜨리는 형태를 취한다. 그러니까 제일 오래 춤을 춘 샤먼에게 필연적으로 경직성 발작이 찾아오는 것이다. 이렇게 해서 비전 체험과 샤머니즘은 서로 긴밀한 관계를 맺게 된다. 이 두 특징의 결합은, 비전 체험과 성인식의 결합 혹은 비전 체험과 씨족 조직의 결합 못지않게 행동의 분야를 크게 바꾸어놓는다.

:: 결혼과 교회

마찬가지로 우리 문명에서도 교회와 결혼 허가는 역사적으로 서로 완전히 구분되게 되었다. 그러나 그 이전 수세기 동안 교회가 종교적으로 결혼을 허가함으로써 성적 행동과 교회의 발전에 크게 영향을 미쳤다. 이 수세기 동안 결혼이 이런 특징을 띠게 된 것은 본질적으로 관계없는 두 개의 문화적 특징이 결합되어 있었기 때문이다. 반면에 결혼은 부(富)가 전통적으로 이전되는 수단 노릇을 해왔다. 이런 현상이 벌어지는 문화권에서 결혼과 경제적 이전의 긴밀한 관계는 결혼이 근본적으로 성적 관계이면서 자녀 양육의 제도라는 사실을 묵살해 버렸다. 어느 경우든 결혼은 밀접한 관계를 맺게 된 그 다른 특징과 관련하여 이해되어야 한다. 따라서 이러한 두 경우의 결혼 제도에 있어서, 동일한 사고방식이 작동하고 있다고 판단하는 실수를 저질러서는 안 된다. 우리는 그러한 결과를 빚어낸 다른 요소들을 감안해야 하는 것이다.

:: 이러한 결합은 사회적인 것일 뿐 생물적으로 필연적인 것은 아니다

우리는 우리의 문화적 유산을 분석하여 그 세세한 부분들을 잘 살펴볼 필요가 있다. 우리가 이런 식으로 가장 간단한 행동 속에 깃들인 복잡성을 이해해 나간다면 사회 질서에 대한 우리의 논의도 더욱 분명해질 것이다. 앵글로 색슨 족의 경우, 인종 차이와 지위 특권이 하나로 단단히 합쳐져 있기 때문에 우리는 생물학적 인종 문제를 사회적으로 조건 형성된 편견들로부터 구분하지 못한다. 앵글로 색슨과 가까운 민족들, 가령 라틴 민족들 내에서는 이러한 편견이 다른 형태를 취하고 있다. 그래서 스페인이 식민지를 건설한 나라들과 영국이 건설한 식민지 국가들에서 인종 차이는 똑같은 사회적 의미를 갖고 있지 않다. 마찬가지로 기독교와 여성의 지위도 역사적으로 상호 긴밀한 관계를 유지해 왔는데, 시대에 따라 아주 다른 상호 작용을 했다. 현재 기독교 국가 내에서 여성들이 높은 지위를 누리고 있는 것은 기독교의 결과는 아니라고 할 수 있는데, 이는 오리겐*이 여자를 치명적 유혹과 동일시한 것이 기독교의 결과가 아닌 것과 동일한 이치이다. 이러한 문화적 특징들의 상호 침투는 생겨났다가 사라지는데, 문화의 역사는 상당 정도까지 문화적 특징들의 성격, 운명, 결합의 역사이다. 따라서 우리가 복잡한 문화 현상 속에서 유전적 관계를 부여한다거나 그런 상호관계의 혼란에 경악을 느끼는 것은 대체로 보아 근거 없는 망상이라 할 수 있다. 문화적 특징들의 다양한 조합 가능성은 무한하고 그래서 적절한 사회 질서는 이런 다양성의 기반 위에서 무차별적으로 구축될 수 있는 것이다.

---

* 오리겐(Origen, AD 185~254) : 알렉산드리아의 신학자. -옮긴이

3장

문화의 통일성

:: 모든 행동 기준은 상대적이다

　문화의 다양성에 대해서는 한없이 많은 증거를 들이댈 수 있다. 어떤 사회에서 인간 행동의 어떤 분야는 아예 무시되어 거의 존재하지 않는 것으로 여겨지기도 한다. 심지어 어떤 경우에는 생각조차 할 수 없는 것이 되어버리기도 한다. 이와는 정반대로 어떤 행동의 분야가 조직적 행동을 거의 독점할 수도 있고, 그리하여 아주 낯선 상황들도 그런 행동의 관점에 의해 조종될 수도 있다. 본질적으로는 아무 상관도 없고 그래서 역사적으로 독립되어 있던 특징들도 서로 합병되어 필연적인 것으로 정착되고, 그런 합병이 일어나지 않은 지역에서는 찾아보기 어려운 행동의 양태를 보여주기도 한다. 이런 현상의 필연적 결과로서, 행동 양태의 기준은 문화권에 따라서 긍정적인 것이 되는가 하면 부정적인 것이 되기도 한다. 그 구체적 사례들 들어보면, 목숨을 끊는 행위(살인이든 자살이든)는 세계 어디서나 비난받아 마땅할 행위라고 생각하기 쉽다. 하지만 살인의 경우, 외교적 관계가 단절되어 전쟁이 벌어진 경우라면 이웃나라의 사람을 죽이는 것은 아무런 책벌도 당하지 않는다. 또한 관습에 의하여 처음 태어난 두 아이를 죽일 수도 있고, 남편이 아내에 대하여 생사여탈권을 가질 수도 있고, 부모가 너무 늙으면 부모를 내다버리는 것이 자식의 의무일 수도 있다. 남의 가금류를 훔친 자, 윗니가 먼저 나는 아이, 수요일에 태어난 아이는 죽일 수도 있다. 어떤 부족에서는 우발적 사망 사고를 일으켰다는 이유로 고문을 해서 사람을 죽이기도 하고, 또 다른 부족들 사이에서 그것은 전혀 문제가 되지 않는다. 자살의 경우, 가벼운 모욕을 받은 사람이 취하는 행동일 수도 있는데 이것은 어떤 부족에게서는 일상적으로 벌어지는 일이다. 이것은 현명한 사람이나 취할 수 있는 아주 고상하고 고귀한 행동일 수도 있다. 반면에 다른 부족에게서는 아주 웃기는 농담일 수도 있고, 인간으로서는 생각하기 어려운 행동으로 치부될 수도 있다. 또는 법률로 처벌받아야 마땅한 범죄로 간주되는가 하면 신에 대하여 죄를 짓는 것으로 여겨지기도 한다.

:: 문화의 패턴화

그러나 이러한 관습의 다양성은 그저 막연히 기록하고 말 그런 문제는 아니다. 이 부족의 자기 학대, 저 부족의 헤드헌팅(머리가죽 벗기기), 다른 부족의 혼전 순결 등은 서로 관계없는 행동의 리스트로서, 어떤 문화에서 이런 특징이 발견되면 때로는 경악을 표시하고, 발견되지 않으면 의아함을 표시해야 할 그런 사항들이 아니다. 마찬가지로 타살이나 자살에 대한 타부는 비록 어떤 절대적 기준에 연계된 것은 아니지만 그렇다고 해서 우연히 발생한 현상도 아닌 것이다. 문화적 행동은 국지적, 인공적, 아주 가변적인 것이다, 라고 이해한 것만으로는 그 행동의 의미를 완벽하게 파악했다고 할 수 없다. 그런 행동은 거기서 한 걸음 더 나아가 통합되는 경향을 보이기 때문이다. 문화는 개인과 마찬가지로 생각과 행동의 패턴에 어떤 지속적 일관성을 지니고 있다. 각 문화 내에서 발생하는 어떤 특징적 목적들이 있는데 그것들이 반드시 다른 타입의 사회에 의해 공유되는 것은 아니다. 이러한 목적들에 순응하면서 각 부족은 점점 더 그들의 경험을 통합하게 되는데, 이런 움직임의 강도에 따라 이질적 행동 양태는 점점 더 일관된 꼴을 갖추게 된다. 서로 어울리지 않는 행동들도 잘 통합된 문화에 의해 흡수가 되면 아주 특별한 목적을 가진 특징이 되고, 때때로 평소에는 있을 법하지 않은 변화까지도 수반하는 것이다. 이러한 행동들이 취하는 형태는 해당 사회의 주된 감정적·정신적 원천을 이해함으로써 더 잘 이해될 수 있다.

이러한 문화의 패턴 화(化)는 별로 중요하지 않은 세부사항이라며 간단히 무시할 수 있는 게 아니다. 현대 과학이 여러 분야에서 강조하고 있는 바와 같이, 전체는 부분들의 총합에 그치지 않는다. 그보다는 부분들의 독특한 배치와 상호 관계로 인해 아예 새로운 실체가 생겨나는 것이다. 화약은 유황, 목탄, 규석을 기계적으로 종합한 것이 아니다. 이 세 요소가 자연 상태에서 갖고 있는 형태에 대하여 아무리 많은 지식을 알고 있더라도, 화약의 성질을 환히 밝혀주지는 못한다. 이런 요소들을 종합하는 과정에서 각각의 요소에는 들어 있지 않았던 새로운 실체가 탄생하고, 그 실체의 행동 양태는 각 요소들이 달리 조합되었을 때의 행동 양태와는 결정적으로 다르다.

마찬가지로 문화도 문화적 특징들의 총합에 그치는 것이 아니다. 어떤 부족의 혼인, 의례의 춤, 성인식 등에 대하여 잘 알고 있다 하더라도, 이 요소들을 어떤 특정 목적에 동원하는 부족의 전체 문화에 대해서는 잘 모를 수도 있다. 이런 목적이 있기 때문에 해당 부족은 거주 지역의 여러 특징들 중에 어떤 것은 선택하여 사용하고 어떤 것은 사용 불가라고 판단하여 무시하는 것이다. 또 어떤 특징들은 그들의 요구사항에 맞게 가공하는 것이다. 이러한 선택의 과정은 그 전(全) 과정 동안 의식적으로 수행되는 것은 아니다. 하지만 이런 과정을 인간 행동의 패턴 화 연구에서 묵과해버린다면, 합리적 해석의 가능성을 배제하게 된다.

이러한 문화의 통합은 전혀 신비한 것이 아니다. 이것은 예술의 어떤 양식이 탄생하여 존속하게 되는 것과 동일한 과정이다. 높이와 빛을 선호하여 시작된 고딕 건축은 그 기술

내에서 발달된 기호(嗜好)의 기준에 의하여 13세기의 독특하고도 동질적인 예술 양식이 되었다. 고딕 양식은 불일치 요소들은 배제하고, 다른 사항들은 그 목적에 맞게 수정했고, 또 그 기호에 일치하는 어떤 사항들을 새롭게 창안했다. 우리가 이런 역사적 과정을 기술(記述)할 때, 이런 위대한 예술 양식이 발전한 데에는 선택과 목적이 있기나 한 것처럼 애니미즘(어떤 의도적 영혼의 존재)을 암시하는 표현을 쓰게 된다. 하지만 이것은 우리의 언어 형태의 난점 때문에 그런 것뿐이다. 고딕 양식이 발전하는 데에는 의식적인 선택이나 목적 같은 것은 없었다. 형태와 기술에서 약간의 변화를 준 것이 점점 더 강하게 표현되기 시작하여 어떤 확정적 기준으로 통합되었고 그리하여 고딕 예술이 생겨났다.

이런 위대한 예술 양식의 발생 패턴이 문화 전체에서도 벌어진다. 생활, 혼인, 전쟁, 신의 예배 등과 관련된 사소한 행동들이, 그 문화 내에서 발달된 선택의 무의식적 기준에 힘입어, 어떤 지속적 패턴으로 굳어지는 것이다. 어떤 문화는 어떤 시대의 예술처럼 이런 통합에 실패하기도 한다. 그리고 많은 다른 문화들의 경우, 우리가 그 세부사항을 아는 것이 너무 적어서 그런 문화를 만들어낸 동기가 무엇인지 파악하지 못한다. 하지만 아주 복잡한 문화든 정반대로 아주 단순한 문화든 그런 통합을 이루었다는 것은 분명하다. 이러한 문화들은 많든 적든 통합된 행동을 성공적으로 성취했다. 그런데 정말 놀라운 일은 이런 문화적 통합형태가 아주 다양할 수 있다는 것이다.

:: 대부분의 인류학 저서들이 안고 있는 단점

지금껏 인류학의 작업은 전체로 통합된 문화의 연구보다는 문화적 특징들의 분석에만 너무 몰두해 왔다. 이것은 대체로 보아 초창기의 민족지학적 묘사의 성격 때문에 그런 것이다. 고전적 인류학자들은 원시부족을 직접 만나 얻은 지식을 바탕으로 하여 글을 쓴 것이 아니었다. 그들은 안락의자 연구자들로서, 여행자와 선교사들의 노트와 초창기 민족지학자들의 형태적이고 구조적인 이야기들을 바탕으로 글을 썼다. 이런 자료들로부터 이빨을 뽑는 관습이나 동물의 내장으로 점을 치는 관습 등이 세계적으로 어느 정도 분포되어 있는지 파악하는 게 가능했다. 하지만 그런 특징들이 다른 부족들 사이에서 어떤 특징적 통합형태를 취하는지 살펴보는 것은 불가능했다. 그런 통합형태야말로 그런 문화적 과정에 의미와 형태를 부여하는 것인데도 말이다.

『황금 가지』*와 같은 문화 연구서들과 비교 민족지학 저서들은 문화적 특징을 논의하는 데에만 집중했을 뿐, 문화적 통합의 여러 양상들은 무시했다. 가령 혼인이나 장례 관습에 대해서 기술할 때 서로 다른 문화권에서 무분별하게 뽑아온

---

* 영국의 인류학자 제임스 프레이저(James George Frazer, 1854~1941)의 대표적 저서. 〈주술과 종교의 연구〉라는 부제가 붙어 1907년에서 1915년 사이에 12권으로 발간되었으며 1922년에 한 권짜리 축약본이 나왔다. -옮긴이

행동 양태를 가지고 설명했다. 그 결과 그들의 논의는 기계적인 프랑켄슈타인의 괴물 비슷한 게 되어버렸다. 가령 오른쪽 눈은 피지 부족에게서 가져오고, 왼쪽 눈은 유럽 부족에게서, 한쪽 다리는 티에라 델 푸에고에서, 다른쪽 다리는 타히티에서 그리고 손가락과 발가락은 다른 지역에서 가져와, 인공적 사람을 만들어놓고는 이게 원시부족의 구성원이라고 내세우는 거나 마찬가지였다. 이런 가공의 인물은 과거나 현재에 있어본 적이 없었다. 가령 정신의학에서도 이런 식으로 논의를 해나간다면 동일한 어려움에 봉착할 것이다. 그러니까 정신병 환자가 보이는 각각의 증상만을 열거하고, 그 증상들이 서로 결합하여 만들어낸 증상의 패턴 – 가령 정신분열증, 히스테리, 조울증 등 – 은 놓치는 꼴이 되어버리는 것이다. 정신병 환자에게서 어떤 증상이 수행하는 역할과, 그것이 환자의 총체적 개성에 기여하는 정도는 환자들에 따라서 천차만별이다. 만약 우리가 정신병의 과정을 이해하려고 한다면, 그 특정 증상을 그 환자의 전체적 통합형태와 관련시켜야만 흡족한 대답을 얻을 수 있을 것이다.

문화를 특징(증상)으로만 파악하려는 태도 또한 이런 어리석음을 범하는 것이 된다. 만약 우리가 문화적 과정에 관심이 있다면, 어떤 선택된 행동의 의미를 파악하는 유일한 길은 그 문화 내에 제도화되어 있는 동기, 정서, 가치 등의 배경에 비추어 그 행동을 이해하는 것이 되어야 한다. 따라서 오늘날 가장 중요한 첫 번째 과제는 살아 있는 문화를 연구하면서 그 사고방식, 기능, 제도를 살펴보는 것이다. 이러한 지식은 사후의 해부나 재구성으로는 결코 얻을 수가 없다.

반드시 문화의 기능을 연구해야 한다고 인류학자 말리노프스키*는 거듭 주장해 왔다. 그는 전파 이론은 문화라는 유기체의 사후 해부에 지나지 않는다고 비판하면서 살아 있는 문화의 기능을 연구하는 것이 중요하다고 말했다. 현대 민족지학을 가능하게 만든, 원시부족에 대한 개척자적 본격 연구는 말리노프스키가 멜라네시아의 트로브리안드 제도 부족을 폭넓게 조사 연구한 것이었다. 그러나 말리노프스키는 살아 있는 문화의 특징이 그 문화의 일부를 구성하면서 기능을 발휘한다는 일반론을 강조했다. 그는 트로브리안드 부족의 특징들 - 상호 의무의 중요성, 주술의 현지 특성, 트로브리안드의 가정 내 상황 등 - 이 전 세계 원시부족에 공통된다고 일반화했다. 하지만 그것은 많은 관찰 가능한 유형의 하나인 트로브리안드 문화의 통합형태일 뿐이다. 각 문화 형태는 저마다 독특한 경제적·종교적·가정적 제도를 갖고 있는 것이다.

문화 형태에 대한 연구는 이제 더 이상 어떤 특정 부족의 제도를 원시부족의 일반적 제도인 것처럼 취급해서는 안 된다. 그래서 인류학자는 단수의 원시부족 연구에서 복수의 부족 연구로 시선을 돌리고 있는데 이런 방향 전환은 이제 조

---

* 브로니슬라프 말리노프스키(Bronisław Kasper Malinowski, 1884~1942) : 폴란드 출신의 영국 인류학자. 생애 후반에는 미국 예일 대학의 교수를 지냈다. 모든 문화는 그 안에 핵심적 기능을 갖고 있다는 기능 이론을 주장, 문화는 인간적 성취의 총체라고 보았다. -옮긴이

금씩 눈에 띌 뿐이다.

:: 전체에 대한 견해

　부분보다는 전체의 통합 상태를 연구하려는 태도는 현대 과학의 많은 분야에서 강조되고 있다. 빌헬름 슈테른은 자신의 철학과 심리학 연구에서 통합을 기본 과제로 삼고 있다. 그는 개인의 분열되지 않은 총체성이 논의의 출발점이 되어야 한다고 주장한다. 그는 내관(內觀) 심리학과 실험 심리학에서 거의 보편적으로 행해지고 있는 원자론적 연구를 비판하면서 인성의 통합형태를 연구해야 한다고 강조했다. 전체 Struktur(구조)를 중시하는 학파들은 여러 분야에서 이런 종류의 작업에 몰두하고 있다. 보링거는 이런 접근방법이 미학 분야에서 아주 근본적인 차이를 가져온다고 말한다. 그는 고도로 발달된 두 시대 즉 그리스 시대와 비잔틴 시대의 예술을 대비시킨다. 그에 의하면 예전의 비평은 예술을 절대적 기준으로 정의하여 고전주의의 기준으로만 판단했다. 따라서 비잔틴 회화나 모자이크의 예술적 과정은 제대로 이해하지 못했다. 하지만 한 시대의 성취는 다른 시대의 기준으로 판단해서는 안 된다. 왜냐하면 각각의 시대는 아주 다른 목적을 성취하기 위해 노력하기 때문이다. 그리스 예술은 그들의 행위에 대한 즐거움을 표현하려고 했다. 그리스 인들은 객관적 세상과 그들의 생기 넘치는 발랄함이 곧 같은 것이라는 주제를 구상화하려 했다. 반면에 비잔틴 예술은 외부 세상과는 떨어져 사는 사람의 심오한 느낌, 즉 추상적 생각을 객관화하려 했다. 이런 두 시대를 제대로 이해하려면 예술적 재능의 비교는 물론이고 예술적 의도의 차이점 또한 꿰뚫고 있어야 한다. 이 두 예술 형태는 서로 대비되는 통합적 형태이고, 각각은 정반대되는 형태와 기준을 활용했던 것이다.

　게슈탈트(Gestalt : 통합형태) 심리학은 부분이 아니라 전체를 논의의 출발점으로 삼아야 한다는 주장을 관철시키는 획기적 공헌을 했다. 게슈탈트 심리학자들은 아주 단순한 감각·지각에 있어서도, 독립된 지각 대상만 열심히 분석해서는 총체적 체험을 설명할 수 없음을 보여주었다. 지각을 객관적 부분으로 나누는 것만으로는 충분하지 않다. 주관적 틀, 과거의 체험에 의해서 마련되는 형태 등이 중요하고 그런 만큼 논의에서 배제되어서는 안 된다. 로크 시대 이래 심리학이 만족해 왔던 간단한 연상 메커니즘 이외에, "총체적 성질" 혹은 "총체적 경향"을 연구해야 하는 것이다. 전체는 부분들의 관계뿐만 아니라 그 부분의 성질까지도 결정한다. 이 두 총체 사이에는 종류가 다른 불연속성이 존재하며, 그 둘 속으로 들어간 유사한 요소들을 이해하는 것은 물론이고 그 이상의 것을 연구해야만 그 둘의 다른 성질을 이해할 수 있다. 게슈탈트 심리학의 연구는 주로 실험실에서 실험적으로 얻어지는 자료에 근거하고 있다. 하지만 그 파급 효과는 심리학 연구 너머로까지 퍼져나가고 있다.

:: 슈펭글러의 "서구의 몰락"

사회과학 분야에서 통합과 통합형태의 중요성을 강조한 학자는 지난 세대에 활약했던 빌헬름 딜타이*였다. 그의 주된 관심사는 철학과 인생의 해석이었다. 특히 『세계관의 유형 *Die Typen der Weltanschauung*』에서 그는 사상사의 부분을 분석하여 철학적 체계의 상관성을 보여주었다. 그는 그런 체계가 생의 다양성, 무드, Lebensstimmungen(인생의 기분), 통합적 태도 등의 종합적 표현으로 보았으며, 이런 사항들은 어느 하나가 다른 하나 속으로 용해될 수 없는 근본적인 것이라고 말했다. 그는 그런 철학적 체계 중 어느 하나가 최종적인 것이라는 주장을 강력히 반대했다. 그는 자신이 다룬 서로 다른 태도들을 〈문화적〉이라는 개념으로 포섭하지는 않았다. 하지만 철학적 통합형태를 제시했고 프레데릭 대제의 시대 등 역사적 시대를 구분했기 때문에 그의 작업은 아주 자연스럽게 문화의 역할을 의식하고 인정하게 되었다.

이러한 인정을 아주 정교하게 표현한 이가 바로 오스발트 슈펭글러*였다. 그의 저서 『서구의 몰락』은 그 제목을 운명이라는 아이디어(그는 이것을 문명의 주도적 패턴이라고 했다)에서 취해온 것이 아니라, 이런 문화적 통합형태는 다른 유기

---

* 빌헬름 딜타이(Wilhelm Dilthey, 1833~1911) : 독일의 철학자. 자연과학의 일방적 독주에 맞서서 인문학의 중요성을 강조했다.
* 오스발트 슈펭글러(Oswald Spengler, 1880~1036) : 독일의 철학자. 주로 『서구의 몰락』으로 명성을 얻었으나 독일의 학계는 그의 비정통적 서술방법과 객관적 사실들의 오류 때문에 이 저서를 인정하지 않았다

체와 마찬가지로 일정한 생의 주기를 갖고 있다는 주제에서
취한 것이다. 생의 주기라는 주제는 우리의 논의와 무관한
것이기는 하지만, 아무튼 슈펭글러는 서구 문명의 문화적 중
심 이동과 높은 문화적 성취의 주기성을 근거로, 문명의 운
명이라는 주장을 내세웠다. 그는 이 주장을 강화하기 위하여,
살아 있는 유기체의 탄생과 죽음의 사이클이라는 비유(그러나
내가 보기에 이것은 비유 이상의 것이 될 수는 없다)를 사용했다.
모든 문명이 싱싱한 청년 시절, 강력한 성인 시절, 쇠퇴하는
노년 시절을 거친다는 것이다.

:: 파우스트적 인간과 아폴로적 인간

　『서구의 몰락』은 바로 이런 역사적 해석을 시도하고 있다.
하지만 슈펭글러의 가장 가치 있고 독창적인 분석은 서구 문
명의 대조적 통합형태를 내세웠다는 점이다. 그는 두 개의
위대한 운명 사상을 구분했다. 그러니까 고전 세계는 아폴로
적이었고, 현대 세계는 파우스트적이라는 것이다. 아폴로 형
인간은 자신의 영혼을 "우수한 부분들로 이루어진 질서 있는
우주"라고 생각한다. 이 우주에는 의지라고는 들어설 자리가
없고, 갈등은 사악한 것이다(이렇게 슈펭글러 철학은 갈등을 비
난한다). 인성이 내적으로 성숙한다는 사상은 그에게는 낯선
것이다. 그는 인생이 언제나 참사의 그늘 아래 있는데 참사
는 늘 외부에 있으며 잔인하게 인간을 위협한다. 아폴로 형
인간의 비극적 클라이맥스는 일상적 체험의 유쾌한 풍경을

마구 파괴하는 순간이다. 이런 현상이 다른 사람에게도 같은 방식, 같은 결과로 벌어질 수 있다.

반면에 파우스트 형 인간은 자신을 장애물과 줄기차게 싸우는 사람이라고 생각한다. 그는 개인적 생활이란 곧 내면적 생활의 발달이라고 본다. 존재의 참사는 과거 그가 선택한 사항과 체험들의 필연적 결과이다. 갈등은 존재의 필수조건이다. 그것이 없으면 개인적 생활은 아무 의미가 없고 존재의 피상적인 가치만 획득될 뿐이다. 파우스트 형 인간은 영원무한을 동경한다. 그래서 그의 예술은 그것을 획득하려고 손을 내뻗는다. 파우스트 형과 아폴로 형은 정반대되는 두 가지 인생관이며, 어느 한쪽의 가치는 다른 한쪽에게는 낯설고 사소한 것이 되어버린다.

고전 세계의 문명은 아폴로적 인생관에 바탕을 두고 구축되었고, 현대 세계는 파우스트적 인생관에 바탕을 두고서 그 모든 제도를 실현해 왔다. 슈펭글러는 이 두 가지 유형만 고찰하는 것은 아니다. 이집트적 인생관도 살핀다. "이집트 인들은 자신이 인생의 비좁은 길로 내려가면서 필연적으로 미리 정해진 인생의 행로를 따라가서 결국에는 사자들의 재판관 앞에 이른다고 믿는다." 반면 마기주의자들은 육체와 영혼의 이원론을 믿는다고 설명한다. 하지만 슈펭글러의 주된 주제는 아폴로 형과 파우스트 형이고 수학, 건축, 음악, 회화 등은 서양 문명의 서로 다른 시대에 갈등하던 이 두 철학의 표현이라고 보았다.

:: 서구 문명은 너무 복잡하여 연구하기가 어렵다

　슈펭글러의 책이 혼란스러운 느낌을 주는 것은 부분적으로 서술의 방식 탓이라고 할 수 있다. 하지만 그보다 더 큰 이유는 그가 다루고 있는 문명들의 미해결된 복잡성 때문이다. 역사적 다양성, 직업과 계급에 의한 계층화, 엄청나게 풍부한 세부사항 등을 가진 서양 문명은 아직까지 충분히 이해되지 못했기 때문에 아폴로와 파우스트의 두 표어로 포섭될 수 있는 대상이 아니다. 아주 제한된 정신적·예술적 분야를 제외하고, 파우스트 형 인간은 서양 문명에서 제대로 행세해본 적이 없다. 현대 세계에는 파우스트 형 인간만 있는 게 아니라, 행동을 앞세우는 강력한 실천자도 있고 또 배빗 같은 이윤추구 형의 사업가도 있다. 현대 문명을 민족지학적으로 원만하게 묘사하려면 이런 반복적 유형의 인간들을 무시해서는 안 되는 것이다. 따라서 서양 현대 문명을 영원무한을 동경하는 파우스트 형이라고 정의하는 것 못지않게, 무한히 세속적 활동에 참여하고, 발명하고, 통치하고, "세속의 기차에 올라타려고 하는"(에드워드 카펜터의 말) 아주 외향적 유형이라고 정의할 수 있는 것이다.

　인류학적 관점에서 볼 때, 슈펭글러의 문명관은 도식화의 피해를 보고 있다. 그는 현대의 계층적 사회가 마치 민속 문화 사회와 본질적으로 동일한 성질을 가졌다는 전제 아래서 힘들게 논의를 전개시키고 있다. 우리가 현재 가지고 있는 지식의 수준에서 살펴볼 때, 서유럽 문화의 역사적 자료는 너무 복잡하고 사회적 분화도 너무 완벽하게 진행되어, 어떤 도식적 분석이 불가능한 상태이다. 슈펭글러의 분석은 다른 똑같이 타당한 그림들을 작성하는 것이 가능하기 때문에 최종적인 것이 될 수 없다. 슈펭글러의 파우스트 형 인간이 유럽의 문학과 철학을 이해하는 데 도움을 주고, 가치의 상대성을 주장한 것이 다소 타당하기는 해도 슈펭글러의 분석은 여전히 한계를 갖고 있다. 세월이 흘러 뒤돌아보는 회고의 관점에서는 유럽 문명처럼 대규모의 복잡한 문명도 적절히 그 특징을 밝혀내는 것이 가능할지 모른다. 슈펭글러가 서로 일치하지 않는 운명 아이디어들을 제시한 것이 비록 중요하고 나름대로 일리가 있기는 하지만, 현재로서는 서양 세계를 어느 하나의 특징만으로 해석하려는 것은 혼란만 낳을 뿐이다.

∷ 원시부족들을 통한 우회

원시부족을 연구하는 것이 철학적으로 정당하다는 한 가지 이유로 이런 것을 들 수 있다. 단순한 문화의 객관적 사실들은, 복잡한 사회에서는 파악하기 까다롭고 잘 증명되지 않는 사회적 사실들을 아주 분명하게 보여준다는 것이다. 부족 문화에 참여하는 개인들의 생활을 패턴화하고 그들의 생각과 감정을 조건화하는, 가장 근본적인 문화적 통합형태를 연구하고자 할 때 이것(원시부족의 연구)이야말로 가장 타당한 방법이다. 따라서 원시부족 사람들을 연구함으로써 전통적 관습의 영향 아래 개인의 습관이 형성되는 과정을 파악할 수 있다. 물론 이렇게 말한다고 해서 이런 방식으로 발견된 사실과 과정이 원시문화에만 적용되는 데 제한된 정보에 불과하다는 뜻은 아니다. 문화적 통합형태는 우리가 잘 알고 있는 고도로 발달된 복잡한 사회에서도 위력적인 힘을 발휘하고 또 의미를 갖는다. 하지만 문명사회의 자료들은 너무 복잡하고 또 너무 가까이 있어서 성공적으로 다루어내기가 어렵다.

우리가 필요로 하는 서양의 문명 과정에 대한 이해는 우회의 방식을 취함으로써 경제적으로 도달할 수 있다. 인간과 유인원과의 역사적 관계가 너무 가까워서 생물적 진화의 객관적 사실로 활용하기 어렵게 되자, 다윈은 그 대신 딱정벌레의 구조를 활용했다. 인간의 복잡한 신체 조직을 대상으로 했더라면 혼란을 가져왔을 진화의 과정이 비교적 간단한 동물로 대체되자 그 설득력이 아주 분명하게 드러난 것이다. 문화의 메커니즘을 연구하는 데 있어서도 마찬가지이다. 우리는 덜 복잡한 인구 집단 내에서 구축된 사상과 행동을 연구하면서 얻는 지혜를 나중에 복잡한 문명의 분석에 활용할 수 있다.

나는 비교적 자세하게 묘사하기 적당한 원시부족 셋을 골랐다. 이런 소수의 문화를 일관되게 이해하는 것이 많은 부족들의 문화를 겉핥기로 짚어보는 것보다 더 얻는 것이 많으리라 생각한다. 이 세상의 많은 부족들을 포괄적으로 연구해서는 출생, 죽음, 성인식, 결혼 등의 각개 항목에 문화의 동기와 목적이 어떻게 연계되어 있는지 분명하게 파악할 수가 없다. 그래서 나는 연구의 범위를 약간 좁혀서 세 부족 문화의 여러 측면을 정밀하게 살펴보기로 했다.

4장

뉴멕시코의 푸에블로 부족

:: 훼손되지 않은 공동체

　미국 남서부의 푸에블로 인디언들은 서구 문명에 가장 잘 알려진 원시부족의 하나이다. 그들은 아메리카 중심부에 살고 있어서 대륙을 횡단하는 여행자들은 쉽게 접촉할 수가 있다. 그들은 아주 오래된 고유 관습을 지키며 살아가고 있다. 그들의 문화는 애리조나와 뉴멕시코 이외의 모든 인디언 문화처럼 붕괴되지 않았다. 달이면 달마다 연년세세, 신들을 기리는 오래된 춤이 그들의 돌투성이 마을에서 거행되고 있고 그들의 삶은 오래된 절차를 따르고 있고 서양 문명에서 취해 간 것을 리모델링하여 그들의 습속에 적응시키고 있다.

　그들은 낭만적 역사를 가지고 있다. 그들이 아직도 거주하고 있는 아메리카의 지역들에서는 그들의 문화적 조상의 집들이 발견되고 있다. 다시 말해 푸에블로 황금시대의 유적인 절벽 거주지와 거대한 반원형 계곡 도시들이 지금껏 전해지고 있는 것이다. 이 믿기지 않을 정도로 많은 도시들은 12세기와 13세기에 지어졌다. 하지만 그들의 역사를 그 전으로 소급해 보면 방 한 칸짜리 돌집이 나오는데, 이 집에는 반드시 지하 예배실(키바)이 딸려 있었다. 이들 초창기 푸에블로 족은 이 남서부 사막 지대를 정착지로 삼은 최초의 부족은 아니었다. 그보다 더 앞선 부족은 바스켓 메이커(바구니 만드는 자) 부족이라고 하는데, 푸에블로 족보다 아주 오래 전에 이 지역에 살아왔기 때문에 그들의 점거 기간을 현재로서는 헤아릴 수가 없다. 이 부족을 초창기 푸에블로 족이 대신하거나 아니면 멸절시켰을 것이다.

푸에블로 문화는 이 척박한 고원에 정착한 이래 크게 꽃피어났다. 그들은 활과 화살, 돌 건축의 지식, 다양한 농업 기술을 가져왔다. 왜 산 후안 강이 북부에서 흘러내려오는 콜로라도 강으로 흘러드는 이 척박하고 거의 물이 없는 지역을, 문화 발전의 땅으로 삼았는지 아무도 그 이유를 설명하지 못한다. 현재 미국으로 알려져 있는 지역 중 가장 살기 힘든 땅의 하나였다. 하지만 푸에블로 족은 여기에서 멕시코 이북의 가장 위대한 인디언 도시들을 건설했다. 그 도시들은 두 종류가 있는데 같은 시기에 같은 부족에 의해 건설된 것으로 보인다. 하나는 절벽 거주지이고 다른 하나는 반원형의 계곡 성채이다. 절벽 거주지는 절벽의 앞면을 파들어가 만든 집이거나 아니면 계곡 바닥으로부터 수백 피트 깎아지른 듯이 올라간 산등성이에 지은 집이다. 이것은 인류가 지어놓은 가장 낭만적인 집들 중 하나이다. 그들이 옥수수 밭과 수로에서 멀리 떨어진 곳에다 무슨 연유로 이런 집을 짓게 되었는지 우리는 알지 못한다. 차라리 요새로서 그런 집들을 계획했더라면 훨씬 더 합리적이었으리라. 아무튼 이들 거주지의 유적은 그 교묘함과 아름다움으로 오늘날에도 우리의 찬탄을 자아낸다. 아무리 깎아지른 벼랑에 지은 집이더라도 푸에블로족은 한 가지 사항은 잊지 않았다. 그것은 지하 예배실, 즉 키바인데 성인 남자가 우뚝 설 수 있는 높이로 돌을 파냈고 집회실로 이용하기에 충분한 공간을 갖추었다. 이 키바는 뚜껑문을 통하여 사다리로 진입할 수 있었다.

또 다른 유형의 주거지는 현대 계획도시의 원조 같은 것이었다. 반원형의 석벽이 요새 같은 외관을 자랑하며 3층으로 솟아 있고, 거대한 석벽으로 둘러싸인 지하 키바로 접근하려면 테라스 형의 내부를 거쳐야 했다. 이러한 유형의 거대한 계곡 도시들은 자그마한 키바뿐만 아니라 공동의 거대한 신전을 갖고 있었는데 이것 역시 지하에 설치했고 아주 정교하고 완벽한 석조 기술을 자랑했다.

스페인 모험가들이 황금을 찾아서 아메리카에 도착했을 때 푸에블로 문화의 정점은 이미 지나간 후였다. 북쪽의 나바호 아파치 족이 이 계곡 도시들로 들어가는 수로를 끊어버리고 푸에블로 족을 제압했던 것으로 보인다. 스페인 사람들이 도착했을 때 푸에블로 족은 절벽 거주지와 반원형 도시를 버리고 리오그란데 강 유역에 다시 자리를 잡았고 현재까지 그곳에서 살고 있다. 이 지역의 서쪽에, 서부 푸에블로의 큰 부족인 아코마 족, 주니 족, 호피 족 등이 살고 있다.

따라서 푸에블로 문화는 아주 오래된 동질성의 역사를 갖고 있다. 우리는 이러한 역사를 잘 알아야 하는데, 이들 부족의 문화생활이 북아메리카의 다른 인디언 부족들과는 아주 다르기 때문이다. 아메리카의 자그마한 지역에서 어떻게 그 주위와는 다른 문화가 생겨났는지, 그리고 어떻게 그런 특정한 문화적 관습을 그처럼 일관되게 유지해 왔는지, 고고학은 이에 대하여 더 이상 밝혀낼 수가 없다.

우리는 푸에블로의 관습과 생활방식을 잘 알지 못하면 그들의 문화적 통합 형태를 이해할 수가 없다. 그들의 문화적 목표를 논의하기 전에 푸에블로 사회의 전반적 틀에 대하여 간단히 알아보기로 하자.

:: **주니의 의례**

주니 족은 의례행사를 중시하는 부족으로서 냉정함과 비공격성을 무엇보다 중요한 덕목으로 평가한다. 그들의 관심사는 풍요로우면서도 복잡한 의례 생활에 집중되어 있다. 가면신, 치료, 태양, 신성한 주물, 전쟁, 망자 등에 대한 컬트(의식집단)는 공식적이면서도 잘 확립된 의례 집단으로서, 제사를 집전하는 사제들이 있고 또 연중행사로 지켜지고 있다. 그어떤 활동 분야보다 의례행사가 그들의 관심을 최고로 사로잡는 분야이다. 서부 푸에블로의 성인들은 각성 중의 상당

시간을 이 의례 행위에 바치고 있다. 그런 의례행사 중 하나로는 기도문을 글자 하나 틀리지 않고 완벽하게 암송하는 것이 있는데, 이런 문화에 익숙하지 않은 사람이 볼 때는 그 단조로움에 현기증이 날 정도이다. 또한 일정하게 순서가 정해져 있는 의례들을 완벽하게 치러낼 것을 요구하고 있다. 그것들은 연중행사로 설정되어 있고 각종 서로 다른 컬트와 주관 단체를 공식적 절차의 그물 속으로 엮어 넣는다.

:: **사제와 가면신**

의례 생활은 부족민의 시간뿐만 아니라 주의력 또한 요구한다. 의례 담당자와 참여자뿐만 아니라 푸에블로의 모든 사람들, "아무것도 가진 것이 없는" – 즉 의례에 필요한 성물(聖物)을 가지지 않은 – 여자와 가족들도 의례에 대하여 일상적으로 대화를 나눈다. 의례행사가 진행되는 동안 그들은 구경꾼 자격으로 하루 종일 서서 그 절차를 지켜본다. 만약 사제가 아프거나 그의 피정(避靜) 묵도(默禱) 기간에 비가 오지 않는다면, 마을 전역에 제사에 관련된 사제의 실수나 실패에 대한 소문이 나돌게 된다. 가면신의 사제가 초자연적 존재를 화나게 한 걸까? 사제가 시간이 되기도 전에 아내가 기다리는 집으로 일찍 돌아가는 바람에 피정 묵도의 절차를 깨뜨린 것이 아닐까? 이런 화제가 반 달 동안 마을의 구설수에 오르게 된다. 만약 가면신(假面神)으로 분장한 자가 가면에 새로운 깃털을 달고 나오면 목양, 밭일, 결혼과 이혼 등에 대한 얘기는 그것에 밀려 쑥 들어가 버리고 만다.

이처럼 의례의 세부사항에 몰두하는 것은 이해할 만한 일이다. 주니 족의 종교적 관습은 그 자체로 초자연적 위력을 갖고 있다고 믿어졌기 때문이다. 의례의 모든 단계에서 절차를 정확하게 지켰다면, 가령 가면신의 의상은 단 한 치의 흐트러짐도 없는 전통적인 것이었고, 제사 봉헌물은 흠잡을 데 없이 완벽한 것이었고, 여러 시간에 걸쳐 암송하는 기도문의 단어들을 단 한 자도 틀리지 않았다면, 제사의 효과가 인간이 요구하는 대로 나타난다고 보았다. 그러니 그들이 입만 열면 말하는 바와 마찬가지로 의례의 "요령"을 완벽하게 알고 있어야 했다. 그들의 종교적 교리에 의하면 가면에 부착한 독수리 깃털이, 독수리의 가슴에서 뜯어낸 것이냐 아니면 어깨에서 뜯어낸 것이냐가 아주 중요한 문제인 것이다.

주니 족은 모방 주술에 크게 의존하고 있다. 비를 빌기 위해 사제가 피정 묵도하는 동안, 그들은 바닥에 돌을 굴려 천둥소리를 내고, 물을 뿌려 비오는 흉내를 내고, 물 접시를 제단 위에 올려놓아 샘이 가득 차 있는 것처럼 하고, 현지 식물로부터 거품을 짜내어 하늘에 구름이 가득 모여드는 것처럼 하고, 담배 연기를 가득 내뿜어 신들이 "안개 같은 숨결을 더 이상 참지 못하게" 한다. 가면신 춤에서 인간은 초자연의 "살(肉)"을 입는다. 다시 말해 초자연적인 물감 칠을 하고 가면을 씀으로써 신들에게 축복을 내려달라고 압박하는 것이다. 주술의 영역에서 중요도가 떨어지는 의례적 절차에 있어서도, 주니 족은 기계적으로 완벽하게 수행해야만 효과가 나온다고 생각한다. 제사에 참여하는 사제 혹은 제관이 반드시 지켜야 할 의무사항 중 하나는 분노의 감정을 드러내서는 안 된다는 것이다. 그렇다고 해서 목욕재계하고 정의로운 신에게 접근하여 의사소통을 하려 할 때, 분노가 절대 터부라는 얘기는 아니다. 단지 초자연적인 일에 집중하려는 표시로서, 혹은 초자연적 존재를 압박하여 축복을 물리치지 않도록 하려는 마음가짐으로서, 분노를 회피하는 것이다. 그런 마음가짐이 주술의 효과를 가진다고 보는 것이다.

그들의 기도는 일종의 주문(呪文)이다. 그 기도문을 완벽하게 암송할 때에만 효과가 난다고 생각한다. 주니 족의 전통적 기도문은 분량이 지나치다 싶을 정도로 엄청나다. 전형적인 기도문은 현재 이 제사를 올리게 된 과정과 경위를 제사의 언어로 장황하게 묘사한 것이다. 구체적 내용으로는 신을 분장하는 자의 지명, 기도봉으로 사용되는 버드나무 가지의 수집, 목화 줄로 기도봉에다 독수리 깃털을 묶는 방법, 기도봉의 물감 칠, 완제품 깃털봉을 신들께 바친 회수, 신성한 샘물을 방문한 회수, 피정 묵도의 기간 등이 들어가는데 한 없이 길다. 제사의 절차 못지않게 암송자의 기도문 암송도 한 자 틀리지 않고 정확해야 한다.

저기 강의 굽이굽이 너머로
우리의 아버지들인 자들을 찾으며

남자 버드나무

여자 버드나무

그쪽 곧은 어린 가지들을 네 번 자르며

나의 집으로

나는 내 길을 가져왔다.

오늘

나의 따뜻한 인간의 손으로

나는 그것들을 잡는다.

나는 기도봉에 인간의 형태를 부여했다.

남자 터키,

내 할아버지인 자의

빗금 쳐진 구름의 꼬리로써

독수리의 가느다란 구름 꼬리로써

빗금 쳐진 구름 날개로써

모든 여름 새들의

많은 구름 꼬리로써

이 네 가지 꼬리와 날개로써

나는 기도봉에 인간의 형태를 부여했다.

목화 여인,

내 어머니인 자의 살로써

심지어 엉성하게 만든 목화 실로써

네 번을 둘러서 그들의 몸을 꽁꽁 묶는다.

나는 기도봉에 인간의 형태를 부여했다.

검은 물감 칠을 한 여인

내 어머니인 자의 살로써

이 기도봉을 네 번 살로써 덮는다.

나는 기도봉에 인간의 형태를 부여했다.

주니의 기도문은 절대로 인간의 감정을 토로하지 않는다. 일상적인 기도문은 약간의 변화가 있는데 이것은 길이를 약간 더 길게 혹은 짧게 한 것에 지나지 않는다. 기도문은 격정을 토로하지 않는다. 그 형태에 있어서 늘 온화하고 의례적이며, 질서 있는 생활, 즐거운 나날, 폭력으로부터의 도피를 비는 것이다. 심지어 전쟁 사제들도 그들의 기도를 이렇게 끝맺는다.

나는 내 기도를 올렸습니다.

우리의 아이들,

심지어 황무지의 가장자리에

그들의 피난처를 세운 자들

그들의 길이 안전하게 들어오기를.

수풀과 나무 가지들이

물에 젖은 팔들을 뻗쳐

그들의 가슴을 보호해주기를.

그들의 길이 안전하게 들어오기를.

그들의 길이 모두 성취되기를.

그들에게 까다로운 길이 되지 말기를.

그들이 조금 앞으로 나아갔을 때

모든 어린 소년들이

모든 어린 소녀들이

앞에 걸어가야 할 길을 둔 자들이

강력한 마음, 용감한 정신을

가지기를.

〈새벽 호수〉*로 이르는 길 위에서

너희들이 늙어가기를.

너희들의 길이 성취되기를.

너희들이 생명으로 축복받기를.

태양 아버지의 생명을 주는 길이 나오기를.

너희들의 길이 도달하기를.

너희들의 길이 성취되기를.

주니 족에게 이런 종교적 실천의 목적이 무엇이냐고 묻는다면 그들은 즉각 이렇게 대답할 것이다. 비를 부르기 위해서이다. 물론 이것은 어느 정도 상식적인 대답이다. 하지만 주니의 뿌리 깊은 관습을 보여준다. 다산(풍년)은 신의 축복 중에서 단연 최고의 축복이었다. 주니 고원이 위치한 사막 지역에서 비는 곡식을 키우는 데 필수요건이었다. 사제들의

---

* 주니 족의 천국. 〈성스러운 호수〉라고도 한다.

피정 묵도, 가면신들의 춤, 심지어 주술의(呪術醫) 집단의 많은 행위들도 강우 여부에 따라서 가치가 판단되었다. "물로써 축복하다"는 모든 축복의 동의어이다. 따라서 주니 기도문에서 예배실을 찾아온 신들은 축복의 언어로 그 방이 "물이 가득하다"라고 형용하고, 그들의 사다리는 "물사다리"라 하고, 전쟁에서 탈취해 온 머리가죽은 "물이 가득한 덮개"라고 한다. 사자(死者)들도 비구름을 타고 돌아와 보편적 축복을 내린다. 여름날 오후 하늘에 비구름이 몰려들면 사람들은 아이들에게 "네 할아버지가 돌아오신다"라고 말한다. 이때의 할아버지는 사망한 친척을 가리키는 것이 아니라 몰개성적으로 돌아가신 조상 전체를 가리킨다. 가면신들도 비와 동격이라고 생각되는데, 그리하여 가면신 춤을 출 때에는 신 − 즉, 비 − 을 압박하여 사람들 위에 강림하라고 요구하는 것이다. 사제들도 제단 앞에서 조용히 앉아 여드레 동안 묵도하면서 비를 부른다.

당신이 영원히 머무는 것이 어디든지 그곳에서
당신은 당신의 길을 내십니다.
당신의 작은 바람이 구름을 밀어냅니다.
생명의 물로 충만한
가느다란 구름 조각들을.
당신은 앞으로 나와 우리들과 함께 머무십니다.
당신의 가느다란 비가

이곳 이티와나*1의 대지를 적십니다.

우리의 아버지와 어머니가 대대로 살아온 곳,

그들은 당신이 많은 물로

존재하게 해주었던 자들입니다.

당신들은 함께 올 것입니다.

그러나 비는 주니 기도문이 희구하는 다산의 한 가지 양상일 뿐이다. 텃밭의 증가와 부족의 번성도 다산의 일부로 여겨졌다. 그들은 또한 아이 잘 낳는 여자로 축복 받기를 바랐다.

아이를 뱃속에 가지고 있는 여자.

한 아이는 등에 업고

다른 아이는 바구니에 넣어 들고

세 번째 아이는 손에 잡고

그리고 마지막 아이는 앞에 걸리는.

우리가 앞으로 살펴보겠지만, 여성의 다산을 비는 그들의 수단은 상징적이면서 몰개성적이다. 아무튼 다산은 종교적 실천의 주된 목적 중 하나였다.

주니 족의 관심을 사로잡는 이런 의례 생활은 서로 잘 연결된 일련의 바퀴들처럼 조직되어 있었다. 사제단(priesthoods)

*1 중앙. 주니 족의 의식적 이름으로, 세상의 중심을 가리킨다.
*2 즉 주니 족.

은 성물을 갖고 있었고, 피정 묵도를 했으며, 춤을 추고 기도를 올렸으며, 그들의 연간 종교 활동은 여러 다른 그룹과 성물들이 참여하여 성대하게 거행되는 대규모 동지 제사에서 결정되었다. 주니 족의 가면신 집단(masked-god society)도 이와 유사한 소유물과 연중행사를 갖고 있었고, 대규모 겨울 가면신 제사를 거행하는데 이를 샬라코(Shalako)라고 했다. 마찬가지로 주술의 집단(medicine societies)도 치료 행위 등으로 연중 기능을 발휘하면서 부족의 건강을 위해 연중 의례들을 거행한다. 주니의 의례 생활에서는 이 세 집단이 주요 컬트를 이루는데 이들은 상호 배타적인 것은 아니다. 성인 남자는 평생 동안 이 세 집단 모두의 구성원이 될 수도 있고 종종 그러하다. 세 집단은 그에게 "평생 모시고 살" 성물을 주고 그에게서 합당한 제사 지식을 요구한다.

사제단은 성스러움의 계급에서 제일 꼭대기를 차지한다. 이 집단에는 네 명의 선임사제와 여덟 명의 보조 사제가 있다. 그들은 "그들의 아이들*2을 단단히 붙잡는다." 그들은 성스러운 사람이다. 그들의 권력의 원천인 성스러운 주술 성물(medicine bundles)은 번즐 박사가 말할 것처럼 "형언할 수 없는 성스러움"을 간직하고 있다. 이 성물은 사제관의 장식 없는 내실에 놓아둔 커다란 덮개 달린 항아리들에 보관된다. 그것은 갈대 마개가 덮인 두 개의 항아리인데 하나는 자그마한 개구리들이 들어 있는 물 가득 찬 것이고 다른 하나는 옥수수로 가득 찬 것이다. 이 두 항아리는 실을 뽑지 않은 천연 목화로 친친 둘러쳐져 있다. 사제들의 주술 성물이 들어 있는 신성한 방에는 아무도 들어갈 수가 없다. 단 사제들만이 제사가 있을 때 들어갈 수 있다. 그리고 집안의 가장 늙은 여자 혹은 가장 어린 여자가 끼니 때마다 내실에 들어가 그 성물에 먹을 것을 준다. 이 두 가지 일을 하기 위해 내실로 들어오는 사람은 모카신 신발을 벗어야 한다.

사제들은 비록 많은 제사에 반드시 참석하고 또 제사의 첫 번째 단계를 진행하기는 하지만 공식 제사를 집전하지는 않는다. 신성한 주술 성물 앞에서 행해지는 사제들의 피정 묵도는 은밀하면서도 거룩한 것이다. 옥수수가 땅위 1피트까지 올라오는 6월에는 옥수수 재배를 위해 비가 필요한데 이때 일련의 묵도가 시작된다. 선임사제가 나오면 새로운 사제가 들어가는 방식으로 해서 그들은 "하루 내내 그들의 직무를 수행한다." 태양 컬트의 우두머리와 전쟁 컬트의 우두머리도 이 사제들의 묵도에 참가한다. 사제들은 꼼짝도 않고 앉아서 제사의 성물에 정신을 집중해야 하는데 선임사제는 8일, 보조 사제는 4일 동안 묵도를 올린다. 모든 주니 족 사람들은 이 기간 동안 비가 오기를 기대하고 강우의 축복을 받은 사제들은 묵도가 끝난 뒤 거리에서 모든 사람으로부터 감사와 환영의 인사를 받는다. 그들은 부족민에게 비만 내려준 것이 아니다. 그들의 모든 생활 방식에 자신감을 심어준 것이다. 부족민의 수호자라는 그들의 지위가 입증된 것이다. 그들이 묵도 기간에 올린 기도가 응답을 받았다.

사다리를 내려가는 나의 모든 아이들

그들 모두를 내 손에 올려놓고 있습니다.

아무도 내 손아귀에서 빠져나가지 않기를.

그저 조그만 가기를.

심지어 모든 작은 딱정벌레

모든 작은 지저분한 딱정벌레

그들을 내 손아귀에 꽉 잡을 수 있게 해주소서.

그들이 내 손아귀에서 벗어나지 않기를.

내 아이들의 길이 성취되기를.

그들이 노년까지 살기를.

그들의 길이 〈새벽 호수〉에까지 이르기를.

그들의 길이 성취되기를.

너희들의 생각이 이에 도달될 수 있도록

나날을 보람 있게 보냈으면.

선임사제단의 우두머리들, 태양 컬트의 수석 사제, 전쟁 컬트의 두 수석 사제가 주니족의 협의회 즉 통치기관이 된다. 주니 족은 철저한 신정체제이다. 사제들은 거룩한 사람들이고 제사 임무를 수행하는 동안 분노를 느끼면 안 되기 때문에 만장일치로 합의된 것이 아니면 사제에게 가져와서는 안된다. 사제들은 주니 달력상의 대규모 제사 행사를 결정하고, 제사의 구체적 날짜를 정하고, 검은 주술(요술)이 발생했을 때에는 요술 여부를 판단한다. 우리의 통치 기관의 개념에 입각해 보면, 이 협의회는 판결권도 무력의 권위도 없는 조직이다.

사제단이 성스러움의 계급에서 가장 선두에 서는 한편, 가면신 컬트는 가장 인기 있는 제사이다. 주니 족들이 아주 좋아하는 집단이고 오늘날에도 푸른 월계수만큼이나 번성하고 있다.

가면신에는 두 종류가 있다. 가면신 그 자체 즉 카치나와, 카치나 사제들이 있는 것이다. 카치나 사제들은 초자연적 세계의 우두머리이고 가면을 쓴 춤꾼에 의해 분장된다. 주니 족은 이들을 신성하게 여기므로 이 컬트는 춤추는 신들의 컬트와는 구분되어 있다. 춤추는 신들은 행복한 초자연적 존재들로서, 주니 족의 거주지에서 남쪽으로 멀리 떨어져 있는 텅 빈 사막 속의 호수 바닥에서 살고 있다. 그곳에서 그들은 언제나 춤을 추고 있다. 하지만 그들은 주니 거주지로 돌아와 춤추는 것을 제일 좋아한다. 따라서 그들의 역할을 분장한다는 것은 그들이 가장 바라는 즐거움을 그들에게 주는 것이다. 신의 가면을 쓰면 그 남자는 잠시 동안 그 신이 된다. 그는 더 이상 인간의 말을 해서는 안 되고 그런 만큼 신들의 목소리에 가까운 고함을 지를 수 있을 뿐이다. 그는 터부가 되고 당분간 신성한 존재의 책무를 맡아야 한다. 그는 춤을 출 뿐만 아니라 춤추기 전 신비한 피정 묵도를 준수해야 하고 기도봉을 심고 금욕을 실천해야 한다.

주니 신전에는 100가지 이상의 가면신들이 있다. 이들 중

다수가 세트로 나오는 댄스 그룹의 구성원인데, 때로는 같은 종류의 가면을 쓴 사람이 30인 혹은 40인이 세트로 나오기도 한다. 보통은 6명이 1세트인데, 이 6은 여섯 방향 – 주니 족은 동서남북의 네 방향 이외에 상하도 방향으로 친다 – 을 상징하는데 각 방향은 다른 색깔을 써서 나타낸다. 이들 신은 각자 개별적 의상, 가면, 신들의 서열에서의 지위 등을 갖고 있고, 그의 행위를 묘사하는 신화를 갖고 있으며, 제사 도중에 모습을 드러내는 것으로 예상된다.

가면신들의 춤은 성인 남자들로만 구성된 부족민들의 모임에 의해서 주관되고 집행된다. 여자들도 "그들의 삶을 구제하기 위해" 입회할 수 있으나 흔하지는 않다. 여자들은 어떤 터부 때문에 배제되는 것이 아니라 여자 구성원은 관습적이지 않기 때문이다. 오늘날 단 세 명의 구성원이 있을 뿐이다. 과거의 전통을 되돌아보아도 어느 한때에 이보다 숫자가 많은 적은 없었던 듯하다. 남자들로 구성된 가면신 모임은 여섯 개의 그룹으로 조직되는데, 각 그룹은 별도의 키바를 가지고 있다. 각 키바는 독립된 관리자들, 그 키바 소속의 춤, 독립적인 구성원 명부를 가지고 있다.

이들 여러 키바 중에 어디에 소속되는가 하는 문제는 아이의 출생 직후 의식의 아버지를 어느 키바에서 골라오느냐에 따라 결정된다. 하지만 아이가 5~9세가 될 때까지 입회식은 벌어지지 않는다. 이 입회식을 하고난 이후에 비로소 의례의 지위를 얻게 된다. 번즐 박사가 지적한 것처럼, 이 입회식은 아이에게 비의(秘義)의 신비를 가르치지는 않고 초자연적 힘과의 유대 관계만을 수립한다. 그것은 아이를 강인하게 하고 그들이 말하는 바, 가치 있는 사람으로 만든다. 징벌을 내리는 가면신인 "위협 카치나"가 이 입회식에 참석하여 아이를 유카 채찍으로 때린다. 이것은 "불길한 일을 물리치고" 미래의 일을 상서롭게 만드는 엑소시즘의 의식이다. 주니 족은 채찍질을 아이들의 징벌 수단으로 여기지 않는다. 백인 부모가 아이를 벌줄 때 채찍질을 한다는 사실은 그들에게 상상조차 할 수 없다. 입회식 때 아이들은 아주 겁먹은 상태일 것으로 짐작되며 설령 아이들이 크게 울음을 터뜨리더라도 부끄러운 일이 되지 않는다. 그것은 오히려 의례를 더욱 가치 있는 것으로 만든다.

나중에 아이가 14세 정도 되어 책임을 질 만한 나이가 되면 더 강력한 가면신들에 의해 채찍질을 당한다. 바로 이 입회식에서 그의 머리에 카치나 가면이 씌워지고, 카치나 춤꾼들은 〈성스러운 호수〉에서 온 초자연적 존재가 아니라 실제로는 그의 이웃 혹은 친척임을 알려준다. 마지막 채찍질이 끝나면 네 명의 가장 키 큰 아이들은 채찍질을 한 위협 카치나들과 대면하게 된다. 사제들은 얼굴에서 가면을 벗어서 아이들의 머리에 씌워준다. 그것은 커다란 계시이다. 아이들은 겁을 집어먹는다. 이때 유카 채찍을 위협 카치나의 손에서 빼앗아 이제 가면을 쓰고 있는 아이들의 손에 쥐어준다. 그들에게 카치나를 채찍질하라는 명령이 떨어진다. 그것은 그들이 진리와 관련하여 배우게 되는 첫 번째 가르침이다. 이제 그들은 비입회자들이 신의 소행으로 알고 있는 기능을 인간의 자격으로 발휘해야 하는 것이다. 아이들은 카치나를 채찍질한다. 오른팔, 왼팔, 오른 다리, 왼쪽 다리를 각각 네 번씩 내리친다. 그 후 카치나들은 모든 아이들에 의해 같은 방식으로 채찍질 당한다. 사제들은 아이들에게 가면의 비밀을 발설한 소년의 신화를 말해준다. 그 소년은 가면신들에 의해 살해당했다. 신들은 소년의 머리를 몸에서 떼어내 그 절단된 머리를 발로 차면서 〈성스러운 호수〉까지 가져갔다. 머리가 달아난 소년의 몸뚱어리는 마을의 광장에 내버려졌다. 소년들은 가면의 비밀을 절대로, 절대로 말해서는 안 되는 것이다. 그들은 이제 컬트의 구성원이고 가면신으로 분장할 자격이 주어진다.

그들은 아직 가면을 소유하지는 못한다. 결혼하여 상당한 재산을 마련하기 전까지는 가면을 가질 수가 없는 것이다. 어느 정도 재산을 모으면 키바의 우두머리에게 가면 신고식을 하고 싶다는 뜻을 알린다. 그는 이번에도 소년 시절 자신을 채찍질했던 카치나들에 의해 다시 채찍질을 당하고, 키바 사람들과 춤을 추어준 사람들에게 잔치를 베푼다. 이렇게 해서 가면은 그의 집안에 보관할 수 있는 그의 것이 되고, 이로 인해 그의 집은 가치가 있게 된다. 그가 죽으면 〈성스러운 호수〉의 카치나 춤꾼 무리들에게 합류하라는 뜻으로 가면은 그와 함께 매장된다. 하지만 가면이 없는 회원은 아무 때나 자유롭게 그것을 소유한 회원으로부터 빌려올 수 있고 그에 대한 답례는 하지 않아도 된다. 가면 주인은 자신의 마음에 드는 카치나를 표면에 그려 넣는다. 그림을 잘 그려 넣고 장식물을 화려하게 매다는 정도에 따라 다수의 카치나를 분장하는 데 활용된다.

카치나 사제들의 컬트는 이와 아주 다르다. 카치나 사제들의 가면은 요청에 의해서 만들어지는 것도 아니고 매번 춤이 벌어질 때마다 다른 분장자들을 위해 제공되는 것도 아니다. 이것은 영구 가면으로 예배의 대상이 되고 그 성스러움에 있어서 주술 성물에 다음간다. 주술 성물도 그러하지만, 이 영구 가면도 같은 집안의 가계(家系)에 의하여 소유되고 관리되는데, 그들의 말에 의하면 이 세상이 시작된 이래로 그렇게 해왔다는 것이다. 각 가면은 그 고유의 컬트 그룹을 가지고 있다. 이들 컬트는 이 가면이 주니 족 의례에 필요한 상황이 발생하면 그 가면을 분장하는 책임을 진다. 카치나 사제들의 영구 가면은 가면 분장자가 암송해야 하는 기도문과 관련이 있다. 춤추는 카치나들과는 다르게, 이들은 춤을 추지 않으며 연중 행사에 따른 특정 의식을 집행하도록 되어 있다. 입회식에서 어린아이들을 채찍질하는 것도 그들이고 "새해를 기념하기 위한" 샬라코 연중 의례행사에 참석하는 것도 그들이다. 초자연적 관점에서 보자면 이들은 "대낮의 아이들", 즉 주니 족의 선임사제들과 한 쌍을 이루는 존재이다. 그들은 카치나의 선임사제들인 것이다.

주니의 의례 생활구조에서 세 번째 지위를 차지하는 것이 주술의 집단(모임)이다. 주술의 집단의 수호신은 동물신들인데 그 중에서도 으뜸은 곰이다. 카치나 춤꾼들이 카치나를 분장하듯이, 주술의 집단은 곰을 분장한다. 이들은 가면을 쓰는 것이 아니라, 아직 이빨이 달려 있는 곰의 앞발 가죽을 그들의 양팔에 둘러쓴다. 춤꾼들이 카치나의 비명만을 내지르듯이, 동물 신들의 분장자들은 곰처럼 아주 위험스럽게 으르렁거린다. 치료의 최고 권한을 가진 것은 곰인데, 카치나의 경우와 마찬가지로, 곰의 신체 일부분을 사용함으로써 그의 힘을 내놓으라고 강요하는 것이다.

:: **주술의 집단**

주술의(medicine men) 집단은 많은 비법의 지식을 갖고 있으며 그것을 구성원들은 평생을 통해 조금씩 조금씩 배워나간다. 빨갛게 불이 붙은 목탄 위를 걸어가거나 칼을 삼키는 기술 등은 집단 내에서 계급이 올라갈수록 습득하게 된다. 최고 주술의(doctors)는 가장 높은 계급을 가진 자로서 "그의 길이 완성된 자"이다. 이런 지위를 획득하고자 하는 자는 많은 지식을 갖추고 있는 주술의의 발치에 앉아서 몇 년을 배워야 한다.

부족민 중에 환자가 발생하면 이 주술의를 부른다. 하지만 병을 고치는 위력은 주술의 개인에게 있는 것이 아니라 그가 소속된 집단에 있고, 환자는 병이 나으면 이 권위 집단에 가입해야 한다. 달리 말해서 주술의 집단에 가입하게 되는 것은 심각한 질병의 치료를 통해서이다. 남녀 모두 구성원이 될 수 있다. 아프지 않으면서도 이 집단에 참가하고자 하는 자는 다른 의식의 과정을 거친 후 입회할 수 있으나, 대부분의 사람들은 병이 완치된 후에 가입한다. 입회 절차를 완료하는 것은 비용이 많이 들며, 그래서 여러 해가 흘러간 후에야 정식 구성원이 될 수 있다. 새 구성원에게는 상징적인 의미로 새로운 심장을 수여한다.

주술의 집단도 주니 족 사이에서 크게 존경되는 별도의 제단과 성물을 갖고 있다. 최고 주술의들이 모시는 개인적 주물(fetish)은 아주 잘 생긴 옥수수이다. 가장 값지고 아름다운 깃털로 장식된 이 옥수수의 밑동은 바구니 형태의 멋진 받침대가 받치고 있다. 이 주물의 소유자가 살아 있는 동안, 행사가 있을 때마다 주술의 집단의 제단 위에 모셔지며, 그가 사망하면 아름다운 깃털은 제거한 채 주인과 함께 매장한다.

주술의 집단의 가장 큰 공식적 의식은 부족을 집단으로 치료하는 것인데 겨울 묵도 때가 절정의 시기이다. 이날 밤에는 집단의 예배실에 모두 모여서 제단을 설치하고, 구성원들은 곰 신과 기타 동물신으로 분장하고 등장한다. 여기에는 부족민 모두가 참석한다. 이렇게 의식을 올림으로써 부족민들의 무병장수를 비는 것이다.

:: 강력하게 사회화된 문화

주니의 관습에서, 전쟁회, 사냥회, 광대회는 모두 주술의 집단에 들어간다. 물론 이 모임들 사이에는 차이점이 있다. 전쟁회는 누군가를 죽여 본 경험이 있는 사람들만 들어갈 수 있다. 어떻게 살인을 하게 되었는지 그 정황은 중요하지 않다. 남의 피를 흘린 사람들은 누구나 "자신의 목숨을 구제하기 위하여", 다시 말해 남의 목숨을 빼앗은 데 따르는 위험을 피하기 위하여 이 모임에 가입해야 한다. 이 컬트 회원들은 머리가죽 보관실을 지키고 부족을 보호한다. 마을의 치안을 단속하는 업무도 이들 담당이다. 사냥회의 구성원들과 마찬가지로 이들은 치료 행위는 하지 않고 오로지 남성들로만 구성되어 있다. 광대회도 나름대로 특징적 차이를 갖고 있는데 주술의 집단에 소속된다.

주니 생활에서는 춤과 종교적 의례 활동이 가장 중요한 측면이다. 결혼이나 이혼 같은 가정사는 사소한 것으로 치부되어 개별적으로 알아서 처리한다. 주니 족은 아주 강력한 사회화 문화이고 개인들이 알아서 처리해야 하는 문제들에 대해서는 별로 관심을 보이지 않는다. 결혼은 거의 구애 행위 없이 이루어진다. 전통적으로 여자들은 남자들과 독대할 기회가 거의 없다. 하지만 모든 처녀들이 머리에 물동이를 이고 물을 길러가는 저녁 때, 총각은 한 처녀를 기다렸다가 물을 한 모금 달라고 요구할 수 있다. 만약 처녀가 그를 마음에 들어 하면 물을 건네준다. 또 총각은 처녀에게 토끼 사냥을 위해 던지는 막대기를 준비해 달라고 요구할 수 있다. 그 막대기로 잡아온 토끼를 나중에 처녀에게 건네준다. 총각과 처녀는 별도로 만나는 법이 없다. 오늘날 겨우 이 정도의 데이트만 하고서 결혼한 주니 여자들이 많이 있다.

총각이 처녀의 아버지에게 딸을 달라고 하겠다는 결심이 서면 그는 처녀의 집을 찾아간다. 주니 사회에서 남의 집을 찾아가면 그러하듯이, 그는 먼저 내온 음식을 먹고 그러면 처녀의 아버지가, 자기 집을 찾아온 모든 사람들에게 수인사를 하듯이 이런 말을 건넨다. "자네는 뭔가 찾아서 내 집에 왔겠지?" 총각이 대답한다. "그렇습니다. 당신의 따님을 생각하며 왔습니다." 처녀의 아버지는 이렇게 말하면서 딸을 부른다. "내가 딸을 대신해서 말할 수 없으니 딸을 직접 부르겠네." 만약 딸이 의사가 있으면 딸의 어머니가 옆방으로 들어가 짚으로 된 잠자리를 준비하고 둘은 함께 방에 든다. 그 다음날 처녀는 총각의 머리를 감겨준다. 나흘 뒤 그녀는 가장 좋은 옷을 차려 입고 선물용 옥수수 가루가 든 커다란 바구니를 들고서 총각의 집을 찾아간다. 이 이상의 요식 행위는 없으며 이 일에 대하여 사회적 관심은 거의 없다.

결혼하여 부부가 행복하지 못하고 이혼을 생각한다면, 특히 부부 사이에 애들이 없거나 있어도 오래 살지 못한다면, 부인은 의식적 연회에 꼬박꼬박 참석한다. 그곳에서 적당한 남편감을 만나게 되면 남녀는 공식적 만남을 준비한다. 주니 사회에서 여자가 새 남편을 얻는 것은 그리 어려운 일이 아니다. 늘 남자보다 여자가 부족하고 남자는 어머니의 집에서 기거하는 것보다는 아내와 함께 사는 것이 더 품위 있는 일이다. 따라서 남자들은 여자가 좋다고 하면 언제나 응할 자세가 되어 있다. 여자가 새 남자를 맞아들이기로 마음을 먹었다면 그녀는 남편의 물건들을 싸서 문턱 위에(옛날에는 지붕의 뚜껑문에) 올려놓는다. 그 짐은 그리 많지 않다. 여벌의 모카신 신발 한 벌, 춤출 때 입는 치마와 허리띠, 기도봉에 꽂는 깃털, 기도봉 및 가면 보수용 물감통 등이다. 이런 것들은 의식용 사물인데 그의 어머니의 집에다 두고 다니지 않는 그런 것들이다. 남편은 저녁에 집에 와서 그 물건 꾸러미를 보면 그것을 집어 들며 눈물을 흘린다. 그런 다음 그 짐과 함께 어머니의 집으로 돌아간다. 그와 그의 가족들은 함께 눈물을 흘리며 그의 불운을 슬퍼한다. 하지만 주거지를 재배치하는 문제는 금방 지나가는 화제에 불과하다. 서로 깊은 악감정이 작용하는 법은 거의 없다. 부부들은 규칙에 따라 사는데, 그 규칙은 질투나 복수 혹은 헤어짐을 거부하는 집착 등의 감정을 허용하지 않는다.

결혼과 이혼이 이처럼 자유로움에도 불구하고 많은 수의 주니 부부들은 평생을 함께 한다. 부부 싸움은 별로 좋아하지 않고 대부분의 부부는 평화롭게 살아간다. 주니의 결혼 생활이 이처럼 평생 지속된다는 사실은 놀랍다. 그들의 결혼 제도가 우리 사회처럼 모든 전통적 힘으로 밀어붙이는 사회적 형태가 아닐 뿐만 아니라, 강력하게 조직화되어 있는 주니의 사회적 제도와도 무관하다는 점을 감안하면 어떻게 그런 평화로운 결혼생활이 가능한지 의아하다.

주니 사회는 모계 사회이다. 성스러운 주물의 소유와 보관을 모계 구성원들이 담당하고 있다. 그들이 살고 있는 집과 그 속에 보관되어 있는 옥수수는 할머니와 그 여동생들, 어머니와 그 딸의 소유이다. 부부간의 결혼생활에 무슨 일이 벌어졌든 간에 그 집의 여자들이 평생 그 집에 머문다. 여자들은 아주 단단한 결속을 유지한다. 그들은 그들 소속의 성스러운 주물을 관리하고 부양한다. 그들의 비밀을 함께 지킨다. 그들의 남편은 국외자이고, 다른 씨족의 집안으로 장가든 그들의 남자 형제들이 그들 집안의 모든 문제에 관여한다. 집안의 성스러운 주물이 제단 앞에 내놓아졌을 때 집으로 돌아와 묵도를 하는 것도 그들(여자들의 남자 형제)이다. 의식에 나아가 성스러운 주물을 위해 기도문을 완벽하게 외우는 것도 여자들이 아니라 그들이다. 중요한 의식적 행사가 있을 때마다 남자들은 그의 어머니의 집으로 돌아간다. 그 집은 어머니가 죽으면 여동생(혹은 누나)의 소유가 된다. 만약 그의 결혼이 깨어지면 그는 그 집으로 돌아간다.

집의 소유와 성물의 보관을 바탕으로 하는 이 혈족 관계 그룹은 주니 사회에서 아주 중요한 집단이다. 이 집단은 항구적이고 중요한 공동 관심사를 갖고 있다. 하지만 경제적으로 기능을 발휘하는 집단은 아니다. 결혼해 나간 아들, 혹은 결혼해 나간 오빠(남동생)는 아내의 집 곳간을 채워줄 옥수수

농사를 짓는다. 어머니 혹은 누나의 집에 노동력이 부족할 때에만 그는 혈족 그룹의 농사를 지어준다. 경제 단위는 집 안에 함께 사는 사람들로 이루어지는데, 가령 할머니와 그 배우자, 어머니와 그 배우자 등이다. 이 배우자들은 경제 그룹으로는 구성원 자격이 있지만, 의례 그룹에서는 국외자이다.

여자들의 입장에서 보자면 이런 제도는 아무런 갈등도 없다. 그들은 남편의 친족 그룹에 대해서는 아무런 충성심을 느끼지 않는다. 하지만 남자들은 이중의 충성심을 발휘해야 한다. 그들은 한 그룹에서는 남편이고 다른 그룹에서는 오빠이다. 그리고 영구 주물을 보관, 유지하는 지체 높은 가문일 경우, 남자가 오빠로서 발휘하는 충성심이 남편의 그것보다 훨씬 더 사회적 무게를 가진다. 모든 가정에서, 남자의 사회적 지위는 우리 사회처럼 경제적 수입을 올리는 데서 나오는 게 아니라, 성스러운 주물과 관련된 역할에서 나온다. 의식적 소유물과 관련하여 아내 집안에 이렇다 할 관계가 없는 남편은 자신의 아이들이 성인이 되면서 어느 정도 아내 집안에서 인정을 받게 된다. 가령 아내 집에서 20년을 살아온 그가 어느 정도 인정을 받게 되는 것은 수입을 벌어들이는 자나 어머니의 배우자이기 때문이 아니라 다 큰 아이들의 아버지이기 때문인 것이다.

주니 사회에서 경제적인 일들은, 가족 내 서열에서도 볼 수 있듯이 그리 중요한 문제가 아니다. 다른 푸에블로 인디언들, 나아가 전체 인디언들에 비해 보아도 주니 족은 부유하다. 그들은 텃밭, 배 과수원, 양, 은, 벽옥을 가지고 있다. 남자가 적당한 때에 가면을 만들려고 할 때, 의식의 절차를 배우기 위해 보수를 내려고 할 때, 샬라코 의례에서 부족의 가면신들에게 연회를 베풀려고 할 때, 이런 물질적 재산은 소중하다. 샬라코를 거행하자면 그는 새 집을 지어야 한다. 그래야 신들이 집들 때 찾아와 축복을 내려주는 것이다. 그 해 내내 그는 그 집을 짓기 위해 도움을 준 컬트 구성원들에게 음식 대접을 해야 하고, 서까래로 들어갈 커다란 목재를 준비해야 하고, 최종 의례행사에서 마을 사람 전체를 대접해야 한다. 그가 걸머져야 할 책임사항은 한없이 많다. 이 때문에 그는 바로 전 해에 곡식을 많이 심고 또 가축 수를 크게 늘린다. 그는 씨족 그룹으로부터 도움을 받을 수 있지만 나중에 현물로 되갚아야 한다. 이런 식으로 재물을 사용하는 것은 지위가 있는 남자에게는 아주 중요한 일이다. 하지만 정작 당사자나 그 외의 사람들은 재물의 정확한 계산에는 깊은 관심을 두지 않고 그가 맡게 될 의식적 역할에만 온 신경을 기울인다. 주니 족 말로, "가치 있는" 가문은 영구 주물을 소유한 가문이고, 중요한 사람은 의식적 역할을 많이 담당한 사람이다.

전통적 가르침에 따라, 재물은 의례행사의 특권을 수행하는 데 있어서 아주 작은 역할만 담당할 뿐이다. 의례 용품들은 개인 재산이고 또 많은 돈과 노력을 들여 얻은 것이지만, 그것을 사용하고 싶어 하는 사람에게 무상으로 제공된다. 물론 자격을 가진 사람들만 만질 수 있는 아주 성스러운 주물들도 있다. 하지만 이런 터부도 재산의 터부는 아니다. 사냥주물은 사냥회의 소유이지만 사냥을 나가려는 사람은 그것을 사용할 수 있다. 그는 성스러운 물건을 사용하는 데 따르는 통상의 책임을 져야 한다. 그는 기도봉을 꽂고 나흘 동안 금욕을 하고 자비를 베풀어야 한다. 하지만 보수를 내놓지는 않는다. 주물을 개인 사물로 소유하고 있는 사람들은 그 주물의 초자연적 힘에 대하여 독점권을 갖고 있지는 않다. 마찬가지로 가면을 가지고 있지 않은 사람은 공짜로 빌려 쓸 수 있으며 그렇게 한다고 해서 걸인 혹은 애원자 취급을 당하지는 않는다.

이처럼 주물의 소유권과 기득권은 서로 분리되어 있다. 재산을 이처럼 소홀히 여기는 다른 사회적 조치들도 있다. 많은 의식적 특권을 가진 씨족의 사람은 부자보다 더 우대된다. 따라서 어떤 의례행사를 진행하기 위해 가난한 사람이 의례에 거듭 초대될 수도 있다. 왜냐하면 그가 의례에 필요한 가계의 구성원이기 때문이다. 게다가 대부분의 의례행사 참여는 어느 개인이 아니라 집단의 책임이다. 여타 생활 속의 다른 일도 마찬가지이지만, 개인은 집단의 일원으로서 제관(祭官)의 지위를 갖는 것이다. 제관은 비교적 가난한 사람일 수도 있지만, 그에 의해서 대표되는 집안 혹은 키바가 제사 의식의 요건을 충족시키는 것이다. 집단은 이런 제사 참여에 의해 언제나 이득을 얻는다. 제사는 언제나 커다란 축복을 가져다주기 때문이다. 그리고 자존심 강한 개인이 소유한 재산은 제관 임무의 수행과는 관계없는 사항이다.

푸에블로 족은 의례행사를 중시하는 부족이다. 하지만 이것이 그들을 북아메리카나 멕시코의 다른 부족들과 구분시켜 주는 핵심적 사항은 아니다. 그들이 의례를 강도 높게 준수하지만 그보다 더 깊은 문제가 도사리고 있다. 가령 멕시코의 아스텍 문명은 푸에블로 못지않게 의례적이고, 심지어 태양 춤, 남자들의 공동체, 담배회, 전쟁 의식 등을 갖추고 있는 평원 인디언들도 풍성한 의례행사를 자랑한다.

푸에블로와 북아메리카의 다른 문화 사이의 근본적 차이는, 니체가 그리스 비극의 연구에서 사용한 용어를 가져와 설명하면 그럴 듯하다고 생각한다. 니체는 존재의 가치에 도달하는 두 가지 아주 상반되는 방식을 말했다. 디오니소스형 인간은 "존재의 통상적 경계와 한계를 파괴"함으로써 그 가치에 도달하고자 한다. 그는 오관에 의해 부과된 경계를 돌파하여 체험의 전혀 다른 경지에 도달하는 것을 가치 있는 순간이라고 생각한다. 디오니소스 형은 개인적 체험이나 의식을 통하여 어떤 심리적 상태, 즉 과잉의 상태를 성취하고자 한다. 그가 추구하는 감정에 가장 가까운 상태는 술 취한 상태이고 그는 열광 속의 통찰을 중시한다. "과잉의 길은 지혜의 궁전으로 안내한다"라는 영국 낭만시인 윌리엄 블레이크의 말을 신봉한다. 아폴로 형 인간은 이 모든 것을 싫어한다. 그는 이런 도취의 체험을 전혀 이해하지 못한다. 그는 자신의 사상(思想)으로부터 이런 체험들을 쫓아내려고 한다. 그는 "헬레니즘적 의미에서 단 하나의 법률, 수단만을 알고 있다." 그는 중도를 지키고 알려진 지도 내에 머물며 파괴적인 심리 상태는 거들떠보지도 않는다. 니체의 말을 빌리면 춤추며 기뻐할 때에도 "그는 자신의 신분을 지키며, 공민의 체면을 유지한다."

남서부 푸에블로 족은 아폴로 형이다. 니체의 아폴로 형과 디오니소스 형의 구분이 푸에블로 족과 그를 둘러싼 인디언 부족들의 구분에 100퍼센트 그대로 적용되는 것은 아니다. 내가 인용한 단편들은 정확한 묘사이지만, 그리스 문화의 좀 더 세부적인 측면은 남서부 인디언들 사이에서 찾아볼 수 없고, 반대로 푸에블로 인디언의 세부사항은 그리스에서 찾아볼 수 없다. 미국 인디언들의 문화적 통합형태를 묘사하면서 그리스 문화를 분석한 용어를 빌려 온 것은, 그리스 문화와 미국 원주민 문화를 똑같이 본다는 생각에서 그런 것은 아니다. 단지 푸에블로 문화와 여타 아메리칸 인디언 문화의 주요 차이점들을 선명하게 드러내 주기 때문에 그 용어를 사용한 것이다. 따라서 그리스에서 발견되는 모든 관습이 아메리카 원주민에게서도 발견된다는 뜻은 아니다.

아폴로 형 제도는 그리스보다 푸에블로에서 더욱 발달이 되었다. 아폴로 형 생활방식은 개인주의(개인의 감정 중시)를 강하게 불신하는데, 그리스는 푸에블로처럼 강하게 불신하지는 않았다. 단지 개인감정을 중시하는 태도가 사회 내에서 갈등을 불러일으키기 때문에 좀 무시했을 뿐이다. 반면에 주니 족의 이상과 제도는 이 점에 있어서 완고할 정도로 엄격했다. 아폴로 형에게 알려진 지도, 중도 노선이라고 하면 곧 부족의 공통적 전통을 의미했다. 중도에 머문다는 것은 곧 선례와 전통을 충실히 따르는 것이었다. 따라서 전통을 강하게 압박하는 영향들은 체질에 안 맞는 것이었고, 제도 내에서 최소화되었다. 그런 영향들 중 최대의 적이 바로 개인주의이다. 남서부의 아폴로 형 철학에 따르면 그것은 파괴적인 것이었다. 심지어 그것이 전통 그 자체를 개선하여 더 확대시킬 때조차도 그렇게 생각되었다. 이렇게 말한다고 해서 푸에블로가 그것을 아예 막아버렸다는 뜻은 아니다. 그 어떤 문화도 추가와 변화로부터 그 자신을 보호할 수는 없다. 하지만 이런 것들을 받아들이려 하는 과정은 수상스러운 것으로 여겨졌고 개인들에게 자유로운 행동 범위를 부여하는 제도들은 불법화되었다.

푸에블로의 관습을 이해하고자 하면 그들이 애써 거리를 두어왔던 다른 문화, 즉 북아메리카의 인디언 문화에 대해서 알아야 한다. 이처럼 정반대의 것을 대조해 봄으로써 우리는 푸에블로와 정반대되는 문화의 힘과, 푸에블로가 그것(아메리카 원주민들의 가장 특징적인 사항들)에 저항한 힘을 측정해 볼 수 있다. 전반적인 아메리칸 인디언들과 멕시코의 인디언들은 아주 열정적으로 디오니소스적이었다. 그들은 인간의 감각적 한계를 돌파하게 해주는 난폭한 체험을 중시했고, 이러한 체험에 높은 가치를 부여했다.

푸에블로 이외 지역의 북아메리카 인디언들은 결코 균일한 문화를 유지했던 것은 아니다. 그들은 거의 모든 면에서 크게 달랐고 여덟 개의 문화 권역으로 나누는 것이 편리할 정도로 많이 분화되어 있었다. 하지만 약간의 이런 저런 형태 차이는 있지만 그들 전체를 관통하는 근본적인 디오니소스 경향이 있었다. 이에 대한 가장 현저한 사례는 그들이 꿈이나 비전을 통하여(이에 대해서는 이미 앞에서 언급한 바 있다) 초자연적 힘을 얻는 관습을 갖고 있었다는 것이다. 서부 평원에서 인디언들은 끔찍한 고행을 통하여 비전을 추구했다. 그들은 자신의 팔뚝을 채찍질하여 상처를 내는가 하면, 손가락을 절단하고, 겨드랑이 밑에다 가죽 줄을 집어넣고서 높은 기둥에 매달려 온몸을 흔들어대기도 했다. 그들은 아주 오랫동안 물이나 음식을 먹지 않았다. 그들은 일상생활과 다른 체험의 세계를 추구하여 마지않았다. 평원 지역에서 이처럼 비전을 찾아 나선 사람들은 전부 다 자란 성인이었다. 때때로 양손을 등 뒤에 결박한 채 꼼짝도 않고 서 있었고 또는 아주 비좁은 땅 위에 서서 비전의 축복이 찾아올 때까지 움직이지 않았다. 다른 부족의 사람들은 먼 지역으로 방랑을 하면서 위험한 땅으로 흘러들어가기도 했다. 어떤 부족들은 절벽이나 아주 위험한 곳을 선택하여 고행을 했다. 아무튼 고행하는 자는 혼자 가야 했다. 만약 자기 학대를 하거나 높다란 기둥에 매달려 흔들리면서 초자연적 체험을 추구하는 자에게는 보조하는 자가 따라붙었다. 이 자는 간단한 도움을 주고는 곧 떠났고 고행자는 혼자서 시련을 견뎌내야 했다.

다가올 비전을 기다리며 정신을 집중시키는 것이 아주 중요했다. 그들은 무엇보다도 정신 집중을 최고의 테크닉으로 여겼다. 나이든 주술의는 언제나 이렇게 말했다. "그것을 늘 생각하라." 때때로 얼굴을 눈물 투성이로 만드는 것도 필요했다. 그렇게 하면 정령이 그를 불쌍하게 여겨서 원하는 비전을 내려줄지도 몰랐다. "나는 불쌍한 자입니다. 나를 불쌍히 여기소서" 하고 끊임없이 기도했다. 주술의들은 이렇게 가르쳤다. "아무것도 먹지 마라. 그러면 정령이 너를 찾아올 것이다."

:: 평원 인디언들의 관습

서부 평원의 인디언들은 비전이 찾아오면 그들의 인생을 결정해 주고 또 그들이 어떤 성공을 기대할 수 있는지 알려준다고 믿었다. 만약 비전이 찾아오지 않으면 그들은 실패할 운명이었다. "난 가난해질 신세야. 그렇기 때문에 비전이 찾아오지 않는 거야." 만약 그 체험이 치료에 관련된 것이라면 그는 치료의 힘을 갖게 되고, 전쟁에 관련된 것이라면 그는 전사의 힘을 갖게 된다. 만약 그가 〈양성의 여자〉를 만났다면, 그는 여자 옷을 입고 다니는 남자(berdache : 베르다슈. 제8장에서 다시 설명됨. -옮긴이)가 되어 여자의 직책과 의상을 취하게 된다. 만약 신화 속의 〈물 뱀〉으로 축복받았다면 그는 악을 다스리는 초자연적 힘을 갖게 되고 그처럼 주술사가 되게 해준 데 대한 보답으로 아내와 자식들을 희생으로 바쳐야 한다. 일반적인 강복이나 특정 사업의 성공을 바라는 사람도 종종 비전을 찾아 나섰다. 비전은 전쟁에 나갈 때, 사람을 치료할 때, 각종 사소한 일들, 가령 없어진 들소를 부를 때, 어린아이의 이름을 지을 때, 초상이 났을 때, 복수를 해야 할 때, 잃어버린 물건을 찾고자 할 때 등에 필요했다.

비전은 보통 시각적 착각이나 청각적 착각의 형태를 취하지만 반드시 그런 것은 아니다. 대부분의 비전 이야기들은 어떤 동물의 출현에 대해서 말하고 있다. 비전은 먼저 사람의 형태로 나타난다. 이어 그것은 애원자를 상대로 대화를 하면서 어떤 초자연적 힘을 얻기 위해 필요한 노래와 주문을 가르쳐준다. 이어 떠나갈 때가 되면 비전은 동물로 둔갑을 하는데, 애원자는 자연스럽게 그에게 축복을 내려준 비전이 어떤 동물인지 알게 된다. 또 어떤 가죽, 어떤 뼈, 어떤 깃털을 그 체험의 기념물로 간직해야 하는지 깨닫게 된다. 그는 이 기념물을 평생 성스러운 주술 성물로 보관한다. 반면에 어떤 비전 체험은 이처럼 극적이지는 못하다. 어떤 부족들은 자연과 친교를 나누는 순간을 비전으로 인정하기도 한다. 가령 강가에 혼자 앉아 있다가 또는 숲속으로 난 길을 걷다가 평소에는 느끼지 못했던 어떤 강력한 의미를 깨닫는 것이다.

꿈을 꾸는 도중에 초자연적 힘을 얻기도 한다. 어떤 비전 이야기들은 틀림없이 꿈속의 체험이다. 잠자는 도중이거나 아니면 약간 이례적인 상황에서 그런 비전을 보는 것이다. 어떤 부족들은 다른 비전 체험들보다 꿈을 더 중시하기도 한다. 루이스와 클라크는 문화 탐사 초창기에 서부 평원을 횡단할 때 밤마다 조용히 잠잘 수가 없었노라고 불평했다. 밤만 되면 노인들이 북을 둥둥 울려대며 자기가 금방 본 꿈을 의식적으로 재연하는 바람에 너무 시끄러웠다는 것이다. 꿈은 가치 있는 힘의 원천이기 때문에 그렇게 추구되었다.

아무튼 비전 체험이 위력이 있는지 여부는 순전히 개인이 결정할 문제였다. 나중에 그 비전의 위력에 대하여 어떤 사회적 제약이 가해지든 간에, 그건 주관적인 힘으로 여겨졌다. 어떤 체험은 위력이 있었고 어떤 것은 없었다. 그들은 가치 있는 체험을 알려주는 섬광 같은 의미를 가지고 위력의 유무를 구분했다. 만약 이러한 전율을 불러일으키지 못한다면 그들의 몸에 고행을 가하면서 추구한 체험도 가치 없다고 여겼다. 또 그 체험을 가지고 감히 위력이 있다고 주장하지도 못했다. 수호신으로 주장된 동물이 그들에게 죽음과 불명예를 내릴지 모른다고 두려워했기 때문이다.

서부 평원에서 인정되고 있는 이 비전 체험의 위력은 이론적으로 볼 때 개인에게 무제한의 자유를 부여하는 문화적 메커니즘이다. 개인은 어떤 가문에 소속되어 있든지 간에, 평원으로 나가서 누구나 탐내는 이 엄청난 힘을 추구할 수가 있었다. 게다가 그는 자신의 비전을 이노베이션의 강력한 근거로 삼을 수가 있었고 자신이 바라는 개인적 이득의 원천으로 활용할 수 있었다. 그가 내세우는 권위는 고립 중에 얻은 체험으로서 사안의 성격상 다른 사람이 그 위력을 판정해 줄 수 있는 것도 아니었다. 더욱이 그가 획득했다는 비전은 사회 내에 엄청난 불안정을 가져올 수도 있는 체험이었다. 그것은 개인의 주도권에 좀처럼 찾아보기 어려운 운신의 폭을 부여하는 것이었다. 물론 실제에 있어서 관습의 위력은 전혀 도전을 받지 않았다. 부족의 제도에 의하여 아주 자유로운 운신의 폭을 부여받았지만 부족민은 사소한 변화 이상의 것으로 나아가는 창의성을 발휘하지 못했다. 외부인의 관점에서 보자면, 어떤 문화 내의 가장 과격한 이노베이션도 사소한 수정에 지나지 않았고, 예언자들은 아주 사소한 의견 차이로 사형에 처해지는 경우가 흔했다. 그래서 비전이 제공하는 문화적 이탈이라는 것은 전에 담배회 내에 있던 조직인 스노버드(雪鳥) 지부를 딸기 지부 정도로 바꾸는 것에 지나지 않았다. 혹은 전에 전쟁회에서 들소의 위력에 의존하던 것을 스컹크의 위력으로 바꾼 것 정도였다. 그 밖의 다른 제한 사항들이 가해지는 것은 필연적이었다. 무엇보다도 그 비전이라는 것의 위력을 실증해야 한다는 데 강조점이 놓여졌다. 자신의 비전을 시험하여 성공적으로 전쟁 집단을 이끈 자만이 자신의 초자연적 힘을 주장할 수 있었다. 일부 부족에서는 개인이 주장하는 비전의 위력을 장로단에게 검증받게 했다. 그 장로단이라는 집단은 전혀 신비한 방식의 의사소통을 인정하지 않는데도 말이다.

서부 평원의 인디언 부족들 이외의 다른 문화에서도 디오니소스적 관습에 대하여 광범위한 제약 사항이 부과되었다. 기존의 권리와 특권을 중시하는 공동체에서는 비전 체험의 문화적 특징은 명백한 갈등 상황을 조성했다. 솔직히 말해서 그것은 파괴적인 문화 메커니즘이었다. 이런 갈등이 심각한 부족들에게서는, 많은 일들이 벌어질 수 있었다. 그들이 계속 입으로 칭송하는 초자연적 체험은 실제로는 빈 껍데기가 될 수도 있었다. 만약 특권이 컬트 그룹이나 가문들에게 하나의 기득권으로 부여되어 있다면, 이들 그룹이나 가문은 개인들에게 초자연적 힘에 자유롭게 접근하는 권리를 부여할 수 없었고, 그런 접촉으로부터 권위가 나온다고 가르칠 수는 더더욱 없었다. 그렇지만 그들(그룹이나 가문)은 자유롭고 공개적인 비전의 교리를 가르치지 못할 이유가 없다고 생각했다. 물론 이것은 위선이다. 어떤 컬트의 구성원이 된 자가 아버지의 권리를 승계하지 않으면 그 어떤 근거로도 권위를 행사할 수 없기 때문이다. 오마하 족의 경우, 주술로 유명한 가계 내에서 모든 권력이 승계되지만, 그들은 초자연적 힘의 근거로 개인의 비전에 절대적으로 의존하는 전통적 교리를 수정하지 않았다. 북서 해안 인디언들과 멕시코의 아스텍 족들의 경우에도 권위는 철저하게 수호되는 특권이었지만 서로 다른 타협방식이 발생했다. 그리고 그 타협은 디오니소스적 가치들을 불법화하지 않았다.

:: 약물과 알코올

하지만 북아메리카의 비전 탐구(디오니소스적 경향)는 특권 그룹 및 그들의 특권과 타협하지 않았다. 비전 체험은 약물과 알코올에 의하여 공개적으로 추구되었다. 멕시코의 일부 부족들은, 거대한 선인장 열매의 발효시킨 주스를 사용하여 황홀경에 들어갔다. 그들은 이것을 아주 종교적인 현상이라고 생각했다. 피마 족의 가장 커다란 연중 의례행사는 이 선인장 맥주를 마시고 황홀경에 들어가는 것이다. 먼저 사제가 마시고, 이어 모든 사람이 마셔서 "종교적 상태로 들어간다." 그들의 관습과 시어(詩語)에서 술 취함은 곧 종교와 동의어이다. 그것은 흐릿한 비전과 통찰을 하나로 뒤섞는다. 그것은 전 부족민에게 종교적 고양의 느낌을 가져다준다.

이러한 체험을 얻기 위해 약물도 많이 사용되었다. 페요테(메스칼 알갱이)는 멕시코 고원에서 자라는 선인장 알갱이이다. 이 식물이 자라는 인근의 인디언 부족들은 막 바로 따서 싱싱한 채로 먹는다. 하지만 이 알갱이가 멀리 캐나다 경계 지역까지 거래가 된다. 이것은 언제나 의식에만 사용된다. 그 효과는 잘 알려져 있다. 특별한 공중 부양의 느낌과 선명한 색채 감각을 안겨 주는데, 극심한 절망감 혹은 모든 근심과 불안으로부터의 해방 같은 아주 강력한 효과를 수반한다. 운동 장애나 최음의 효과는 없다.

아메리카 인디언들 사이에서 페요테 컬트는 널리 퍼져 있다. 오클라호마에서는 〈인디언 교회〉로 조직되어 있고 많은 부족들 사이에서 전래의 의식들이 페요테 컬트 앞에서 맥을 못 추고 있다. 이 컬트는 어디서나 백인들에 대한 일정한 태도를 표명하는데, 백인들의 영향에 대하여 종교적으로 반대하거나 아니면 백인들의 방식을 신속하게 받아들이자고 가르친다. 게다가 많은 기독교적 요소가 그 조직 속에 스며들어가 있다. 신자들은 성찬식처럼 페요테를 돌려서 먹은 다음, 이어 물을 마시고, 노래와 기도를 올리면서 빙빙 도는 것이다. 그것은 위엄을 갖춘 밤새기 의례이고, 그 효과는 그 다음 날 낮까지 지속된다. 다른 경우에는 나흘 밤 연속 페요테를 먹고서 나흘 낮 연속 황홀경의 상태로 보내기도 한다. 그것을 숭배하는 컬트들 내에서 페요테는 신과 동격이다. 지상의 제단 위에다 커다란 페요테 알갱이를 올려놓고 예배를 드린다. 모든 좋은 것은 페요테로부터 나온다. "내 평생 알고 있는 성물이라고는 이것뿐이야." "이 약만이 성스럽고 나에게서 모든 악을 가져가." 페요테의 이런 디오니소스적 몽환 덕분에 사람들에게 강력하게 호소하고 또 종교적 권위를 인정받는다.

다투라(혹은 짐슨 풀)는 이보다 더 강력한 독약이다. 훨씬 국지적인 것으로서 멕시코와 남부 캘리포니아 부족들 사이에서 사용된다. 남 캘리포니아에서는 성인식에 나온 남자 아이들에게 주어지는데, 이 약초의 영향 아래 그들은 비전을 보게 된다. 나는 이 약초를 마신 아이들이 죽기도 했다는 말을 들었다. 아이들은 이 약초를 마시면 의식불명이 되는데 어떤 아이는 그게 하루 정도 지속되고 어떤 아이는 나흘이나 간다. 이 부족들의 동쪽 이웃인 모하비 족은 장차 노름에서 행운을 얻기 위해 다투라를 사용하는데, 나흘 동안 의식이 없어진다고 한다. 이 기간 동안에 꿈이 그들을 찾아와 그들이 바라는 행운을 준다는 것이다.

:: 과잉에 대한 주니 족의 불신

따라서 남서부 푸에블로를 제외하고 북아메리카 인디언 부족들 전역에서, 우리는 초자연력을 준다는 비전-꿈의 교리와 관습을 만나볼 수 있다. 남서부 인디언들은 단식, 고행, 약물과 알코올 등으로 비전을 추구하는 부족들에 의해 둘러싸여 있다. 하지만 푸에블로는 파괴적인 체험을 받아들이지 않고 그런 체험으로부터 초자연적 힘을 추구하지도 않는다. 만약 어떤 주니 인디언이 우연하게도 시각적 혹은 청각적 환각을 경험했다면 그건 죽음의 징조로 해석되었다. 그것은 단식을 해가며 적극적으로 추구해야 할 체험이 아니라 가능한 한 피해야 할 체험이었다. 푸에블로 족 사이에서 초자연력은 컬트 구성원 자격에서 나오고, 그 구성원 자격은 합당한 대가를 지불하고 사들여야 하며, 한 자도 틀리지 않게 주문을 암송할 수 있어야 획득 가능한 것이었다. 구성원 자격을 준비할 때나, 성인식 때나, 차후 대가의 지불에 의한 승진 때에나, 종교적 특권을 행사할 때에나 부족민들이 냉정함의 경계를 초월하도록 요구되는 경우는 아예 없었다. 그들은 과잉을 추구하지도 평가하지도 않았다. 그럼에도 불구하고 비전 추구의 바탕이 되는 여러 가지 요소들은 분명 존재했다. 위험한 곳을 찾아다니기, 새나 동물과 친구를 맺기, 단식하기, 초자연적 만남이 가져다주는 특별한 축복을 믿기 등이 그런 것이다. 하지만 이런 것들은 디오니소스적 체험으로 통합되지 않았고 완전 새롭게 재해석했다. 푸에블로 남자들은 밤중에 무서운 곳 혹은 성스러운 곳을 찾아가서 목소리에 귀를 기울인다. 이것은 일상의 경계를 돌파하여 초자연적 존재와 소통을 하려는 것은 아니고, 길흉화복의 조짐을 알아보기 위한 것이다. 이것은 무서움을 느끼게 되는 일종의 시련인데, 이 의식과 관련된 가장 큰 터부는 아무리 뭐가 뒤에서 따라오는 것 같아도 뒤를 돌아다보아서는 안 된다는 것이다. 이 의식의 객관적 행위는 비전 탐구의 그것과 아주 유사하다. 그들은 어려운 일 – 남서부에서는 달리기 시합일 때가 많다 – 을 앞에 두고 있을 때 밖으로 나가서 어둠, 고독, 동물들의 출현을 활용한다. 다른 곳에서는 디오니소스적인 것으로 받아들여지는 이 행위가 푸에블로 족 사이에서는 기계적인 전조(前兆) 읽기에 지나지 않는다.

아메리칸 인디언들 사이에서 비전을 얻는 수단으로 활용되는 단식도 푸에블로 족 사이에서는 새롭게 해석되었다. 그것은 의식 깊은 곳에 잠복해 있는 체험들을 끌어올리는 수단이 아니다. 푸에블로 족은 단식을 목욕재계의 정결함 정도로 생각한다. 단식과 정신의 황홀 사이에 통로가 있다는 설명은 푸에블로 족에게 황당한 얘기일 뿐이다. 사제들의 피정 묵도기간, 의례적 춤에 참가하기, 달리기 시합, 기타 무수한 의례 행사 등에 단식이 필수 사항이기는 하지만, 그것이 초자연력을 가져다준다고는 생각하지 않는다. 단식은 결코 디오니소스적 행사가 아니었다.

짐슨 풀도 단식과 마찬가지로 남서부의 푸에블로 족에게 그리 큰 영향력이 없었다. 물론 짐슨 풀을 먹는 관습이 있기는 했지만 두 가지 다른 용도로 사용되었다. 남 캘리포니아 인디언 부족이 추구하는 1~4일간의 몽환을 그들은 받아들이지 않았다. 첫째, 짐슨 풀은 고대 멕시코에서 그러했듯이 도둑을 색출하는 데 사용되었다. 주니 족 사제가 도둑을 알고 있을 것으로 생각되는 남자의 입에 소량의 짐슨 풀을 떠 넣어 주었다. 그런 다음 사제는 옆방으로 물러가 짐슨 풀을 먹은 자로부터 도둑의 이름이 나오는지 살폈다. 그에게 의식 불명이 될 정도로 풀을 먹이지는 않았다. 그는 그 방안에서 잠을 자거나 걸어 다니거나 했다. 아침이 되면 그는 자신이 본 광경에 대하여 전혀 기억하지 못했다고 한다. 그에게서 약물의 흔적을 제거하기 위해 온 신경을 쏟았다. 이 약초의 위험한 성분을 제거하는 데에는 두 가지 기술이 공통적으로 사용되었다. 첫째, 그에게 네 번 구토약을 주어 그 약물을 완전히 뱉어내게 한다. 그런 다음 유카(나무) 거품으로 그의 머리를 깨끗이 감긴다. 둘째, 주니 족은 디오니소스적 도취와는 아무 상관없는 목적으로 짐슨 풀을 사용했다. 사제단의 구성원들이 "새들에게 강우의 노래를 불러달라고 요구하기 위해" 밤중에 어느 장소에다 기도봉을 꽂으러 나가는 일이 있었다. 이럴 때 소량의 짐승 풀 가루를 각 사제의 눈, 귀, 입에다 바른다. 이 용도는 약초의 환각을 일으키는 성질과는 아예 무관한 것이다.

페요테 또한 푸에블로 족에 의해 철저하게 무시당했다. 푸에블로 족은 페요테 알갱이가 많이 나는 멕시코 고원 가까운 곳에서 산다. 그리고 그들이 자주 접촉하는 아파치 족과 평원 족들도 페요테 상식자(常食者)였다. 하지만 페요테는 푸에블로 족 사이에서 발을 붙이지 못했다. 푸에블로 인디언들 중에서 평원 인디언들과 가깝고 또 가장 일탈적인(디오니소스적) 그룹인 타오스 부족의 소규모 반정부 그룹이 최근에 페요테를 먹기 시작했다. 하지만 다른 곳에서는 받아들여지지 않았다. 철저하게 아폴로적 풍습을 지키는 푸에블로 족은 비전 체험을 불신하고 배척했다. 그것은 개인을 지켜야 할 경계로부터 일탈하게 하고 그리하여 냉정함을 잃게 만드는 위험한 체험으로 판단되었다.

도취에 대하여 이처럼 철저하게 배척했으므로 미국의 알코올도 이 지역에서는 행정적 문제가 될 수 없었다. 미국 내 인디언 보호 구역 어디에서나 알코올은 심각한 문제이다. 인디언들이 위스키를 지나치게 좋아하는 현상을 단속할 만한 정부 규정이 없다. 하지만 푸에블로 족들 사이에서 그것은 전혀 문제가 되지 않았다. 그들은 과거에도 전통주를 양조한 일이 없었고 지금도 그러하다. 인근의 아파치 족들은 노인이나 청년이나 미국 마을에 나들이를 나가면 대취하여 돌아오는데, 이런 문제가 푸에블로에는 없다. 그렇다고 해서 푸에블로가 술에 대하여 종교적 터부를 내렸다는 얘기는 아니다. 그보다 더 본질적인 사항으로, 그들은 술 취한 상태를 혐오하는 것이다. 초창기에 주니 족에 술이 도입되었을 때 주니 원로들이 자발적으로 그것을 불법화했다. 그 조치는 체질에 맞는 것이었고 그래서 지금껏 존중되고 있다.

고행은 도취보다 더 강력하게 거부되었다. 푸에블로, 특히 동부 푸에블로는 고행을 중시하는 서로 다른 문화들, 즉 평원 인디언들과 멕시코의 고행자들과 접촉이 있었다. 푸에블로 문화는 지금은 소멸된 고대 멕시코의 고행 중시 문화와도 접촉이 있었다. 이 멕시코 부족은 항시 신체 일부분에서 피를 빼내는 것이 관습이었는데 특히 신들에게 봉헌을 할 때에는 혀에서 피를 뽑았다. 평원 지역에서 고행은 비전을 획득하는 망아지경으로 들어가는 특별한 수단이었다. 뉴멕시코의 고행자 파는 중세 스페인의 채찍질 고행파가 아주 먼 데까지 퍼져서 최후로 남아 있는 지파인데, 오늘날까지도 십자가형에 처해진 구세주를 모방하는 〈좋은 금요일〉의식을 준수하고 있다. 이 의례의 클라이맥스는 그리스도의 처형인데 컬트의 한 구성원이 그리스도로 분장한다. 의식의 행렬은 좋은 금요일 새벽에 고행자 파의 집을 나선다. 그리스도 분장 자는 엄청나게 큰 십자가의 무게 때문에 휘청거린다. 그의 뒤에는 알몸의 등을 노출한 그의 형제들이 걸어서 따라간다. 그들은 천천히 걸어가면서 촐라 선인장 가시를 고정시켜 놓은 커다란 선인장 막대기로 자신의 등을 사정없이 때린다. 멀리서 보면 그들의 등은 아주 붉은 천을 덮어놓은 것 같다. 골고다에 이르는 "길"은 약 1.5마일이다. 그들이 그 끝에 도달했을 때 그리스도는 십자가에 묶여 들려진다. 만약 그나 채찍질 고행자가 사망하면 그의 신발을 그의 집 문턱에 놓아둘 뿐 장례는 허용되지 않는다.

푸에블로 족은 이런 고행을 이해하지 못한다. 부족민 중에 고행을 위해 손가락을 끊은 사람은 아무도 없다. 검은 주술의 자백을 받아내기 위해 고문을 당하지 않는 한 그들의 몸에는 상처가 없다. 그들의 등에는 채찍질 흔적이나 살점이 떨어져 나간 흔적이 없다. 그들의 피를 희생으로 바치거나 그 피를 다산(多産)의 기원(祈願)으로 사용하는 의례는 아예 없다. 몇몇 성인식에서 크게 흥분했을 때 채찍을 사용하는 일이 있기는 하지만 그것은 집단적 흥분의 표시일 뿐 그 이상의 의미는 없다. 전사 컬트인 〈선인장 회〉에서 선인장 막대기 채찍을 든 채 서로 내달리며 상대방이나 자기 신을 때리는 일이 있다. 〈화염 회〉에서 불을 색종이 조각처럼 날리기도 한다. 하지만 이런 경우에도 정신적 위험이나 비정상적 체험을 추구하는 일은 없다. 푸에블로의 불꽃놀이 – 평원 인디언의 불꽃놀이도 마찬가지지만 – 에서 추구되는 것은 고행이 아니다. 〈불 위를 걸어가기〉 행사에서, 어떤 수단을 동원하든 간에 발이 화상을 입는 일은 없다. 또 그 불을 입 속에 집어넣을 때에도 혀가 불 타는 일은 없다.

　마찬가지로 푸에블로의 채찍질은 고행의 의도가 전혀 없다. 채찍은 피를 뽑아내지 않는다. 평원 인디언들은 이런 과잉행동에서 영광을 느끼지만, 푸에블로 족은 그렇지 않다. 소년기 혹은 그 이전에 입회식에서 채찍질을 당한 주니 어린이는 울음을 터뜨릴 수 있고, 가면신으로부터 채찍질을 당했을 때 어머니를 부를 수도 있다. 주니 어른들은 그런 채찍질이 상처를 남길 수 있다는 얘기를 의아해하면서 믿지 않는다. 채찍질은 "나쁜 일을 물리치기 위한 것"이고 그런 만큼 엑소시즘(액막이)의 일환이라고 여겨진다. 채찍질이 다른 문화에서는 고행의 수단이 된다는 얘기는 주니 문화와는 상관없는 것이다. 무엇보다도 채찍질이 그런 용도로 쓰이지 않기 때문이다.

　푸에블로 족은 단식, 고행, 약물과 알코올 등으로 몽환이나 비전을 추구하지 않기 때문에 춤에서도 그것을 찾지 않는다. 남서부 푸에블로 족처럼 많은 시간을 춤에다 투자하는 북아메리카 인디언들은 없을 것이다. 하지만 그들이 춤추는 목적은 망아지경을 얻자는 것이 아니다. 그리스의 디오니소스 컬트는 열광적인 춤으로 잘 알려져 있는데 이런 주제는 북아메리카에서도 반복적으로 발생하고 있다. 1870년대에 미국을 휩쓸었던 인디언들의 〈유령 춤〉은 춤꾼들이 하나둘 땅에 쓰러질 때까지 계속 추는 의식용 원무였다. 그들은 땅에 쓰러져 발작하는 동안 백인들로부터 해방되는 비전을 보았고, 그 동안 원무는 계속되면서 다른 사람들이 쓰러져 갔다. 이 춤이 전파된 수십 개 부족들 사이에서는 유령 춤을 일요일마다 추는 것이 관습이었다. 아주 디오니소스적인 더 오래된 다른 춤들도 있었다. 북부 멕시코의 부족들은 입에 거품을 물면서 제단 위에서 춤을 추었다. 캘리포니아의 샤먼 춤은 경직성 발작을 불러오기 위한 것이었다. 마이두 족은 샤먼 춤 대회를 열었는데 나머지 샤먼들이 다 쓰러질 때까지 서서 춤추는 샤먼, 달리 말해 춤의 최면 작용에 굴복하지 않은 자를 우승자로 뽑았다. 북서 해안 지역에서, 겨울 대의례는 악령에 사로잡힌 채 미쳐서 돌아온 남자를 달래기 위해 고안된 것이었다. 의식의 입회자들은 아주 열광적으로 춤꾼의 역할을 수행하도록 기대되었다. 그들은 시베리아 샤먼처럼 춤을 추었다. 그들의 몸에 네 방향으로 밧줄을 묶었는데 혹시라도 그들이 자기 자신 혹은 남들에게 해를 입힐까봐 미리 통제하기 위한 것이었다.

이런 사례들 속에는 주니 족의 춤에 대한 언급이 없다. 그들의 춤은 의례용 시가(詩歌)와 마찬가지로 자연의 힘을 요청하는 단조롭고 반복적인 충동의 행위였다. 그들의 발로 땅을 계속 밟아대면 안개를 하늘 위로 보내 모이게 하고, 그리하여 그것이 비를 뿌리는 구름이 된다고 생각했다. 그렇게 하여 지상에 비를 내리게 하는 것이다. 그들은 몽환의 체험을 하려고 그러는 것이 아니라 자연의 힘과 완벽하게 일체가 됨으로써 그 힘을 그들의 목적으로 당겨오려는 것이다. 바로 이런 의도가 푸에블로 춤의 형태와 정신에 속속들이 스며들어가 있다. 그 춤에는 몽환적이라고는 전혀 없다. 마흔 명의 남자가 완벽하게 하나가 되어 움직이는 리듬의 누적되는 힘, 그것 때문에 주니 춤이 효과를 발휘하는 것이다.

푸에블로 춤의 특징을 가장 정확하게 전달한 사람은 영국 소설가 D.H.로렌스였다. "모든 사람이 합창을 하면서 부드러우면서도 묵직한 새의 발걸음을 하는데 그것이 춤의 전부이다. 그들은 상체를 앞으로 약간 숙이고, 어깨와 머리의 힘을 빼고, 발은 부드럽지만 힘을 주면서 대지의 중심을 향해 발걸음의 리듬을 짓누른다. 그들의 북은 심장의 맥박을 따라 둥둥거리고 춤은 몇 시간이나 계속된다." 때때로 그들은 춤을 추어 옥수수 싹이 대지에서 솟아오르게 하고, 그들의 짓밟음으로 사냥감 동물을 부르고, 때때로 그 발걸음으로 압박을 가하여 사막의 오후 하늘 위에 적층운이 천천히 떠오르게 한다. 그 구름이 비를 가져오든지 말든지 그 구름이 나타났다는 사실만으로도 초자연력의 축복이 되고 그들의 의식이 받아들여졌다는 징조가 된다. 만약 비가 오면 그것은 그들의 춤이 갖고 있는 위력의 징표였다. 그것은 하나의 응답이었다. 그들은 남서부의 거센 비가 내릴 때에도 춤을 춘다. 그들의 깃털은 물에 젖어 무거워지고, 그들의 장식을 넣은 치마와 겉옷도 빗물에 흠뻑 젖는다. 하지만 그들은 신들의 은총을 받은 것이다. 광대들은 어도비 진흙 속에서 흥겨운 광대짓을

하면서 물웅덩이로 슬라이딩을 하거나 곤죽이 된 땅에서 철
벅거린다. 춤을 추는 그들의 발에 자연력이 실려져 비구름을
압박했고 그 강력한 힘 덕분에 비가 온다고 믿는 것이다.

푸에블로 춤의 형태는 디오니소스적 의미를 가진 이웃 부
족들의 춤과 유사하지만, 푸에블로 족은 아주 냉정한 마음가
짐을 유지한 채 그 춤을 추는 것이다. 북부 멕시코의 코라 족
은 그 지역의 많은 부족들과 마찬가지로 빙빙 도는 춤을 춘
다. 이 춤의 절정은 춤꾼이 가장 빠른 속도와 망아지경에 도
달했을 때, 뒤로 빙빙 돌면서 땅 위에 차려진 제단 위로 쓰러
지는 것이다. 다른 때, 다른 의식에서라면 이런 행위는 신성
모독이 되었을 것이다. 하지만 바로 이런 것들에서 가장 높
은 디오니소스적 가치가 형성되는 것이다. 그는 광분하면서
제단을 파괴하고 다시 모래를 거칠게 밟아댄다. 결국에 춤꾼
은 파괴된 제단 위로 쓰러진다.

지하 키바에서 추는 호피 족의 뱀 춤 역시 제단 위에서 추
는 춤이다. 하지만 광분의 행위는 없다. 이것은 남녀가 두 줄
로 서서 추는 버지니아 릴 춤처럼 순서가 미리 정해져 있다.
푸에블로 공식 춤의 가장 흔한 패턴은 두 개의 댄스 그룹이
서로 교대해 가며 춤을 춘다는 것이다. 1막에서는 한 그룹이
나와서 유사한 주제를 변주해 가며 춤을 추고, 2막에서는 춤
추는 공간의 다른 쪽에서 대기하고 있던 다른 그룹이 나와서
역시 같은 주제를 춤춘다. 그러다가 3막에 도달하면 두 그룹
이 각자의 방향에서 동시에 앞으로 나와 함께 춤을 춘다. 이

키바 춤에서 〈영양회〉가 제1그룹이고 〈뱀 회〉는 제2그룹이다. 제1막에서 영양회 소속 사제가 쪼그리고 앉아 제단 주위를 돌다가 물러간다. 그러면 뱀 회의 사제가 같은 동작을 반복한다. 제2막에서 영양회 구성원이 입으로 포도넝쿨을 받아 들고 신규 입회자들 앞에서 춤을 추다가 그것을 입회자들의 무릎 위에 대고 쓱 문지른다. 마지막 3막에서는 영양회와 뱀 회가 함께 나와서 여전히 쪼그린 채로 춤을 추는데 이번에는 제단 주위를 도는 것이 아니라 제단 위에서 춤을 추면서 행사를 끝낸다. 이것은 영국의 모리스 풍속 춤처럼 공식적 순서가 정해져 있고 완전히 냉정한 마음을 유지한 채로 춤을 춘다.

호피 족의 뱀 춤 또한 위험하고 공포스러운 것을 불러오는 춤이 아니다. 서양 문명은 뱀을 너무나 증오하기 때문에 우리는 뱀 춤을 오해하게 된다. 우리는 뱀을 만났을 때 같은 혐오감을 뱀 춤을 추는 자에게 전이한다. 하지만 아메리칸 인디언들은 뱀을 혐오의 대상으로 여기지 않는 경우가 많다. 뱀은 때때로 존경의 대상이며, 마니투(manitou : 성스러운 것)가 다 그렇듯이, 뱀은 성스럽기 때문에 위험하다고 생각한다. 아무튼 그들은 우리처럼 근거없는 혐오감을 갖고 있지는 않다. 또 뱀의 공격 때문에 뱀을 무서워하지도 않는다. "바로 그 때문에 방울뱀은 위험하지 않다"라고 끝나는 인디언 민담들도 있다. 방울뱀은 일정한 습관을 갖고 있기 때문에 인디언들은 얼마든지 방울뱀을 제압할 수 있다고 생각한다. 뱀 춤에서 춤꾼들이 뱀에 대하여 느끼는 감정은 성스럽지 못한 두려움이나 혐오감이 아니다. 오히려 컬트 구성원들이 그들의 수호 동물에 대하여 느끼는 감정 그것이다. 더욱이 방울뱀의 독주머니는 춤을 출 때는 제거하는 것으로 확인되었다. 독주머니를 꼭 눌러 찌그러뜨리거나 아니면 꽉 짜서 독을 빼내는 것이다. 춤이 끝난 후 뱀을 놓아주면 독주머니는 예전처럼 독이 다시 차오르게 된다. 아무튼 춤이 진행되는 동안에 뱀은 독이 없어 무해하다. 따라서 호피 춤꾼이 춤을 출 때의 상황은 세속적으로나 초자연적으로 전혀 디오니소스적 상황이 아니다. 그러니까 이것은 동일한 행동이 기존 관념에 따라 위험하고 혐오스러운 체험을 불러들이는 디오니소스적 행위가 되거나 아니면 형식적 의례의 냉정한 수행이 되는 좋은 사례이다.

약물, 알코올, 단식, 고행, 춤 등 어떤 수단을 사용하든 간에 푸에블로 족은 정상적인 감각 절차 밖에 있는 체험은 용인하지 않는다. 그들은 이런 유형의 파괴적인 개인 체험을 거부한다. 그들의 문명은 절제를 높이 평가하기 때문에 그런 것들을 용납하지 않는 것이다. 따라서 그들에게는 샤먼이 없다.

샤머니즘은 가장 일반적인 인간 제도들 중 하나이다. 샤먼은 그의 개인적 체험으로 인해 신들에게서 직접 영험을 전수받은 초자연적 존재라고 부족 내에서 인정되는 종교적 기능인이다. 그는 카산드라나 기타 불길한 예언을 말하는 자들처럼 독특한 성격적 불안정성으로 인해 그 직업을 인정받은 특별한 사람이다. 북아메리카에서 샤먼은 통상적으로 비전의 체험을 갖고 있는 사람을 말한다. 반면에 사제는 의례의 진행자이면서 컬트 행위의 관리자이다. 푸에블로 족은 샤먼이 없고 오로지 사제만 있다.

주니 사제는 이런 저런 인간관계 때문에 혹은 다양한 집단과 모임에 참가하여 그 직위에 올라갔기 때문에 혹은 선임 사제들에 의해 그 해의 카치나 사제로 분장할 자격이 주어졌기 때문에 제관의 역할을 수행한다. 아무튼 그는 행동이든 말이든 엄청난 양의 의례 절차를 터득했기 때문에 그 지위에 오른 것이다. 그의 모든 권위는 그가 맡고 있는 직위와 그가 주관하는 의례행사로부터 나온다. 그는 단 한 자도 틀리지 않고 주문을 암송해야 하고 그가 수행하는 복잡한 의례들이 한 치의 오차도 없이 진행되도록 보살펴야 한다. 권력을 가진 자를 가리키는 주니 용어는 "일의 절차를 아는 자"였다. 그래서 성스러운 컬트, 달리기 경주, 노름, 치료 등에 "절차"를 환히 알고 있는 사람들이 있었다. 달리 말해서 그들은 전통적인 원천으로부터 완벽하게 배움으로써 그들의 권위를 인정받았다. 그들이 개인적으로 어떤 행위를 주도해서 그런 종교적 권위를 인정받게 되었다고 주장하는 사례는 없다. 그들은 정해진 시점에 집단의 승인을 받지 않고서는 초자연력에 접근하는 것조차 할 수가 없었다. 모든 기도, 모든 컬트 행위는 보편적으로 알려진 권위 있는 시기에 전통적 절차에 맞추어 수행되었다. 주니 족에게 있어서 가장 개인적인 종교적 행위는 기도봉을 땅에 꽂는 것이다. 성스러운 땅에다 이 멋지게 만든 봉헌물을 꽂고서 신들에게 특별한 기도를 올린다. 그러나 심지어 이런 기도봉조차도 고위 사제가 자기 마음대로 봉헌하지 못한다. 한 주니 민담은 개인적으로 기도봉을 만들어 꽂은 고위 사제의 이야기를 전한다. 주술의 집단 소속인 그 사제가 기도봉을 꽂은 때는 그렇게 하기로 정해져 있는 달 뜨는 시기가 아니었다. 사람들은 수군거리기 시작했다. "왜 선임사제는 기도봉을 꽂았을까? 그는 저주를 하려고 했던 게 틀림없어." 그는 개인적 복수를 하기 위해 그의 힘을 사용했던 것이다. 이런 개인적인 종교적 행위를 선임사제도 마음대로 할 수 없는 상황인 만큼, 공식적인 행위는 집단의 승인이라는 이중의 경계망이 둘러쳐져 있었다. 왜 그 선임사제가 몰래 기도를 올리려 했을까 하는 문제는 아무도 궁금하게 생각하지 않았다.

　푸에블로의 사제 제도와, 나머지 아메리카 원주민의 샤먼 제도는 서로 정반대인 두 유형의 개성을 선택하고 보상한다. 평원 인디언들은 개인의 힘을 믿으며 스스로 권위를 주장하고 나서는 자에게 상당한 재량을 부여한다. 그 개인은 다른 누구보다도 보상을 받는다. 들판에 나갔다가 비전을 보고 돌아온 크로 인디언의 이노베이션이라는 것은 보잘것없을지 모른다. 하지만 이게 중요한 문제가 아니다. 불교 승려나 중세의 기독교 신비주의자는 자신의 비전 속에서 전에 선배들이 이미 보았던 것을 보았을 뿐이다. 하지만 이들과 크로 인디언들은 자신의 개인적 체험을 바탕으로 권위 – 혹은 신성함 – 를 주장했다. 크로 인디언은 자신의 비전을 확고히 믿으면서 부족민들에게 돌아갔고, 부족은 그가 받아온 천상의 지시를 성스러운 특권으로 인정했다. 치료의 문제에 있어서 부족민은 자신의 개인적 힘을 잘 알고서 다른 사람에게서 도움을 요청하지 않았다. 이 교리는 실제에 있어서 수정이 되었다. 왜냐하면 심지어 전통을 깔보는 제도 내에서도 사람들은 전통을 영속시키기 때문이다. 하지만 종교상의 교리는 강한 독립심과 개인적 권위를 가진 개인에게 문화적 승인을 내려주었다.

평원 인디언들이 중시하는 독립심과 개인 주도 정신은 샤머니즘뿐만 아니라 그들을 사로잡는 게릴라 전투의 열정으로 표현된다. 그들의 전투 집단은 보통 12명 이하의 병력으로 구성되는데 각각의 병사는 간단한 각개 전투에 몰두하며, 엄격한 군기와 상명하복을 중시하는 현대전의 양상과는 전혀 다른 방식으로 전투를 수행한다. 그들의 전투는 각 개인이 카운트(점수)를 누적하는 일종의 게임이다. 가령 말뚝에 매여 있는 말의 줄을 끊어서 말을 데려오기, 쓰러진 적을 말발굽으로 밟고 지나가기, 머리가죽을 가져오기 등은 점수를 올리는 전투의 행위이다. 개인은 자신의 무용을 자랑하면서 가능한 한 많은 점수를 올려서 그 점수를 가지고 각종 부족 내의 집단에 참가하거나, 축제를 베풀거나, 추장될 자격으로 삼는다. 혼자서 행동하려는 주도력과 능력이 없으면 평원 인디언은 그 사회 내에서 인정받기 어렵다. 초기 서부 개척자들의 증언, 백인들과의 갈등에 의한 탁월한 개인들의 승진, 푸에블로 족들과의 대비 등은 평원 인디언들이 얼마나 개성을 중시하는지 말해준다. 거의 니체가 말한 초인의 수준으로 개인 능력을 중시한다. 그들은 인생을 개인이 신분상승하는 드라마로 보았다. 남자들 사회 내에서의 승진, 초자연력의 획득, 축제와 승리 등을 통해 자꾸만 위로 올라가는 과정으로 보았던 것이다. 주도권은 늘 개인이 담당하는 것이었다. 그의 무용은 개인적으로 카운트가 되었고, 의식 행사 때에는 그것을 자랑하는 것이 특권이었으며, 자신의 개인적 야망을 신장하기 위해 그것을 폭넓게 활용했다.

:: 권력과 폭력에 대한 경멸

이에 비하여 푸에블로 족의 이상적인 남자는 전혀 다른 존재였다. 개인의 권위라는 것은 주니 족 내에서는 철저하게 부정되는 특징이었다. "권력이나 지식에 목마른 자, 그들이 경멸의 뜻으로 말하는 '부족의 지도자'가 되려고 하는 자는 비난을 받았고 검은 주술을 하는 자로 박해받을 가능성이 많았다." 실제로 그런 자는 종종 박해를 받았다. 주니 족에서 타고난 권위는 부채 사항이었고 그런 능력을 가진 자에게는 검은 주술을 하는 자라는 비난이 따라붙었다. 그런 자는 "그런 요망한 짓을 자백할 때까지" 두 엄지손가락을 묶어 거꾸로 매달아놓았다. 강한 개성을 가진 자에게 주니족은 이런 대접을 했던 것이다. 주니의 이상적인 남자는 위의와 애정을 가진 자로서 남을 지도하려 하지 않고 또 이웃들의 구설수에 오르지 않는 사람이다. 심지어 그가 옳은 경우에도 갈등을 일으키는 것은 그에게 불리하게 작용한다. 심지어 달리기 경주 등 기량을 겨루는 경기에서도, 어떤 한 사람이 계속 이기면 그는 선수 명단에서 제외된다. 주니 족은 다수의 참가자들이 똑같은 기회를 가지고 플레이하는 게임을 좋아한다. 때문에 탁월한 육상선수는 게임을 망쳐버린다. 그래서 그런 자는 게임에서 제외해 버린다.

번즐 박사의 설명에 의하면, 좋은 남자는 "기분 좋은 말솜씨, 잘 양보하는 성격, 관대한 마음씨" 등의 소유자이다. 완전무결한 동네 사람에 대한 최고의 칭찬은 이런 것이다. "그는 정말로 공손한 남자이다. 누가 그에 대해서 나쁘게 말하는 것을 들어보지 못했다. 그는 말썽을 일으키지 않는다. 그는 배저(오소리) 집안이고 무헤크웨 키바 소속이다. 그는 여름 춤 대회가 돌아오면 언제나 나가서 춤을 춘다." 그는 또 그들이 말하는 바 "말을 많이 해야 한다." 다시 말해 상대방을 편안하게 만들어야 한다. 들판에서 농사를 짓든 의례를 거행하든 다른 사람들과 원활하게 협조해야 한다. 그런 과정에서 조금이라도 오만하거나 강한 감정을 표시하는 일이 없어야 한다.

그는 관직을 사양한다. 누가 맡으라고 강요하면 모를까 그 자신이 직접 그것을 추구하지는 않는다. 키바의 관직을 임명해야 할 때, 키바의 뚜껑문을 닫아걸고 모든 사람을 키바 내에 가두어둔 채로 각자의 관직 회피 변명을 격파하여 마침내 관직을 맡을 자를 결정한다. 민담은 관직을 맡지 않으려 하는 선량한 남자에 대해서 늘 언급한다. 그는 몇 번이나 거절하다 마지막에 가서 그것을 수락한다. 부족민은 언제나 리더십의 외양을 피해야 한다. 어떤 남자가 마침내 설득을 못 이겨 관직을 맡게 되었다 하더라도 그에게 서양식의 권위가 부여되는 것은 아니다. 그의 직책에는 중요한 결정을 내릴 수 있는 전권이 부여되어 있지 않다. 주니 협의회는 최고위 사제들로 구성되지만 사제들은 폭력이나 갈등 상황에 대하여 사법권을 갖고 있지 않다. 그들은 성스러운 사람이기 때문에 싸움의 문제를 다루어서는 안 되는 것이다. 오로지 전쟁 추장들만이 약간의 전권을 가지고 있는데 그것도 전쟁 상황에서는 인정되지 않고 평화시의 치안 단속권에 한정되어 있다. 그들은 다가오는 토끼 사냥이나 춤대회를 선언하고, 사제들을 불러오거나 주술의 집단들과 협조하는 일을 한다. 그들의 전통적으로 다루어온 범죄는 검은 주술이다. 또 다른 범죄는 미(未) 입회 소년들에게 카치나 가면의 비밀을 발설하는 것인데, 카치나 컬트의 우두머리가 소집한 가면신들이 벌을 내린다. 그 밖의 다른 범죄는 없다. 도둑질은 거의 벌어지지 않고 설사 발생한다고 하더라도 개인적인 일일 뿐이다. 간통은 범죄가 아니고 그 행위에 의해 야기된 긴장 상황은 결혼 제도 내에서 해소가 된다. 살인은 별로 벌어지지 않는데 기억

되고 있는 단 한 건의 경우, 피해자와 가해자 두 가문 사이에서 합의금에 의해 신속히 해결되었다.

따라서 고위 협의회의 사제들은 신경 쓰지 않아도 된다. 그들은 연중 의식 행사의 주된 절차를 관리한다. 이런 계획의 원만한 진행을 비협조적인 보조 사제가 방해하는 경우도 있다. 보조 사제는 심술을 내면서 제단을 설치하는 일이나 카치나 사제 가면을 가져오는 일 따위를 거부하는 것이다. 그러면 사제 협의회는 기다리면서 의식을 연기한다. 하지만 결국에는 모든 사람이 협조하고 직권으로 일을 밀어붙이는 경우는 없다.

이런 몰개성적 권위 행사는 종교 행사만 그런 것이 아니라 가정 내에서도 그러하다. 물론 어머니 중심의 모계 가정은 서양식과는 다르게 권위를 분배한다. 하지만 모계 사회라고 해서 권위 있는 남자를 아예 불필요하게 여기지는 않는다. 비록 아버지에게는 그런 권위가 부여되지 않지만 말이다. 외삼촌(어머니의 오빠 혹은 남동생)이 모계 가정의 남자 우두머리로서 일에 관여하고 또 책임 담당자가 된다. 그렇지만 주니족은 외삼촌에게 기득권을 부여하지 않으며 아버지는 더 더욱 그런 권리가 없다. 두 사람은 집안의 아이들을 훈육하지 않는다. 아이들이 아플 때 안아주고 저녁이면 무릎 위에 올려놓고 어르기는 하지만 훈육을 하지 않는다. 협력의 미덕은 종교 생활을 결속시키는 것처럼 집안 생활도 단단하게 묶어놓고, 그리하여 거칠게 다루어야 할 상황은 벌어지지 않는다.

그럼 주니에서는 어떤 상황이 벌어질까? 다른 문화권에서 결혼은 권위가 행사되는 보편적 상황이다. 하지만 푸에블로 족들 사이에서 결혼은 거의 어떤 형식 절차 없이 이루어진다. 세계의 다른 지역들에서 결혼이라고 하면 재산권과 경제 교환이 수반되고, 이런 경우 나이든 사람들이 특권을 행사한다. 하지만 주니 결혼에서 나이든 사람들은 개입할 여지가 별로 없다. 푸에블로 족은 소유를 별로 강조하지 않기 때문에 다른 곳 같으면 아주 까다로운 결혼의 상황이나 기타 여러 가지 상황들 — 젊은이에게 집단의 재산을 투자하는 여러 문화 형태들 — 을 가볍게 처리한다. 아니, 주니 족은 그런 복잡한 상황을 사전 차단해 버리는 것이다.

이런 모든 문화적 조치 덕분에 아이는 오이디푸스 콤플렉스에 노출될 가능성이 별로 없다. 말리노프스키의 지적에 의하면, 트로브리안드 부족 사회의 구조는 서양 사회의 아버지 권위를 외삼촌에게 부여하고 있고, 그래서 그들은 오이디푸스 콤플렉스를 느끼지 않는다. 주니 족의 경우 심지어 외삼촌조차도 그런 권위(부권)를 행사하지 못한다. 그런 권위가 필요한 상황은 용납되지 않는다. 아이는 부권에 대한 적개심 혹은 부권과의 갈등에 뿌리를 두고 있는 보상적 백일몽 따위는 전혀 없이 성장한다. 이런 식으로 성장한 어린이는 어른이 되어도 부권이 필요한 그런 상황을 상상하지 못한다.

따라서 아이의 성년식은 주니 족에게는 낯선 것이 된다. 그러니까 세계 여러 지역에서 줄기차게 발견되는 성인식들과 비교하면 낯선 것이라는 이야기이다. 왜냐하면 성인식이란 권위를 가진 자가 권위를 가지지 못한 자에게 노골적으로 그것을 행사하는 의식이기 때문이다. 그것은 권력을 가진 자가 부족민의 지위에 들어서려는 자를 노골적으로 괴롭히는 의례이다. 이러한 의례는 아프리카, 남아메리카, 오스트레일리아에서 아주 유사한 형태로 발생한다. 남아프리카에서 아이들은 아무 때나 긴 막대기를 사정없이 휘두르는 어른들에 의해 지휘를 받아야 한다. 그들은 두 줄로 늘어선 어른들이 머리 위로 무수하게 날리는 주먹세례를 피해 달려야 하고, 그들 뒤에서 조소와 함께 주먹이 날아오는 것을 예상해야 한다. 그들의 머리가 아니라 발을 불쪽으로 내민 채, 연중 가장 추운 달에 담요 없이 알몸으로 자야 한다. 밤중에 사람의 몸을 물어뜯는 하얀 벌레를 퇴치하기 위해 땅에다 기름을 칠해도 안 된다. 동이 트면 물웅덩이로 가서 몸을 담그고 해가 뜰 때까지 기다려야 한다. 성인식 캠프에 들어가 있는 석 달 동안 한 방울의 물도 마셔서는 안 된다. 또 아주 거친 음식을 먹어야 한다. 이에 대한 보상으로 어른들은 아주 중요한 것이라는 시늉을 하면서 이해하기 어려운 주문과 신비한 말을 그들에게 가르쳐준다.

아메리칸 인디언 부족의 경우, 아이들 성인식에 그토록 많이 시간이 투자되지는 않지만, 그 기본 아이디어는 동일하다. 주니 족과 많은 관계가 있는 아파치 족은 아이를 길들이는 것은 어린 말을 길들이는 것과 비슷하다고 말한다. 그들은 아이에게 얼음판에 구멍을 뚫고 그 안에서 목욕을 하게 하고, 입안에 물을 가득 머금은 채 달리게 하고, 최초로 전투 집단에 참가한 아이에게 모욕을 가하고, 전반적으로 그 아이를 괴롭힌다. 남부 캘리포니아의 인디언들은 아이를 마구 물어뜯는 개미들의 언덕에 파묻기도 한다.

하지만 주니 족의 성인식은 결코 시련이 아니다. 아이들이 가벼운 채찍질을 받고서 울음을 터뜨리면 그것이 오히려 의례행사를 더 가치 있는 것으로 만든다고 생각했다. 아이가 걸음을 뗄 때마다 의례상의 아버지가 뒤따랐고 아이는 노인(의례상의 아버지)의 등에 꼭 매달린 채 혹은 노인의 무릎 사이에 무릎을 꿇은 채 채찍질을 당했다. 뒤따르는 후원자가 아이의 안전을 보장했고, 남아프리카 소년의 경우처럼 둥지에서 확 잡아채는 경우는 없었다. 아이가 먼저 유카 채찍으로 맞고 이어 아이가 카치나를 채찍질하면 최종 성인식이 끝났다. 성인식은 아이에게 어른의 무자비한 권력 의지를 내리퍼붓는 자리가 아니었다. 그것은 잡귀를 내쫓고 정화하는 의식이었다. 아이에게 집단의 지위를 부여함으로써 아이를 가치 있게 만드는 자리였다. 채찍질은 어른들이 아이들에게 축복과 치료를 불러오는 행위였다. 그것은 말하자면 초자연 세계로 아이를 인도하는 애컬레이드(accolade : 영국의 작위 수여식에서 칼로 피수여자의 등을 가볍게 치는 행위)였다.

종교 의식이나 가정생활에서 이처럼 권위가 행사되지 않는 특징은 또 다른 근본적 특징과 결부되어 있다. 그것은 개인을 집단에 복종시키는 관습이다. 주니 족의 책임과 권력은 언제나 분산되어 있고 집단이 행동의 기본 단위이다. 초자연력에 접근하는 기본 방식은 집단의식이다. 가족의 부양을 확보하는 방식은 가정 내 집단 파트너십이다. 종교나 경제 행위에서 개인이 자율적으로 움직이는 일은 없다. 종교 행사의 경우, 추수를 염려하는 개인이 비를 부르기 위해 개인적으로 기도를 올리는 법은 없다. 그는 여름 기우 춤대회에 참석하여 춤을 추어야 한다. 아픈 아들을 둔 아버지는 개인적으로 기도를 올리지 않는다. 그는 〈화염회〉 소속의 주술의를 데려와 아들을 치료하게 한다. 개인적 기도들 허용하는 행사들 가령, 기도봉을 개인적으로 꽂는 것, 목욕재계하기 위해 머리를 감는 것, 주술의나 의례상의 아버지를 부르는 것 등도 더 큰 것, 즉 집단 의례에 속해 있기 때문에 허용되는 것이다. 이런 개인적 기도들이 집단의례에서 이탈하면 아무런 위력도 갖지 못하는데, 아주 기다란 주문 중의 한 단어를 빼내 오면 그게 기도의 효력을 전혀 갖지 못하는 것과 마찬가지였다.

모든 행위에 대한 승인은 개인으로부터 나오는 것이 아니라 공식 구조로부터 나온다. 앞에서 살펴본 것처럼 고위 사제도 공식적으로 그렇게 하도록 정해진 시기에만 사제 자격으로 기도봉을 꽂을 수 있다. 주술의는 주술의 컬트의 구성원이기 때문에 환자를 치료할 수 있다. 그 컬트의 구성원 자격은 주술의의 권력을 강화해줄 뿐만 아니라(가령 평원 인디언들처럼), 권력의 유일한 원천이기도 하다. 나바호 인디언을 살해한 사건도 이러한 관점(공식적 자격 여부)에서 판단되었다. 한 주니 민담은 엄청난 배신의 사례를 말해주고 있다. 부유한 나바호 인디언 남자와 아내가 주니 집에 물물교환을 하러 왔다. 그런데 그의 벽옥이 탐나서 주니 족 남자들이 그를 죽였다. "하지만 그들은 머리가죽 벗기기의 자격을 갖고 있지 않았다." 다시 말해 그들은 전쟁 컬트의 구성원이 아니었다는 얘기인데, 그 숨은 뜻은 만약 구성원이었다면 그런 행위를 했어도 무방하다는 것이었다. 주니의 사고방식은 그런 살인의 행위일지라도 제도적으로 승인한다. 하지만 살해자들이 그런 제도적 승인을 받지 못했기 때문에 그들을 비난하는 것이다.

이처럼 주니 족 사람들은 사회 내의 제도화한 형태에 헌신한다. 그들은 개성을 제도 속에다 복종시킨다. 그들은 관직이나 사제 성물의 소유를 신분상승의 단계로 생각하지 않는다. 부유한 남자는 집안에 두고 "모실" 물건의 수를 늘리기 위해 돈을 들여 가면을 만들고 또 키바 내에 놓아둘 가면의 수를 늘릴 수 있다. 그는 연중 의식행사에 참가할 수 있고 큰 비용을 들여 샬라코 때 카치나 사제 분장자를 접대할 새 집을 지을 수도 있다. 하지만 그는 이 모든 일을 익명으로 혹은 자신의 이름을 별로 드러내지 않고 수행한다. 이것은 서양 문명에서는 이해하기 어려운 처사이다. 이처럼 개인의 주도력을 억제하는 그들의 관습은 서양 문명에서는 낯선 것.

종교 행사에서 특이할 정도로 개인의 자존심 내세우기가

없는 것처럼 경제생활에서도 그러한 특징을 보인다. 우리가 앞에서 살펴본 바와 같이, 경제적 단위는 신분이 불안정한 남자들 그룹으로 형성되어 있다. 집안의 핵심, 즉 영구 그룹은 여자들의 친족 그룹이지만 그들은 농사, 목축, 벽옥 세공 등 대규모 경제 사업에서 중요한 기능을 발휘하는 사람들이 아니다. 중요한 산업에 종사하는 남자들은 느슨하게 서로 연결되어 있는 신분이 불안정한 그룹이다. 집안에 영입되어 온 딸들의 남편들은 가정풍파가 있을 때 그(남편)의 어머니 집으로 돌아간다. 때문에 그들이 뒤에 남기고 온 자녀들을 부양해야 할 의무가 없다. 게다가 집안 내에는 여자들의 피붙이인 남자들, 가령 결혼하지 않은 남자, 홀아비가 된 남자, 이혼한 자, 가정의 평지풍파가 지나가기를 바라는 자 등이 언제나 있다. 이 비주류 그룹은 자신의 현재 처지가 어떠한지를 따지지 않고 공동으로 노동을 하여 그 집안의 곡식창고를 채운다. 그리고 이 곡식은 집안의 여자들 소유가 된다. 설사 새로 개간된 토지가 이런 비주류 남자의 개인 재산이라고 할지라도, 모든 남자들이 공동으로 경작하여 공동의 곡식창고를 채운다. 이것은 조상 대대로 내려온 토지를 경작할 때와 마찬가지이다.

집이란 건물에 대해서도 동일한 관습이 적용된다. 남자들이 공동으로 그 집을 짓지만 소유는 여자들에게 돌아간다. 가령 추수가 끝난 가을에 아내와 불화해서 어머니의 집으로 돌아가는 남편은 일년 내내 고생해서 지은 집과 일년 내내 노동해서 거두어들인 곡식을 모두 놔두고 가야 한다. 하지만 그는 집과 곡식에 대하여 아무런 권리 주장도 하지 않는다. 또 자신이 사기를 당했다는 느낌도 없다. 그는 자기가 소속된 집안(아내의 집)을 위해 공동으로 노동을 해야 하고 그 결과는 집단 공급이다. 그가 현재 그 집안의 소속이 아니라면 그건 그의 개인적 문제일 뿐이다. 양은 오늘날 상당한 수입의 원천이고 남자들 개인 소유이다. 하지만 그 양들은 남자 친족 그룹에 의해서 협동적으로 관리되고 있다. 개인 소유와 개인 관리라는 새로운 경제 방식은 아주 천천히 도입되고 있을 뿐이다.

주니의 이상적 남자는 개성을 집단에 복종시키고 또 개인적 권위를 주장하지 말아야 하는데 거기서 한 걸음 더 나아가 폭력을 쓰면 안 된다. 그들은 그리스 식 중용을 철저히 지키려고 애쓴다. 이것이 가장 잘 드러나는 측면이 그들의 감정 절제이다. 분노, 사랑, 질투, 슬픔, 무엇이 되었든 간에 절제가 최고의 미덕이다. 제사 기간 동안 성직자가 첫째로 지켜야 할 터부는 절대 분노를 드러내서는 안 된다는 것이다. 의식 행사, 경제 활동, 가정 문제 등 어느 분야에서 갈등이 발생하면 감정 폭발 없이 차분하게 처리하는 것이 원칙이다.

주니의 일상생활에서 그들의 이런 절제된 태도를 매일 발견할 수 있다. 어느 여름 내가 잘 아는 주니 가정이 내게 거주할 집을 마련해 주었다. 그런데 어떤 복잡한 상황 때문에 다른 집이 그 집을 처분할 수 있는 권리를 주장하고 나섰다.

두 집 사이의 감정은 절정에 달했다. 어느 날 내가 머물던 집의 주인인 콰트시아와 그녀의 남편이 거실에 앉아 있는데, 내가 전혀 모르는 남자가 콰트시아의 집 마당에 들어와 괭이로 파헤쳐 없애버리지 않은 우거진 잡초를 베기 시작했다. 마당에 잡초가 자라지 못하게 하는 것은 집 주인의 특권이었다. 따라서 그 집을 처분할 권리를 주장하고 나선 그 남자는 이런 잡초 베기를 통하여 자신의 주장을 공식화한 것이었다. 그는 집안으로 쑥 들어와 집에 있던 콰트시아와 레오에게 도전을 한 것이 아니라 잡초를 천천히 베었을 뿐이다. 집안에 있던 레오는 등을 벽에 기대고 쪼그리고 앉아 잎사귀를 평화롭게 씹을 뿐 아무런 반응도 보이지 않았다. 그러나 콰트시아는 얼굴을 붉혔다. "저건 모욕이에요." 그녀가 내게 말했다. "저기 밖에 있는 남자는 레오가 올해 사제로 봉직하게 되어 화를 낼 수 없다는 걸 알고 있어요. 그는 우리의 마당을 대신 가꿈으로써 온 마을이 보는 데서 우리를 모욕하려는 거예요." 침입자는 마침내 잡초를 한 곳으로 끌어 모으고 의기양양한 표정으로 깨끗해진 마당을 둘러보더니 곧 집으로 돌아갔다. 그들 사이에 아무런 대화도 오가지 않았다. 하지만 주니 족들에게 그건 일종의 모욕이었다. 그는 아침 나절 콰트시아의 집 마당에서 풀 뽑는 일을 함으로써 자신의 항의를 적절히 표시했다. 그는 그 문제를 더 이상 압박하지 않았다.

부부 사이의 질투심도 역시 부드럽게 해결했다. 그들은 간통의 문제를 난폭하게 다루지 않는다. 평원 인디언들이 아내의 간통을 다스리는 방식은 여자의 콧방울을 베어버리는 것이다. 이런 조치는 심지어 남서부 지역에서도 내려지는데 비(非) 푸에블로 부족인 아파치 족의 경우가 그러하다. 하지만 주니 족은 아내의 부정이 폭력의 사유가 된다고 보지 않는다. 남편은 그것을 자신의 권리 침해라고 여기지 않는다. 여자가 부정을 저질렀다면 그건 남편을 바꾸겠다는 의사의 첫 표시이다. 주니의 제도는 남편을 바꾸는 것을 아주 용이하게 해놓고 있으므로 간통은 실제로 허용 가능한 절차이다. 주니 족은 간통을 폭력으로 다스려야 한다고 생각하지 않는다.

반대로 남편이 부정을 저질렀을 때에도 아내들은 똑같이 감정을 절제한다. 부부의 인연을 끊어야 할 정도로 심각한 상황이 아니라면 그냥 무시해버린다. 번즐 박사가 한 해 전 주니 족을 방문했을 때 이런 일이 있었다. 박사가 머무르고 있던 집안의 한 젊은 남편이 상당 기간 바람을 피웠는데 그것이 온 푸에블로에 소문이 났다. 여자의 집안은 그 소문을 완전 무시해버렸다. 마침내 도덕의 수호자인 한 백인 상인이 그 아내를 타일렀다. 그 부부는 12년간 함께 살았고 아이가 셋이었다. 게다가 아내는 지체 높은 집안의 여자였다. 백인 상인은 아내에게 집안의 권위를 내세우면서 남편의 잘못된 행동을 끝장내라고 권했다. 그의 아내가 대답했다. "그래서 그의 옷을 빨아주지 않잖아요. 그는 내가 알고 있고 온 동네 사람이 다 알고 있다는 걸 알아요. 그래서 더 이상 그 여자를 만나지 않아요." 그것은 남편을 제재하는 효과적인 방법이었지만 부부 사이에 단 한 마디의 말도 교환되지 않았다. 분노의 폭발도, 비난의 말도 심지어 위기를 공개적으로 인정하는 일도 없었다.

그러나 아내들에게는 오쟁이 진 남편들에겐 허용되지 않는 한 가지 행동 방식이 허용되었다. 아내는 남편과 놀아난 여자를 공격하여 공개적으로 때릴 수 있었다. 두 여자는 서로 욕을 하고 얼굴을 때려 눈을 멍들게 했다. 하지만 이런 싸움은 아무것도 해결하지 못한다. 이런 싸움은 드물게 벌어지지만, 설사 발생했다고 하더라도 순식간에 벌어진 것처럼 순식간에 사라지고 만다. 주니에서는 이것이 유일한 주먹질이다. 남자가 계속 바람을 피우는데도 여자가 남편과 계속 평화롭게 산다면 여자의 집안에서 화를 내면서 그와 헤어지라고 압박을 가한다. "저렇게 놔두는 걸 보니 여자가 남편을 너무 사랑하는 모양이지" 하고 마을 사람들은 말한다. 그러면 여자의 친척들은 모두 수치심을 느낀다. 그녀는 지켜야 할 법도를 따르지 않는 것이다.

이럴 경우 전통적인 절차는 이혼이다. 만약 남자가 아내의 여자 친척들이 마음에 들지 않는다면 자유롭게 어머니의 집으로 돌아갈 수 있다. 싫어하는 사람과 한 지붕에서 살아야 하는 가정 내의 상황을 모면하게 해주는 것이다. 이럴 경우 그는 사이 좋게 다룰 수 없는 인간관계를 스스로 해소하는 것이다.

푸에블로 제도는 이처럼 질투 등 난폭한 감정을 적절히 완화시키는데, 죽음의 문제에 대해서는 더욱더 아폴로적 테크닉으로 해결하려 한다. 하지만 한 가지 차이점이 있다. 다른 많은 문화들에서도 명백하게 드러나듯이 질투는 문화적 조치에 의해서 효과적으로 다스릴 수 있는 혹은 불법화시킬 수 있는 감정이다. 그러나 사별(死別) 상황은 그처럼 간단히 다룰 수가 없다. 가까운 친척의 죽음은 인생의 커다란 충격이다. 그것은 집단의 유대를 위협하고 관계의 과감한 재조정을 요구한다. 특히 죽은 사람이 어른이라면 그것은 종종 생존자들에게 고독과 슬픔을 의미했다.

푸에블로 족은 근본적으로 현실적인 부족이고 그래서 사별의 슬픔을 부인하지 않는다. 그렇지만 곧 이어 검토하게 될 다른 부족들처럼 가까운 친척의 장례를 야심찬 과시의 기회 혹은 공포 상황으로 만들지는 않는다. 주니 족은 사별을 아주 중대한 손실로 여긴다. 하지만 그 상황을 폭력적인 일 없이 가능한 한 빨리 지나치려고 한다. 장례 관계자들로 하여금 빨리 이 일을 잊어버리게 하는 데 중점이 주어진다. 그들은 망자로부터 머리카락을 한 움큼 베어내서 그것을 태워 연기를 만듦으로써 지나치게 슬퍼하는 자들을 정화시킨다. 그들은 왼손으로 — 죽은 사람에 대한 예의 — 검은 옥수수 가루를 뿌려 길을 "검게 만든다." 다시 말해 그들 자신과 슬픔 사이에 어둠을 놓아두려는 것이다. 이슬레타 푸에블로에서, 사망 나흘째 되는 날 저녁, 유족들이 헤어지기 직전, 집전 사제는 땅 위에 제단을 만들고서, 그 위에 망자를 위한 기도봉,

망자의 활과 화살, 망자의 머리카락을 빗는 데 사용되었던 빗, 망자의 옷가지들을 올려놓는다. 그 외에 주술 물 사발과 모든 사람이 조금씩 기여한 음식 바구니도 진설한다. 집의 문에서 제단에 이르는 바닥에다 사제들은 망자가 들어와 음식을 받아 먹는 음식의 길을 만든다. 사제들은 한데 모여 마지막으로 망자에게 음식을 건네고 이어 그를 보내려는 것이다. 사제들 중 한 사람이 주술 물 사발 속의 성수(聖水)를 모든 사람에게 뿌리고 이어 망자의 집의 문을 연다. 이어 우두머리 사제가 망자에게 말을 걸며 어서 들어와 먹으라고 한다. 그들은 바깥에서 나는 발걸음 소리를 듣고 망자가 문고리를 덜그럭거리는 소리를 듣는다. 망자는 들어와서 음식을 먹는다. 이어 우두머리 사제가 음식의 길 위에다 성수를 뿌리면서 그에게 떠나라 하고, 사제들은 "그를 마을에서 내쫓는다." 사제들은 망자의 기도봉, 옷가지와 개인 사물, 머리빗과 성수 사발을 들고 간다. 일단 마을 밖으로 나가면 사제들은 빗과 성수 사발을 깨뜨리고 나머지 것들은 모두 묻는다. 그들은 뒤를 돌아보지 않고 달려서 마을로 되돌아와 망자의 집의 문에 빗장을 지르고 예리한 돌칼로 십자꼴의 금을 새겨서 망자의 출입을 막는다. 이렇게 하여 공식적으로 망자와의 인연이 단절된다. 사제는 유족들에게 더 이상 망자를 기억해서는 안 된다고 말한다. "그가 죽은 지 벌써 네 해나 되었잖아." 장례식과 민담에서, 그들은 살아 있는 사람의 나흘은 죽은 사람에게 네 해에 해당한다고 생각한다. 슬픔을 털어버리고 그를 잊어버릴 만큼 충분한 시간이 흘러갔다는 얘기이다. 이제 친척들은 집으로 돌아가고 모든 장례 절차는 종료된다.

사람들의 심리적 경향이 무엇이든 간에 죽음은 간단히 물리쳐버릴 수 없는 현상이다. 그래서 주니 족은 유족들이 느끼는 죽음의 대변화를 간단히 불법화시키지 못해 커다란 불편함을 느꼈다. 이런 아폴로적 심리의 기상도(氣象圖)가 그들의 제도 내에 아주 분명하게 표현되어 있다. 그들은 가능한 한 죽음을 아무것도 아닌 것처럼 취급하려 한다. 장례식은 주니 의식 중 가장 간단하고 또 볼품이 없다. 연중 의례행사에 공들이는 그런 정교함이 장례식에서는 발견되지 않는다. 사체는 즉시 매장되고 사제들도 그 매장을 집전하지 않는다.

하지만 개인이 자주 심각하게 느끼는 죽음은 심지어 주니 족 사이에서도 간단히 처리가 되지 않는다. 그래서 주니 족은 살아남은 배우자가 커다란 위험에 처해 있다는 믿음으로써 이런 지속적 슬픔 혹은 불편함을 개념화한다. 그러니까 죽은 아내가 "살아남은 남편을 자꾸 잡아당긴다"라고 생각한다. 망자가 심한 외로움을 느껴서 남편과 함께 가려 한다는 것이다. 그 반대의 경우, 즉 남편이 죽고 아내가 살아 있는 경우도 마찬가지이다. 만약 생존자가 계속 슬퍼한다면 그는 위험을 이겨내지 못할 가능성이 높다. 따라서 그 남편(혹은 그 미망인)은 살인을 한 사람들이 거쳐 가는 퇴마 의식을 수행해야 한다. 살아남은 남편은 나흘 동안 일상생활로부터 완전 단절된 채, 남에게 말도 하지 말고 듣지도 말아야 한다. 매일 아침 정화를 위해 구토약을 먹어야 하고 마을 밖으로 나가 왼손으로 검은 옥수수 가루를 뿌려야 한다. 옥수수 가루를 쥔 주먹을 네 번 머리 위에서 흔든 다음 살포하여 사람들이 말하는바, "나쁜 조짐을 떨쳐내야 한다." 나흘째 되는 날 망자를 위해 기도봉을 꽂고 주니 족의 단 하나뿐인 개인 대상 기도문을 외어야 한다. 그를 조용히 내버려두고, 그를 끌고 가려 하지 말고

> 당신의 모든 좋은 행운과,
> 우리를 위한 안전한 길을 보존해달라고

빌어야 한다. 이렇게 액막이를 해도 그에게 드리워진 위험은 1년간 사라지지 않는다고 생각했다. 이 기간 동안 그가 다른 여자에게 접근하면 죽은 아내가 질투심을 느낀다고 보았다. 1년이 지나면 그는 낯선 여자와 성교를 하고 그 여자에게 선물을 준다. 그 선물과 함께 그를 사로잡아 왔던 위험은 이제 사라진다. 그는 다시 자유롭게 되었고 새 아내를 맞이할 수 있다. 이러한 절차는 남편이 먼저 죽은 미망인의 경우에도 마찬가지이다.

서부 평원 인디언들의 경우 장례 절차는 이런 불안 동기와는 아주 다른 양태를 보인다. 그것은 격렬한 슬픔에 디오니소스적으로 빠져드는 절차이다. 그들의 행동은 죽음에 수반되는 절망과 격변을 회피하려는 것이 아니라 적극적으로 강

조한다. 여성들은 머리, 종아리, 손가락 등을 칼로 벤다. 중요한 사람이 죽으면 여자들이 길게 줄을 이루어 마을을 지나간다. 그들은 맨살 다리를 노출시킨 채 다리에서 피를 흘린다. 머리와 다리의 피는 딱지가 앉을 때까지 그냥 내버려둔다. 매장하기 위해 시체를 집밖으로 내갈 때에는 집안에 있는 모든 물건들을 밖으로 내던져서 아무나 가져가게 한다. 망자의 물건들은 오염되어 있다고 생각하지 않는다. 집안에 있는 물건들을 모두 내던지는 것은 너무 슬퍼서 그들이 소유한 물건에 흥미도 없고 사용할 일도 없다는 뜻이다. 심지어 망자의 집도 해체하여 그 해체된 부분들을 다른 집에 주어버린다. 미망인에게는 자신의 몸을 가릴 담요 한 장만 남게 된다. 망자가 좋아하던 말들을 무덤에 데려가 죽여 부장하고, 남자 여자 할 것 없이 망자를 위해 통곡한다.

상중의 개인들에게 과도한 슬픔을 예상하고 또 그런 태도를 이해한다. 매장 후에 아내 혹은 딸은 무덤 옆에 24시간 머물면서 통곡을 하고 음식을 거부한다. 그녀를 데리고 캠프로 돌아가려는 사람들을 아예 거들떠보지도 않는다. 특히 여자(때때로 남자)는 슬픔을 못 이겨 혼자 위험한 곳에 갔다가 비전을 보고서 초자연력을 획득하기도 한다. 어떤 부족의 여자들은 몇 년 동안 무덤을 찾아가서 통곡하고 그 후에 날 좋은 오후에는 무덤을 찾아가서 통곡은 하지 않고 그냥 앉아 있다 온다.

특히 어린아이가 죽었을 때 슬픔의 표현은 거의 광란에 가깝다. 다코다 족 부모는 슬픔이 너무 심해서 알몸인 채로 캠프에 나와 돌아다니기도 했다. 그것은 이런 일이 발생할 수 있는 유일한 경우였다. 과거의 어떤 작가는 평원 인디언들 사이에서 겪은 경험을 이렇게 말했다. "어떤 사람이 이런 시기에 그 부모에게 시비를 걸었다면 누군가 죽는 사태가 벌어진다. 그 사람은 깊은 슬픔을 느끼기 때문에 복수를 할 대상을 찾아 나선다. 일부러 싸움을 걸어 죽이거나 혹은 죽는다. 그는 너무 슬프기 때문에 어느 쪽으로 결론이 나도 개의치 않는다." 푸에블로 족은 죽음의 끔찍한 가능성으로부터 가능한 한 달아나려고 하는 데 반해 평원 인디언들은 죽음을 불러들이는 것이다.

죽음을 대하는 이런 두 가지 태도는 서로 대비되는 것으로 잘 알려진 행동 유형이다. 그리고 대부분의 인디언 개인들은 이런 유형들 중 어느 하나를 자신의 체질에 맞는다고 생각한다. 푸에블로 족은 아폴로적 태도를 제도화했고, 평원 인디언들은 디오니소스적 태도를 관습으로 삼았다. 물론 이렇게 말한다고 해서 평원 인디언들의 모든 세대가 이런 노골적이고 폭력적인 슬픔을 드러낸다는 뜻은 아니고 또 푸에블로 족들도 죽음을 빨리 잊어버리라는 가르침 때문에 죽음을 머리빗하나 부러뜨리는 정도의 사건으로 취급한다는 뜻도 아니다. 하지만 푸에블로 문화에서는 그럴 때 기대되는 정서가 표현된다는 것이고, 평원 문화에서는 또 다른 정서가 표현되는 것만은 사실이다. 그들이 이런 어느 한 채널을 받아들이면

거기에 합당한 표현 수단이 제공되는 것이다. 만약 그렇게 할 수 없다면 그들은 다른 곳에서 발견되는 일탈의 문제를 안게 될 것이다.

이들 문화에는 더욱 복잡한 의례 절차의 테크닉이 발휘되는 또 다른 죽음의 상황이 있다. 그것은 다른 사람의 목숨을 빼앗은 사람의 상황이다. 주니 족은 타살한 사람을, 배우자를 사별한 사람과 똑같이 처리하고 있다. 단지 그가 키바로 물러가서 묵도를 올린다는 것과, 보다 정교한 의식 절차를 통하여 그에게 들씌워진 불길함을 제거한다는 게 좀 다르다. 먼저 그를 전투 집단에 입회시킨다. 그의 묵도는 아내가 먼저 죽은 남편의 경우처럼 꼼짝하지 않고 앉아 있는 것으로 시작한다. 누구에게 말을 걸어서도 또 말을 들어서도 안 된다. 구토약을 먹어야 하고 음식에 손을 대서는 안 된다. 이렇게 하여 그는 전투 집단에 가입한다. 어떤 집단에 가입하려면 이런 유사한 터부를 지켜야 하고, 주니 족의 경우 남의 목숨을 빼앗은 자에게 가해지는 제한은 입회용 묵도이다. 그가 이런 제한으로부터 해제되는 것은 전투 집단의 구성원이 되어 새로운 사회적 책임을 수행했을 때이다. 전쟁 우두머리들은 평생 그 기능을 수행하는데, 전쟁 때뿐만 아니라 치안단속자로서 또 의식과 공공 행사의 사절로서도 활동을 한다. 그들은 공식 조치를 취해야 할 때 법의 오른팔 구실을 한다. 그들은 머리가죽을 보관해 놓은 머리가죽 보관소를 지키고 또 비를 부르는 데에도 한몫을 한다.

전쟁 춤이라는 장황하면서도 정교한 의식을 통해 머리가죽은 살해당한 자의 상징이 된다. 이런 의식의 목적은 전투 집단에 새 회원이 들어온 것을 기리고 머리가죽을 주니의 강우(降雨) 초자연력들 중 하나로 둔갑시키기 위한 것이다. 그것은 춤에 의해 축하해야 하고 통상적인 입회식을 통해 푸에블로에 들어와야 한다. 환영회든 결혼이든 이들 의식은 필수적으로 신입 회원의 머리를 감겨주는 행사가 들어 있는데 이때 아버지 집안의 원로 여자들이 머리를 감겨준다. 한편 머리가죽은 살해자의 고모들에 의하여 맑은 물로 씻겨져 부족에게 영입되는데, 이 과정은 남자가 결혼에 의해 신부의 집안에 영입되는 과정과 동일하다. 머리가죽 춤 기도문은 이 점을 아주 명확하게 보여준다. 가치 없는 적이 부족의 신성한 주물로 둔갑하는 과정과, 부족민들이 새로운 축복을 즐겁게 맞아들이는 상황을 묘사한다.

우리의 적은

비록 쓰레기 더미 위에서도

살아남아 원숙해졌다.

옥수수 사제의 강우 기도의 위력에 의해.

(그는 가치 있는 인물이 되었다).

비록 우리의 적이

살아 있을 때에는

거짓을 일삼는 인물이었으나

이제는 미리 말해주는 자가 되었다.

세상이 어떻게 될지

우리의 세월이 어떻게 될지……

그는 가치 없는 자였으나

그는 물의 존재,

그는 씨앗의 존재,

적의 물을 바라는 자,

그의 씨앗을 바라는 자,

그의 부를 바라는 자.

너는 열렬히 그의 날을*1 기다리리라.

너의 맑은 물로

네가 적(머리가죽)을 씻겼을 때,*2

옥수수 사제의 물 가득한 장소에

그가 세워졌을 때,*3

모든 옥수수 사제의 아이들은

아버지들의 노래를 이어 부르며

그를 위해 춤을 추리라.

그의 모든 날들이 지나갈 때마다

좋은 날,

아름다운 날,

*1 머리가죽 춤의 날
*2 머리가죽을 씻기는 영입의 의식
*3 마을 광장의 머리가죽 기둥 위에

커다란 함성으로 들어찬 날,

커다란 웃음이 피어나는

좋은 날이 오리라.

우리에게, 우리의 아이들에게.

너는 지나가리라.

그리하여 머리가죽은 기도를 바쳐야 하는 초자연력이 되었고, 살해자는 중요한 전투 집단의 평생 구성원이 되었다.

디오니소스적 문화에서 이 상황은 전혀 다르게 조치된다. 종종 그들은 이것을 아주 위험한 위기로 여긴다. 살해자는 초자연적 위험에 빠져 있고, 피마 족의 경우처럼, 스무날 동안 정화 의식을 치러야 한다. 땅속에 파놓은 조그마한 구덩이에 미동도 하지 않고 앉아 있어야 한다. 식사는 의식의 아버지가 6피트 막대기에 밥을 매달아서 건네준다. 손과 발이 묶인 채로 강물에 던져진 후에야 그는 비로소 위험으로 풀려나게 된다.

그러나 서부 평원에서 그들의 폭력은 이런 초자연적 오염을 우려하지 않는다. 적의 머리가죽을 벗겨 온 전사는 구원을 필요로 하는 자가 아니라 승자였다. 그것도 모두가 부러워하는 승자였다. 그런 승리를 축하하면서 엄청난 디오니소스적 흥분이 성취되고, 적을 패배시켰다는 자부심을 내보인다. 그것은 아주 즐거운 행사이다. 돌아오는 전투 집단은 동틀녘에 공격의 흉내를 내면서 일부러 자기 고향 캠프를 공격

하는 척한다. 그들의 얼굴에는 승리를 표현하는 검댕이 가득
하다.

……그들은 총을 쏘고 탈취해 온 머리가죽을 매단 기다란 막대
기를 휘두른다. 그들은 흥분 상태이고 고함과 비명으로 전사들을
환영한다. 모두가 기뻐한다. 여자들은 승리의 노래를 부른다……
맨 앞줄에 쿠(머리가죽 벗기기)*를 달성한 전사들이 있다…… 일부
는 성공을 거둔 전사들에게 달려가 그들의 어깨에 팔을 두른다.
늙은 남자와 여자들은 노래를 부르면서 전사들의 이름을 부른다.
맨 앞줄에 있는 말 탄 전사들의 친척들은 친지나 가난한 사람들
에게 선물을 함으로써 그들의 기쁨을 표시한다. 군중은 용감한
전사가 살고 있는 집 혹은 그의 아버지가 살고 있는 집으로 가서
그의 영예를 기리며 춤을 춘다. 그들은 밤새 춤을 출 기세이다.
어쩌면 이틀 낮, 이틀 밤을 춤출 기세인 듯하다.

모든 사람이 머리가죽 춤에 참여했다. 하지만 그것은 종교
적 행사는 아니었다. 주술의들이 집전하지 않았다. 그 행사의
사회적 특성을 살리기 위하여 베르다슈(berdaches)가 행사를
주관했다. 그들은 여자 옷을 입은 남자(동성애자-옮긴이)인데
평생 여자로 살면서 부락에서 중매쟁이이면서 "좋은 친구"

---

* 적의 진영에 매어 있는 말을 훔쳐서 가져 오기, 말에서 떨어진 채 아직 숨어 붙어 있는 적
  을 발로 밟기, 머리가죽을 벗기기, 적진에서 부상당한 부족민을 구해오기, 말을 쏘아서
  쓰러뜨리기 등이었는데 이런 무공을 쿠(coup)라고 한다. -옮긴이

역할을 했다. 그들은 춤을 추라고 권하면서 머리가죽을 들고 다녔다. 늙은 남자와 여자는 광대로 참여했고 일부 노인들은 그날 행사의 핵심인 머리가죽을 빼앗긴 적의 전사들로 분장하기도 했다.

이 두 춤을 본 사람들은 아주 대조적인 두 방식에 대하여 의문을 품지 않을 것이다. 푸에블로의 머리가죽 춤은 전쟁 주술 성물을 진설한 정교한 지상 제단 앞에서 두 줄로 이루어진 춤꾼들이 교대해 가며 균형 있는 춤을 추는 것이다. 반면에 샤이엔 족의 머리가죽 춤은 신체의 강건함을 자랑하고 승리의 기쁨을 축하하는 춤으로 춤의 양상은 백병전을 모방한 것이고 자신이 승리자가 되었다는 열기를 드러내는 것이다. 푸에블로 춤은 아주 침착하게 수행되는 집단행동이다. 살해자를 중요한 전투 집단에 영입하여 구름을 일으키고, 이어 적의 머리가죽을 강우 초자연력으로 둔갑시켜 비를 내리게 하려는 의식이다. 평원 인디언의 머리가죽 춤도 참여자들이 집단으로 몰려들기는 하지만, 그들 각자가 단독 춤꾼이며 자신의 영감을 따라 자신의 잘 단련된 몸의 움직임을 통해 신체적 무용의 영광을 표현하려는 것이다. 그것은 흥분과 승리를 자축하는 개인주의의 극치이다.

죽음에 대한 푸에블로의 아폴로적 관습은 친척의 죽음이나 적의 살해를 무효화시킬 수는 없었다. 그것은 기껏해야 그것들(죽음과 살해)을 축복의 원천으로 만들고 또 가능하면 빨리 그것들을 별 탈없이 잊어버리자는 것이었다. 부족 그룹 내에서 살인하는 일은 거의 벌어지지 않아서 그러한 사건을 기억하는 민담조차 존재하지 않는다. 설혹 그런 일이 벌어진다 해도 친족 집단들끼리 합의금을 지불함으로써 별 소동 없이 마무리된다. 그렇지만 부족 내 사람의 목숨을 빼앗는 일은 완전 불법으로 규정되어 있다. 자살 또한 난폭한 행동이어서 심지어 자살 비슷한 형태도 주니 족은 상상하지 못한다. 그들은 자살이라는 개념이 없다. 그래도 그 비슷한 사건이 있을 거 아니냐고 얘기를 해보라고 하니까 주니 족은 풍문에 들은 남자 얘기를 해주었다. 그는 평소 아름다운 여인 옆에서 죽고 싶다고 말했다. 그러던 어느 날 그는 병든 여자를 치료해 달라는 부름을 받았다. 그는 주니 족이 사용하는 가장 위험한 약초들 중 하나를 처방했다. 그 다음날 아침 그는 죽은 채 발견되었다. 이것이 주니 족이 자살에 아주 가까운 행위로 생각해낼 수 있는 것이었다. 그 남자가 자살을 했으리라는 생각을 그들은 아예 하지 못하는 것이다. 그 남자는 평소 죽고 싶다는 말을 해왔는데 결국 바라던 대로 죽게 되었다고 말하는 것이 고작이었다.

서양에서 벌어지는 것과 똑같은 자살 사건은 민담 속에서만 벌어진다. 민담 속에서, 남편의 부정을 알게 된 한 부인은 아파치 족에게 나흘 안에 푸에블로로 쳐들어와 마을을 쑥대밭으로 만들어달라고 요청한다. 그렇게 되면 바람피우는 남편과 그 상대 여자가 함께 죽게 될 것이라는 속셈이었다. 나흘째 되는 날 아침 그녀는 목욕재계하고 가장 좋은 옷을 입는다. 그리고 적을 맞으러 나가 그녀가 제일 먼저 죽는다. 이 것은 서양식 자살의 범주에 들어가는 행위이지만, 주니 족은 그것을 의례적 복수라고 생각한다. 그들은 말한다. "물론 우 리는 지금 그런 일은 하지 않아요. 그 여자는 좀 야비했지 요." 그들은 그녀가 의례적 복수 그 이상의 것을 했다는 생각 을 하지 못한다. 서양의 자살 사례를 자세히 주니 족에게 얘 기해 주면 그들은 공손하게 미소 지으며 점점 더 모를 소리 를 한다는 표정을 짓는다. 백인들이 하는 일이란 정말 이상 하군요. 정말 우스꽝스럽지 않아요.

반면에 평원 인디언들은 서양인들보다 자살의 개념이 더 발달되어 있다. 많은 평원 부족들 사이에서, 앞날의 전망이 별로 없다고 생각하는 남자는 1년 안에 자살을 하겠다는 서 약을 한다. 그는 사슴 가죽으로 만든 약 8피트 길이의 스톨 (성직자용 제복의 띠 모양의 천)을 특수한 표시로 입고 다닌다. 그 스톨은 그 남자의 등 뒤로 땅에 질질 끌리는데 자살을 서 약한 자는 게릴라 전투의 최전선에 나가서 자신의 끌리는 스 톨의 뒷구멍을 통하여 땅에다 경계를 치게 한다. 그는 그 경 계 뒤로 퇴각하지 못한다. 그는 단지 앞으로 전진할 수 있을 뿐이다. 설사 전투 동료들이 퇴각을 하더라도 그는 최전선에 그대로 남아 있어야 한다. 그가 죽는다면 마침내 그토록 소 망하던 교전 중에 죽는 것이 된다. 만약 그가 그 해를 무사히 넘긴다면, 그는 이 죽음을 불러들이는 행위로 인해 평원 인 디언들이 소중하게 여기는, 부족민들의 인정을 받게 된다. 그는 평생 동안 자신의 무공과 자살 서약 연도를 말하면서, 위대한 사람들의 공로 자랑 대회에 나가서 자랑을 할 수 있게 된다. 그는 자신이 획득한 카운트(무공 점수)를 이용하여 각종 집단에 가입할 수 있고 또 추장이 될 수 있다. 자살 같은 것은 전혀 생각하지 않던 남자도 이러한 영예가 탐이 나서 자살 서약을 할까 하고 유혹을 느낀다. 혹은 사회가 내키지 않아 하는 구성원에게 그런 서약을 시키는 일도 있다. 평원 인디언들 사이에서 전사의 서약만이 자살이 인정되는 유일한 형태는 결코 아니다. 일부 원시 지역들에서 그런 것처럼, 자살이 평원 인디언들 사이에서 흔하게 벌어지는 것은 아니다. 하지만 사랑 때문에 자살했다는 얘기는 반복적으로 나온다. 그들은 갑자기 삶을 내던지는 행위를 잘 이해한다.

푸에블로 제도에서 아폴로적 이상이 잘 표현되는 또 다른 방식이 있다. 그들은 공포와 위험의 주제를 정교하게 개발하지는 않는다. 그들은 오염과 공포의 상황을 창조하겠다는 디오니소스적 의지는 갖고 있지 않다. 이러한 과잉은 전 세계의 장례 절차에서 아주 흔하게 발견된다. 장례는 공포의 광란이지 슬픔의 광란은 아닌 것이다. 오스트레일리아의 부족들의 경우, 가장 가까운 친척이 망자의 두개골에 달려들어 박살을 냄으로써 그것이 살아 있는 자를 괴롭히지 못하게 한다. 그들은 유령이 그들을 쫓아오지 못하도록 망자의 다리뼈를 부러뜨리기도 한다. 그러나 이슬레타에서는 망자의 뼈가 아니라 머리빗을 깨뜨린다. 푸에블로에 가장 가까운 부족인 나바호 족은 망자의 집과 그 안에 있는 모든 물건을 불태워 버린다. 망자가 소유했던 물건이 남들에게 우연히 건너가는 법은 없다. 그것은 오염되어 있기 때문에 철저히 기피 물건인 것이다. 푸에블로 족들 사이에서 활과 화살 및 그의 밀리(주술의가 성물로 모시는 옥수수)만이 망자와 함께 부장된다. 그렇게 하기 전에 먼저 밀리로부터 귀중한 마코 앵무새 깃털을 모두 뜯어낸다. 하지만 물건들을 내버리는 법은 없다. 푸에블로의 장례 제도는 망자의 삶이 끝났음을 상징하는 것이지, 망자의 사체에서 오는 오염을 두려워하거나 망자의 유령이 행패부릴 복수나 질투를 예방하자는 것은 아니다.

일부 문명에서 모든 인생의 위기들은 공포 상황으로 처리된다. 출생, 사춘기, 결혼, 죽음은 이런 행동이 반복적으로 발생하는 상황이다. 푸에블로 족이 장례 절차에서 죽음의 공포를 느끼지 않듯이, 이런 다른 상황들에서도 그리 위협을 느끼지 않는다. 특히 월경 중인 여자들에 대한 처리에서 푸에블로의 대응이 잘 드러난다. 그들 주위의 부족들은 모두 월경 중인 여자들을 수용하는 작은 집들을 마련해 두고 있다. 그녀는 혼자서 음식을 해먹어야 하고 그녀의 것으로 지정된 식기를 사용해야 하고 완전히 동네 사람들로부터 고립되어야 한다. 심지어 가정생활에서도 그녀와의 접촉은 부정 타는 것으로 인식된다. 만약 그녀가 사냥꾼의 장비를 건드린다면 그 물건의 효용은 사라져버린다. 푸에블로는 월경하는 여자들을 위한 집을 두고 있지 않을 뿐만 아니라 생리 중인 여자들에 대하여 특별한 조치를 취하지도 않는다. 생리 기간은 여자의 생활에 아무런 지장도 주지 않는 것이다.

푸에블로 인근 부족들의 가장 큰 공포 상황은 주술 제도이다. 주술은 보통 아프리카와 멜라네시아의 관습을 묘사하기 위해 사용되는 용어이다. 하지만 북아메리카에서 인디언들이 주술의에 대해서 느끼는 공포, 의심, 적개심 등은 알래스카에서 대평원의 쇼쇼니 족, 남서부의 피마 족, 동부의 미데위인 회(會)에 이르기까지 동일하다. 디오니소스적 사회는 초자연력이 위력을 갖고 있고 또 위험하기 때문에 높이 평가하는 것이다. 부족민들은 주술의를 대할 때 위험한 상황을 미리 연상하고 거기에 대처해야 한다고 일반적으로 생각했다. 주술의를 도와주는 힘보다 해치는 힘을 더 많이 갖고 있다고 보았다. 주술의를 대하는 그들의 태도는 공포, 증오, 의심이 복합된 것이었다. 그의 죽음은 아무도 복수해주지 않았다. 만약 그가 치료에 실패하고 사람들이 그를 의심한다면 그는 사람들에 의해 살해되었다.

남서부의 비 푸에블로 부족인 모하비 족은 이러한 관습을 아주 정교하게 발전시켰다. "주술의가 이런 식으로 사람을 죽이는 본성은 매가 살기 위해 새들을 죽이는 본성과 마찬가지이다"라고 그들은 말했다. 주술의가 죽인 사람들은 사후에도 그의 지시를 받는다. 그들은 주술의의 부하들 무리가 된다. 물론 그는 더 부유하고 더 많은 부하를 거느리는 것이 그의 이익에 도움이 된다. 한 주술의는 공개적으로 이렇게 말했다. "난 아직 죽을 수 없어. 아직 충분한 부하를 모으지 못했어." 시간이 좀 흘러가면 그는 자랑할 만한 부하들을 모으게 될 것이다. 주술의는 어떤 남자에게 막대기를 건네주며 "내가 너의 아버지를 죽였다"라고 말한다. 혹은 아픈 사람을 찾아와서 이렇게 말한다. "너를 죽이는 게 나라는 걸 몰라?" 그는 독약을 사용했다거나 젊은이의 아버지를 칼로 죽였다는 뜻이 아니다. 그것은 초자연적 살인으로서, 공개적으로 선언된 비난 – 상황 혹은 공포 – 상황이다.

주니에서 이런 사태 진전은 상상하기 힘들다. 그들의 사제는 베일에 가려진 증오나 의심의 대상이 아니다. 그들은 디오니소스적인 초자연력의 두 가지 양상(위력과 위험)을 갖고 있지도 않다. 다시 말해, 그들은 죽음을 가져오는 자이면서 질병으로부터 구제해주는 자라고 생각되지 않는다. 오늘날 푸에블로에서 찾아볼 수 있는 검은 주술의 아이디어들(유럽식 세부사항들로 가득 찬 것들)은 주술의 진정한 상황이라고 볼 수 없다. 주니의 검은 주술은 용맹한 자가 초자연력을 상대로 의지를 발휘하는 그런 행위가 아니다. 실제로 그런 검은 주술의 테크닉을 사용하는 주니 족이 있는지도 의심스럽다. 검은 주술에 대한 묘사는 주로 민담에서 나오는 것으로서, 검은 주술사가 자신의 눈을 뽑아서 우물 안에 잘 감추어 놓은 다음 올빼미 눈을 대신 들이박았다는 류이다. 다른 지역의 특징인 악의적이고도 끔찍한 행위는 없다. 다른 많은 상황들이 그러하듯이, 푸에블로에서 시행되는 검은 주술은 불안 콤플렉스의 결과이다. 그들은 서로 막연하게 의심을 하다가 만약 어떤 남자를 특히 싫어하게 된다면 그 남자가 검은 주술(저주)을 거는 자라고 생각하게 된다. 그러나 일상적인 사망 상황에서는 검은 주술의 얘기가 나오지 않는다. 그들이 마녀 사냥에 나서는 것은 전염병이 돌 때뿐인데 말하자면 집단 불안증세가 이런 현상으로 표현되는 것이다. 그들은 성직자(사제)의 힘을 두려워하여 그것을 공포의 상황으로 엮어나가는 일이 없다.

:: **다산 의례**

따라서 푸에블로에서는 어떠한 형태로든 과잉을 불러오는 법이 없다. 폭력을 허용하지 않으며, 권위의 행사에 탐닉하는 일이 없으며, 개인이 혼자서 감당해야 하는 상황을 만들어내는 걸 좋아하지 않는다. 디오니소스 부족들이 가장 소중하게 여기는 그런 상황들이 없다. 그럼에도 불구하고 그들은 다산의 종교 의식을 갖고 있다. 다산 의식은 순전히 이론상으로는 디오니소스적 컬트인데도 말이다. 디오니소스는 다산(풍요)의 신이었고 세계의 대부분 지역에서는 과잉의 추구와 생식력의 추구를 분리할 이유가 없었다. 이 둘은 지구의 먼 지역에서도 점점 합쳐지는 경향을 보여 왔다. 따라서 아폴로적인 푸에블로 족이 이 풍요의 컬트를 추구하는 방식은 그들 생활의 근본적 원칙을 더욱 생생하게 보여준다.

그들의 다산 의식은 대다수가 성적 상징을 사용하지 않는다. 땅을 열심히 밟아대는 단조로운 반복적인 춤 덕분에 구름이 하늘 위로 올라가고 그리하여 비가 온다. 옥수수 밭의 생산성은 제단 위에 놓아두었던 물건 혹은 초자연적 분장자에 의해 사용되었던 물건을 밭에다 묻어둠으로써 높아진다. 성적 상징은 주니 족보다는 인근의 호피 족 푸에블로에서 더 많이 발견된다. 호피 족은 다산 의식에서 자그마한 검은 기둥과 갈대로 만든 작은 바퀴를 자주 사용한다. 둥근 기둥은 남성의 상징, 작은 바퀴는 여성의 상징이다. 이 둘을 한데 묶어 성스러운 샘물에 던져 넣는다.

〈플루트 회〉 의식에서 비를 부르기 위해 한 남자 아이가 두 여자 아이를 데리고 등장한다. 남자 아이에게는 기둥, 두 여자 아이에게는 바퀴를 미리 준다. 의식의 마지막 날에 이 세 아이가 사제들의 인도를 받으면서 그 물건들을 성스러운 샘물로 가져가 그 물건에다 샘물 바닥에서 긁어낸 흙을 바른다. 이어 행렬은 푸에블로로 되돌아간다. 돌아가는 길 위에는 제단에 사용되는 것 같은 네 개의 지상 그림들이 만들어져 있다. 아이들은 행렬 앞에서 걸어가면서 남자 아이는 기둥을 여자 아이들은 바퀴를 그 지상의 그림에다 차례로 던진다. 마침내 그 물건들은 마을 광장의 춤 사당에 보관된다. 이것은 장식적이면서도 침착한 의례이고, 마지막 순간까지 일체의 감정 표현 없이 형식에 따라 진행된다.

이러한 종류의 성적 상징은 호피 의식에서 지속적으로 사용된다. 여성 집단의 춤에서 — 반면에 주니 족은 이런 여성 집단이 없다 – 이 물건들은 특히 인기가 높다. 이런 춤은 이렇게 진행된다. 여자들이 옥수수 대를 손에 들고 원을 그리며 춤을 추는 동안, 네 명의 처녀가 남자 복장을 한 채 등장한다. 그 중 두 명은 궁수를, 나머지 두 명은 창수의 역할을 한다. 궁수는 각자 포도넝쿨과 활과 화살을 들고 있는데 앞으로 나아가면서 화살을 포도넝쿨에 쏘아댄다. 창수는 각각 긴 창과 굴러가는 바퀴를 들고 있는데 앞으로 나아가면서 창을 바퀴에다 던진다. 나중에 그는 춤추는 여자들의 원 한가운데로 들어가 구경꾼들에게 물에 젖힌 자그마한 옥수수 가루 덩어리를 던진다. 구경꾼들은 그 덩어리를 잡으려고 서로 달려든다. 이것은 성적 상징으로, 목표는 다산이다. 하지만 이러한 행동은 디오니소스 컬트와는 아주 대조되는 것이다.

주니 족에게는 이런 종류의 상징이 발달하지 않았다. 그들은 푸에블로 전역에서 그렇듯이 다산을 기원하는 의식적 달리기 대회를 개최한다. 그런 대회들 중 하나는 남녀 간의 경주이다. 남자들은 출발선의 한쪽 끝에서 발로 차는 막대기를 갖고 있고, 여자들은 다른 끝에서 굴러가는 굴렁쇠를 갖고 있는데, 남자는 발로 막대기를 차고 여자는 발가락으로 굴렁쇠를 굴린다. 때때로 여자들은 가면을 쓰고 이 경주에 참가한다. 아무튼 경주는 여자가 이기게 되어 있고 그렇지 않으면 의미가 없다. 페루에서도 이와 유사한 달리기 경주가 벌어지는데, 남자는 알몸으로 참가하고 그가 따라잡은 여자는 누구하고라도 성관계를 맺을 수 있다. 주니 족이나 페루 의식이나 똑같이 다산의 기원을 상징하고 있지만, 주니는 페루의 디오니소스적 상징을 아폴로적으로 순화시켰다.

하지만 다산 의식에 부수되는 성적 방종이 주니 족에게서 완전히 사라진 것은 아니다. 의식 행사인 토끼 사냥과 머리가죽 춤, 이렇게 두 번의 경우에는 성적 방종이 어느 정도 허용된다. 그래서 이들 밤에 수태된 아이들은 특히 정력이 좋다는 말이 전해진다. 이 행사 때에는 여자들에게 보호자가 엄격하게 따라붙는 규정이 다소 완화되고 "남자들은 남자다워지는 태도"를 보인다. 하지만 난교나 광분하는 행동 같은 것은 없다. 또 눈과 추운 날씨를 통제하는 주술의 성물들에게도 나름대로 공식적인 의식이 바쳐진다. 그러니까 어느 날 밤을 정하여 성물의 여사제들이 남자 애인을 받고서 그로부터 엄지손가락 크기의 벽옥을 받아서 성물을 장식하는 것이다. 이 관습은 이제 더 이상 지켜지지 않는다. 그래서 성적 방종이 어느 정도까지 허용되었는지 알 길이 없다.

:: 섹스의 상징

섹스는 푸에블로에서 잘 이해되지 않았다. 적어도 주니 족의 경우는 그 문제에 대하여 별로 현실적인 주의를 기울이지 않았다. 성적 상징을 엉뚱한 대체물로 설명하려고 하는데 이것은 우리 서양인들에게도 친숙한 문화적 배경이다. 호피가 늘 사용하는 바퀴와 기둥이 뭘 나타내느냐고 물으면, 그들은 비가 물웅덩이에 만들어 놓는 자그마한 진흙더미라고 대답한다. 옥수수껍질더미에다 화살을 쏘는 것이 무엇을 나타내느냐고 물으면, 옥수수 밭을 내리치는 천둥이라고 대답한다. 아주 순진한 푸에블로 족 제보자의 설명에는 극단적이다 싶을 정도의 성적 상징 대체물이 발견된다. 그들은 거의 어리석다고 말해야 할 정도로 무의식적인 방어를 펼친다.

세상이 성행위에 의해서 시작되었다고 하는 우주론적 이야기들에 대해서도 그와 유사한 방어막이 둘러쳐진다. 그렇기는 하지만 쿠싱*은 약 50년 전에 주니 족에 이런 민담이 있다고 기록했다. 그 민담은 푸에블로 족이 아닌 남서부 유만 족의 우주 창성 신화인데 많은 인근 지역들에 알려져 있었다. 내용은 이러하다. 태양은 대지와 동거를 했는데 대지의 자궁으로부터 생명이 나왔다. 인간과 동물은 물론이고 인간이 사용하는 비활성의 물건들도 나왔다. 쿠싱의 시대 이래 주니 족에서는, 근원 신화들이 다른 사회, 다른 사제단, 그리고 세속인들로부터 기록되었는데 생명은 아직도 지하의 네 번째 세계에서 시작되는 것으로 알고 있다. 그들은 그것이 대지의 자궁이고 생명이 하늘 아버지에 의해 수태된 것이라고 생각하지 않는다. 그들의 상상력은 그런 쪽으로는 돌아가지 않는 것이다.

주니 족의 성에 대한 태도는 서양의 퓨리턴 문명과 비슷한

* 프랭크 해밀턴 쿠싱(Frank Hamilton Cushing, 1857~1900). 미국 남서부의 주니 족을 현지 조사한 초창기의 미국 민족지학자. 주니 족과 5년 동안 함께 살면서 그들의 민속을 연구했다.

데가 있다. 하지만 유사점 못지않게 다른 점도 있다. 퓨리턴의 성에 대한 관념은 그것을 죄악시하는 데에서 유래하나, 주니 족은 죄의식 같은 게 없다. 섹스든 다른 경험이든 그들에게 죄의식은 낯선 개념이다. 그들은 죄의식 콤플렉스에 시달리지 않으며 섹스를 강인한 의지의 작용으로 물리쳐야 할 일련의 유혹이라고 생각하지도 않는다. 평생 독신으로 사는 것을 아주 못마땅하게 생각한다. 그들의 민담 속에서, 결혼을 거부하는 오만한 처녀가 가장 큰 비판의 대상이다. 그런 처녀들은 집안에 들어앉아 있거나 일을 하면서 젊은 총각의 숭배를 받는 것을 아예 무시해 버린다. 이럴 때 주니 족의 신들은 퓨리턴 윤리가 주장하는 그런 조치를 취하지 않는다. 신들은 지상으로 하강하여 각종 어려움에도 불구하고 그 처녀들과 동침함으로써 그들에게 기쁨과 겸손을 가르친다. 이런 "애정 어린 훈육 조치"에 의하며 오만한 처녀는 마음을 돌리고 결혼에 돌입함으로써 인간에게 부여된 행복을 누린다.

:: "인간과 우주의 하나됨"

주니 족은 남녀 간의 유쾌한 인간관계는 여러 사람들과의 즐거운 인간관계의 한 양상이라고 생각한다. 우리는 일반적 인간관계와 남녀관계를 근본적으로 구분하지만, 그들은 두 관계를 별로 구분하지 않고 이렇게 칭찬한다. "누구나 그를 좋아해. 그는 늘 여자들하고 바람을 피워." 혹은 이렇게 혹평할 수도 있다. "아무도 그를 좋아하지 않아. 그 자는 너무 여자 문제가 없어." 섹스는 즐거운 생활의 한 측면인 것이다.

그들의 우주론적 사상은 그들의 한결같은 정신을 표현하는 한 가지 형태이다. 그들은 이승에서 강렬함, 갈등, 위험 등이 배제된 제도를 구축했는데, 그런 사상을 저승에도 투영시킨다. 번즐 박사가 지적한 것처럼, "초자연력은 인간에 대해서 아무런 악감정도 갖고 있지 않다. 초자연적 힘이 그들에게 선물을 주지 않을지도 모르므로, 봉헌, 기도, 주술 의식을 통하여 그들의 도움을 확보해야 한다." 하지만 이것은 사악한 힘을 달래려는 것은 아니다. 이런 생각은 그들에게 낯선 것이다. 그들은 초자연적 힘은 인간들이 좋아하는 것을 역시 좋아한다고 생각한다. 가령 인간이 춤을 좋아한다면 그들도 역시 춤을 좋아하리라 생각한다. 그래서 신들의 가면을 쓰고서 초자연적 존재들을 주니 춤에 초대한다. 또 주술의 성물을 밖에 내놓고 그것들도 "춤추게" 한다. 그것은 그들에게 기쁨을 주는 것이다. 보관실에 모셔둔 옥수수 성물조차도 춤을 추게 해주어야 한다. "모든 의식 그룹이 의식 행사를 치르는 동지 기간에, 집안의 우두머리들은 여섯 개의 성물 옥수수를 밖으로 내와 바구니에 담아 들고서 그 옥수수들을 향해 노래 부른다. 이것을 가리켜 '옥수수들에게 춤추게 하기'라고 한다. 이런 행사를 치름으로써 의식 기간에 옥수수들이 소외감을 느끼지 않게 해주는 것이다." 이제는 더 이상 지켜지지 않는 〈옥수수 대 무도회〉 행사에서도 과거 주니 족들은 옥수수들과 함께 기쁨을 나누었다고 한다.

그들은 우리처럼 우주를 선과 악의 갈등이 벌어지는 장으로 여기지 않는다. 그들은 이원론을 믿지 않는다. 유럽식의 검은 주술(마술) 개념은 푸에블로에서 순화되면서 기이한 변화를 겪었다. 푸에블로의 마술은 사탄의 위엄이 신의 선량함과 맞선다고 보지 않는다. 그들은 마술을 그들의 구도 내에 알맞게 변형시켰다. 마귀의 힘은 악마가 주는 것이기 때문에 의심스러운 것이 아니라, 마귀 들린 사람을 "좌지우지하기" 때문에 의심스러운 것이다. 일단 마귀가 들면 그것을 떼어내는 것은 불가능했다. 그 외에 필요에 따라 다른 초자연력도 있는 것으로 간주되었다. 가령 기도봉을 꽂고 그런 성물을 다룰 때 필요한 터부를 지킴으로써 그런 초자연력의 존재를 인정하는 것이다. 이런 의식 행사가 끝나면 그 남자는 아버지의 고모들에게로 가서 그의 머리를 감겨 달라 하고 그 이후에는 다시 세속으로 돌아온다. 또 어떤 사제는 자신의 힘을 다른 사제에게 돌려주어, 그 힘을 다시 불러낼 때까지 쉬게 만든다. 이처럼 성스러움을 치워둔다는 사상과 테크닉은, 서양 중세에 저주를 제거하는 절차가 중세인들에게 친숙했던 것처럼 주니 족들에게 친숙한 것이다. 푸에블로 마술에서 초자연력을 사람으로부터 제거하는 기술은 존재하지 않는다. 사람은 그런 신비한 힘을 제거할 수 없다고 보는 것이다. 그 때문에 마술은 나쁘고 위협적인 것이다.

:: 전형적인 아폴로적 문명

우리가 세상은 곧 선과 악의 대 쟁투장이라는 사상을 내던지고 푸에블로 족들처럼 세상을 바라보기는 어려운 일이다. 그들은 사계절이나 인간의 생애를 삶과 죽음이 다투는 경쟁으로 보지 않는다. 삶은 늘 거기에 있고 죽음도 늘 거기에 있다. 죽음은 삶의 부정이 아니다. 사계절은 우리 앞에서 무한히 펼쳐지는 것이고 인간의 삶 또한 그러하다. 그들은 "체념하지도 않고, 자신의 욕망을 더 큰 힘에 복종시키지도 않고, 단지 인간과 우주가 하나라는 느낌이 강하다." 그들은 신들에게 기도를 올릴 때 이렇게 말한다.

우리는 언제 한 사람이 될 겁니다.

그들은 신들과 아주 친밀한 관계를 나눈다.

당신의 나라를 붙잡으며
당신의 사람을 붙잡으며
당신은 우리와 함께 조용히 앉으실 겁니다.
우리는 언제나 서로에게
아이들로 남아 있을 겁니다.
나의 아이[1]
나의 어머니[1]
내 말에 따라

그렇게 되게 하소서

그들은 신들과 호흡을 나누어 가진다.

저 멀리 온 사방에
나는 생명을 주는 사제들[2]을 나의 아버지로 모신다.
생명을 주는 그들의 호흡을 요청한다.
노년의 호흡
물의 호흡
씨앗의 호흡
부의 호흡
다산의 호흡
강인한 정신의 호흡
힘의 호흡
좋은 행운의 호흡
그들은 이 모든 호흡을 가지고 있다.
그들의 호흡을 요청하면서
우리의[3] 따뜻한 몸에 그들의 호흡을 받아들인다.
우리는 너의[4] 호흡에 그것을 추가하리라.
네 아버지들의 호흡을 경멸하지 말아라.

[1] 신들은 여기서 인간의 부모인가 하면 아이로 호칭되어 있다.
[2] 초자연적 존재들 : 신
[3] 주술의
[4] 환자

그것을 네 몸 안으로 끌어들여라……
그리하여 우리가 우리의 길들을 함께 완성할 수 있도록.
나의 아버지가 너를 생명으로 축복하기를.
너의 길이 완수되기를.

　신들의 호흡은 주니 족의 호흡이고 이러한 공유를 통하여 그들은 모든 것을 성취한다.
　인간 대 인간의 관계가 그러하듯이 인간 대 우주와의 관계도 영웅주의나 장애를 극복하려는 의지를 대수롭지 않게 여긴다.

　싸우고, 싸우고, 싸우다가
　벽에 내몰린 채 죽는

　사람들을 성인이라고 생각하지 않는다. 그들 나름의 미덕을 갖고 있는데 그것은 특이할 정도로 일관성이 있다. 그들은 어울리지 못하는 자를 그들의 세상으로부터 추방한다. 그들은 북아메리카에 비록 소규모이지만 아주 오래된 문화의 섬을 구축했다. 이 문명은 아폴로적 특징을 일관되게 선택함으로써 그 형태를 갖추었다. 그들은 공식적으로 정해진 절차를 지키는 것을 좋아하고 절제와 냉정을 삶의 방식으로 삼았다.

5장

도부 족

:: 악의와 배신을 미덕으로 여기는 곳

도부 섬은 동부 뉴기니의 남쪽 해안에서 약간 떨어져 있는 당트르카스토 군도에 들어가는 섬이다. 도부 족은 북서 멜라네시아에 사는 부족들 중 가장 남쪽에 있는 부족 중 하나이다. 북서 멜라네시아 지역은 트로브리안드 군도에 관한 브로니슬로프 말리노프스키의 여러 저작들로 인해 잘 알려져 있다. 도부 제도와 트로브리안드 제도는 아주 가까이 붙어 있어서 도부 사람들이 트로브리안드로 무역 거래 여행을 나간다. 하지만 두 부족은 다른 환경, 다른 기질을 가진 사람들이다. 트로브리안드 제도는 비옥한 저지대의 섬들로서, 이곳 주민들에게 편안하고 풍요로운 생활 환경을 제공한다. 그들의 토지는 비옥하고 고요한 만에는 물고기가 많다. 반면에 도부 제도는 돌 많고 험준한 화산섬으로 토지는 별로 없고 어업도 하기가 어렵다. 섬 주민들은 이런 척박한 환경 속에서 힘들게 살아나가지 않으면 안 되었다. 그래서 섬 여기저기에 흩어져 있는 자그마한 마을들은 가장 번성하던 시절에도 각각 인구가 25명 정도밖에 안 되었고 현재는 그 절반 정도로 떨어져 있는 데 비해, 트로브리안드의 조밀한 인구는 잘 연결되어 있는 공동체들을 구축하여 편안하게 살고 있다. 도부족은 이 지역에서 원주민을 고용하는 백인 고용주들이 손쉽게 사람들을 데려올 수 있는 섬이다. 도부 섬에서 배고픔을 이기지 못하여 그들은 선선히 노동 계약에 응한다. 고향에서 거친 음식조차 제대로 먹지 못했기 때문에, 노동자로서 제공받는 거친 음식은 그들에게 반항의 사유가 되지 않는다.

인근 섬들에서 도부 사람의 명성은 적빈(赤貧)으로 널리 알려져 있는 게 아니다. 가난한 사람들이기보다는 위험한 사람들로 더 잘 알려져 있다. 그들은 악마적 힘을 가진 마술사, 그 어떤 배신행위도 서슴지 않는 전사로 알려져 있다. 백인들이 도래한 시점으로부터 두 세대 전만 해도 그들은 식인종이었다. 많은 사람들이 인육을 먹지 않는 지역에서 식인종이었던 것이다. 그래서 인근 섬들의 주민들이 무서워하고 불신하는 야만인이었다.

도부 족은 이런 평가에 걸맞은 행동을 한다. 그들은 법이 없고 배신을 밥 먹듯이 하고 서로 적대적이었다. 트로브리안드 사람들은 신망 높은 고위 관리의 지도 아래 평화롭게 물건과 특권을 교환하는 사회 조직을 갖고 있었지만 도부 족은 그렇게 원만하게 협조하며 일하는 조직이 없다. 도부에는 추장이 없고 정치 조직도 없다. 엄밀히 말해서 그들에게는 합법성이라는 게 없다. 도부 사람들이 루소가 말한 "자연인" 즉 사회 계약의 구속을 받지 않는 상태(아나키)에서 살기 때문에 그런 것은 아니다. 그보다는 악의와 배신을 우선시하고 그것을 사회의 미덕으로 여기기 때문에 합법의 상태가 없는 것이다.

:: 전통적인 적개심

도부 사회를 일종의 아나키 사회라고 보는 것은 진실을 전혀 파악하지 못하는 것이다. 도부 사회는 여러 동심원의 서클들로 구성되어 있고 그런 동심원 서클 내에서는 전통적인 적개심의 형태가 허용된다. 적절히 지정된 집단 내에서 문화적으로 허용된 적대행위를 수행하는 것 이외에, 도부 사람들이 제멋대로 법을 농단하는 일은 없다. 도부 섬 내에서 가장 대규모로 작동하는 그룹은 약 네 개 내지 스무 개의 마을로 구성된, 고유의 이름(가령 테와라 등)을 가진 공동체이다. 이것은 하나의 전투 단위이고 다른 유사한 도부 공동체들과 끊임없이 적대적 관계를 유지한다. 백인들이 이 지역을 지배하기 이전에, 어떤 공동체의 남자가 낯선 공동체로 들어가는 일은 살인하거나 공격할 때뿐이었다. 하지만 여러 공동체들이 서로에게 품앗이 하는 서비스가 하나 있었다. 사망이나 중환이 발생했을 때, 점을 쳐서 그런 현상을 가져온 자를 알아내야 하는데, 이때 점쟁이를 적대관계의 공동체에서 데려왔다. 이렇게 하여 같은 공동체 내의 점쟁이는 범인을 지적하는 데 따르는 보복의 위험을 피할 수 있었다. 다른 공동체의 점쟁이는 범인을 지적해주고 자기 공동체로 돌아가면 위험을 모면할 수 있는 것이다.

하지만 동일 공동체 내에서도 위험이 가득하다. 같은 해안을 공유한 사람들, 날마다 같은 일과를 되풀이하는 사람들이 실은 서로에게 초자연적이면서 실제적인 피해를 입히는 것이다. 같은 공동체의 사람들이 나(공동체의 구성원)의 추수를 망쳐놓고, 나의 경제적 거래에 혼란을 일으키고, 나에게 질병과 죽음을 가져오는 것이다. 공동체의 모든 사람이 이런 목적에 도움 되는 주술을 갖고 있고, 또 툭하면 그것을 사용한다(이것은 뒤에서 다루어지게 될 것이다). 주술은 공동체 내에서 생활해 나가는 데 있어서 필수불가결한 수단이다. 하지만 주술의 힘은 서로 잘 아는 마을 사람들의 서클에서나 통하는 것이고, 그 바깥에서는 위력이 없는 것으로 생각된다. 그래서 날마다 교제하는 사람들이 상대방의 일을 위협하는 주술사이면서 마술사가 된다.

이 공동체의 중심에는 다른 행동 양태를 보이는 소수 집단이 있다. 마을 사람들은 평생을 통하여 이 집단의 지원을 요청한다. 그것은 가족이 아니다. 왜냐하면 이 집단에는 나(마을의 남자 구성원)의 아버지, 아버지의 형제자매들, 나의 자식들이 포함되지 않기 때문이다. 그것은 나의 어머니 라인으로 구성되어 있는 아주 결속력 강한 용해되지 않는 집단이다. 이 모계 집단의 인물들은 살아 있을 때에는 공동체 내에서 그들의 텃밭과 집터를 소유한다. 죽어서는 조상들의 땅인 묘지에 묻힌다. 모든 마을의 한 가운데에는 반짝거리는 잎사귀를 가진 크로턴 나무가 웃자란 묘지가 있다. 생존했을 때 마을의 소유주였던 어머니와 어머니 친족의 남녀들이 여기에 묻힌다. 이 무덤 주위에 현재 마을의 소유주인 모계 친족들의 평대(平臺) 가옥들이 포진되어 있다. 이 그룹 내에서 상속이 이루어지고 또 적극적인 협조가 주어진다. 이 집단을 가리켜 수수(susu : "어머니의 젖")라고 하는데, 구성원은 모계로 이어지는 여자들과 이 여자들의 같은 세대 남동생(혹은 오빠) 그러니까 외삼촌들이다. 외삼촌의 자녀들은 수수에 들어가지 못한다. 그들은 외숙모의 마을에 소속되는데, 그 마을은 내(마을의 남자 구성원)가 소속된 마을과 적대관계인 것이 보통이다.

수수는 종종 아주 밀접한 관계를 가진 다른 수수와 함께 그들 고유의 마을에서 살고 그들의 프라이버시는 철저하게 지켜진다. 도부에서는 사람들이 아무 용건 없이 이웃 마을을 왕래하는 일이 없다. 길은 각 마을의 외곽을 돌아 지나가게 되어 있고 다른 마을에 가까이 접근할 수 있는 특권을 가진 자들은 이 길을 통하여 마을을 스쳐 지나간다. 앞으로 살펴보게 되겠지만, 아버지가 죽은 이후에 그 자녀들은 아버지의 마을을 접근할 기회조차 없다. 만약 아버지가 아직 살아 있거나 그 마을이 배우자의 마을이라면, 자녀들은 초청을 받아서 들어갈 수 있다. 그 외의 모든 사람들은 곁길을 통하여 그냥 지나쳐 가야 한다. 그들은 멈춰 서면 안 된다. 종교 의식, 추수 제사, 부족 성인식이라고 해서 이웃 마을 사람들을 마구 부르는 법이 없다. 도부는 이런 행사를 별도의 사교 기회로 삼지 않기 때문이다. 마을의 한 가운데 있는 공동묘지가 트로브리안드 족의 춤추며 노는 공동 광장에 맞먹는 역할을 한다. 도부 족은 낯선 장소의 위험을 너무나 심각하게 의식하기 때문에 사교 행사나 종교 행사를 위해 먼 곳으로 나가지 않는다. 그들은 질투 주술의 위험을 잘 알기 때문에 그들의 터전 내에 낯선 자를 들여놓지도 않는다.

:: 신랑 가두기

하지만 결혼은 이 신임 받는 서클 이외의 사람과 해야 한다. 그래도 같은 공동체(4~20개의 마을로 구성된 사회) 내의 사람을 데려와야 하고 그래서 적대감이 높은 두 마을을 서로 연결시키는 계기가 된다. 그러나 결혼은 평소의 적대감을 완화시키지 않는다. 처음부터 결혼 제도는 두 그룹 사이의 갈등과 악감정을 조성하는 그런 방향으로 구축되어 있다. 약혼은 장모될 여자의 적대적 행위에 의해 처음으로 시동이 걸리는 것이다. 먼저 장모는 밤새 딸과 자러 왔던 사위(가 될 남자)가 아침에 집을 나서려 할 때 그녀 자신의 집 문을 몸소 막고 나선다. 그런 후 약혼이라는 공식적 절차를 위해 사위를 가두어 놓는다. 이런 일이 벌어지기 전에 그 사위는 어떻게 생활을 할까. 그는 사춘기를 지난 이후 결혼하지 않은 여러 여자들의 집을 돌아다니면서 잠을 잔다. 관습에 의하여 그는 자신의 집으로는 가지 못한다. 그는 여러 여자들의 집을 공평하게 돌아다니면서 잠을 자고 다음날 아침 재빨리 그 집에서 달아난다. 그가 마침내 여자 집에 갇히게 되는 것은 그렇게 돌아다니는 것이 지겨워지고 보다 지속적인 파트너를 원하기 때문이다. 그는 이제 아침 일찍 일어나 집을 나서는 일은 하지 않는다. 그렇지만 그는 결혼이라는 끔찍한 일을 아직은 할 마음이 없다. 그래서 문턱의 마녀, 즉 미래의 장모가 집 문을 가로막으며 결심을 강요하는 것이다. 마을 사람들, 그러니까 신부의 모계 친척들이 장모의 그런 행동을 보고서 집 앞에 모여들면, 남녀는 땅바닥에 깔아놓은 멍석에 함께 앉는다. 마을 사람들은 30분 정도 지켜보다가 하나둘 흩어진다. 이렇게 하여 남녀는 공식적으로 약혼한 사이가 된다.

이때부터 남자는 아내의 마을 사람들로부터 닦달을 당한다. 첫 번째 요구 사항은 그에게 노동을 하라는 것이다. 즉시 장모는 사위에게 쟁기를 주면서 "이제 일을 하라"고 명령한다. 그는 장모와 장인의 감시 아래 텃밭을 만들어야 한다. 장모 부부가 요리를 하고 식사를 하는 동안 그는 계속 일을 해야 한다. 그는 그들이 있는 데서는 식사를 할 수 없기 때문이다. 그는 이중으로 일을 해야 한다. 먼저 장인의 얌(고구마의 일종) 밭을 경작해 주고 이어 그 자신의 밭에서 일해야 한다. 장인은 마음껏 권력을 행사하면서 사위에 대하여 세도를 부린다. 1년 혹은 그 이상 이러한 상황이 계속된다. 이런 상황에 사로잡힌 사람은 이 청년뿐만이 아니다. 그의 친척들도 가혹한 의무사항을 부과당한다. 청년의 형제들은 결혼 보상 금으로 내놓아야 하는 텃밭 장비와 귀중품들 때문에 엄청난 부담에 시달린다. 그래서 오늘날 형제들 중 하나가 약혼을 하면 나머지 형제는 이 부담을 피하기 위하여 백인 고용업자 의 계약 노동에 서명을 해버린다.

신랑의 수수 구성원들이 마침내 결혼 답례품을 모두 준비 하면 그들은 그걸 들고 공식적으로 신부의 마을을 방문한다. 방문단은 신랑의 형제자매, 신랑 어머니와 그녀의 형제자매 들로 구성된다. 신랑의 아버지, 이 방문단을 구성하는 자들의 남편과 아내, 이 사람들의 자녀 등은 제외된다. 방문단은 선 물을 신부의 수수에게 전달한다. 하지만 양측에서 화기애애 하게 사교하는 법은 없다. 신부 측은 조상 전래의 마을 경계 지에서 방문단을 기다린다. 방문단도 그들의 마을 경계지 근 처에 와서 멈춘다. 그들은 일부러 상대방의 존재를 모르는 척한다. 양측 사이에 상당한 거리가 있다. 혹시라도 서로 눈 이 마주치면 적대적인 눈총을 쏘아댄다.

결혼은 이런 식의 적대적 절차를 따라 진행된다. 신부의 수수도 신랑의 마을로 가서 공식적으로 그 마을을 한 바퀴 휙 돌아야 한다. 이때 요리되지 않은 식량을 상당량 선물로 가져가야 한다. 다음날 신랑의 친족이 그에 상응하는 얌 선 물을 들고 찾아온다. 결혼식 그 자체는 신랑이 장모의 마을 에서 장모로부터 그녀가 요리한 음식을 한 입 받아먹는 것과,

신부가 남편의 마을에 가서 시어머니로부터 음식을 한 입 받아먹는 것으로 이루어진다. 함께 식사하는 것을 제도적 친밀함의 표현 수단으로 여기는 사회에서, 이런 의례는 아주 적절한 것이다.

보통 결혼이라고 하면 친밀함과 공동의 관심사가 존중되는 새로운 그룹을 만들어내는 것이다. 그러나 도부 족의 사정은 그렇지 못하다. 도부는 네덜란드령 뉴기니의 많은 부족들(도부와는 강한 친족 관계에 있는 부족들)이 지키는 결혼 동맹을 무시해버리기 때문에, 결혼이 일으키는 문제를 적절히 해결하지 못한다. 이들 이웃 부족들은 모계 혈통이 함께 살고, 추수도 함께 하고, 경제적 성과도 함께 나눈다. 여자들의 남편들은 밤이나 숲속에서 몰래 아내들을 방문한다. 그들은 "방문하는 남편"이기 때문에 모계 혈통의 자급자족성을 침해하지 않는다.

그러나 도부 족은 새로운 남편과 아내에게 함께 살 집을 마련해 주고서, 원래 수수 내의 프라이버시를 철저하게 지킨다. 신혼부부는 그들 힘으로 텃밭 음식을 마련해야 하고 또 아이들을 길러야 한다. 우리가 보기에 가장 기본적인 이 두 가지 일을 하는데 있어서 도부 족은 아주 까다로운 문제에 봉착한다. 그들의 충성심은 오로지 수수를 향한 것이다. 만약 신혼부부에게 별도의 집과 텃밭을 마련해 준다면 부부의 홈그라운드는 어디이고 누구의 감시를 받으며 살아야 하는가? 신부의 수수인가 아니면 신랑의 수수인가? 이 문제는 아주 논리적으로 해결되었지만 어떻게 보면 아주 이례적이라는 느낌을 준다. 결혼해서 죽을 때까지 부부는 해마다 교대로 신부의 마을과 신랑의 마을에서 산다.

신부의 마을에서 사는 해에는 신부가 수수의 지원을 받으면서 상황을 장악한다. 반면 신랑의 마을에서 사는 해에는 신부가 남편 마을의 소유주들로부터 타관 사람 취급을 당해야 한다. 도부의 마을은 늘 적대적인 이 두 그룹에 의해 분열되어 있다. 하나는 모계 라인으로서 마을의 소유주라는 불리는 그룹이고, 다른 하나는 그 마을의 여자에게 장가든 남자들과 그들의 자녀들 그룹이다. 전자(모계 라인 그룹)는 후자를 언제나 제압한다. 왜냐하면 장가온 자들은 결혼 생활의 편의를 위해 마을을 1년간 방문한 자들에 지나지 않기 때문이다. 마을의 소유주들은 단합된 전선을 형성한다. 이에 비해 국외자들의 그룹은 단결력이 별로 없다. 도부의 교리와 실천은 다수의 결혼 동맹에 의하여 두 마을을 하나로 묶는다는 원칙을 무시한다. 그래서 그들은 가능한 한 여러 마을을 상대로 결혼 동맹을 맺기를 바라고, 그런 결혼일수록 환영한다. 따라서 결혼해 들어온 배우자들은 공동의 수수라는 연대 의식이 없다. "지역 공동체"의 유대관계를 뛰어넘는 토템 상의 분류가 있기는 하지만, 기능이나 중요성이 아예 없는 빈껍데기 분류이므로 고려의 대상이 되지 못한다. 이 분류는 마을에 결혼해 들어온 개인들을 효과적으로 동맹시키지 못하기 때문이다.

:: 남편의 굴욕적 입장

전통적 관습에 의해, 도부 사회는 아내의 마을에 머무는 한 해 동안, 남편은 굴욕적인 역할을 수행해야 한다. 그 마을의 소유주들은 그의 이름을 마구 부른다. 하지만 그는 소유주들의 이름을 불러서는 안 된다. 우리 사회와 마찬가지로 도부에도 개인의 이름을 불러서는 안 되는 몇 가지 이유가 있기는 하다. 아무튼 개인 이름을 부른다는 것은 그렇게 부르는 사람이 상대방을 우습게 본다는 뜻이다. 다시 말해 이름을 부르는 사람이 상대적으로 우위에 있다는 뜻이다. 마을에 결혼 행사가 있어서 선물을 주고받을 때, 해마다 갱신되는 결혼 선물 교환 때, 혹은 초상이 났을 때, 아내의 마을에 들어와 1년간 살기로 되어 있는 남편은 그런 행사에 불참한다. 그는 영원한 국외자이다.

하지만 이런 것들은 아내 마을에 사는 남편이 겪어야 하는 굴욕의 예고편에 지나지 않는다. 이보다 더 중요한 긴장이 있다. 남편이 아내의 마을에 들어와서 산다면 마을 사람들은 그 남편의 태도에 대하여 만족하는 법이 거의 없다. 결혼하는 때부터 배우자 중 어느 하나가 죽을 때까지 결혼에 의한 물물교환이 계속되기 때문에, 결혼은 수수의 중요한 사업이다. 모계의 남자들(외삼촌들)은 이 제도 내에서 상당한 경제적 역할을 한다. 홈그라운드에서 1년을 보내게 된 배우자는 수수 구성원, 특히 외삼촌에게 도움을 많이 요청한다. 가령 도부 족 내에서 많이 벌어지는 부부 싸움 때 지원을 요청하는 것이다. 외삼촌은 그 국외자 배우자(남편 혹은 아내)를 준엄히 꾸짖고 욕설을 퍼부으면서 그 혹은 그녀를 짐 싸서 쫓아 보낸다.

이것보다 더 심각한 긴장이 상존한다. 부부 사이에서 정절은 서로 기대하지 않는다. 도부 족은 남녀가 잠시라도 함께 있는 것은 섹스 이외에 다른 목적이 있을 수 없다고 생각한다. 아내의 마을에 와 있는 남편(혹은 남편의 마을에 와 있는 아내)은 늘 상대방의 정절을 의심한다. 남편이 이렇게 생각하는 데에는 근거가 있다. 의심 많은 도부 사회에서 가장 안전한 간통 상대는 마을의 "오빠"(아내의 경우) 혹은 마을의 "여동생"(남편의 경우)인 것이다. 홈그라운드 마을에 와 있는 1년 동안 모든 상황이 유리하고, 또 초자연적 위험은 최소한으로 유지된다. 공공 여론은 이런 분류상의 "오빠" 혹은 "여동생"과 결혼하는 것을 강력하게 억제한다. 같은 마을 내의 이런 두 부류가 서로 결혼을 하면 (적대적 결혼제도의 부담으로 인해) 마을을 분열시키기 때문이다. 그러나 이 두 부류 사이의 간통은 서로 즐겨 벌이는 오락거리이다. 신화 속에서 이러한 간통이 항상 칭송되고 있고, 마을에서 그런 일이 벌어진다는 것은 아주 어릴 적부터 누구나 알고 있다. 하지만 그것은 국외자 배우자에게는 아주 심각한 문제이다. 그(혹은 그녀)는 마을의 아이들에게 뇌물을 주면서 정보를 캐낸다. 만약 배신당한 것이 남편이라면 그는 아내의 요리 솥을 깨뜨린다. 만약 아내라면 남편의 개를 발로 걷어찬다. 그는 아내와 격렬하게 싸움을 하게 되는데, 서로 붙어 있고 잎사귀로 지붕을 이은 도부의 가옥 내에서 그런 싸움이 안 새어나갈 수가 없다. 그는 격분하여 마을에서 뛰쳐나간다. 최후의 수단으로 그는 전통적인 방법들 중 하나를 사용하여 자살을 시도한다. 그 자살 방법은 어느 것이 되었든 사람을 확실히 죽이지는 않는다. 그는 보통 구조가 되고 이러한 항의 덕분에 아내 쪽 수수의 이목을 잡아끌게 된다. 수수는 그가 자살에 성공했을 경우 그의 친척들의 반응을 우려하여 보다 유화적인 태도로 나온다. 하지만 수수가 그 이상의 조치를 취하지 않을 수도 있다. 그러면 부부는 서로 심술궂고 화가 난 상태로 계속 살아간다. 그리고 다음해 남편은 자기의 고향 마을로 돌아가면 동일한 행동으로 보복을 한다.

부부가 공동 주거를 가져야 한다는 도부의 요구사항은 우리의 경우처럼 간단한 문제가 결코 아니다. 결혼 제도를 둘러싼 상황이 너무 까다로워 결혼생활을 위협할 뿐만 아니라 실제로 파괴한다. 파혼은 아주 흔하며 포춘 박사가 연구 기록한 또 다른 오세아니아 문화인 마누 족에 비하면 파혼율이 다섯 배나 높다. 도부의 결혼 제도가 부과하는 두 번째 의무 사항, 즉 텃밭을 공동으로 경작하고 아이를 양육하는 일도 문화적 제도 때문에 역시 까다로운 일이다. 이 요구사항은 기본적인 특권과 주술의 권리 등과 관련하여 갈등을 일으키는 것이다.

:: 소유권의 지독한 배타성

도부의 소유권은 아주 배타적인데 그것이 아주 극명하게 드러나는 곳은 얌의 상속 소유권이다. 얌의 계통은 수수 내의 혈통 못지않게 확실하게 지켜져 내려오는 전통이다. 종자 얌은 결혼한 부부의 텃밭 내에서도 공유되는 법이 없다. 부부는 각자 자신의 텃밭을 경작하고 계통을 밟아 내려온 종자 얌을 심는다. 얌은 수수 혈통 내에서 개별적으로 은밀하게 소유된 주문(呪文)의 힘으로 자란다고 믿어진다. 얌과 관련된 도부 사회의 보편적 교리는 이런 것이다. 같은 혈통으로 내려온 얌만 자기의 텃밭에 심어야 하는데 그 이유는 얌이 씨앗과 함께 내려온 주문 덕분에 열매를 맺기 때문이다. 부부의 텃밭과 관련해서는 일체의 예외 사항이 인정되지 않는다 (관습상 허용되는 예외 사항은 뒤에서 논의하기로 하자). 남편과 아내는 각자 지난번 수확에서 나온 씨앗을 아껴두었다가, 그 종자 얌을 심어야 하며 최종 수확에 대해서도 각자 책임을 진다. 도부에서는 식량이 귀했다. 그래서 필요한 종자 얌을 확보하려면 누구나 얌을 심기 몇 달 전에는 거의 굶다시피 했다. 도부 사회의 커다란 죄악은 배고프다고 그 종자 얌을 먹어버리는 것이다. 그렇게 먹어버린 씨앗은 결코 보충이 되지 않는다. 남편이나 아내가 그것을 나중에 보충한다는 것은 불가능하다. 왜냐하면 모계 혈통의 얌이 아니면 그 텃밭에서 자라지 않는다고 믿기 때문이다. 늘 지원을 아끼지 않는 남편 혹은 아내의 수수조차도 종자 얌을 잃어버린 극악한 잘못을 두둔해줄 수가 없다. 종자 얌을 먹어버릴 정도로 타락한 자는 비록 친족이라도 밀어주지 않는 것이다. 그는 평생 방랑, 걸식하는 자로 살아야 한다.

따라서 아내와 남편의 텃밭은 분리되어 있다. 종자 얌은 별도로 보관하고, 일단 심은 얌은 별도로 계승되어 온(공유되지 않는) 주문에 의해서 키운다. 아내 혹은 남편의 텃밭이 실패를 하면 그것은 부부 싸움 혹은 이혼의 사유가 된다. 그렇지만 텃밭에서의 작업은 공동으로 한다. 그 텃밭은 그들의 집 못지않게 부부나 아이들에게 프라이버시가 보장되는 공간이다. 그리고 텃밭에서 나오는 식량은 공동으로 소유한다.

아버지가 죽거나 혹은 몇 년 전부터 별거하던 아버지가 죽으면 결혼은 소멸되고, 아버지 마을에서 나오는 식량, 새, 물고기, 과일 등은 그(아버지)의 자녀들에게 터부가 된다. 오직 아버지가 살아 있을 때에만 자녀들은 별 탈없이 그것들을 먹을 수 있다. 이것은 부모가 자녀를 길러야 한다는 사실을 도부 족이 어렵게 인정하면서 나온 조치이다. 마찬가지로, 아버지가 죽으면 그 자녀들은 아버지 마을의 출입이 금지된다. 그러니까 결혼 동맹의 편의성이 소멸된 이상, 어머니 마을은 이제 불법이 된 아버지 마을과의 접촉을 철저히 금지시키는 것이다. 그 자녀들이 어른이 되어 혹은 늙은 사람이 되어 의례적 교환 때문에 아버지 마을에 음식을 가지고 가게 되면, 마을 교외에서 머리를 숙인 채 미동도 하지 않고 서 있어야 하고, 그러면 다른 사람들이 그 음식을 마을까지 가지고 간다. 그들은 일행이 돌아오기를 기다렸다가 이어 행렬에 끼어 어머니 마을로 돌아간다. 이때 아버지의 마을은 "고개를 숙이는 곳"이라고 불린다. 죽은 배우자의 마을에 대한 출입금지 터부는 더욱 엄격하다. 살아남은 배우자는 그 마을에서 멀찍이 떨어진 곳에서 멈춰 서야 하고 그 마을을 우회하는 길을 찾아야 한다. 결혼 동맹을 위해 아주 불안정하게 양보 사항들을 허용했으나, 배우자의 죽음으로 결혼이 소멸하자 이런 식으로 이중의 제한을 가하여 양보사항들을 철회하는 것이다.

도부의 특징인 질투, 의심, 아주 배타적인 소유권 등은 도부 결혼 제도에 명확하게 드러난다. 그러나 도부 생활의 다른 측면들을 고려하기 전에는 그런 특징의 진면목을 이해하기가 어렵다. 도부 일상생활을 관통하는 동기들은 아주 제한되어 있다. 그것들은 문화적 제도의 일관성, 그 실천의 치밀성 때문에 더욱 특징적이다. 그 동기라는 것은 그 자체 거의 편집증적 단순함을 갖추고 있다. 모든 일생생활은 치열한 경쟁 관계이고 모든 이익은 패배한 라이벌에게 손해를 입히고 얻어진 것이다. 이러한 경쟁은 우리가 제6장에서 다루게 될 북서 해안의 경쟁과 또 다르다. 북서 해안에서는 경쟁이 모든 사람들이 환히 보는 데서 이루어질 뿐만 아니라 갈등은 노골적이면서 공개적인 것이다. 이에 비하여 도부의 경쟁은 은밀하고 음흉하다. 도부의 좋은 사람, 성공한 사람은 상대방으로부터 그 자리를 빼앗은 사람이다. 도부 문화는 이런 행동을 돕는 외향적 테크닉과 정교한 장치를 마련해주고 있다. 결국 도부의 모든 일상생활은 이런 목적(상대방에게 피해를 입혀 자신의 이익을 취한다)에 종속되어 있다.

도부의 맹렬한 소유욕, 상대방을 희생시키기, 그런 피해에 따른 의심과 악의 등은 그들의 종교에도 크게 반영되어 있다. 도부 섬에 인접한 오세아니아 전역은 전 세계적으로 주술이 널리 실천되는 지역 중 하나이다. 종교와 주술이 상호 배타적인 것이고 정반대의 것이라고 생각하는 연구자는 도부 족에게 종교가 없다고 할지도 모르겠다. 그러나 인류학적 관점에서 볼 때, 주술과 종교는 초자연력에 대응하는 상호 보완적 방식이다. 종교는 초자연적 세계와 개인을 바람직하게 연결시켜 주는 것인 반면, 주술은 그 세계를 통제하려는 테크닉을 말한다. 도부에는 초자연적 존재들을 달래려는 행위는 없으며 신들과 신자들 사이의 협력을 이어주는 선물이나 희생 같은 것도 없다. 도부 족에게 알려져 있는 초자연적 존재들은 몇몇 소수의 은밀한 주술적 이름들인데, 독일 민담에서 요괴의 이름 "룸펠스틸헨"을 알면 괴력을 얻는 것과 마찬가지로, 그 이름을 알면 남을 지배하는 힘을 획득하게 된다. 따라서 초자연력의 이름들은 대부분의 도부 사람들에게 알려져 있지 않다. 그것을 알기 위해 대가를 지불한 사람 혹은 상속으로 알게 된 사람을 제외하고는 아무도 그 이름을 알지 못한다. 중요한 이름들은 결코 큰 소리를 내어 말하는 법이 없으며, 남들이 들을까봐 낮은 목소리로 중얼거리듯 말한다. 이 이름들과 관련된 믿음은, 초자연력을 달래려는 종교라기보다는 이름 주술과 관련이 있다.

:: 주술에의 의존

모든 행위에는 관련 주문이 있으며, 도부 사람들은 일생 생활의 모든 분야에서 주술이 없으면 결과도 없다고 철저하게 믿고 있다. 우리는 앞 장에서 미국 남서부의 주니 족이 종교에 몰두하는 나머지 일상생활의 상당 부분을 소홀히 해버리는 것을 살펴보았다. 주니 족의 종교적 실천은 비를 부르기 위한 것이었다. 전통적 교리의 과장된 측면을 인정한다고 하더라도 일상생활의 상당한 부분이 종교적 테크닉에 의해서 담당되지 않았다. 우리가 앞으로 제6장에서 살펴보겠지만, 북서 해안의 경우 종교적 실천은 일상생활의 중요한 측면, 즉 개인 지위의 확장에 별 영향을 미치지 않는다. 하지만 도부에서는 그렇지 않다. 그 어떤 활동이 되었든 결과를 맺으려면 개인이 알고 있는 주술에 의존해야 한다. 얌 주문을 걸지 않으면 그 작물은 자라지 않고, 사랑의 주문을 걸지 않으면 성욕이 일어나지 않으며, 주술의 도움이 없으면 경제적 거래도 이루어지지 않는다. 나무들도 악의적 주문을 걸어놓지 않으면 보호되지 않고, 주술의 힘으로 부르지 않으면 바람도 불어오지 않으며, 주술 혹은 검은 주술(마술)의 작용이 없으면 질병이나 죽음도 발생하지 않는다.

따라서 주문은 그 어느 것에 비교할 수 없을 정도로 중요하다. 성공을 얼마나 탐내는지, 그것은 성공 주문을 얻으려 하는 치열한 경쟁에 잘 반영되어 있다. 주문을 공동으로 소유하는 법은 절대 없다. 주술을 자신들의 특권을 삼는 비밀 단체(모임)도 없다. 그런 주문이 대대로 물려지는 형제들의 그룹도 없다. 수수의 협력이 아무리 긴밀하다고 하더라도 주문의 위력을 공유할 정도로 확대되지는 않는다. 수수는 철저하게 개인 단위로 주술을 물려준다. 개인은 외삼촌의 주술에 대하여 권리 주장을 할 수는 있으나 각 주문의 씨족의 한 사람에게만 전수된다. 주술 소유자인 외삼촌은 여동생의 두 아들에게 동시에 주술을 가르쳐줄 수는 없다. 주문 소유자는 그 둘 중 하나를 후계자로 선택해야 한다. 종종 외삼촌은 가능한 후계자들 중에서 큰아들을 선택하지만, 둘째아들이 그와 더 가깝거나 유익하다고 생각하면 그에게 전수할 수 있고 이때 큰아들은 그것을 항의하지 못한다. 큰아들은 평생 얌 주문이나 경제 거래 주문 없이 살아야 한다. 그것은 하나의 핸디캡이고 다른 사람이 거론하면 당사자에게 모욕이 된다. 그 핸디캡의 쓰라림은 평생 동안 완화되지 않는다. 그러나 남자든 여자든 누구나 주문을 가질 수 있고 그 때문에 질병을 일으키는 주문과 사랑의 주문들을 널리 가지고 있다. 오늘날 백인에게 고용되어 집 떠나 일을 하고 있는 남자는 상속과 상관없이 주문을 판매할 수 있는데 단 하나의 주문 판매에 넉 달치 봉급이 들어온다고 한다. 판매 계약의 두 당사자가 백인에게 고용되어 있는 신분이고 또 도부 문화로부터

어느 정도 떨어져 있는데도 그런 고액을 지불한다. 이 액수
는 주문의 가치를 어느 정도 보여준다.

:: 텃밭 의례

포춘 박사가 기거했던 테와라라는 작은 섬에 사는 도부 사
람들은 도부 섬에 건너온 백인이나 폴리네시아 인 선교사가
텃밭을 가꿀 수 있다는 사실을 절대 인정하지 않는다. 주술
없이 텃밭을 경작하는 것은 불가능하다고 믿기 때문이다. 그
들은 현지인의 규칙은 오로지 현지인에게만 유효하다는 보편
적 원시부족의 믿음을 거부한다. 도부 인은 주술을 너무나
철저히 믿기 때문에 백인이나 폴리네시아 인이 주술의 제약
으로부터 자유롭다는 것을 인정하지 않는다.

주술의 소유권을 손에 넣고자 하는 치열한 투쟁이 아들들
(외삼촌의 조카들) 사이에서 벌어진다. 그들은 외삼촌이 갖고
있는 주문을 요구할 권리가 있다. 하지만 외삼촌의 아들들도
아버지와 한 집에서 살고, 또 텃밭도 같이 가꾸었기 때문에
강력한 요구를 할 자격이 있다. 도부의 교리에 의하면, 씨족
내에서 종자 얌과 함께 전승되어 온 얌 주술만이 그 작물을
길러낼 수 있다. 우리가 앞에서 살펴본 바와 같이, 종자는 씨
족으로부터 분리되는 법이 없다. 그렇지만 얌 주문은 소유자
의 아들들에게도 전수된다. 이것은 결혼 제도의 편의성을 위
해 은밀하게 양보한 경우이지만, 개인 각자에게 독점적 소유
권을 주기로 되어 있는 도부 교리의 명백한 위반인 것이다.

이들 주문은 서양 문명으로 따지자면 의사의 치료 기술, 회사의 영업권, 귀족의 작위 및 봉토와 같은 것이다. 만약 어떤 의사가 치료 기술을 병원 파트너도 아니고 적대적 관계에 있는 다른 두 사람에게 팔아넘기거나 전수한다면 그것은 합법적 행위로 인정되지 않을 것이다. 회사의 영업권도 마찬가지이다. 봉건시대에 어떤 왕이 동일한 작위 및 봉토를 두 사람의 귀족에게 동시에 수여한다면 그들은 왕궁 앞에 와서 반란을 일으킬 것이다. 하지만 도부에서는 파트너도 아니고 친구도 아니고 공동 재산을 소유하지도 않고 거기다가 적대적인 관계에 있는 두 명의 후계자가 그런 권리를 소유하는 것이 합법적이다. 서양식으로 말해 보자면, 같은 영업권을 두 사람에게 나눠주는 것이다. 그러나 주술 소유자가 사망하면서 그의 친아들이 고종사촌(고모의 아들)을 물리치고 주술을 획득한다면, 도부 정통 교리상 적통 승계자인 고모의 아들은 그 아들에게 아무 대가 없이 주술을 가르쳐달라고 요구할 수 있다. 그 반대의 경우(고모의 아들이 승계하고 친아들이 배제된 경우)도 마찬가지이다.

주문은 효과를 발휘하기 위해서는 글자를 단 한 자도 틀리지 않고 정확하게 말해야 한다. 또 그런 상징적 행동을 돕기 위해 구체적 잎사귀나 나무들이 함께 사용된다. 주문은 대부분 공감적 주술로서, 새로 잎사귀가 난 얌이 잘 자라도록 잎이 무성한 수초의 이름을 댄다거나, 강고사(코뿔새가 찢어발긴 나무껍질처럼 사람의 피부 살점이 뚝뚝 떨어져나가는 질병)를 일으키기 위해 나무 둥치를 찢어대는 코뿔새의 이름을 대는 것이다. 이들 주문은 섬뜩한 악의와 〈너의 손실은 나의 이익〉이라는 도부 철학을 특징으로 한다.

텃밭 의례는 얌을 심기 위해 땅을 고르는 때에서 시작하여 추수가 될 때까지 계속된다. 얌 심기 주문은 방금 심어 놓은 얌이 커다란 열매를 맺는 품종으로서 이미 다 자란 것처럼 묘사하고 있다. 얌이 조금 자랐을 때 거는 주문은 얌 덩굴의 서로 엮이는 모양을 카팔리라는 커다란 거미가 지어놓는 거미집의 이미지로 묘사한다.

> 카팔리, 카팔리
> 빙빙 돌아가며 엮네,
> 그는 기뻐서 웃음을 터뜨리네,
> 잎사귀가 무성하여 그늘진 나의 텃밭
> 잎사귀가 많은 나의 텃밭
> 카팔리, 카팔리
> 빙빙 돌아가며 엮네,
> 그는 기뻐서 웃음을 터뜨리네.

이 기간 동안 얌에다 주문을 걸어 감시를 하지는 않는다. 또 주술을 걸어서 훔쳐가는 행위도 시도되지 않는다. 그러나 얌이 좀더 자라면 그것을 자리에 단단히 뿌리박게 하는 것이 필요하다. 왜냐하면 얌도 일종의 사람으로 간주되어 밤마다 이 텃밭 저 텃밭을 돌아다닌다고 믿기 때문이다. 덩굴은 뒤에 남겨두고 뿌리만 돌아다니다가 오전 중반쯤 되면 돌아온다고 보는 것이다. 이 때문에 텃밭 작업을 주로 하는 오전 초반에는 얌의 자리를 깊게 파지 않는다. 얌의 뿌리가 아직 돌아오지 않은 상태에서 뿌리 작업은 헛일이 되기 때문이다. 느긋이 얌의 귀환을 기다려야 한다. 또한 얌들은 몸이 굵어지는 동안 너무 일찍 자유를 제한당하는 것을 좋아하지 않는다. 그래서 얌이 일정한 수준까지 굵어지기를 기다린 후에 붙잡기 주문을 걸기 시작한다. 이것은 이 텃밭 저 텃밭 돌아다니는 얌이 원래의 텃밭에 가지 말고 자기 텃밭에 아주 자리 잡기를 바라는 주문이다. 도부의 밭일은 상속권 투쟁 못지않게 경쟁적이다. 그들은 다른 텃밭에서 더 많은 얌을 심어서 더 많이 얌을 수확할 수 있다는 생각을 조금도 하지 못한다.

이웃이 평소 그 밭에서 나는 것보다 더 많은 수확량을 올렸다면 그것은 주술을 걸어서 남의 밭에서 훔쳐간 것이다. 따라서 얌이 굵어져서 수확을 할 때까지 텃밭 주인은 자기 밭에 감시를 철저히 하고, 또 자신이 알고 있는 주문을 걸어서 남의 밭에서 얌을 훔쳐오거나 반격 주문을 걸어서 이웃의 훔쳐가기 주문에 대비한다. 이 반격 주문은 현재 심어져 있는 얌을 그 자리에 튼튼히 뿌리 내리게 하고 또 수확 때까지 안전하게 지키려는 것이다.

카시아라 종려나무[*1]는 어디에 서 있는가?
내 텃밭의 중심에,
내 평평한 집의 발치에
그는 서 있지.
휘어지지 않고 굽혀지지 않고
미동도 없이 서 있지.
나무를 때리는 자들이여 때려라
돈을 던지는 자여 던져라
그들은 어쩌지 못하리라.
땅을 크게 밟는 자들이여 밟아라
그들은 어쩌지 못하리라.
그는 서 있지,
휘어지지 않고 굽혀지지 않고.
쿨리아 얌[*2]
그는 휘어지지도 굽히지도 않네.
그는 내 텃밭의 중심에서
미동도 하지 않고 서 있네.

텃밭의 프라이버시는 철저하게 지켜지기 때문에 관습상 부부는 그 안에서 섹스를 해도 될 정도이다. 풍작은 절도의 고백이다. 심지어 자기가 소속된 수수의 텃밭에도 주술을 걸어

*1 숲에서 가장 단단한 나무. 다른 나무들은 다 휘어지는 강풍에도 그대로 서 있다.
*2 얌의 일종. 이 시는 다른 품종의 얌에 대해서도 반복 낭송된다.

서 훔쳐간 것으로 생각된다. 그래서 수확량은 철저한 비밀에 붙여지고 그에 대하여 언급하는 것은 모욕이 된다. 오세아니아의 인근 섬들에서 수확기는 얌을 대규모로 과시하는 시기이고 전시 행렬은 연중 수확 행사의 피크이기도 하다. 그러나 도부에서 수확은 절도 행위처럼 은밀한 것이다. 남편과 아내는 그것을 조금씩 조금씩 보관소에 옮긴다. 만약 풍작이라면 이웃들의 스파이 행위를 우려해야 한다. 왜냐하면 질병이나 죽음이 발생할 때, 점쟁이는 그런 재앙을 풍작 탓으로 돌리기 때문이다. 그러니까 어떤 사람이 그 풍작을 시기하여 풍작을 거둔 사람에게 주술을 걸었고 그것 때문에 질병이나 죽음이 발생한 것이다.

:: 질병 주문과 주술사

질병 주문은 그 나름대로 악의에 가득 차 있다. 테와라 마을의 남녀는 하나 내지 다섯 개의 주문을 소유하고 있다. 각 주문은 하나의 특정한 질병에만 해당하고, 주문을 소유한 사람은 주문의 폐해를 제거하는 주문도 함께 소유하고 있다. 어떤 사람들은 특정 질병에 대하여 독점권을 소유하고 있어서, 그 병을 안겨주고 또 치료해 주는 힘을 갖고 있다. 가령 공동체 내에서 상피병이나 연주창을 앓게 된 사람은 누굴 찾아가야 하는지 알고 있다. 주문은 그 소유자를 강력한 존재로 만들어주기 때문에 누구나 탐내는 것이다.

주문의 소유자는 도부 문화가 허용하는 명백한 악의를 마음껏 표현할 수 있다. 하지만 그런 권력을 공개적으로 표현하는 것은 터부이다. 도부 사람은 어떤 자를 해코자 할 때에 공공연하게 도전하고 나서지는 않는다. 그는 표적이 되는 사람에게 아첨을 하면서 평소보다 우정을 두 배나 더 과시한다. 그는 친밀할수록 주술의 힘이 세어진다고 믿는다. 겉으로는 우정을 다지는 가운데 속으로는 배신의 기회를 기다린다. 하지만 적에게 질병 주문을 걸거나 여동생 아들들에게 주문을 가르쳐 줄 때 그는 마음껏 악의를 표시할 수 있다. 이것은 적의 눈과 귀가 미치지 못하는 곳에서 벌어지는 행사이고 그래서 일부러 친밀한 척 겉꾸밈을 할 필요가 없다. 그는 희생자의 똥이나 적이 걸어 다니는 길에 나 있는 덩굴에다 주술을 건다. 그리고 근처에서 매복하면서 적이 그 덩굴을 건드렸는지 살핀다. 그 주술을 걸면서 주술자는 그가 안겨 주려는 질병의 최종 단계의 고뇌를 미리 흉내 낸다. 그는 땅에 쓰러져 몸을 비틀기도 하고 부르르 떨면서 고함을 지르기도 한다. 그처럼 질병의 증상을 미리 충실하게 연출한 후에야 주술은 소정의 효과를 발휘한다. 주술을 거는 자는 만족감을 느낄 정도로 연출을 하고서 주술 걸기에 나선다. 먼저 희생자가 덩굴을 건드린 것을 확인한 후, 그는 덩굴을 일부 떼어내어 집에 가지고 가서 광에다 말린다. 이제 적이 죽어줘야 할 때가 왔다고 판단되면 그 덩굴을 꺼내어 불태운다.

주문 자체도 그것을 수반하는 행동 못지않게 명시적이다. 생강을 씹어 주문을 실어 나를 물건 위에다 악랄하게 내뱉으면서 주문의 대사를 또박또박 외운다. 이제 강고사를 일으키는 주문을 살펴보자. 강고사는 피해자의 살을 파먹어 들어가는 무서운 질병인데, 커다란 부리로 나무껍질을 파구 찢어내는 코뿔새가 그 수호동물이다.

코뿔새 시가시가에 사는 자
이오와나 나무 꼭대기에서
그는 쫀다, 쫀다
그는 쪼아서 열어젖힌다
코로부터
관자놀이로부터
목구멍으로부터
엉덩이로부터
혀의 뿌리로부터
목의 뒷덜미로부터
배꼽으로부터
허리의 잘록한 등 쪽 부분으로부터
콩팥으로부터
내장으로부터
그는 살을 뜯어 열어젖힌다.
그는 서서 쫀다.
코뿔새 토쿠쿠에 사는 자
이오와나 나무 꼭대기에서.

그는*1 허리를 숙이며 웅크린다.

그는 허리를 부여 잡고 웅크린다.

그는 팔짱을 낀 채 웅크린다.

그는 등 뒤에 손을 댄 채 웅크린다.

그는 팔짱 긴 팔에다 고개를 떨군 채 웅크린다.

슬퍼하며, 소리치면서.

그것은*2 저기로 날아간다.

재빨리 저기로 날아간다.

　어떤 사람이 질병에 걸리면 그 질병 주문의 소유자에게 심부름꾼을 보낸다. 이것말고는 죽음을 물리칠 수 있는 방법은 없다. 그 주술자가 소유하고 있는 엑소시즘에 의해서만 질병을 치료하거나 차도를 가져올 수 있다. 그 주술자가 엑소시즘을 해줄 생각이 있다고 해도 그가 직접 희생자를 찾아가지는 않는다. 그는 환자의 친척이 가져온 물 담는 용기에다 엑소시즘을 불어넣는다. 그 용기는 밀봉되어 있고 환자는 그 물로 집에서 목욕을 한다. 엑소시즘은 죽음을 물리치거나 아니면 불구자를 만든다. 이것은 섬에 흔한 토속 질병이 사망보다는 불구를 가져오는 일이 많다는 사실을 반영한다. 외래 질병들 가령 폐결핵, 홍역, 인플루엔자, 이질 등은 도부에 들어온 지 50년이나 된 치명적인 병이지만, 그 병들에 대해서

*1 희생자
*2 주문의 비물질적 힘

는 치료 주문이 없다.

도부 사람들은 특정 목적을 위해 질병 주문을 자유롭게 사용한다. 물건이나 나무에 간단한 소유자 표시를 해두는 방법은 전유(專有) 질병 주문으로 그것들을 짐짓 오염시켜 보호하는 것이다. 원주민들은 "이건 알로의 나무이다." 혹은 "저건 나다의 나무이다"라고 말한다. 그 뜻은 "이것은 알로가 중증 피부병으로 주문을 건 나무이다" 혹은 "저건 나다가 마비 주문을 건 나무이다"라는 것이다. 물론 모든 마을 사람들은 이들 질병 주문의 소유자가 누군지 알고 있다. 그래서 그 주문의 소유자는 마치 소유 표시처럼 주문을 사용한다. 어떤 개인이 자기 소유의 나무에서 과일을 안전하게 수확하는 유일한 방법은 먼저 그 질병을 엑소시즘하는 것이다. 엑소시즘의 소유권은 질병을 일으키는 주문의 소유권과 불가분의 관계이므로, 나무에 주문 걸린 질병으로부터 안전함을 도모하는 것이 언제나 가능하다. 문제는 질병 주문이 걸린 나무로부터 누군가가 절도를 해가는 것도 막아야 한다는 것이다. 도둑이 나무에다 두 번째 질병의 주문을 걸어놓을 수 있는 것이다. 이렇게 되면 1차 주술자는 자신의 질병 주문으로써 1차 질병을 엑소시즘 못하게 되는 위험을 안게 된다. 이에 대한 안전책으로 1차 주술자는 질병을 안기는 주문을 읊은 후에 그것을 해제하는 주문도 함께 암송한다. 따라서 나무 주인이 나무의 수확을 거둘 때 열매에 또 다른 질병의 주술이 걸린 채 수확할 수도 있다. 그가 사용하는 엑소시즘은 안전을 위해 늘 복수형을 취한다. 주문은 이러하다.

그것들은 날아간다.
그것들은 간다.

도부 사회의 의심은 거의 편집병적 수준이고 상대방의 반격 주문이 늘 의심되고 있다. 주문 걸린 질병에 대한 공포가 너무 크기 때문에, 기아가 발생하여 굶어죽기를 면하기 위해 도둑질하는 때를 제외하고는, 도둑질을 하지 않는다. 소유물에 걸린 질병 주문에 대하여 도부 사람들은 아주 심각하게 생각한다. 주문은 주로 마을 외곽에 있는 나무들에다 건다. 마을의 나무들에다 주문을 걸면 마을 주민 전체가 죽을 수도 있다. 만약 마을 나무에 주문을 상징하는 마른 코코넛 야자나무 가지가 걸려 있는 것을 발견하면, 모두 그것을 피해간다. 아직 강고사 주문에 대하여 훤히 알지 못하던 포춘 박사에게 이런 일이 있었다. 그는 어떤 낯선 마을에 방치해 두기로 마음먹은 자신의 물건에 주문을 거는 시늉을 했다. 그러자 그의 집에서 일하던 소년들이 밤중인데도 벼락같이 밖으로 뛰쳐나갔다. 그는 나중에 박사의 집에서 50~100야드 떨어진 곳에 사는 가족들도 그들의 집을 버리고 산중의 집으로 피신했다는 것을 알았다.

질병을 안겨주는 힘은 누구나 소유하고 있는 이런 특정 질병 주문에만 그치는 것이 아니다. 강력한 주술사―주술사는 모두 남자이므로 강력한 남자라고 할 수 있다 – 는 바다 (vada)라고 하는 아주 극단적인 질병 주문을 걸 수 있다. 그들은 희생자를 직접 대면한다. 주술사의 저주는 너무나 강력하기 때문에 희생자는 부들부들 떨며 땅에 쓰러진다. 그는 의식을 되찾지 못하고 비실비실 앓다가 죽는다. 이런 피해를 입히기 위해서는 때를 기다려야 한다. 주술사는 행동에 나서기로 작정하면 자신의 주술력을 최고조로 올리기 위하여 생강을 다량 씹어댐으로써 자신의 몸을 최대한 뜨겁게 만든다. 그는 성관계를 멀리하고, 목구멍을 바싹 마르게 하기 위하여 바닷물을 다량 마신다. 그렇게 하면 침으로 자신의 사악한 주술력을 삼켜버리는 일이 없다. 이어 그는 신임하는 친척을 망보는 자를 불러오고 의심하지 않는 희생자가 혼자 일하는 텃밭 가까운 곳의 나무에 올라간다. 그 둘은 주술의 힘으로 자신을 투명 인간으로 만든다. 망보는 자는 나무에 올라가 자리를 잡는데, 누군가 관계없는 사람이 가까이 다가오면 미리 알려주기 위해서이다. 주술자는 소리 내지 않고 살금살금 다가가 희생자와 대면한다. 이어 주술자는 소름 끼치는 비명을 내지르고 희생자는 땅에 쓰러진다. 도부 인들의 설명에 의하면, 주술자는 주술이 걸린 진흙 주전자로 희생자의 내장을 제거하고, 다시 그 상처를 봉합한다. 그는 세 번 희생자를 시험한다. "내 이름을 대라." 희생자가 그를 알아보지 못하거나 이름을 대지 못하면 그건 바다 주술이 성공한 증거이다. 희생자는 의미 없는 말을 중얼거리고 헛소리를 치면서 길 아래로 달려간다. 그는 다시는 밥을 먹지 못하고 똥오줌도 제대로 가리지 못한다. 그는 서서히 힘을 잃고 사망한다.

이 이야기는 믿을 만한 잘 아는 원주민이 해준 것이다. 원주민의 이러한 믿음에 대한 증거는 주술사를 대면한 직후 서서히 죽어가는 병에 걸린 사람들의 사례에서 관찰된다. 바다 행위는 도부 관습의 악의성과 그것이 일으키는 공포를 아주 극단적으로 강조한다.

:: 상업에 대한 열정

이제 도부의 경제적 거래에 대해서 알아보기로 하자. 멜라네시아 대부분 지역을 사로잡고 있는 호혜적 상거래에 대한 엄청난 열정은 도부 족에게서도 발견된다. 모든 도부 족이 가장 열정적으로 욕망하고 또 가장 열정적으로 남의 성공을 시기하는 두 분야가 있는데 하나는 물질의 소유이고, 다른 하나는 섹스이다. 주술 또한 그에 못지않게 열중하는 분야이다. 하지만 이 두 분야(물질 소유와 섹스)와 관련하여, 주술은 목적이라기보다 수단이고 그 두 분야의 성공을 획득하고 유지하기 위해 수단이다.

도부처럼 배신과 의심이 난무하는 공동체에서의 물질적 성공은 서양 문명에서 인정되는 경제적 목표와는 많은 대조를 보인다. 재화의 축적이라는 것은 처음부터 배제된다. 어떤 이웃이 풍작을 거두었고 그것을 남들이 염탐했는데도 시인을 하지 않으면 그것은 치명적 주술의 원인이 될 수 있다. 거들

먹거리며 과시하는 것도 마찬가지로 위험하다. 그래서 이상적인 상술은 카운터(판매대)의 시스템이다. 그러니까 물건이 여러 사람의 손을 거쳐 가지만 어느 한 사람의 영구적 소유로 남지 않게 하는 것이다. 바로 이런 시스템이 도부에서 정착되었다. 도부 제도의 일상생활 중 하이라이트는 대략 직경 150마일 이내의 해역에 흩어져 있는 12개 섬들 사이의 국제간 교역이다. 이 섬들을 통칭하여 쿨라 링(고리)이라고 부른다. 말리노프스키 박사는 도부의 북쪽 파트너인 트로브리안드 제도에서 영위하고 있는 쿨라 링을 자세히 묘사한 바 있다.

쿨라 링은 국제간 교역이므로 당연히 도부의 문화적 통합 형태를 벗어난다. 이 교역에 참가하는 다른 문화들은 그들 나름의 동기와 만족감을 갖고 있다. 따라서 도부 족이 그들의 문화 형태와 일치시킨 쿨라 교역의 특별한 관습은 반드시 도부의 문화 혹은 동기에서 비롯된 것이라고 보기 어렵다. 따라서 우리는 도부의 섬들 사이에서만 벌어지는 교역을 논의할 것이다. 왜냐하면 트로브리안드 제도를 제외하고는 도부의 쿨라 링에 참가하는 다른 섬들의 쿨라 관습을 알지 못하기 때문이다.

쿨라 링은 동그라미의 형태를 이루고 있는 섬들을 가리키는데, 이 동그라미를 기준으로 반년마다 한 종류의 귀중품이 어느 한쪽(가령 북쪽)으로 이동하고, 또 다른 종류의 귀중품이 반대쪽(가령 남쪽)으로 이동하여 거래된다. 각 섬의 주민들은 먼 바다로 긴 항해를 떠나는데 가령 조개 목걸이를 실은 카누들은 시계 방향으로 움직이고, 조개 팔찌를 실은 카누들은 시계 반대 방향으로 움직이는 식이다. 각각의 사람들은 자기가 가는 방향 쪽에 있는 섬에 교역의 파트너를 두고 있는데, 자기가 가진 온갖 수단을 동원하여 유리하게 흥정을 하려고 한다. 마침내 귀중품들은 한 바퀴를 크게 빙 돌고 그런 중에 새로운 품목도 추가될 수 있다. 조개 팔찌와 조개 목걸이는 모두 개인의 이름이 부착되어 그 이름으로 불리는데 어떤 것들은 그 명성에 따라 엄청난 가치를 갖고 있다.

쿨라 교역은 이런 외형적 절차를 놓고 볼 때 좀 황당무계하게 보이나 그 사정을 자세히 들여다보면 그리 황당무계한 것은 아니다. 멜라네시아와 파푸아의 많은 지역들은 현지 특화 산업을 가진 공동체로 가득하다. 쿨라 링에 들어온 어떤 섬은 녹석(綠石)을 가다듬고, 어떤 섬은 카누를 만들고, 어떤 섬은 도자기, 어떤 섬은 목각, 또 다른 섬은 혼합 염료 등 다양하게 물건을 만들어낸다. 주요 귀중품의 거래를 위해 의례적 흥정을 하는 동안 이런 물품들도 함께 교환된다. 이런 쿨라 링의 제도에 익숙하지 않은 사람이 볼 때 이 제도는 너무 극단적으로 보일지 모른다. 그러나 상호 교환의 열정이 잘 발달되어 있는 지역에서는 이런 제도가 그렇게 극단적으로 보이지 않을 것이다. 조개 팔찌와 목걸이가 움직이는 방향도 실은 그런 상황의 형편에 바탕을 둔 것이다. 조개 팔찌는 쿨라 링의 북쪽 지역에서만 발견되는 트로커스 조개로 만든 것이고, 목걸이는 링의 가장 남쪽에 있는 섬이 남부에서 수입해 만든 것이다. 따라서 동쪽 제도보다 이런 물품들을 많이 갖고 있는 서쪽 제도는 국제간 교역을 할 때, 북쪽 귀중품은 남쪽으로 보내고, 남쪽 귀중품은 북쪽으로 보낸다. 현재로서는 오래되고 전통적인 것들이 귀중품이고 그 외에 새로 수입된 사소한 물품들도 귀하게 여긴다. 이러한 패턴은 늘 그대로 남아 있다.

매해, 얌을 심고 나서 텃밭일이 좀 한가한 시기와 나중에 얌이 자라서 주술의 힘으로 그것을 지켜야 하는 시기 사이의 중간 기간에 도부의 카누들이 북쪽과 남쪽으로 쿨라 교역을 떠난다. 모든 사람은 남쪽에서 들여온 쿨라 귀중품을 가지고 있는데 그걸 가지고 가서 북쪽에서 온 쿨라 귀중품과 교환하기로 약속되어 있다.

쿨라 교역의 특징은 각 섬은 파트너 섬으로 가서 귀중품을 받아오기로 되어 있다는 것이다. 항해에 나선 섬 사람들은 가져간 유인(誘引)용 선물을 건네고 이어 파트너로부터 귀중품을 받고서, 파트너가 다음번에 답방을 해오면 섬에 놔둔 맞교환 귀중품을 주겠다고 약속한다. 따라서 쿨라 교역은 판매자가 자신의 물건들을 다 펴놓고 사람들이 사가는 물건만 판매하는 시장 거래가 아니다. 사람들은 가져간 유인용 선물과 약속을 근거로 교환을 하는데, 이때 약속이란 그가 집에 놔두고 왔지만 정해진 시기가 도래하면 즉시 내주기로 되어 있는 귀중품을 말한다.

쿨라는 집단 거래가 아니다. 각자는 개인적으로 개인 파트너를 상대로 온갖 구애의 형태로 교환을 한다. 그래서 쿨라에서 사용되는 성공 주문은 사랑 주문이다. 그 주문은 주술을 걸어 파트너가 자신에게 호감을 갖도록 하려는 것이다. 또 그것은 물건을 교환하러 온 자의 신체적 매력을 높여준다. 그의 피부를 매끄럽게 하고, 피부의 부스럼을 제거해주고, 입술을 붉게 하고, 향수와 연고로 그의 몸에서 좋은 냄새가 나게 해준다. 도부의 외향적 이데올로기에서 보자면, 사랑의 신체적 열정 비슷한 것이 귀중품의 평화롭고 유리한 교환을 돕는다고 생각하는 것이다.

각 카누에 탄 사람들은 파트너에게 줄 유인용 선물(주로 음식)과 제조된 물품들을 함께 놔둔다. 출항을 위해 돛을 올리기 전에 오로지 그 카누의 주인과 그 아내만이 주문을 걸 수 있다. 다른 주술은 쿨라가 실제로 진행될 때까지 아껴둔다. 카누의 주인은 아침 일찍 일어나, 돌아오는 길에 귀중품들을 덮을 멍석에 주문을 걸면서 커다란 부가 쌓일 것을 기원한다. 그의 아내도 남편의 항해를 축복하기 위한 주문을 암송한다. 남편이 바다 위로 천둥처럼 돌아오기를 빌고, 파트너, 아내, 자식들의 몸에 열렬한 열정을 일으키기를 빌고, 그들의 꿈이 위대한 남자인 남편의 꿈으로 가득하기를 빈다. 모든 준비가 끝나면 아무리 바람이 순조롭더라도 출항하지 않고 그날 중 출항의 제사를 지내야 한다. 여자, 아이, 개 등에 의한 오염과 일상생활의 부정(不淨)함이 일체 없는 한적하고 사람이 살지 않는 섬의 해안에 가서 제사를 올려야 한다. 그러나 카누가 남쪽으로 갈 때에는 그런 섬이 없으므로 해변에서 제사를 올리는데, 모든 사람이 밤이 되면 마을로 되돌아가, 사실과는 다르게 바람이 너무 세서 출항하지 못했노라고 말한다. 이것은 의례적으로 의심을 표현하는 한 형태로서 결코 소홀히 해서는 안 되는 절차이다. 그 다음날 아침 카누의 소유주는 두 번째로 주문을 거는 데 두루 적용될 수 있는 마지막 주문이다. 이 주문에서도, 전날의 그의 아내 주문이 그러했듯이, 그는 자기 자신을 강력하게 내세운다. 그가 가져가는 유인용 선물(음식)은 주술에 의해 쿨라 귀중품으로 둔갑한다. 그는 주문을 외우면서, 그 선물을 받기로 되어 있는 파트너들이 신생(新生)의 달이 나오기를 기다리듯 그 선물을 기다리고, 그들의 집 평대 가장자리에서 그 선물과 카누 소유주를 목이 빠지게 기다리는 것처럼 묘사한다.

도부 사람들은 항해술이 서툴러서 암초에 자주 걸리고 매일 밤 배에서 내린다. 쿨라 여행에 나서는 계절은 바다가 오랫동안 잠잠한 계절이다. 그들은 바람의 주문을 걸어서 원하는 북서풍이 어서 불어와 멋진 판다누스 잎사귀로 만든 돛과 결혼하기를 기원한다. 어서 빨리 불어와 다른 바람이 말썽꾸러기 남편(돛)을 그녀(북서풍)로부터 빼앗아가는 것을 막아주길 바란다. 그들은 일상생활의 다른 모든 측면이 그러하듯이 바람 또한 주술에 의해서 일어난다고 믿는다.

마침내 카누가 그들이 목표로 하는 섬에 도착하면 적당한 산호초를 골라서 하선하여 쿨라의 예비 의례를 치른다. 각자 주술과 개인적 장식으로 자기 자신을 가능한 한 아름답게 꾸민다. 주문은 도부의 방식답게 개인 재산이고 각자는 오로지 자기의 이익만을 위해 주술을 사용한다. 주술을 모르는 자는 상당히 불리한 입장에 놓이게 된다. 그들은 임기응변으로 대처해 나가면서 머리 속에 떠오르는 아무 말이나 중얼거린다. 이 주문의 소유는 절대 비밀에 부쳐져 있어서 같은 카누에 탄 사람들이라도 누가 그것을 소유하고 있는지 모른다. 하지만 정작 관찰된 사례에 의하면 주문을 알고 있는 사람들이 실제 쿨라 거래의 가장 큰 부분을 가져간다. 그들은 동료들보다 엄청난 자신감을 갖고 거래에 임하기 때문에 그런 실적을 올리는 것이다. 아무튼 주문을 가진 자나 그렇지 못한 자나 공히 쿨라 도착에 임하여 정성껏 준비를 한다. 그들은 여자에게 구애할 때 사용하는 향수를 몸에 뿌리고 신선한 잎사귀로 허리춤을 가리고 얼굴과 이빨에 물감을 칠하고 코코넛 오일을 온 몸에 바른다. 이렇게 단장을 한 다음에 비로소 거래 파트너를 찾아 나선다.

:: 사기성 농후한 무역 거래인 와부와부

각자의 거래는 철저하게 개인 거래이다. 날카로운 흥정은 중요하고 또 높게 평가된다. 각자의 인생을 가장 위협하는 자는 아주 가까이 있는 자라는 도부의 교리답게, 쿨라 거래에서 성공을 거둔 자에게 보복하는 자는 성공을 거두지 못한 카누 동료이거나 같은 공동체의 사람이다. 성공과 실패는 국제 파트너들에게 달려 있는 것이 아니다. 쿨라 귀중품들에 대하여 호메로스 식으로 말해보자면, "그것들 때문에 많은 사람이 죽었다"는 것이다. 하지만 살인 행위는 거래가 불공평하다고 생각하는 다른 나라의 파트너가 자행하는 것이 아니다. 가령 도부 사람 대 트로브리안드 사람 간의 원한 혹은 투베트투베 사람과 도부 사람 간의 원한 때문이 아니다. 거래에서 성공을 거둔 도부 인을 살해하는 자는 언제나 같은 도부 공동체에 속한 거래 실패자이다.

이런 원한을 발생시키는 가장 흔한 원인은 와부와부라고 하는 상거래 관행이다.

와부와부는 북부에 남겨 두고 온 단 하나의 조개 팔찌를 담보로 하여 남부의 여러 지역으로부터 많은 스폰딜러스 조개 목걸이를 획득하는 행위이다. 혹은 반대로 남부에 남겨 두고 온 스폰딜러스 조개 목걸이 하나를 담보로 하여 북부의 여러 지역에서 조개 팔찌를 여러 개 획득하는 행위이다. 이것은 날카로운 흥정이기는 하지만 완전 사기는 아니다.

가령 나, 테와라 출신의 키시안이 트로브리안드로 가서 모니터 리자드라는 이름의 조개 팔찌를 하나 확보했다고 해보자. 이어 나는 사나로아로 가서, 이 모니터 리자드를 나중에 주겠다고 약속하면서 네 개의 마을로부터 네 개의 조개 목걸이를 확보한다. 나는 그 약속을 구체적으로 제시할 필요는 없다. 만약에 사나로 아의 네 명이 동시에 테와라의 내 집에 나타나서 모니터 리자드를 내놓으라고 한다면 오로지 한 사람만이 그것을 얻게 될 것이다. 그렇다고 해서 나머지 세 사람이 영원히 그것을 얻지 못하는 것은 아니다. 세 사람은 물론 화를 내겠지만 그 해에 한해서만 물건을 얻지 못한 것이다. 그 다음해 나는 다시 트로브리안드로 가서 집에 네 개의 목걸이가 있다고 하면서 네 개의 모니터 리자드를 확보할 수도 있는 것이다. 이렇게 해서 네 개를 확보하면 빚진 세 개를 갚을 수가 있다. 단지 시기만 1년 늦춰진 것이다.

모니터 리자드를 받으러 왔다가 받지 못한 세 사람은 나의 마을에 들어와 있으므로 상당히 불리한 입장이다. 그들이 화내다가 집으로 돌아가고 멀리 떨어진 섬에 살고 있으므로 나에게 위험이 되지 못한다. 그들은 모니터 리자드 팔찌를 얻는 데 성공한 거래자에게 주술을 걸어 그를 죽이려 할 것이다. 그건 사실이나 나의 문제가 아니다. 나는 그 세 사람의 교환을 일년간 가로막음으로써 나의 교환 물량을 크게 늘렸다. 하지만 나는 그들의 거래를 오래 가로막을 수는 없다. 그렇게 되면 나의 거래 물건을 다른 사람들이 믿어주지 않을 것이기 때문이다. 아무튼 나는 정직한 거래를 했다.

와부와부를 성공적으로 수행하는 것은 커다란 성취로서 도부 사람들이면 누구나 부러워하는 것이다. 쿨라의 신화적 영웅은 그것을 잘 하는 자였다. 도부의 관습이 그러하듯, 이것은 〈다른 사람의 손실은 나의 이익〉이라는 믿음을 강조한다. 그것은 다른 사람들을 희생시키는 상황에서 나의 개인적 이익을 거두는 것을 허용한다. 도부 사람이 와부와부를 시도하는 분야는 쿨라뿐만이 아니다. 결혼 교환에서 남들을 희생시키는 경우에도 이 용어를 사용한다. 결혼 기간 동안 두 마을 사이에서 이루어지는 일련의 지불에는 상당한 재산이 들어간다. 모험심이 강한 자는 경제적 이익을 거두기 위해 약혼을 감행한다. 그가 약혼 교환에 의해 상대보다 더 많은 재물을 확보했다고 판단하면 과감히 파혼한다. 배상은 없다. 이렇게 파혼을 하고도 아무런 일이 없는 자는 오히려 자신이 강력한 존재임을 증명한 셈이다. 그의 마술이 모욕당해서 그를 죽이려 하는 상대방 마을의 주술보다 더 강력하다는 대내외에 과시한 것이다. 그는 남의 부러움을 사는 인물이 된다.

결혼 교환의 와부와부는 동일 공동체(공동체 locality 4~20개의 마을로 구성) 내에서 벌어지는 일이라는 점에서 쿨라의 와부와부와는 다르다. 쿨라 거래의 적대감은 같은 카누를 타고 갔던 동료를 향한 것이지만, 이것은 마을과 마을을 서로 적대 관계에 놓이게 한다. 두 사례에서 살펴본 와부와부의 공통적 특징은 동일 공동체 내의 다른 사람을 희생 삼아 자신의 이익을 취한다는 것이다.

:: **죽음**

우리가 결혼, 주술, 텃밭 일, 경제적 거래 등에서 살펴본 도부의 적대적 관습은 초상 때 더욱 뚜렷하게 드러난다. 포춘 박사의 말에 의하면 도부 사람들은 "죽음이라고 하면 마치 채찍질을 당한 것처럼 위축되고" 즉각 희생양을 찾아 나선다. 도부 관습답게 희생양은 망자와 가장 가까이 있는 사람이다. 다시 말해 망자의 배우자이다. 어떤 사람이 질병으로 죽었다면 그와 침대를 함께 사용한 자가 원인 제공자라고 보는 것이다. 평소 남편은 질병 유발 주문을 사용하고 아내는 검은 주술을 사용한다. 여자들 또한 질병 주문을 알고 있지만, 남자들은 여자가 언제나 특별한 형태의 힘을 갖고 있다고 생각한다. 그래서 죽음과 사별은 일반적 관습에 의해 여자들의 소행이라고 생각되고 있다. 하지만 살해자를 가려내기 위해 초빙해 온 점쟁이는 반드시 이 관습을 따르지는 않고, 여자 못지않게 남자도 죽음의 원인 제공자로 지목한다. 이 관습(여자가 원인 제공)은 어떤 살해 동기를 반영한다기보다는 남성과 여성 사이의 적대감을 반영한다고 보아야 한다. 아무튼 남자들은 여자에게 악질적인 특별 능력이 있다고 보는데, 이것은 기이하게도 빗자루 타고 날아다니는 마녀를 생각해낸 유럽의 전통과 유사하다. 도부의 마녀는 남편 옆에 잠을 자다가 몸은 침대에 놔두고 정신만 빠져 나온다. 마녀는 공중을 떠다니다가 사고를 치는데 남자가 나무에서 떨어지거나 카누가 계류장에서 표류하는 것 등은 모두 이 마녀의 소행이다. 또 마녀는 적으로부터 그의 영혼을 빼내는데 그렇게 되면 적은 비실비실 앓다가 죽는다. 도부 남자들은 여자들의 이런 음모를 두려워한다. 그래서 이런 마술을 부리지 않는다고 믿어지는 트로브리안드 여자들 앞에 가면 집에서는 하지 않는 자신만만한 행동을 한다. 도부에서는 아내가 남편을 두려워하는 것 못지않게 남편도 아내를 두려워한다.

  부부 중 어느 한 사람이 죽을병에 걸렸는데, 부부가 그 해에 건강한 배우자의 마을에 살고 있다면 즉각 환자(남편 혹은 아내)의 고향 마을로 돌아가야 한다. 초상은 그 마을에서 나야 한다. 그래야 망자의 수수가 살아남은 배우자에 대하여 권력을 행사할 수 있다. 살아남은 자(남편이라고 가정하자)는 아내 수수의 적이 되고, 상대방의 전열에 분열을 가져온 주술사 혹은 마귀가 된다. 아내의 수수는 망자의 사체를 둘러싸고 단결된 전열을 형성한다. 그들만이 사체를 만질 수 있고 장례의 의무를 수행할 수 있다. 그들만이 곡을 할 수 있다. 살아 있는 남편은 이런 장례 절차가 진행될 때 조금이라도 참여해서는 안 된다. 망자는 집의 평대 위에 전시되는데 만약 생전에 부자였다면 귀중품으로 사체를 장식한다. 훌륭한 농부였다면 커다란 얌을 그 곁에 놓아둔다. 모계 친족들은 목청을 돋워 가며 전통적인 비가를 부른다. 그날 밤 혹은 그 다음날 망자의 언니(혹은 여동생)의 자녀들이 매장을 위해 시체를 내간다.

  망자의 집은 텅 빈 채 내버리고 다시는 사용하지 않아야 한다. 그 집의 축대 아래에는 주름 있는 멍석이 담처럼 둘러쳐져 있고 그 마을의 소유주들은 그 안으로 망자의 살아남은 배우자를 인도한다. 그의 몸을 목탄으로 검게 칠하고, 초상의 표시인 고리 모양의 검은 밧줄로 그의 목 주위를 감는다. 첫

한 달 혹은 두 달 동안 살아남은 남편은 어두컴컴한 멍석을 두른 곳에 앉아서 생활해야 한다. 나중에는 약혼 시절 그렇게 했던 것처럼 장인의 감시를 받아가며 장인장모의 텃밭에서 노동해야 한다. 그는 죽은 아내의 텃밭과 망자의 형제자매의 텃밭에서도 일해야 한다. 그는 아무런 보상도 받지 못한다. 그가 소유한 텃밭은 그의 형제자매들이 대신 경작해준다. 그는 웃어서도 안 되고 음식의 교환에 참여해서도 안 된다. 무덤에서 망자의 두개골을 꺼내와 망자 언니의 자녀들이 그 두개골과 함께 춤을 출 때, 남편은 그 춤꾼들을 쳐다보아서도 안 된다. 두개골은 언니의 아들이 보관하고 이제 망자의 영혼을 저승으로 떠나보내는 의례를 치른다.

살아남은 남편의 친족들은 초상 기간 동안 그의 텃밭만 대신 경작해 주는 것으로 끝나지 않는다. 그들에게는 더 큰 부담이 기다리고 있다. 매장이 끝난 후 그들은 망자의 마을에 매장 비용을 가져와야 한다. 그들은 실제로 장례식을 주관했던 망자 언니의 아들들에게 요리된 얌들과 날것 그대로의 얌들을 가져온다. 요리되지 않은 얌들은 망자의 마을에서 전시되었다가 마을 내 망자 친척들에게 분배되는데 수수 구성원들이 가장 큰 몫을 받는다.

남편이 먼저 죽었을 때 미망인 또한 죽은 남편의 수수에게서 이와 비슷한 시련을 당한다. 미망인의 자녀들에게 특별한 의무가 부과된다. 일 년 내내 그들은 바나나와 타로 죽을 만들어서 죽은 남편의 수수에게 갖다 바쳐야 하는데 "죽은 아버지의 은혜를 보답한다"라고 한다. "생전의 아버지는 우리를 안아 주시지 않았던가?" 그들은 국외자로서 아버지 수수의 집단에게 그 은혜를 대신 갚는 것이다. 그들은 의무를 이행하고 있기 때문에 그런 노력 봉사에 대하여 아무런 보상도 받지 못한다.

초상을 치르는 살아남은 남편은 아내의 수수에게 추가 지불을 함으로써(남편 수수가 지불) 복종의 의무로부터 해제된다. 그들은 전과 마찬가지로 날것 얌들을 가져와 바치고 망자의 친족들은 초상의 표시인 밧줄을 끊어내고 남편의 몸에서 목탄을 씻어낸다. 춤판이 벌어지고 남편의 친척들은 그를 원래 마을로 데려간다. 그의 거상(居喪) 기간이 끝난 것이다. 이후 그는 죽은 아내의 마을에 다시는 들어가지 못한다. 물론 그의 자녀들은 죽은 어머니의 마을, 아버지가 다시는 들어가지 못하는 마을에 그대로 남는다. 탈상을 알리는 노래는 아버지와 자녀들이 의무적으로 지켜야 하는 작별을 노래한다. 그것은 탈상의 날이 도래한 아버지를 상대로 부르는 노래이다.

깨어나, 깨어나, 말을 하라
한밤중의 시간에.
먼저 깨어나 말을 하라.
깨어나 말을 하라.

마이워르투, 아랫마을 음와니와라가

목탄을 발라준 몸을 가진 자.

새벽이 밤의 어둠을 깨뜨린다.

먼저 깨어나 말을 하라.

마이워르투는 이제 자녀들과 말을 할 수 있는 시간이 딱
한 밤 남았다. 내일이면 그의 몸에서 목탄 검댕이 씻겨 나갈
것이다. "새벽이 밤의 어둠을 깨뜨리면" 그의 몸은 이제 더
이상 검지 않을 것이다. 그와 그의 자녀들은 앞으로 말을 하
지 않을 것이다.

:: 생존자들 사이의 상호 비난

초상 기간 동안 상호 비난에 가담하는 것은 부부의 수수들
만이 아니다. 생존한 배우자는 전통적 주문에 의해 망자의
죽음에 책임을 져야 하는 마을의 대표자일 뿐만 아니라, 망
자의 마을로 결혼해 들어간 모든 남자들의 대표자이다. 우리
가 이미 살펴본 바와 같이, 어떤 마을에서 동일 마을의 남녀
가 서로 결혼하는 것은 나쁜 정책이라고 간주되고 있기 때문
에 이 남자들(망자의 마을로 결혼해온 남자들)은 많은 마을에서
온 남자들이다. 이 남자들(마을 소유주들의 배우자들) 또한 이
혼을 하지 않고 결혼이 계속되어 아내가 먼저 죽는다면 언젠
가는 현재 초상을 치르고 있는 남편과 같은 신세가 될 것이
다. 초상이 시작되면 그들(마을 소유주들의 배우자들)은 마을

소유주들의 과일 나무에 접근을 금지하고, 심지어 크게 화난다는 것을 보여주기 위해 그중 몇 그루를 자르기도 한다. 나무의 터부를 제거하기 위하여 몇 주 뒤 그들은 창으로 무장하고서 마치 전투 중에 어떤 마을을 제압하는 것처럼 처가의 마을을 공격하는 흉내를 낸다. 그들은 커다란 돼지를 가지고 와 망자의 가장 가까운 친족 집에다 무례하게 내던진다. 이어 그들은 마을의 베텔 야자나무에 떼거지로 올라가 야자를 뜯어내 재빨리 사라진다. 마을 사람들은 무슨 일이 벌어지고 있는지 잘 알아차리지도 못한다. 이 두 번의 공격은 초상이 벌어지면 그들에게 엄격한 시련을 요구하는 집단에 대한 분노를 의례적으로 표현한 것이다. 전통적으로 살찐 돼지는 인간을 대신하는 희생물이었다. 아무튼 마을 사람들은 공격자들이 사라지고 나면 그 돼지를 얻은 것에 대하여 환호작약한다. 그것을 요리하여 남자 배우자들의 모든 고향 마을에 돌린다. 하지만 이 요리된 음식은 아주 모욕적인 방식으로 돌려진다. 기증자들은 유들유들한 돼지기름을 배우자들 고향 마을의 존경 받는 원로에게 뒤집어씌운다. 그들은 그 노인의 몸에 돼지기름을 마구 바른다. 그러면 노인은 아주 위협적인 태도로 공격하는 척하면서 손에 창을 들고 있는 것처럼 춤을 추면서 기증자들에게 전통적인 욕설을 퍼붓는다. 노인은, 앞의 나무 터부에서와 마찬가지로, 언젠가 초상의 시련을 당해야 할 남자 배우자들의 분노를 대변하는 것이다. 망자의 수수 중 한 사람이 노인을 향해 위협적인 태도를 취하지만, 아주 모욕적인 언사를 쓰지는 않는다. 노인은 마침내 몸에 발라진 돼지기름을 씻어내고 열심히 음식을 먹는다. 만약 망자의 마을이 돼지고기가 아니라 요리된 죽을 가져왔다면 그 죽을 원로의 몸에 뒤집어씌우고 원로는 공식적인 춤을 추면서 살아남은 배우자의 분노를 대신 표현해 준다.

이 두 그룹 사이의 긴장은 도부의 가장 큰 축연 중 하나에 의해서 해소된다. 이 축연은 망자의 마을에서 개최되는데 사돈 마을에서 온 손님들에게 모욕의 말과 함께 음식이 건네진다. "타와, 너의 몫이다! 죽은 자는 집에 많은 돼지를 키웠다. 그러나 너의 암돼지는 새끼를 못 낳는다." "토고, 너의 몫이다! 죽은 자는 어망의 대가였다. 네가 물고기를 잡는 방법이 겨우 그거냐?" "코푸, 너의 몫이다! 죽은 자는 훌륭한 텃밭꾼이었다. 그는 어두워져야 밭에서 돌아왔다. 너는 오전이면 이미 피곤해져 기어서 집으로 돌아온다." 포춘 박사는 이 잔치를 이렇게 논평한다. "공동체는 초상을 당할 때마다 이런 행복한 방식으로 힘을 합치는 것이다."

살아남은 배우자의 마을과 망자의 마을 사이에 전통적으로 의심이 존재한다고 해서, 살아남은 배우자를 살인자로 간주한다는 뜻은 아니다. 그가 살인자일 수도 있다. 하지만 점쟁이는 죽은 자의 뛰어난 성공을 사망의 원인으로 지목하고 그가 남에게 일으킨 질투심을 죽음의 이유라고 말한다. "종종 장례 절차는 제사의 한 형태라기보다, 한편으로는 심술궂은 의심, 다른 한편으로는 그 의심에 대한 적개심의 표현이다."

아무튼 그것은 도부에 만연한 적대적 감정의 전형적 표출이다.

살인은 주술뿐만 아니라 비주술적 방식으로도 저지를 수 있다. 독약은 주술이나 마술 못지않게 보편적으로 의심되고 있다. 여자들은 누군가 솥에 다가와 독을 넣을지 모르기 때문에 한시라도 부엌을 비우는 법이 없다. 개인들은 독약을 소유하고 있어서 주술을 시험하는 것처럼 독약도 시험한다. 이런 독약이 살상력이 있는 것으로 증명되면 아주 결정적 순간에 유익하게 사용된다.

"나의 아버지가 그것에 대해서 말했어요. 그건 부도부도예요. 바다 옆에 그게 많이 자라요. 난 그걸 시험해 보고 싶었어요. 우리는 그 나무에서 수액을 짜냈어요. 나는 코코넛 야자를 꺼내와 그 물을 절반쯤 마셔버리고 나머지에 수액을 짜넣고 봉해두었어요. 다음날 그것을 여자 아이에게 주면서 '나도 마셨으니까 너도 마실 수 있어'라고 말했어요. 그 아이는 정오가 되어 병이 났어요. 그리고 밤에 죽었어요. 그 여자애는 우리 아버지 마을의 여동생 딸이에요. 나의 아버지도 부두부도를 가지고 자기 여동생을 독살했어요. 나는 나중에 고아가 된 딸을 독살했어요."

"무엇이 문제였는데?"

"고모가 나의 아버지에게 주술을 걸었어요. 아버지는 몸이 약해졌어요. 그래서 고모를 죽였는데 다시 몸이 튼튼해졌어요."

도부 사람들이 선물을 받고서 우리처럼 "고맙다"는 의사를 표시하는데, 그에 해당하는 말은 이러하다. "네가 지금 나를 독살한다면 내가 어떻게 이것을 되갚겠느냐?" 이것은 선물을 주는 사람이 답례를 해야 할 사람(선물 받는 사람)에게 보편적 무기를 사용하는 것은 이롭지 못하다고 둘러서 말하는 것이다.

:: 웃음의 배제

도부의 관습은 웃음을 배제하고 심술궂음을 미덕으로 삼는다. 그들은 좀 유순한(악의가 그리 심하지 않은) 이웃에 대하여 이렇게 말한다. "그 자들은 웃기는 자야." 텃밭 일이나 쿨라 거래에서 가장 중요한 의무사항 중 하나는 명랑 쾌활한 행위를 자제하고 행복한 느낌을 표현하지 않는 것이다. "텃밭에서 우리는 장난도 치지 않고, 노래도 부르지 않고, 요들송도 하지 않고 옛날 이야기도 말하지 않습니다. 만약 우리가 밭에서 그런 행동을 한다면 종자 얌은 말할 겁니다. '이거 무슨 주문이야? 옛날에는 좋은 주문이 있었는데 지금 것은 뭐야?' 종자 얌은 우리의 말을 오해합니다. 그러면 얌은 굵어지지 않을 겁니다." 똑같은 터부가 쿨라 거래 중에도 작동한다. 한 남자가 사람들이 춤을 추고 있는 암플레츠 마을의 외곽에서 웅크리고 있었다. 누가 그에게 저기 가서 같이 춤을 추라고 하자 그는 성난 어조로 말했다. "내 아내는 내가 즐겁게 지냈다고 비난할 겁니다." 그것은 철저한 터부이다.

바로 이런 심술궂음을 미덕으로 평가하기 때문에 도부에서는 질투와 의심이 하늘을 찌른다. 우리가 이미 살펴본 바와 같이, 이웃의 집이나 텃밭에 들어가는 것은 철저히 금지되어 있다. 각자는 자기 소유의 땅에 머물러야 한다. 남녀의 만남은 불법으로 간주되고, 사회 규약상 여자가 길에서 우연히 만난 남자로부터 달아나지 않는다면 그 여자를 남자 마음대로 할 수 있다. 어떤 여자가 혼자 나다닌다는 것은 방종의 표시라고 해석된다. 통상적으로 여자는 에스코트를 데리고 다니는데 종종 어린아이일 때가 많다. 그런 샤프롱은 초자연적 위험뿐만 아니라 사회의 비난으로부터 여자를 보호한다. 따라서 여자들만 작업하는 시기가 돌아오면 남편은 보통 텃밭 입구에서 보초를 선다. 그는 샤프롱인 어린아이에게 말을 걸거나 아니면 아내가 누구하고 말을 하지 않는지 감시한다. 그는 아내가 소변을 보기 위해 숲속으로 들어간 동안에는 시간을 잰다. 아주 극단적인 경우에는, 도부 사회의 체면치레에도 불구하고 그녀를 따라 숲속까지 들어간다. 사실 체면치레 얘기가 나왔으니 말인데, 도부 사회의 체면 존중은 미국의 퓨리턴 선조들 못지않다. 도부 남자는 남이 보는 데서 자기 알몸을 드러내는 법이 없다. 심지어 쿨라 거래를 위해 한 카누를 타고 가면서도 소변을 볼 때면 배 뒤쪽으로 가서 아무도 보지 못하게 하고서 방뇨한다. 도부에서는 자신의 성생활에 대하여 발설하는 것도 터부이다. 심한 욕설을 하는 경우 이외에는 성생활 얘기를 하지 않는다. 따라서 대화의 예의상 결혼 전 구애는 순결한 행위로 일관한 것처럼 말해야 한다. 그러나 그 구애 행위를 극화한 춤과 노래들은 노골적인 성욕을 묘사하고 있다. 사실 모든 성인은 과거에 그런 성경험이 있는 것이다.

:: 체면치레

도부의 뿌리 깊은 체면 존중은 우리 미국의 문화적 배경에서도 친숙한 것이다. 체면 존중을 하다 보니 도부 사람들은 심술궂은 특성을 갖고 있는데, 이것 또한 퓨리턴의 체면 존중에서도 발견되는 특성이다. 그러나 차이점이 있다. 우리는 이런 콤플렉스를 성적 욕망의 부정 혹은 섹스의 평가 절하와 결부시킨다. 하지만 이런 결부가 필연적인 것은 아니다. 가령 도부 사회에서는 심술궂음과 체면 존중이 혼전 난교와 공존하고 또 성적 욕망과 테크닉에 대한 높은 평가와 결부되어 있는 것이다. 도부의 남녀는 모두 성적 만족을 높게 평가하고, 또 그런 만족의 성취를 굉장한 관심사로 삼는다. 남편이 아내가 바람을 피운다고 의심될 경우, 그런 남편을 지원해 주는 (그런 사태에 대한) 무관심과 몰입을 규정한 남성만의 규약 같은 것이 없다. 도부의 남녀는 성적 욕망의 변화를 무자비하게 이용한다. 반면에 가령 주니 족은 그런 변화를 부족 내의 제도에 의해 조절해 준다. 도부 여자가 결혼하면서 받게 되는 전형적인 성교육은 남편의 바람기를 예방하는 가장 좋은 방법은 남편을 가능한 한 피곤하게 만들라는 것이다. 섹스의 육체적 측면을 전혀 과소평가하지 않는다.

따라서 도부 사람들은 심술궂고, 체면치레가 강하고, 성적 욕망이 강하며, 질투와 의심과 적개심으로 가득 차 있다. 그가 어떤 번영의 순간을 맞이했다면 그건 이 사악한 세상에서 벌어지는 갈등에서 적수를 패배시키고 힘들게 따낸 것이다. 도부의 좋은 사람이란 이런 갈등에서 공로를 많이 세운 사람이다. 그는 험난한 세상을 나름대로 이겨내고 어느 정도 번영을 이루어 누구에게나 내보일 수 있는 자이다. 그가 도둑질을 하고, 어린아이를 죽이고, 주술을 자주 사용하고, 과감하게 사기를 치는 것 따위는 당연한 일로 받아들인다. 우리가 살펴본 바와 같이, 절도와 간통은 공동체 내의 유지들이 주문을 거는 중요한 목적이다. 섬의 존경받는 유지 중 한 사람은 포춘 박사에게 사람을 투명인간으로 만들어주는 주문을 가르쳐준 뒤 이렇게 말했다. "자 이제 당신은 시드니의 가게에 들어가서 원하는 것을 아무거나 훔쳐도 들키지 않고 나올 수가 있습니다. 나는 여러 번 다른 사람들의 요리된 돼지고기를 슬쩍했습니다. 나는 투명인간이 되어 그들 그룹 사이에 끼어들었습니다. 그리고 돼지고기를 챙겨서 역시 남들에게 보이지 않은 채 그곳을 떠났습니다." 주술과 마술은 결코 범죄가 아니다. 존경 받는 좋은 사람은 그것이 없으면 존재할 수가 없다. 반면에 나쁜 사람은 남들과 우위를 다투는 갈등에서 운이 나쁘거나 부상을 당한 사람이다. 불구자는 언제나 나쁜 사람이다. 그는 자신의 패배를 신체에 새기고 다니기 때문에 누구나 그것을 볼 수가 있다.

이런 노골적인 전투가 이례적일 정도로 진행되기 때문에

도부 사회에 합법성(법적 제재)이라는 개념은 존재하지 않는다. 물론 여러 문화권에서 합법성이 성취되는 다양한 경로가 있다. 우리가 아메리카의 북서 해안 부족의 경우에서 살펴보게 되겠지만 의례의 기도문을 완벽하게 암기한다거나 그에 수반되는 행위를 숙지하고 있다고 해서 법적 소유권을 획득하지 못한다. 하지만 그런 기도문의 소유자를 죽이는 것은 즉각적으로 그 살해자에게 법적 소유권(다른 방법으로는 얻지 못하는 것)을 부여한다. 엿듣기로 어떤 제사 의례를 훔치지는 못하지만 죽여서는 획득할 수 있다. 그들은 이것을 합법적 행위로 여기는데 서양 문명의 관점에서 보자면 완전 불법 행위이다. 아무튼 요점은 북서 해안에는 합법적 행위라는 개념이 존재한다는 것이다. 도부에는 그런 개념이 없다. 엿듣기는 끊임없는 공포의 대상이다. 왜냐하면 그것은 다른 방식으로 지식을 얻는 것 못지않게 유효하기 때문이다. 일단 저지르고 제지만 당하지 않으면 뭐든지 오케이이다. 와부와부는 제도화된 관습이지만 그 밖에 관습으로 인정해주지 않는 야비한 행위들은 도부에서 사회적으로 다루어지지 않는다. 몇몇 뻔뻔한 개인들은 살아남은 배우자의 초상 절차를 따르지 않는다. 미망인의 경우, 눈이 맞아 함께 도망칠 남자만 있다면 초상 절차를 피할 수 있다. 이런 경우 죽은 남편의 마을 사람들이 그녀가 도망쳐간 마을을 찾아와 나무 잎사귀와 가지로 그 마을을 어지럽혀 놓는다. 남자가 초상 절차를 지키지 않고 달아난 경우에는 아무 일도 벌어지지 않는다. 그 남자는 공개적으로 선언한 것이다. 그의 주술이 너무나 강력하여 그가 장가든 마을의 주술은 그에게 아무런 힘도 미치지 못한다.

이러한 사회적 합법성의 부재는 추장직과 권위 있는 개인의 부재로 이어진다. 어떤 마을에서 여러 가지 상황이 겹쳐져서 알로는 어느 정도 권위를 부리게 되었다. "알로의 권위는 상당 부분 그의 개성과 장자 상속에 의한 주술뿐만 아니라, 그의 어머니와 조모가 다산을 했다는 데서 나온다. 그는 장자 라인 중의 장자였고 그의 혈족 형제자매들은 마을의 과반수를 차지했다. 이런 희귀한 경우, 그러니까 강한 개성, 주술을 보관하고 있는 유수한 집안의 장자 상속, 많은 후손 등이 겹쳐진 경우 간신히 도부의 합법성이 드러난다."

도부의 윤리적 이상인 배신적인 갈등은 합법성이라는 사회적 규약에 의해 완화되지 않는다. 그것은 자비나 친절의 마음가짐으로도 완화되지 않는다. 그들이 가지고 싸우는 무기들은 보호대가 부착되어 있지 않다. 따라서 그들은 헛김을 빼는 일이 없으며 도전과 모욕이라는 예비 절차로 인해 남을 해치려는 계획에 방해를 받지 않는다. 일상의 대화 상황에서 도부 사람들은 온화하고 또 느끼할 정도로 공손하다. "만약 우리가 어떤 사람을 죽이고자 한다면 우리는 그에게 접근하여 먹고, 마시고, 자고, 일하고 그와 함께 쉽니다. 이렇게 하기를 몇 달간 계속 합니다. 그러면서 때를 기다립니다. 우리는 그를 친구라고 부릅니다." 따라서 점쟁이가 살인자를 알아내기 위해 증거들을 다룰 때에는, 죽은 자와 가까이 지내려 했던 자에게 의심의 눈길이 쏠린다. 만약 두 사람이 일상적이지 않은 이유로 함께 있었다면, 그런 의심이 증명된 것으로 간주된다. 포춘 박사는 이렇게 말한다. "도부 사람들은 한없이 야비해지기를 원한다. 그렇게 하지 못할 바에야 아예 야비함을 보이지 않는다."

:: 살인적 투쟁

도부 사람들은 일상생활의 모든 측면에서 우정과 협동의 이면에는 배신이 있을지 모른다고 예상한다. 그들의 제도에 의하면 자기를 제외한 모든 사람들이 자기의 계획을 혼란과 파멸의 구렁텅이로 몰아넣으려 애쓴다고 생각한다. 그래서 그는 쿨라 여행을 나설 때 "집에 남아 있는 모든 사람들이 입을 다물게 해달라"는 주문을 건다. 집에 남아 있는 자들이 그에게 해로운 술수를 벌이는 것은 당연하게 여겨진다. 적개심 때문에 사람은 무슨 일이든 할 수 있다고 생각한다. 그들의 주술 테크닉은 많은 경우 일정한 패턴을 따른다. 그 패턴에 의하면 어떤 주문은 맨 처음 심은 얌, 쿨라 여행용 카누에 실린 최초의 음식물, 유인용 선물에만 사용된다. 포춘 박사는 이것에 대하여 주술사에게 물어보았다. 그는 대답했다. "얌은 사람과 똑같아요. 얌은 사람의 말을 알아듣습니다. 저 얌에게 주문을 걸었네? 그럼 나는? 그러면서 그 얌은 화를 내면서 맹렬하게 위로 싹을 냅니다." 인간들 사이에서 통용되던 질투와 의심의 거래가 얌 같은 작물을 상대로 하는 주술에서도 통용된다고 그들은 믿는 것이다.

그러나 피해를 당해서 분노하는 도부 사람은 초자연력과는 상관이 없는 한 가지 수단을 갖고 있다. 그는 자살을 시도하거나 과일을 도난당한 자기 소유의 나무를 베어버릴 수 있다. 이것은 모욕당한 자의 체면을 지켜주는 마지막 수단이고, 소속 수수의 지원을 이끌어내기 위한 수단이다. 우리가 앞에서 살펴본 바와 같이, 자살은 보통 부부 싸움의 경우에 시도되는데, 소속 수수를 자극하여 자살 시도자를 도와주게 만든다. 과일을 도난당한 나무를 베어버리는 것은 자살 시도만큼 효과가 명백하지는 않다. 나무에다 거는 질병을 일으키는 주문을 갖지 못한 사람들은 친척 중 치명적인 사고나 심각한 질병에 걸린 사람의 이름을 그 나무에다 건다. 그러면 그 나무에서 과일을 훔친 자는 그런 사고나 질병에 시달릴 가능성이 있다. 만약 누군가가 그 저주를 아랑곳하지 않고 과일을 훔쳐갔다면 나무 주인은 그 나무를 베어버린다. 이것은 자살 시도에서 자기 목숨을 끊으려는 것과 비슷한 행동이다. 하지만 이 두 행동은 본질적으로 친척들의 동정과 지원을 유발하려는 것이 아니다. 그보다는 극단적인 모욕을 당한 나머지, 자기 자신의 몸, 혹은 자기 소유의 나무를 상대로, 도부 사회가 요구하는 적개심과 파괴근성을 발휘하는 것이다. 적대적이고 파괴적인 행동 테크닉에 의존하는 것은 여전한데, 단지 그 대상이 이 두 경우에는 자기 자신을 향한 것일 뿐이다.

도부의 생활은 다른 사회 같으면 제도적으로 최소화해 버리는 적개심과 악감정을 극단적으로 발전시킨다. 도부의 제도는 그런 극단적 형태를 최고조로 고양시킨다. 도부 사람들은 아무런 억압의식 없이 이 세상에서 찾아볼 수 있는 최악의 악감정을 몸소 실천하며 살아간다. 그들의 인생철학에 의하면, 인간 사회와 자연력에 퍼붓는 그들의 악감정을, 어떤 특정 개인을 희생양 삼아 집중적으로 퍼붓는 것을 생활의 미덕으로 여긴다. 그가 볼 때 일상생활은 노골적인 투쟁의 장이다. 살인적인 적대감을 가지고 상대방과 격돌하여 그로부터 인생의 좋은 것들을 빼앗아내야 하는 것이다. 이 투쟁에서 그가 신임하는 무기는 의심과 잔인함이고, 그 자신이 남에게서 자비를 바라지 않기 때문에 남들에게 자비를 베푸는 일도 없다.

6장

아메리카의 북서 해안

:: 해안 문명

알래스카에서 퓨젓 사운드까지 태평양 해안의 비좁은 땅에서 살았던 인디언들은 강건하고 오만한 사람들이었다. 그들은 특이한 문화를 지녔다. 인근 부족의 문화와 사뭇 다르게, 그들은 다른 부족과 어울리기 어려운 열정을 지녔다. 그들의 가치관은 일반적으로 인정되는 것이 아니고, 문화적 충동은 으레 존경받는 그런 것이 아니었다.

그들은 원시부족치고는 많은 재산을 소유한 부족이었다. 그들의 문명은 힘들여 일하지 않아도 얻을 수 있는, 무진장하게 풍부한 재화의 공급에 기반을 두었다. 그들은 식용 물고기들을 바다에서 대량으로 잡을 수 있었다. 연어, 대구, 넙치, 바다표범, 캔들피시는 말려 저장하거나 기름을 추출했다. 해안에 떠밀려온 고래는 언제나 쓸모가 많았으며, 더 남쪽의 부족들은 먼 바다로 고래잡이까지 나섰다. 바다가 없다면 그들의 생활은 불가능했을 것이다. 해안 지역 바로 옆이 산악지대였고, 그래서 그들은 해안에서 거주했다. 그 지역은 그들의 요구에 잘 맞는 땅이기도 했다. 깊숙이 들쭉날쭉한 해안을 따라 수많은 섬들이 뿌려져 있었다. 그 섬들은 해안선을 세 배로 늘려줄 뿐만 아니라 태평양의 거친 파도를 막아 잔잔한 해역을 제공하고 항해를 안전하게 해주었다. 이 지역에 풍부한 어족은 아주 유명하며 이곳은 여전히 세계의 유명한 산란지이다. 북서 해안의 부족들은 물고기들의 연간 이동경로를 잘 알고 있다. 마치 다른 종족들이 곰의 습성이나 씨 뿌리는 계절을 잘 알고 있는 것처럼. 땅에서 생산되는 물건에 의존하는 경우가 드물기는 하지만, 가령 큰 나무를 베어 건축 자재를 만들거나 까뀌로 깎아 불에 그을려 카누를 만들 때에도 수로를 이용했다. 그들이 알고 있는 운송 수단은 물뿐이다. 나무들은 모두 개울이나 강어귀에서 벌채하고 수로를 통해 마을로 운반되었다.

그들은 항해용 카누를 타고 다니며 부족들 사이에 소통을 했다. 모험심이 강하여 멀리 북쪽과 남쪽까지 탐험했다. 사회적 지위가 높은 사람들은 다른 부족의 귀족과 혼인했다. 대축제인 포틀래치(미국 북서부 인디언들이 부·권력의 과시로 행하는 겨울 축제의 선물 분배 행사. - 옮긴이) 때에는 해안을 따라 수백 마일 떨어진 곳까지 연락하고, 멀리 떨어진 부족들은 카누를 타고 찾아왔다. 이 부족들의 언어는 여러 어족에 속해서 대부분 말이 통하지 않았다. 이처럼 언어가 다르기는 했지만, 그들이 공유했던 기본적 의례 사항이나 민속적 행동이 확산되는 것을 방해하지는 못했다.

그들은 농업으로 식량 공급을 늘리지 않았다. 농업은 클로버나 양지꽃의 텃밭을 가꾸는 것 정도였다. 사냥과 어업을 제외하면 그들의 큰 관심사는 목공이었다. 나무로 집을 짓고 커다란 토템 기둥을 조각했다. 널판으로 상자를 만들어 조각하고 장식했다. 항해용 카누를 만들고, 목제 가면과 가재도구와 온갖 가정용품을 만들었다. 금속제 도끼나 톱은 없었지만, 커다란 삼목을 자른 뒤에 쪼개어 판자로 만들었으며 수레를 사용하지 않고 수로를 통해 마을로 운반했다. 여러 가족들이 살 수 있는 큰 집을 지었으며, 그들이 만들어낸 물건은 독창적이었고 감탄할 정도로 고안이 훌륭했다. 그들은 통나무 결을 따라 정확하게 널빤지로 잘랐다. 큰 나무는 기둥과 들보로 사용했으며, 합친 흔적이 표면에 남지 않도록 비스듬히 뚫은 송곳 구멍을 통해 나무들을 서로 접합시켰다. 오로지 삼나무만을 사용하여 그들은 50~60명이 타고 대양을 항해할 수 있는 카누를 만들었다. 그들의 기술은 대담하고 이국적이었으며 여타 원시부족에 비교하여 조금도 손색이 없었다.

:: 밴쿠버 섬의 콰키우틀 족

19세기 후반, 북서 해안의 문화는 붕괴했다. 그리하여 이런 기능적 문명에 대한 우리의 일차 지식은 30년 전에 기록된 정보에 한정되어 있다. 그나마 밴쿠버 섬에 거주하던 콰키우틀 부족의 문화만 상세히 알 뿐이다. 따라서 대부분의 경우, 이 문화에 대한 설명은 곧 콰키우틀 부족에 대한 설명이고, 이런 제한된 설명은 다른 부족의 자료와, 지금은 사라진 문명에 한때 참여했던 노인의 기억 등으로 보완된다.

:: 전형적인 디오니소스적 인물들

남서부의 푸에블로 부족을 제외하면, 북서 해안의 부족들은 대부분의 아메리칸 인디언들처럼 디오니소스적 문화를 갖고 있다. 종교 의식에서 그들이 최종적으로 추구하는 것은 황홀경이다. 의례 절차가 무르익어 가면 주인공 춤꾼은 제정신을 잃고 존재의 또 다른 상태로 빠져들어 간다. 그는 입에 거품을 물고, 미친 듯이 격렬하게 몸을 떨면서 제정신이라면 끔찍하게 보일 수밖에 없는 행동을 저지르게 된다. 일부 춤꾼들은 네 가닥 밧줄로 묶고 구경꾼들이 그 줄을 꼭 쥐고 있는데, 춤꾼들이 광란 상태에 빠졌을 때, 갑자기 넘어지거나 쓰러져 치명적 상처를 입는 것을 미리 예방하기 위해서이다. 콰키우틀의 춤 노래는 이 광란 상태를 초자연적인 징조라고 찬양했다.

인간의 이성을 파괴하는 신의 선물,
오, 진짜 초자연적인 친구*1는 사람들을
두렵게 하네.
인간의 이성을 파괴하는 신의 선물,

오, 진정 초자연적인 친구는 집에 있는 사람들을
뿔뿔이 흩어지게 하네.[2]

그 동안 춤꾼은 벌겋게 달아오른 숯을 손에 쥐고 춤을 춘다. 위험을 아랑곳하지 않고 그것을 가지고 연기한다. 숯을 입에 집어넣기도 하고, 군중에 던져 화상을 입히기도 하고, 그들이 입고 있는 삼나무 껍질 옷에 불을 지르기도 한다. 곰 춤꾼이 춤을 출 때, 합창대는 노래를 부른다.

이 위대한 초자연적 동물의 광포는 심하네.
그는 사람들을 붙잡고 괴롭히네.
그는 사람들의 몸과 뼈를 통째로 삼키고,
살과 뼈를 씹어 으깨네.

의식에 따라 제대로 춤추지 못한 춤꾼들은 죽은 듯이 땅에 엎드려야 하고, 곰 분장자는 그들을 덮쳐 갈가리 찢는다. 때때로 이것은 시늉에 그치지만, 전통적 가르침에 의하면 몇 가지 잘못들은 그 형벌이 완화되지 않는 경우도 있다. 큰 의례행사일 경우, 곰 분장자는 검은 곰 가죽을 온몸에 걸쳤고, 작은 의례일 경우에도 발톱이 다 드러난 곰 앞다리의 모피를

*1 그가 춤추는 힘이 깃든, 세계의 북쪽 끝에 살고 있는 식인자, 춤꾼의 초자연적 후원자이다.
*2 그들은 두려워 도망친다.

입었다. 곰 분장자는 모닥불 주위를 돌면서 땅바닥을 후벼 파고, 성난 곰의 동작을 흉내냈다. 한편 사람들은 곰 춤꾼의 노래를 불렀다.

온 세상을 어슬렁거리는 곰에게서
우리는 어떻게 숨을 수 있을까?
땅을 파자! 북쪽 세계에서 온
큰 곰에게 들키지 않도록
진흙으로 우리의 등을 감추자.

북서 해안의 춤은 종교 집단의 행사였으며, 개인은 그 집단의 초자연적 후원자들에 의해 그 단체에 입회했다. 초자연적 정령을 만나는 체험은 비전(환상)을 보는 경험과 밀접한 관계가 있다. 북아메리카의 많은 지역에서 그 비전의 체험은 격리된 상태에서 단식하거나 고행을 하며 탄원하는 자에게 수호신이 나타나는 현상이다. 그 수호신은 평생 동안 그를 도와준다. 북서 해안에서 정령과 개인적으로 만난다는 것은 하나의 형식적인 사항이었고, 희망하는 비밀 종교 집단에 들어가는 권리를 확보하는 수단에 지나지 않았다. 그리하여 비전이 공허한 형식으로 전락하게 되면서, 초자연적 힘의 권리를 가진 사람이 빠지게 되는 신성한 광란을 강조했다. 종교 집단의 일원이 되려는 콰키우틀 부족의 젊은이는 정령에게 붙잡힌 다음 숲속에서 홀로 지내야 했다. 그 기간은 초자연적 존재에게 잡혀 있는 시기로 생각되었다. 그는 수척해 보일 때까지 단식하고, 마을로 돌아오면 부족 앞에서 연기하게 될 광란 상태를 준비한다. 콰키우틀 부족의 대규모 종교 의식인 〈겨울 의식〉은 입회자를 "길들이기" 위한 것이다. 입회자는 "인간의 이성을 파괴하는 힘"에 충만하여 숲에서 되돌아오기 때문에, 세속 생활에 적응할 필요가 있었다.

:: 식인회

〈식인 춤꾼〉의 입회는 북서 해안 문화의 디오니소스적인 의미를 표현하기 위해 특별히 고안된 것이다. 콰키우틀 부족의 식인 집단은 다른 어떤 모임보다 최상위에 있다. 겨울 춤을 출 때, 상석이 그들에게 돌아가고, 식인 춤꾼이 먹기 시작할 때까지 다른 모든 사람들은 음식에 손을 대면 안 된다. 식인 춤꾼이 다른 종교 집단의 구성원과 구분되는 점은 인육에 대한 열정이다. 식인자는 구경꾼들을 덮쳐 이빨로 한입 물어뜯는다. 그의 춤은 자기 앞에 놓인 "음식", 즉 여자가 두 팔에 잔뜩 안아 가져온 인육에 매혹된 중독자가 광적으로 추는 춤이었다. 대규모 축제의 경우, 식인자는 식인 의식을 위해 미리 죽여 놓은 노예의 인육을 먹었다.

콰키우틀 부족의 이 식인행위는 오세아니아의 많은 부족이 행했던 쾌락적 식인행위나 아프리카의 많은 종족이 식용으로 먹었던 식인 습관과 크게 달랐다. 콰키우틀 부족은 인육을 먹는 행위에 대하여 강한 반감을 갖고 있었다. 식인자가 인

육을 먹기 전에 몸을 떨면서 춤출 때, 합창대는 다음과 같이
노래했다.

> 지금 먹으려 하는,
> 나의 얼굴은 창백하네.
> 세상의 북쪽 끝에서 식인자가 준 것을
> 나는 먹으려 하네.

식인자가 구경꾼의 팔을 물어뜯으면, 다른 사람들은 그 숫
자를 계속 헤아렸다. 식인자는 인육을 먹은 후 토하기 위해
구토제를 복용했다. 인육을 그냥 입에만 넣고 삼키지 않는
경우도 종종 있었다.

살아 있는 사람의 팔에서 물어뜯은 살에 비하여, 시체에서
떼어낸 인육과 식인 의례를 위해 일부러 죽인 노예의 인육은
크게 부정(不淨)을 탔다고 간주되었다. 이렇게 부정을 타면
식인자는 4개월 동안 금기시되었다. 그는 작은 침실에서 혼
자 지내야 하고 곰 춤꾼이 문 앞에서 감시했다. 식인자는 음
식을 먹을 때 특별한 식기를 사용해야 되었고, 그 식기는 소
정 기간이 지나면 부숴버렸다. 그는 의례 절차에 따라 술을
마시는데 한꺼번에 네 모금 이상을 마시지 않고, 술잔에 입
술을 전혀 대지 않는다. 빨대와 국자를 사용해야만 했다. 짧
은 기간 동안, 따뜻한 음식은 절대 금지였다. 격리 기간이 끝
나 사람들 앞에 나타나면, 그는 일상생활을 잊어버린 체 행

동했다. 보행, 대화, 식사하는 법을 다시 배워야 했다. 일상 생활과 너무 멀리 떨어져 있었기 때문에 그 생활이 익숙지 않은 것으로 간주되었다. 4개월의 격리 기간이 끝난 뒤에도 그는 여전히 신성한 존재이다. 1년 동안, 그는 아내와 가까이 지내서는 안 되고 도박이나 어떤 일도 금지되었다. 전통적으로 그는 4년 동안 사람들과 떨어져 지냈다. 콰키우틀 부족은 식인행위에 대한 사람들의 혐오감에 편승하여, 무서운 것과 금지된 것에 깃들어 있는 디오니소스 가치를 그런 식으로 표현했다.

식인회 입회자가 숲에서 혼자 격리되어 있을 때, 그는 노예를 목매달아 죽인 나무에서 인육을 얻었다. 살은 이미 햇볕에 바싹 말려진 상태이고, 그것을 춤출 때의 "음식물"로 특별히 준비했다. 격리 기간이 끝나갈 즈음에, 부족은 주로 식인회에 입회했음을 알리는 의례행사로서 〈겨울 춤〉을 준비했다. 부족 사람들은 자기가 갖고 있는 의례적 특권에 따라 자신을 거룩한 존재로 분장했다. 그들은 〈겨울 춤〉의 정령을 불러냈고, 그렇게 할 권리가 있는 사람들은 초자연적 광란을 실연했다. 의례 행위를 거행하기 위해서는 대단한 정성을 세심하게 기울여야 했다. 왜냐하면 그들의 힘은 현재 초자연력과 더불어 살고 있는 식인자를 불러올 정도로 강력해야 하기 때문이다. 그들은 격렬한 춤과 물려받은 힘을 구사하여 그를 불렀지만, 그들의 일차 시도는 헛수고로 돌아간다.

드디어 식인회 전원은 일치단결된 광란의 소리로 신입 회원을 일깨우게 되는데 그 회원은 갑자기 지붕 위에서 움직이는 소리를 낸다. 그는 제정신이 아닌 상태이다. 그는 지붕의 널빤지를 뜯고 사람들 사이로 뛰어내린다. 그들은 그를 포위하려 하지만 잘 되지 않는다. 그는 모닥불 주위를 달리면서 다시 도망치는데, 몸에 걸쳤던 성스러운 솔송나무 가지를 뒤에 떨어뜨린다. 식인회의 모든 사람들은 그의 뒤를 쫓아 숲으로 향하고 곧 그의 모습이 다시 보인다. 그는 세 번이나 자취를 감추었으며 네 번째로 모습을 드러냈을 때 한 노인이 앞으로 나선다. 그 노인은 "미끼"라고 불린다. 식인자는 노인을 덮쳐 그의 팔을 잡고 물어뜯는다. 사람들은 날뛰는 그를 붙잡아 의례의 집으로 데려간다. 그는 제정신이 아니기 때문에 자신의 몸을 붙잡고 있는 사람들을 아무나 물어뜯는다. 드디어 의례의 집에 도착했을 때 그는 들어가지 않으려고 발버둥을 친다. 드디어, 알몸의 여성 입회자가 준비된 인육을 양팔에 안고서 나타난다. 그녀는 식인자를 마주보며 뒷걸음질로 춤추면서 의례의 집안으로 그를 유인한다. 그는 여전히 유혹에 넘어가지 않는다. 마침내 그는 다시 지붕으로 기어올라가, 구멍 난 지붕 틈을 통과하여 오두막으로 뛰어내린다. 그는 자신을 통제하지 못한 채, 콰키우틀 부족 사이에서 광란의 특징으로 여겨지는 독특한 전율 속에서 온 몸을 부들부들 떨면서 격렬한 춤을 춘다.

식인자는 이 황홀경의 상태에서 인육을 껴안고 추는 춤을 여러 번 반복하여 춘다. 어쩌면 "겨울 의식"에서 가장 인상적인 디오니소스 테크닉은 결국 식인자를 길들이고, 4개월이라는 금기 기간으로 들어가게 하는 테크닉이다. 그들의 문화에 내재된 생각에 의하면, 그것은 무서운 것과 금지된 것에 깃들여 있는 초자연적 힘을 극단적으로 표현한다.

이 의례는 식인자를 길들이는 초자연적 힘을 물려받은 네 명의 사제들이 집전한다. 입회자는 제정신이 아니다. 그는 의례 참가자들의 제지를 뿌리치고 격렬하게 달린다. 그는 광란 상태가 지나쳐서 춤도 추지 못한다. 다양한 엑소시즘(액막이) 의식을 사용해 가며 그들은 황홀경에 빠진 식인자와 "접선"하려고 시도한다. 그들은 먼저 불 엑소시즘을 시도하여, 그가 쓰러질 때까지 불붙은 삼나무 껍질을 그의 머리 위에서 흔들어댄다. 다음에는 물 엑소시즘을 시행하는데, 모닥불로 돌을 가열하고 물통의 물을 데운 뒤, 더운 물을 입회자의 머리 위에 뿌린다. 다음은 광란에 빠진 식인자의 얼굴을 삼나무 껍질에 그린 다음 그 껍질을 불에 던져 태운다.

마지막 엑소시즘은 월경의 피를 동원하여 이루어지는 의식이다. 북서 해안 사람들은 월경의 피를 세상에서 가장 부정한 것으로 여기고 있다. 월경하는 여성은 생리 기간 동안 격리되고, 혹시 월경하는 여자가 샤먼 의식에 나타나면 그 의식은 그 즉시 무효가 되어버린다. 월경 중인 여자들은 연어 떼의 화를 돋울지 모르므로 시냇물을 건너거나 바다에 접근해서도 안 된다. 샤먼이 치료해도 환자가 죽는다면, 사람들은 으레 삼나무 껍질의 집에 월경의 흔적이 묻어 있었기 때문이라고 생각했다. 그리하여 식인자의 마지막 엑소시즘에서 사제는 사회적 지위가 가장 높은 네 여자의 월경이 묻은 삼나무 껍질을 태워, 그 연기로 식인자의 얼굴을 그을렸다. 이러한 엑소시즘이 효과를 나타내면, 식인자의 춤은 비로소 차분해지고 네 번째 춤부터는 조금 길들여져 조용해지다가 광란의 상태가 사라졌다.

:: 푸에블로 부족과 정반대의 입장

북서 해안 부족의 디오니소스적 경향은 이러한 입회식과 의례의 춤 못지않게 경제생활과 전투와 장례식에서도 격렬하게 나타난다. 그들은 아폴로적인 푸에블로 부족과 정반대의 입장을 취하고 있고, 이런 관점에서 북아메리카의 다른 모든 원주민과 닮은 점이 많다. 이러한 그들 고유의 문화적 패턴은 그들의 재산관(財産觀)과 재산을 처리하는 방식과 긴밀하게 연계되어 있다.

북서 해안의 부족들은 많은 재산을 갖고 있고, 그것을 철저하게 개인 재산으로 삼았다. 그것들은 법정 상속 동산이고 그런 세습 재산은 바로 사회의 기초였다. 재산에는 두 가지가 있었다. 땅과 바다는 친척들이 공동으로 소유하고 누구에게나 상속되었다. 농경지는 없지만 친족 그룹은 사냥터, 심지어 야생 딸기 지역과 야생의 뿌리 식물 장소를 소유했는데, 아무도 그 집안의 재산을 침범할 수 없었다. 가족은 어장(漁場)을 철저히 개인 재산으로 소유했다. 인근의 해안이 다른 부족 소유인 경우, 동네 사람들은 종종 조개를 캘 수 있는 해안까지 멀리 가야만 했다. 이 해안을 상당히 오랫동안 소유해 왔기 때문에 마을 위치가 변해도 조개 채취 장소의 소유권은 바뀌지 않았다. 해안뿐만 아니라 원양 어장도 재산의 구분이 엄격했다. 한 가족 소유의 넙치 어장은 잘 보이는 이중의 경계표지에 따라 경계선이 그어졌다. 그들은 봄에 캔들피시를 잡기 위해 강조차 나누어 소유 구역을 표시했다. 어떤 가족들은 강의 자기 구역에서 고기를 낚기 위해 일부러 먼 길을 가야만 했다.

하지만 이것과 다른 방식으로 소유되는, 더 소중한 재산이 있었다. 콰키우틀 부족의 두드러진 소유권이 명시적으로 드러나는 부분은, 아주 오래 이용해 온 생계 수단의 소유권이 아니다. 아주 높게 평가되는 것은 물질적 유복함을 초월한 특권이다. 물론 집 기둥, 숟가락, 문장이 그려진 장식깃 등 일부 물질적인 것들도 있지만 신화, 노래, 각종 특권 등 비-물질적 소유권이 부자의 커다란 자랑거리이다. 이 모든 특권들은 비록 혈통 내에서 유지되지만 공동 소유가 아니라, 물려받은 권리를 독점 배타적으로 행사하는 한 개인이 일시적으로 소유했다.

:: 경제적 전쟁

특권 중에서 가장 중요하고 또 다른 모든 것들의 기초가 되는 특권은 귀족 칭호였다. 가족 집단과 종교 집단은 각각 상속의 권리와 경제적 능력에 따라 개인적 칭호를 보유했다. 이 칭호는 그것을 가진 사람에게 부족 내의 높은 지위를 부여했다. 사람들은 그것을 개인의 이름으로 사용했는데 전통에 따르면 세상 창조 때부터 그대로 내려온, 더하거나 뺄 수 없는 이름이었다. 어떤 사람이 이 이름을 얻는다면, 그는 평생 동안 그것을 지녔던 조상의 위대함을 자신의 내부에 간직하는 것으로 생각되었다. 그리고 상속인에게 다시 그 이름을 넘겼을 때, 그 상속자는 당연히 그 이름에 부여된 모든 권리를 양도받았다.

이름의 상속은 반드시 혈통으로만 이루어지는 것은 아니었다.

첫째, 이 칭호는 장자의 권리이고, 그 외의 동생들은 칭호가 없었다. 이들은 경멸받는 평민이다.

둘째, 칭호에 대한 권리는 막대한 재산을 분배하여 널리 알려야만 했다. 여성이 열중해야 할 일은 가사(家事)가 아니라 많은 양의 돗자리, 바구니, 삼나무 껍질의 담요를 만드는 일이다. 이것들은 남자들이 역시 홍보 목적으로 만든 귀중한 상자에 담아 보관되었다. 게다가 남자들은 카누의 척수를 늘이거나 화폐로 사용하는 조개나 뿔 조개를 축적했다. 장자들은 특권 상속을 정당화하기 위해 지폐처럼 손에서 손으로 넘어가는 막대한 재화를 소유했고, 이것을 이자 붙여 남에게 빌려주기도 했다.

이 소유물들은 엄청나게 많은 이자율을 적용하는 복잡한

화폐 제도 속의 통화 같은 것이었다. 1년 대출에 으레 100퍼센트 이자율을 적용했다. 개인의 재산은 그가 이자를 붙여 빌려준 물건의 양으로 계산되었다. 이런 고리 대금은 천혜의 자원 환경이 아니라면 불가능했을 것이다. 해산물은 풍부하며 얻기 쉬웠고, 돈으로 사용되는 조개는 바다에서 끊임없이 공급되었다. 그리고 가치가 큰, 임의적 화폐 단위인 "구리판"이 사용되었다. 천연 구리를 부식하여 만든 이 구리판은 담요 1,000장 이상의 가치를 가진 것으로 쳐주었다. 구리판은 본질적인 가치가 그 정도 되는 것은 아니었지만, 마지막으로 구리판의 소유주의 손이 바뀔 때 책정된 가치가 곧 그 구리판의 가치였다. 게다가 아무리 큰 교환에서도 답례 지불금(return payments)의 축적은 그 교환에 참가하는 어느 한 개인의 책임이 아니었다. 교환에 나서는 당사자는 주로 지역 전체 그룹의 추장이거나 부족 사이의 교환일 경우 소부족의 추장이었고, 그 경우 소속 부족의 전원이 답례 지불금의 마련을 도와야 했다.

남자든 여자든 중요 인물이 될 수 있는 사람들은 어렸을 때부터 이 경제적 경쟁에 참여했다. 먼저 어린이에게는 그의 출생지가 이름으로 주어졌다. 그가 더 중요한 이름을 받을 때가 되면, 가족의 어른은 나누어줄 많은 담요를 그에게 주었다. 이름을 받을 때, 그는 이 물건을 친척들에게 분배했다. 어린이의 선물을 받은 사람들은 엄청난 이자를 붙여서 반드시 즉각 되갚아야 한다. 선물 수혜자의 한 명이었던 추장이 그 직후 공적인 교환에서 물건을 나눌 때, 받은 것의 세 배를 어린이에게 주었다. 연말이 되면 소년은 원래 그에게 융자해 준 사람에게 당초 빌린 물건에다가 100퍼센트 이자를 얹어서 되갚았다. 그리고 남는 것이 있으면 자신의 이름으로 소유했고 이것이 그가 최초로 가지는 담요의 숫자가 되었다. 이듬해에 그는 이것을 나누어주었으며, 첫 번째의 전통적 포틀래치 이름을 위해 돈을 낼 준비를 하는 2~3년 동안 그 담요로부터 이자를 받았다. 그가 이름을 받을 준비가 되면, 모든 친척들과 부족의 모든 원로들이 모였다. 모든 사람들, 추장, 부족의 노인 앞에서 그의 아버지는 부족 내에서 자신의 지위를 나타내는 이름을 아들에게 양도했다.

이때부터 소년은 귀족 칭호를 지닌 남자들 사이에서 전통적 지위를 얻었다. 그리하여 자신이 개최하거나 참여하는 포틀래치 때, 더 큰 이름을 받아나간다. 중요 인물은 뱀이 허물을 벗듯이 자꾸 이름을 바꾼다. 이름은 가족 관계, 재산, 부족 조직에서의 지위를 나타냈다. 포틀래치, 결혼, 손자의 성인식, 라이벌 추장에게 도전을 거는 부족 간 경쟁의 경우, 초대자는 그 기회를 이용하여 자기 자신을 위한 이름 혹은 상속인에게 부여하는 새로운 이름을 정당화시켰다.

콰키우틀 부족이 이처럼 지위를 획득해 나가는 데 있어서 결혼은 가장 중요한 역할을 했다. 그들의 북쪽에 있는, 북서 해안의 다른 부족들은 모계이고 여자를 따라 지위가 상속되지만, 실제의 책임자들은 남성(주로 외삼촌)이었다. 반면, 콰키우틀 부족은 원래 지역의 굴레 안에서 살았고, 남자들이 처가 마을에 들어가지 않고 아버지의 마을에서 세대를 구성했다. 그들은 이런 오래된 사회적 기초를 전적으로 무시하는 법이 없었고, 그것을 크게 수정할 때에도 그러했다. 그들은 모계제와 적절히 타협했다. 그들은 결혼 제도를 통하여 대부분의 특권을 넘겨주었다. 말하자면, 남자는 그 특권을 자기 딸과 결혼한 남자(사위)에게 주었다. 하지만 그 특권들은 사위가 통제할 뿐이고 그의 개인 재산이 되지는 않았다. 그것들은 친족, 특히 기증자의 딸의 자녀들에게 맡겨졌다. 이렇게 해서 비록 모계 그룹은 없지만 모계 상속은 유지가 되었다.

특권과 재산은 아기가 태어날 때나 성인식 때 사위에게 넘겼는데 그것은 그(사위)의 가족이 신부 값으로 준 재산에 대한 답례였다. 달리 말해, 아내를 데려오는 거래는 정확히 구리판의 거래와 동일한 방식으로 진행되었다. 경제 교환과 마찬가지로, 유효한 거래에는 착수금이 있었다. 결혼할 때, 신부 값을 많이 내놓을수록 신랑의 친척들은 더 높은 명예를 주장할 수 있다. 이 신부 값은 으레 첫 아기가 태어날 때 열리는 포틀래치에서 이자를 붙여 되돌아온다. 최초의 신부 값 지불이 이루어지자마자, 여자(아내)의 친척들은 여자 값을 받아냈다고 말했다. 그리고 그녀의 결혼은 "[남편의] 집에서 아무 보상도 받지 못하고 그냥 머물고 있다"고 했다. 그리하여 남편은 그녀를 유지하기 위해 다시 답례금을 지급해야 했고, 장인은 답례 지불금으로 사위에게 재산을 넘겨주었다. 이렇게 평생을 통해, 자녀가 태어나거나 어른이 될 때까지, 장인은 그의 특권과 재산을 사위에게 순차적으로 넘겨주어 그 결혼의 소생인 외손자들을 보호하는 것이다.

콰키우틀 부족의 종교 조직은 세속 조직과 닮았다. 소유에 따라 귀족의 칭호를 가졌던 혈통이 부족을 이루듯이, 초자연적 힘을 가진 집단은 식인회, 곰 회, 바보회, 기타 회를 결성했다. 가족과 마찬가지로 종교 조직도 나름대로 등급 칭호를 부여하여 소유했다. 세속 조직도 중요하지만 그에 못지않게 종교 계층의 지도자들 사이에서 자리를 차지하지 못한다면 그 사람은 큰 지위를 얻지 못한 사람이다. 1년은 두 부분으로 나뉘었다. 여름 시즌이 되면 부족의 세속 조직은 대열을 갖추었고, 모든 사람들은 자신이 지닌 귀족 칭호의 상대적 서열에 따라 상석에 앉았다. 겨울 시즌이 오면, 이 모든 세속 조직은 잠시 잊혀졌다. 겨울 의례의 초자연적 힘을 알리는 휘파람 소리가 울려 퍼진 순간부터, 세속의 이름으로 사람을 부르는 것은 금기였다. 귀족 칭호에 따라 구축된 사회 전체의 구조는 잠시 옆으로 밀려났다. 겨울 동안, 부족의 구성원들은 그들을 초자연적 집단으로 입문시킨 정령에 따라 집단을 형성했다. 겨울 의례의 기간 동안, 개인은 식인회, 곰 회, 바보 회, 기타 회의 일원으로서 지닌 이름의 높고 낮음에 따라 서열이 정해졌다.

하지만 그 차이는 우리가 생각하는 만큼 크지 않았다. 세속 귀족의 칭호가 혈통에서 상속되듯이, 종교 집단의 높은 칭호도 마찬가지로 상속되었다. 그것들은 결혼 때에 기대되는 답례 지불금(신부 지참금)의 주요 품목이었다. 식인회나 바보회의 입회는 특권을 얻는다는 뜻이고 사람들은 출생이나 결혼에서 생겨나는 권리를 이어받았다. 이것들은 다른 특권과 마찬가지로 재산의 분배를 통하여 정당화되었다. 따라서 종교 조직에 의해 부족이 조직되는 겨울 시즌은 명문가가 상속된 지위를 포기하는 기간이 아니라 제2의 특권들을 과시하는 계절이다. 그 특권들은 부족의 세속 조직에서 지닌 특권과 비슷했다.

북서 해안 인디언의 마음을 주로 사로잡은 것은, 선물이나 결혼을 통해 여러 조상으로부터 얻을 수 있는 모든 특권과 칭호를 정당화하고 행사하는 게임이었다. 누구나 자기 분수에 따라 이 게임에 참여한다. 그 게임에서 쫓겨난다는 것은 노예의 낙인이 찍히는 첫 번째 이유였다. 이 문화에서 재산의 처리는 현실적으로 나타난 경제적인 욕구를 훌쩍 뛰어넘어 독특한 방식으로 진행되었다. 그것은 자본, 이자, 과시적 낭비의 개념을 두루 포함했다. 재산은 단지 경제적 재화에 그치는 것이 아니라, 심지어 포틀래치를 위해 상자에 쌓아두고 교환을 통해서만 사용되는 것으로 여겨졌다. 보다 특징적으로 재산은 경제적 기능이 별로 없는 특권이었다. 노래, 신화, 추장의 집 기둥 이름, 개의 이름, 카누의 이름 등도 모두 재산이었다. 춤꾼을 기둥에 묶거나, 춤꾼들이 얼굴에 칠하기 위한 나무진을 가져오거나, 나무진을 다시 닦기 위한 찢어진 삼나무 껍질을 가져오는 권리 등도 소중한 재산이고 가족의 계보를 통해 물려받는다. 이웃 부족인 벨라 쿨라 족에게 가족의 신화는 엄청 소중하고 애지중지하는 재산이기 때문에, 이런 재산 없이 태어난 사람들에게 넘어가지 않도록 벨라 쿨라 귀족은 가족들끼리 결혼하는 게 관습이었다.

:: 우리 사회에 대한 패러디

북서 해안에서 재산을 처리하는 방식은 여러 가지 점에서 분명히 우리의 경제 제도(과시적 소비 제도)를 풍자하는 것이다. 이 부족들은 동등한 가치의 경제적 재화를 획득하기 위해 재산을 사용하는 게 아니라, 이기고 싶은 게임에서 고정 가치의 숫자를 계산하는 수단으로 여겼다. 그들은 인생을 사다리라고 생각했고, 사다리 속의 여러 발판은 자신들에게 귀속된 특권을 지닌 계층의 이름을 의미했다. 그 사다리를 타고 위로 올라가려면 각 단계에서 엄청나게 많은 재산의 분배가 필요했다. 하지만 그렇게 배분된 재산은 이자가 붙어서 되돌아왔고 그들은 다음 단계의 신분상승을 위해 그 재산을 사용했다.

재산 곧 귀족 칭호라고 여기는 이러한 태도는 그림의 일부에 지나지 않는다. 재산 분배는 그렇게 단순하지 않다. 북서 해안의 사람들이 귀족 칭호, 재산, 깃털 장식, 특권에 집착하는 궁극적인 이유를 살펴보면 문화의 주요 동기를 밝혀낼 수 있다. 그들은 경쟁 상대에게 수치심을 안기기 위해 재산을 사용했다. 사람들은 끊임없이 타인과 겨루며, 나름대로 재산 분배에서 상대를 능가하려 했다. 재산의 선물을 처음 받은 소년은 선물을 받아줄 또 다른 소년을 골랐다. 그가 고른 소년은 처음부터 패배를 인정하지 않는 한 그 도전을 거절할 수 없고, 똑같은 양의 재산에 이자를 얹어 돌려주어야 했다. 답례할 시기가 도래하여 원래의 선물에 이자를 붙여 두 배로 갚을 수 없다면 그는 수치를 느끼고 지위가 떨어졌다. 그에 비례하여 경쟁자의 위신은 올라갔다. 이렇게 시작된 경쟁은 평생토록 이어진다. 만약 성공하면 그는 재산의 양을 계속 늘려, 점점 가공할 경쟁자를 찾아 나서게 된다. 그것은 투쟁이었다. 그들의 얘기에 따르면, "우리는 무기로 싸우지 않는다. 우리는 재산을 가지고 승패를 결정한다." 구리판을 내놓는 사람은 마치 전투에서 경쟁자를 압도한 기분을 만끽했다. 콰키우틀 부족은 재산과 전투, 이 두 가지를 동일시했다. 그들의 어떤 춤은 "피를 집안으로 가져온다"라고 불렸는데 남자들이 가져온 솔송나무 화관은 전투에서 벤 머리를 상징하는 것이다. 그들은 화관이 상징하는 적의 이름을 외치면서 그것들을 모닥불 속에 던지고, 불이 타올라 잿더미가 될 때까지 함성을 질렀다. 이때 화관은 그들이 양도한 구리판을 상징했고, 그들이 부른 이름은 재산을 분배하여 무찌른 경쟁자의 이름이었다.

:: 자화자찬

모든 콰키우틀 부족이 꾀하는 목적은 경쟁자보다 자기 자신이 우월함을 보여주는 것이다. 그들은 이런 우월 의식을 아주 노골적으로 드러냈다. 그것은 마음껏 뽐내는 자화자찬이고, 도전자 전부를 비웃는 것이었다. 다른 문화의 기준에서 판단하면, 포틀래치 때, 추장의 연설은 뻔뻔스러운 과대망상이었다.

나는 사람들을 부끄럽게 만드는 위대한 추장이다.
나는 사람들을 부끄럽게 만드는 위대한 추장이다.
우리의 추장은 사람들의 얼굴에 수치를 가져다준다.
우리의 추장은 사람들의 얼굴에 질투를 가져다준다.
우리의 추장은 그가 이 세상에서 계속 행하는 일로
사람들이 제 얼굴을 가리도록 만들고,
모든 부족에게 거듭 기름 축제를 베푼다.

* * *

나, 추장은 유일한 큰 나무이다!
나, 추장은 유일한 큰 나무이다!
여러분은 나의 부하이다, 부족들이여.
여러분은 집의 맨 뒤쪽 가운데에 앉아 있다, 부족들이여.
나는 여러분에게 재산을 나눠주는 첫 번째 사람이다, 부족들이여.

나는 여러분의 독수리이다, 부족들이여!

* * *

위대한 구리판 제조자, 추장이 주는 재산에 헛되이 대응하려는
부족이여, 재산의 대응물을 가져오라.
계속하여, 도달하기 어려운 포틀래치 기둥을 세워라,
이것은 두꺼운 나무, 부족의 유일한 뿌리이기 때문이다.
이제 우리의 추장은 집에서 화를 내고,
그는 분노의 춤을 출 것이다.
우리의 추장은 격분의 춤을 출 것이다.

* * *

나는 야크틀렌리스(Yaqutlenlis), 나는 구름이고 또 스위드
(Sewid)이다. 나는 위대한 유일자이고, 나는 위대한 초대자이다.
이것들은 내가 가는 곳마다 부족 추장의 딸과 결혼했을 때, 결혼
선물로 받은 이름들이다. 따라서 나는 하급 추장들이 말하는 것
을 보면 우스운 기분이 든다. 그들은 헛되이 나의 이름을 욕되게
하여 나를 깎아내리려 애쓰기 때문이다. 나의 조상들, 추장들이
이룩한 것에 누가 접근할까? 나는 전 세계의 모든 부족들에게 알
려졌다. 나의 조상, 추장만이 대규모 축제에서 재산을 주었고, 나
머지 모든 사람들은 나를 흉내 내기 위해 애쓸 뿐이다. 그들은 나

의 할아버지, 가족의 뿌리인 추장을 모방하려 시도한다.

* * *

나는 부족의 첫째이고,

나는 부족의 유일한 사람이다.

부족의 추장들은 지역의 추장에 지나지 않는다.

나는 부족들 중에서 유일한 사람이다.

나는 초대 받은 추장들 중에서 나 같은 위대함을 찾아본다.

나는 손님들 가운데 그런 추장을 하나도 발견할 수 없다.

고아, 불쌍한 사람들, 부족의 추장들,

그들은 결코 축제를 갖지 않는다!

그들은 창피를 당하고,

나는 추장, 손님, 부족의 추장에게 바다 수달을 주는

사람이다.

나는 추장, 손님, 부족의 추장에게 카누를 주는 사람이다.

이런 과대망상적 자화자찬의 찬가들은 성대한 축제를 벌일 때, 추장의 부하들이 열심히 불렀는데 이 노래는 그들의 문화를 가장 특징적으로 표현한다. 그들이 인정하는 궁극적 동기는 우월감이다. 그들의 사회조직, 경제 제도, 종교, 출산과 사망은 모두가 이것을 표현하기 위한 수단이다. 그들이 승리의 기쁨을 만끽할 때에는 으레 적수에게 공공연히 조롱과 경멸을 퍼부었다. 적수들은 그들의 관습에 따라 초대 받은 손님이기도 했다. 포틀래치 때, 초대자(주최측)는 구리판을 받게 되는 추장을 조롱하는 실물대 모습을 새겼다. 그의 가난함은 앙상한 옆구리로, 또 그의 비천함은 품위 없는 자세로 묘사되었다. 주최하는 추장은 손님을 욕되게 하는 노래를 불렀다.

와, 방해가 되지 않게 비켜라,

와, 방해가 되지 않게 비켜라,

네 얼굴을 돌려대라.

내가 동료 추장을 때려 화를 풀기 위해

그들은 다만 위장할 뿐이다. 그들은 거듭 구리판을 팔고

부족의 작은 추장들에게 주기만 한다.

아, 자비를 청하지 마라,

아, 손을 들어올리며, 혀를 늘어뜨리며 헛되이 자비를 청하지 말라.

나는 그를 비웃을 뿐이고, 재산 상자를 비우는 그를 조롱한다,

그의 집에서, 포틀래치 집에서, 우리를 배고프게 하는 초대 집에서.

***

이것은 내 웃음의 이유이다.

돈이 없어 궁핍한 자,

추장인 선조들에게 손가락질 하는 사람을 비웃는 까닭이다.

추장인 선조들이 없는 미약한 사람들,

할아버지로부터 내려오는 이름이 없는 미약한 사람들,

일하는 미약한 사람들,

열심히 일하는 미약한 사람들,

잘못을 저지르는 사람들, 세상의 별볼일 없는 곳에 사는 사람들.

바로 이것이 내 웃음의 동기이다.

＊＊＊

나는 정복하는 위대한 추장,

나는 정복하는 위대한 추장이다.

오, 당신이 이룩한 일을 계속하자!

이 세상을 돌아다니며,

열심히 일하고, (연어처럼) 꼬리를 잃는 사람들을 나는 비웃는다,

진정으로 위대한 추장 밑의 추장들에게.

하! 그들에게 자비를!

말라 부석부석 부서지기 쉬운 머리카락에게 기름을 발라라,

머리를 빗지 않는 머리카락에게.

나는 진정으로 위대한 추장 밑의 추장들을 비웃고,

나는 사람들을 부끄럽게 만드는 위대한 추장이다.

북서 해안의 경제 제도는 이런 우월감을 내보이려는 강박
증에 사로잡혀 있다. 추장이 승리를 차지할 수 있는 수단은

두 가지였다. 하나는 소정의 이자율로 갚을 수 있는 양보다 더 많은 재산을 주어 압박함으로써 경쟁자를 부끄럽게 하는 것이다. 또 하나는 재산을 파괴하는 것이다. 두 경우 모두 내놓은 선물에 대해서 답례를 하는 것이 필수였다. 첫 번째의 경우, 물건을 주는 사람의 재산은 늘어났고 두 번째의 경우, 물건 주는 사람은 그의 물건을 빼앗겼다. 우리가 볼 때, 두 가지 방법의 결과는 정반대일 것이라고 생각된다. 하지만 콰키우틀 부족에게 그 두 가지는 경쟁자를 복종시키는 상호보완적인 수단이고, 가장 고귀한 삶의 영광은 상대방을 완전 파괴해버리는 행동이다. 그것은 구리판을 판매하는 것과 똑같이 어려운 도전이고, 언제나 경쟁자를 상정하는 적대적 상황에서 행해졌다. 때문에 경쟁자는 상대가 강요하는 수치에서 자신을 구하려면, 똑같은 양의 귀중한 물건을 파괴해야 한다.

:: 손님들에게 수치심 안겨주기

선물 파괴는 다양하게 이루어졌다. 캔들피시 기름을 많이 소비하는 포틀래치 대축제는 일종의 파괴 경쟁이었다. 기름을 손님들에게 아낌없이 먹이고, 그것으로 부족하여 불에 쏟아 부었다. 초대된 손님들은 불 가까이 앉기 때문에 타오르는 기름의 열기에 부대껴 몹시 답답했다. 하지만 그것도 경쟁의 일부였다. 수치심에서 자신을 지키려면, 그들은 그 자리에서 꼼짝 않고 앉아 있어야 했다. 불길이 치솟으면서 집의 서까래까지 닿는데도 무관심한 척해야 한다. 초대자 또한 집이 불 타 파괴될 위험을 보고도 못 본 척해야 한다. 어떤 위대한 추장들은 남자 목각상을 지붕에 설치하고서, 그것을 〈토하는 사람〉이라고 불렀다. 그 목각상에 홈통을 연결하여, 귀중한 캔들피시 기름이 〈토하는 사람〉의 열린 입에서 아래쪽 불로 계속 떨어지도록 했다. 이렇게 낭비해 버린 기름이 손님 추장이 지금까지 준 기름의 양을 초과하면 초대받은 자는 그 집을 떠나, 경쟁자가 준 것을 능가하는 답례 축제를 준비해야 한다. 그러나 그 낭비된 기름이 지난번 이미 준 것에 미치지 못한다고 생각하면, 손님 추장은 초대자(주인)에게 모욕을 퍼부었다. 그러면 주인은 자신의 위대함을 보여주기 위해 또 다른 방법을 취했다.

이런 과시의 목적을 위해, 주인은 전령을 보내 네 척의 카누를 산산조각 내고, 그 파편을 가져와 불에 던졌다. 아니면 노예를 죽이기도 한다. 혹은 구리판을 부수기도 했다. 포틀래치 때에 부서진 모든 구리판들은 결코 재산을 잃은 게 아니다. 구리판의 파괴에는 단계가 많았다. 귀중한 구리판을 통째 선물로 줄 만큼 대단한 축제가 아니라면 추장은 구리판의 일부를 깎아내는 것으로 그칠 수도 있다. 그러면 경쟁자도 똑같은 양의 구리판을 깎아 답례를 해야 한다. 물건에 의한 답례도 구리판을 통째로 선물하는 것과 동일한 과정을 따른다. 다양한 경쟁자들과 경합할 때, 구리판 하나를 가지고 잘게 쪼개어 해안을 따라 수백 마일이나 뿌릴 수 있었다. 그리고 나중에 위대한 추장이 흩어진 조각을 모으는 데 성공하면 그는 구리판을 다시 단단히 고정시켰다. 그런 구리판은 가치가 훨씬 더 커졌다.

콰키우틀 부족의 철학에 따르면, 구리판를 실제로 파괴하는 행위는 이 관습의 변형에 지나지 않았다. 위대한 추장은 부족을 불러 모아 포틀래치를 선언한다. "이런 것이 나의 자존심이다. 나는 집에서 신음하는 나의 구리판 단다라유를 이 불에서 죽이리라. 여러분 모두는 내가 그것에 얼마나 많이 지불했는지 알고 있다. 나는 4,000장의 담요를 주고 샀다. 이제는 경쟁자를 정복하기 위해 그것을 부술 것이다. 여러분 나는 집을, 나의 부족을 위한 전쟁터로 삼을 것이다. 다행히도, 추장들, 이것은 큰 포틀래치가 처음 열린 것이다." 추장은 구리판을 불에 던져 녹이거나, 갑(岬)에서 바다로 던진다. 그는 재산을 잃었는데도 비할 바 없이 높은 위신을 얻었다. 그는 경쟁자를 능가했다. 경쟁자는 똑같은 가치의 구리판을 파괴하지 않는다면, 경쟁에서 패배하여 물러나야 한다.

그들은 추장에게 어느 정도 오만하고 독재적인 행동을 요구했다. 그러나 추장이 자신의 역할을 지나치게 독재적으로 해석하려 들면, 반드시 문화적 억압이 뒤따랐다. 그는 부족이 알거지가 될 정도로 제멋대로 재산을 파괴할 수는 없고, 또 부족에게 아주 해로운 경쟁에는 참여하지 못한다. 그들은 추장의 행동을 제약하는 사회의 큰 억압을 도덕적 금기라고 생각했다. 즉 과잉행동에 대한 금기가 있었다. 과잉은 언제나 위험했고 추장은 그 한계를 넘어서는 안 되었다. 관습이 규정한 한계는, 앞으로 살펴보겠지만, 많은 극단적 과정을 허용했다. 하지만 추장이 지나치게 부족의 지원을 요구하고 나서면, 관습의 제약이 언제나 발휘되었다. 그들은 지나친 과잉 행동을 하는 자에게는 행운이 따르지 않는다고 생각했다. 추장이 과잉 행동을 하면 그는 더 이상 추종자들의 지지를 받지 못했다. 사회가 이처럼 한계를 설정한다고 하지만 우리 서양인이 볼 때 그 한계라는 것은 거의 있으나마나 한 것처럼 보인다.

:: 포틀래치 교환

북서 해안에서 이처럼 폭넓게 드러나는 우월 의식은 포틀래치 선물 교환의 모든 세부사항에서 잘 표현되었다. 큰 포틀래치를 위해, 1년 전이나 그보다 더 이르게 초대장을 보냈고, 귀족을 실은 큰 배는 멀리서 찾아왔다. 주인은 자화자찬의 연설을 하면서 구리판을 팔기 시작하고 자기 이름과 구리판의 위대함을 주장한다. 그는 손님들에게 답례 선물로 준비한 것을 내놓아 보라고 도전했다. 손님들은 적절한 가치의 가장 작은 조각부터 내놓으면서 점잖게 시작하고, 점점 게임은 절정으로 달려간다. 파는 쪽은 경멸의 강도를 높이면서 그런 구리 조각을 받았다. "당신은 끝났다고 생각하는가? 당신은 이 큰 구리판을 사려고 결심했을 때, 충분히 준비를 하지 못해. 아직 셈이 끝나지 않았어. 당신은 더 많이 내놓아야 해. 구리판의 가치는 내 명성의 위대함에 걸맞은 것이어야 해. 400장을 더 내놔." 구매자는 그에게 대답했다. "아니, 추장, 당신은 자비롭지 않군요." 그가 요구했던 담요를 곧 보냈다. 담요 숫자는 큰 소리로 계산되고, 모여 있는 부족들에게 알려졌다. "그래, 부족들. 여러분은 우리의 담요 구매 방법을 아는가요? 나의 부족은 구리판을 살 때 강해집니다. 그들은 여러분과 같지 않습니다. 내가 가져온 담요 더미에 1,600장의 담요가 있어요. 이것은 구리판을 살 줄 모르는 사람들, 콰키우틀 부족의 추장들에 대한 나의 대답입니다." 얘기가 끝났을 때, 추장은 일어나 사람들에게 알렸다. "자, 여러분은 나의 이름을 보았소. 이것은 나의 이름이오. 이것은 내 이름의 무게요. 이 담요 더미는 하늘까지 쌓여 있소. 내 이름은 콰키우틀의 이름이고 여러 부족들은 우리처럼 할 수 없소. 정신 차리시오, 나는 여러분에게 나중에 사가라고 요청합니다. 부족들, 나는 여러분이 내게서 살 때가 오리라고 기대하지 않아요."

:: 허장성세의 극치

하지만 구리판 판매는 시작에 지나지 않았다. 파는 쪽의 추장은 자리에서 일어나 자신 이름의 위대함과 특권들을 일일이 얘기했다. "나는 구리판을 살 줄 압니다. 당신은 늘 자신이 부자라고 말합니다, 추장. 당신은 혹시 이 구리판을 생각해 본 적이 있습니까? 1,000장의 담요를 더 주세요, 추장.”이리하여 구리판의 가치는 늘어나다가 3,200장의 담요가 지불된 것으로 계산이 나왔다. 다음에 구매자는 그것들을 넣는 데 필요한 귀중한 상자를 요구했다. 그러면 상자가 나왔다. “구리판의 소유주를 돋보이게 하기” 위해 더 많은 선물이 필요했다. 구매자는 동의하고 선물을 주면서 이렇게 말했다. “내 말을 들으시오, 추장들. 담요 50장의 가치가 있는 이 카누로, 담요 50장인 이 카누로, 담요 50장인 이 카누로, 200장의 담요로 당신 자신을 돋보이게 하시오. 자, 4,000장의 담요들이 있어요. 끝났어요.” 소유자는 대답했다. “나는 그 가격을 받아들입니다.” 하지만 끝이 아니었다. 구매자는 이제 구리판 주인에게 인사하면서 얘기했다. “왜 당신은 그 가격을 받아들였는가요, 추장? 당신은 가격을 너무 빨리 받아들였어요. 당신은 추장인 나를 가엾게 생각한 게 틀림없어요. 나는 콰키우틀이고, 세상에 퍼져 있는 당신 부족들은 전부 내게서 그 이름을 가져갔습니다. 당신은 내가 거래를 끝나기 전에 포기했습니다. 당신은 늘 우리의 밑에 서야 합니다.” 이렇게 해서 5,000장으로 들어가는 담요 200장이 추가되었다.

이것이 구리판을 사고파는 전형적인 절차이다. 대추장들끼리의 경쟁에서 포틀래치 문화의 핵심인 폭력과 라이벌 의식이 발생할 여지가 많았다. 콰키우틀의 추장, 패스트 러너(Fast Runner : 빨리 달리는 자)와 스로 어웨이(Throw Away : 내던지는 자)가 충돌한 이야기는 이 경쟁이 공공연히 적의를 품게 되는 과정을 잘 보여준다. 두 추장은 원래 친구 사이였다. 스로 어웨이는 친구의 씨족을 알 밴 연어의 축제에 초대하고서, 부주의하게도 기름과 알을 깨끗이 제거하지 못한 카누를 제공하여 그들의 체면을 높여주지 못했다. 패스트 러너는 이것을 큰 모욕으로 받아들였다. 그는 음식을 거부하며, 검은 곰 가죽을 얼굴에 뒤집어쓴 채 바닥에 드러누웠다. 친척들은 모두가 추장의 불쾌해하는 모습을 보고 모두 함께 드러누웠다. 주인은 그들에게 식사하라고 재촉했지만, 패스트 러너는 대변인을 시켜 상대방의 모욕에 항의했다. "우리의 추장은 당신이 제공한 더러운 것을 먹지 않을 것이오, 오 더러운 인간." 스로 어웨이는 경멸하는 어조로 대답했다. "마음대로 지껄이시오. 당신은 마치 엄청 부자인 듯이 말하는군." 패스트 러너는 응답했다. "사실 나는 거부(巨富)야." 그리고 전령을 보내 자신의 구리판 시 몬스터(Sea Monster : 바다 괴물)를 가져왔다. 그들이 가져오자 그는 모닥불에 그 구리판을 던져 넣었다. "경쟁자의 불을 끄기 위해서." 스로 어웨이 역시 구리판을 가져오라고 시켰다. 그의 수행원들은 그에게 루크드 앳 아스캔스(Looked at Askance : 얼핏 엿본)를 가져왔고 축제의 모닥불에 던졌다. "불길을 계속 타오르게 하기 위해서." 하지만 패스트 러너에게 또 다른 구리판 크레인(Crane : 학)이 있어서 그것을 가져오라고 사람을 보낸 뒤, 역시 불에다 던져 넣었다. "모닥불을 완전히 덮어 끄기 위해서." 스로 어웨이는 남은 구리판이 없었기 때문에 불을 계속 지피기 위한 연료를 추가할 수 없었다. 1회전은 그의 패배였다.

다음날, 패스트 러너는 답례 축연을 열었고 시종들을 보내 스로 어웨이를 초대했다. 한편, 스로 어웨이는 재산을 저당 잡혀 또 다른 구리판을 빌려왔다. 그리하여 들능금과 기름을 대접받았을 때, 그는 패스트 러너가 전날에 지껄였던 경멸의 말을 그대로 따라하면서 그 대접을 거부했다. 그리고 시종들을 보내 구리판 데이 페이스(Day Face : 낮의 얼굴)를 가져왔다. 그는 이것으로 경쟁자의 불을 껐다. 패스트 러너는 자리에서 일어나 그들에게 인사했다. "자, 나의 불은 꺼졌소. 하지만 기다리시오. 다시 자리에 앉아, 내가 취할 행동을 지켜보시오." 그는 흥분하여 자신이 소속된 〈바보들의 춤〉의 흥분을 연출하면서 장인의 카누 네 척을 부수었다. 시종들은 그것들을 축제집으로 가져와, 스로 어웨이의 구리판으로 꺼진 불의 수치를 씻기 위해, 모닥불에 수북이 쌓았다. 손님들은 기어코 그 자리에 남아 있거나 아니면 패배를 인정해야 했다. 스로 어웨이 무릎에 걸친 검은 곰 담요는 불에 그슬리고, 담요 안에서 다리의 살갗은 물집이 생겼지만 그는 꼼짝 않고 자리를 지켰다. 불길이 꺼지기 시작했을 때, 그는 아무 일도 없다는 듯이 일어나, 경쟁자의 무절제에 아예 관심이 없음을 보여주기 위해 축제 음식을 먹었다.

　패스트 러너와 스로 어웨이는 이제 공공연히 적의를 품게 되었다. 그리하여 두 사람은 세속의 특권이 아니라 종교 특권을 가지고, 그러니까 비밀 집단 입회자의 숫자를 가지고 경쟁하기로 결정했다. 스로 어웨이는 은밀히 겨울 의식에서 경쟁하기로 계획했다. 한편 패스트 러너는 정보통에서 소문을 미리 전해 듣고, 그를 능가하기로 결심했다. 스로 어웨이는 아들과 딸을 입회시켰지만 패스트 러너는 두 아들과 두 딸을 보냈다. 이제 패스트 러너는 경쟁자를 훨씬 능가했다. 네 자녀가 격리 생활에서 돌아와, 춤의 흥분이 절정에 이르렀을 때, 그는 바보 춤꾼들과 그리즐리 곰 회(會)로 하여금 노예의 머리가죽을 벗겨 살육하고, 그 인육을 식인자에게 먹였다. 그는 머리가죽을 스로 어웨이에게 보냈다. 스로 어웨이는 이 엄청난 과시의 행위에는 분명 겨룰 수 없었다.

패스트 러너는 또 다른 승리를 거두었다. 딸들은 전쟁 춤꾼으로 입회했고, 그녀들은 자신들의 인신(人身)을 모닥불에 던져 달라고 요청했다. 산더미처럼 쌓은 장작에서 불길이 치솟고, 두 딸은 판자에 묶여 불길에 던져질 준비가 되었다. 하지만 정작 던질 즈음에는, 진짜 전쟁 춤꾼으로 분장하고 판자에 묶인 두 명의 노예가 모닥불에 대신 던져졌다. 패스트 러너의 두 딸은 숨어 지낸 나흘 뒤, 두 노예를 집어삼킨 재에서 일어나는 시늉을 취함으로써 죽음에서 삶으로 되돌아온 표시를 했다. 스로 어웨이는 엄청난 특권을 과시하는 패스트 러너의 과시적 행위에 맞서 겨룰 만한 게 전혀 없었다. 그와 부하들은 누트카 족과 싸우기 위해 원정을 떠났다. 하지만 단 한 명만이 귀환하여, 원정대가 패배하여 전멸했다고 보고했다.

이것은 실화라고 전해진다. 추장들이 자신의 위대함을 과시하기 위해 다양하게 경쟁한 것을 기록한 목격담도 있다. 지금 살아 있는 사람의 생애 중에 벌어진 어떤 축제에서 한 추장은 일곱 척의 카누와 400장의 담요로 라이벌 추장의 불을 "끄려고" 시도했으나, 주인(라이벌 추장)은 거꾸로 모닥불에 기름을 쏟아 부었다. 지붕에 불이 붙었고 집의 전체가 거의 파괴되었지만, 관련 당사자들은 무관심을 가장하며 자리를 지키더니, 사람을 시켜 불 속에 던져 넣을 더 많은 재산을 가져오게 했다.

200장의 담요를 가지러 간 사람들은 되돌아와 주인의 불 위에 그것을 던졌다. 그러자 주인의 "불이 꺼졌다." 그러자 주인(초대한 자)은 더 많은 베리와 들능금을 먹으면서, 그의 딸이 춤출 때 갖고 있던 구리판을 가져와 축제 모닥불에 던졌다. 기름을 퍼붓던 네 명의 젊은이들이 불에 더욱 기름을 퍼붓자, 기름과 담요는 한꺼번에 타올랐다. 주인은 기름을 가져와 경쟁자 주변에 뿌렸다.

이런 경쟁은 야심이 절정에 이른 순간을 잘 보여준다. 그들은 이런 경쟁에서 이기는 사람을 이상적인 인간으로 여겼고, 경쟁에서 이기고자 하는 모든 동기들은 미덕으로 간주되었다. 포틀래치 때, 늙은 여자 추장은 아들에게 이렇게 충고했다. "나의 부족이여, 나는 특별히 아들에게 말한다. 친구들이여, 여러분은 나의 이름을 알고 있다. 여러분은 나의 아버지를 알고 있고, 그가 재산으로 한 일을 알고 있다. 그는 앞뒤를 헤아리지 않고, 자신의 행위를 염려하지 않았다. 그는 노예를 거저 주거나 죽였다. 그는 축제집의 모닥불에 카누를 던지거나 태웠다. 그는 해달 가죽을 동족의 경쟁자나 다른 부족의 추장에게 거저 주거나 아니면 갈가리 찢었다. 여러분이 알다시피 내 이야기는 진실이다. 이 아들은 네 아버지가 너를 위해 깔아놓은 길이고, 너는 그 위를 걸어가야 한다. 네 아버지는 보통사람이 아니다. 그는 코스키모 부족에서 진정한 추장이었다. 네 아버지가 한대로 하라. 단추 담요를 찢어버리거나 우리의 경쟁자인 부족에게 주라. 그것이 내가 하고 싶은 말의 전부이다." 그녀의 아들은 대답했다. "나는 아버지가 나를 위해 깔아놓은 길을 막지 않을 것이다. 나는 추장이 내게 마련한 법을 어기지 않을 것이다. 나는 담요를 경쟁자에게 준다. 우리가 지금 벌이는 전쟁은 달콤하고 강하다." 아들은 담요를 나눠주었다.

북서 해안에서 재산을 이런 식으로 분배하는 축제들이 많았다. 많은 축제들은 경제적 교환과 별로 상관없는 행사들이다. 결혼식이나 장례식 또는 우연한 사고를 당했을 때 콰키우틀 부족이 내보이는 반응은, 그 밑에 깔린 특별한 심리를 파악하지 않으면 이해하기 어려운 것이다. 이 문화에서 남녀 관계, 종교, 심지어 불행한 사건 등은, 재산의 분배와 파괴를 통해 이루어지는 우월성의 과시에 얼마나 기여하느냐에 따라 공들여 구축되고 말고가 결정되었다. 이와 관련된 중요한 계기는 상속자 지정, 결혼, 종교적 힘의 획득과 과시, 장례, 전쟁, 사고 등이었다.

상속자 지정은 개인의 위대함을 마음껏 뽐내는 사건이었다. 상속자에게 개인이 가진 모든 이름과 특권을 넘겨주는데, 이런 증여는 재산의 독자적인 분배와 파괴를 통해 정당화되었다. "부의 갑옷"은 새로운 소유자에게 입혀 죄어야 한다. 이런 종류의 포틀래치는 중요하고 복잡한 행사였지만, 절차의 본질적인 특징은 상당히 단순했다. 틀라소티월리스(Tlasotiwalis) 왕자의 위대한 이름을 위한 포틀래치는 전형적인 사례이다. 그것은 혈통이 같은 모든 부족들의 축제였다. 그들이 모였을 때, 틀라소티월리스의 아버지 겸 추장이 가족 신화를 통해 물려받은 특권을 극적으로 열거하면서, 그 이름을 아들에게 물려주어 이제 아들의 이름이 바뀌었다고 공식 선언했다. 상속자는 이제 전통적 왕자의 이름을 물려받을 것이고, 재산을 명예롭게 분배할 준비가 되어 있다. 춤이 무르익을 때, 합창대는 아버지의 이름으로, 아들을 위해 작곡된 노래를 불렀다.

> 앞으로 나아가 이 〔구리판〕을 그에게 주자.
> 나는 늘 이 구리판으로 경쟁자 추장을 치기 위해 애쓰고 있다.
> 여러 부족들이여, 혀를 내밀고 손을 뒤로 늘어뜨리면서 자비를 청하지 마라.

젊은 왕자는 구리판 덴탈라유(Dentalyu)를 들고 안방에서 나왔다. 아버지는 그를 격려하며 충고했다. "아, 너는 위대한 추장 틀라소티윌리스이구나! 너는 진정으로 그것을 원하느냐? 유명한 이름을 지닌 이 구리판, 이 덴탈라유가 불가에서 드러누워 죽기를 진심으로 바라느냐? 너의 특권에 따라 행동하라! 사실 너는 유명한 구리판(여러 번 부서뜨린 바 있는 구리판)으로 특권을 마음껏 누렸던 추장들의 후손이다." 아들은 참여한 모든 의례에서 구리판을 부쉈고, 경쟁자들에게 나눠주면서 말했다. "나는 아버지인 추장이 닦은 길을 갈 것이다. 아무 것도 두려워하지 않는 추장, 방종하고 무자비한 추장이 걸어가는 길. 나는 진심으로 이렇게 말한다. 추장들이여, 나는 여러분, 부족들을 위해 덴탈라유가 산산조각이 날 때까지 춤을 춘다!" 그는 남은 모든 재산을 나눠주고, 아버지의 추장 자격을 이어받았다.

이런 형태의 포틀래치를 약간 변형한 행사도 있었다. 그것은 추장 가문의 상류층 여자들, 즉 추장의 어린 여동생이나 딸이 사춘기에 접어들면서 개최하는 행사들이다. 비록 과시의 정도가 덜하지만, 상속 의례와 마찬가지로 개인 이름의 위대함을 널리 알려야 효력이 발생했다. 담요와 구리판 이외의 많은 재산을 모아 분배했다. 여기에 들어가는 품목들은 여성의류, 조개를 캐는 여자용 카누, 금팔찌, 은팔찌, 귀고리, 바구니 모자, 전복 장신구 등이었다. 이러한 재산의 분배는 그(추장 : 여동생의 오빠나 딸의 아버지)가 완전한 자격을 갖춘 추장으로 올라가는 사다리에서 한 계단 더 올라갔음을 주장하는 권리를 주었다. 그들의 말을 빌리면, 그는 "사다리를 올라간 추장"이었다.

북서 해안에서 상속인을 위한 포틀래치 행사는 자축과 과시의 기회이기는 했지만, 라이벌과 직접적으로 경쟁하는 것은 아니었다. 따라서 결혼을 둘러싸고 벌어지는 포틀래치 행사처럼 본격적이고 대규모적인 문화 행사는 아니었다. 결혼은 구리판의 구매와 똑같이, 전쟁처럼 벌어지는 극적인 행사이다. 혼사에 관련된 중요 인물은 친척들을 전투 부대처럼 불러 모으고 그들에게 발표한다. "이제 우리는 부족들과 전쟁을 할 것이다. 내 아내를 집안에 들일 수 있도록 나를 도와주시오." 이러한 준비는 곧 착수되지만, 그들은 무기를 들고 전투를 하는 것이 아니라, 담요와 구리판을 가지고 싸웠다. 전쟁이라 함은 곧 물품의 교환을 말하는 것이었다.

:: 신부에 대한 투자

신랑이 신부에게 주는 신부 값은 구리판의 구매의 경우와 마찬가지로 단가가 점점 올라갔다. 신랑과 들러리는 무리를 지어 장인 집으로 갔다. 귀족은 누구나 "바닥에서 신부를 들어올리기 위해", "신부의 자리를 마련하기 위해" 자기 재산의 일부를 가지고 왔다. 장인의 가족을 제압하기 위해 그리고 신랑의 위대함을 보여주기 위해, 점점 더 많은 담요를 세어서 꺼냈다. 두 그룹의 갈등은 이와는 다른 방식으로 표현되기도 했다. 신랑의 일행이 무장하여 신부 마을을 덮치면, 신부 마을도 공격자들에게 맞서서 싸웠다. 싸움이 걷잡을 수 없게 되어, 사람들은 그 분쟁에서 죽기도 했다. 혹은 장인은 타오르는 횃불로 무장한 사람들을 두 줄로 세워놓고, 사위의 일행이 그 두 줄 사이로 걸어가게 하는 시련을 안겼다. 다른 가족들은 잔칫집에서 엄청나게 큰 모닥불을 피워 올리는 특권을 가졌다. 신랑의 일행은 그 곁에서 미동도 하지 않고 앉아서 버티어야 하는데 그러다가 화상을 입기도 했다. 한편, 신부 가족의 특권을 보여주는 문장인 조각된 바다 괴물의 입에서 일곱 개의 두개골이 튀어나오는데, 신부의 아버지는 신랑의 일행을 이렇게 조롱했다. "조심하라, 과체녹스! 이것들은 딸과 결혼하려 왔다가 불길에서 도망치려 했던 구혼자들의 뼈다귀다."

우리가 이미 살펴보았듯이, 신랑이 이 축제를 통해 사들이는 것은 신부 그 자체가 아니라 그녀가 자녀에게 넘길 권리가 있는 특권이었다. 북서 해안의 여러 거래와 마찬가지로, 신부 값은 장인이 그냥 받아서 먹고 떨어지는 것이 아니라, 몇 배로 되갚아야 하는 의무였다. 딸의 자녀가 태어날 때나 성인이 될 때, 행사를 개최하여 신부 값에 대한 답례 지불금(선물)을 지불했다. 이때, 장인은 자신이 받았던 물질적 재산의 몇 배를 사위에게 줄 뿐만 아니라, 더 중요하게도 딸의 자녀에게 넘길 권리가 있는 이름과 특권을 주었다. 이것들은 사위의 재산이 되지만 조건이 붙어 있었다. 그는 그 재산을 자기 자녀들에게 넘겨주어야 했다. 비록 아내를 통해 그 재산을 입수하게 되었지만 그것을 아내의 자녀들에게 넘겨주지 않는 경우도 있었다. 그는 그 재산들을 오로지 포틀래치 거래에서만 사용할 수 있기 때문에, 그런 의미에서 본다면 그건 그의 재산이 아니었다. 명문가의 경우 이 답례 지불금은 결혼 후 몇 년 뒤까지 연기되었다. 가령 시집간 딸의 장남이나 딸이 유서 깊은 〈식인회〉에 입문할 때까지 기다렸다가 지불하는 것이다. 이 경우, 사위는 장인에게서 대단히 많은 답례 지불금을 받아, 대규모 겨울 의식을 개최하고 엄청난 재산의 분배를 시도하게 되는데 장인의 답례 지불금은 그런 분배 작업의 뒷돈이 된다. 답례 지불금 행사는 시집간 딸의 자녀가 식인회에 입문할 때 주로 열렸다. 그 청년이나 처녀 입문자가 이때 얻은 이름과 특권은 부모의 결혼 지불금의 상환 형식으로 획득된 것인데, 결혼 거래에서 얻어지는 가장 소중한 재산이었다.

답례 지불금의 액수와, 그것을 주는 횟수는 가족의 중요성, 자녀의 숫자, 결혼에 따른 여러 가지 고려사항 등에 따라 결정되었다. 하지만 그 행사는 이미 확정되어 있는 것이고 아주 극적인 행사였다. 장인은 몇 년 동안 그때 쓸 재산을 미리 준비한다. 상환 시기가 왔을 때, 그는 모든 빚돈을 회수하여 음식, 담요, 상자, 접시, 숟가락, 주전자, 팔찌, 구리판 등을 풍부하게 마련한다. 팔찌는 막대기마다 열 개씩 묶어두고, 숟가락과 접시는 기다란 밧줄인 "카누의 닻줄"에 매달아놓았다. 장인의 친척들은 모여들어 그를 뒷받침하면서 열심히 그 물건들을 전시했다. 사위의 친척들은 축제 옷을 차려입고 모여들어, 사위집의 평대에 서서 해안을 내려다보며 기다렸다. 장인 일행은 해안에서 "카누"를 만들었다. 그것은 동서남북 네 방향으로 몇백 피트 높이로 모래 위에 쌓아올린 네모꼴로서, 동물의 얼굴과 그 얼굴 안에 해달의 이빨을 그려 넣은(상자 옆면에), 조상 대대로 내려오는 예식용 상자들로 구성된 것이었다. 사람들은 이 카누에다 장인이 모아둔 모든 물품을 날랐다. 카누의 앞쪽 끝에서 사위집의 평대까지 앵커 라인(닻줄)을 쳤다. 그들은 이 줄 위에다 조각된 목제 접시와, 야생 염소의 뿔로 만든 귀중한 숟가락을 매달았다. 장인의 모든 친척들은 카누로 들어가고, 그 친척들과 사위 일행은 교대로 소중한 노래를 불렀다. 신부 값을 되갚는 그날, 시집 간 딸은 남편에게 전할 장식품을 가득 실은 카누에 친정 부모와 함께 탔다. 이 축제의 가장 큰 춤은 시집간 그 딸이 추는 춤이다. 그녀는 보석을 마음껏 과시했다. 전복 껍질의 코걸이가 너무 커서 떨어지지 않도록 귀에 걸어야 했고, 귀고리는 너무 무거워서 머리 타래에 묶어야 했다. 그녀가 춤을 마친 뒤, 장인은 자리에서 일어나, 카누의 모든 재산권을 사위에게 넘겨주었다. 중요한 재산은 조그마한 상자 속에 들어 있는데, 종교 단체의 입회자 권리를 상징하는 징표와, 나중에 시집간 딸의 자녀들에게 (사위를 통해) 넘겨지는 이름들이었다.

모든 재산권을 사위에게 넘기자마자, 사위 친구들은 손에 도끼를 들고 카누에 달려가, 카누를 형성한 상자 뚜껑을 부수면서 외쳤다. "이제 우리의 짐을 실은 카누는 부서졌다."

그러면 사위는 대답했다. "이제 기뻐하자." 그것을 가리켜 카누의 침몰이라고 했는데, 사위가 곧 카누에 담긴 모든 재산을 부족에게 분배해야 한다는 뜻이었다. 말하자면, 그는 이자쳐서 돌려받는 조건으로 재산을 분배하는 것이다. 그런 재산의 분배는 한 인간의 경력에서 절정에 도달한 순간이었다. 이 경우, 사위 소유의 노래는 권력의 정점에 선 추장(사위)의 승리를 표현하는 것이었다.

> 나는 가서 스티븐스 산을 갈가리 찢을 것이다.
> 나는 그것을 내 부싯돌로 사용할 것이다.
> 나는 카츠타이스 산을 부수러 갈 것이다.
> 나는 그것을 내 부싯돌로 사용할 것이다.

어떤 야심적인 남자는 네 번의 결혼을 통해 점점 더 귀중한 특권의 자격을 축적하고 신부 값에 따르는 답례 지불금을 손에 넣으려 했다. 어떤 노인이 이런 종류의 혼인을 바람직하다고 여기는데 결혼시킬 만한 딸이 없는 경우에도 재산의 양도는 가능하다. 그들은 사위가 장인의 "왼쪽 발"이나 "오른 팔"이나 혹은 신체의 어떤 부분과 결혼했다고 말한다. 그래서 유사 결혼은 진짜 결혼과 똑같은 의식으로 치러졌고, 이 수단으로 특권을 양도할 수 있었다. 북서 해안의 결혼은 이처럼 특권을 양도하는 공식적 방법이 되었다. 하지만 질투어린 전쟁의 결과를 가져온 부족 간의 결혼은 더욱 놀라운

바가 있다. 귀족 여성이 다른 부족의 남자와 결혼하게 되면 그녀 때문에 무척 넘기기 싫은 부족의 춤과 특권을 다른 부족에게 넘겨주게 되었다. 이런 경우에 해당하는 한 가지 사례가 있다. 어떤 장인이 사위를 통해 춤의 재산을 넘기려고 하자, 그(장인)에게 그 춤의 재산을 넘겨주었던 부족이 그 결혼을 못마땅하게 여기게 되었다. 그 부족(노래의 원래 소유자)은 잔치를 여는 체하여, 장인과 그 부족을 초대했다. 모두가 모였을 때, 그들은 장인과 많은 친구들을 덮쳐 죽였다. 이렇게 하여 그들은 춤의 권리를 경쟁 추장(사위)에게 넘어가는 것을 막았다. 결혼으로 장인을 통해 답례 지불금 조로 그 노래의 권리를 얻게 되어 있었던 추장은 장인이 죽었다고 해서 탐내던 춤의 권리를 쉽사리 포기하려 들지 않았다. 그는 이번에는 결혼의 상대를 바꾸어서, 장인을 죽인 남자의 딸과 결혼했다. 그 결과 탐내던 춤의 권리를 주장할 수 있었고, 이렇게 해서 첫 번째 결혼에서 얻기로 했던 춤을 끝내 획득했다.

∷ 결혼, 살인, 종교

북서 해안의 결혼은 모든 가능한 수단을 동원하여 추구하는 일종의 사업 거래였으며 독특한 규칙을 따랐다. 아이가 태어나, 충분한 답례 지불금을 친정에서 가져오게 한 여자는 친정에 의해 구원된 여자로 간주되었다. 그러나 아내를 "거저 그의 집에 머물게 하는" 행위는 남편의 품위를 떨어뜨리는 행위였다. 그리하여 그는 추가로 신부 값을 지불함으로써 자신이 미리 선불을 하지 않고서도 답례 지불금을 받은 사람이 되지 않도록 했다.

결혼과 관련된 두 집안에서 불만이 발생할 경우, 사위와 장인은 공공연히 갈등을 터뜨릴 수도 있었다. 어떤 경우, 장인은 사위의 어린 자녀의 성인식 때 담요와 이름을 주었으나 그것이 사위의 기대치에 미치지 못했다. 사위는 그 답례 지불금에 불만을 느낀 나머지 담요를 경쟁 그룹에게 분배하지 않고 자신의 친척들에게 나눠주었다. 이것은 치명적인 모욕이었다. 그것은 답례 선물이 자기(사위) 이름의 위대함에 비해 너무 작고 하찮다는 것을 의미하기 때문이다. 장인은 보복에 나섰고 자신에게 가한 수치를 구실로, 딸과 두 자녀를 자신의 마을로 데려갔다. 장인은 이것을 치명타라고 생각했지만, 사위는 아내와 자녀를 버리고 무관심을 가장함으로써 오히려 형세를 역전시켰다. "사위가 자식을 보기 위해 돈을 내지 않기 때문에 장인은 부끄러워했다." 사위는 또 다른 아내와 결혼하여 경력을 쌓아갔던 것이다.

또 다른 사례는, 장인이 부당하게 답례 지불금을 지연시켜서 추장(사위)이 초조해진 경우이다. 그는 아내의 모습을 닮은 목각상을 새긴 후 모든 부족을 연회에 초대했다. 그는 사람들이 지켜보는 가운데 아내의 목각상의 목 부분에다 돌을 매달고 그것을 바다에 던졌다. 이런 모욕을 씻으려면, 장인은 소유한 것보다 훨씬 많은 재산을 분배하고 파괴해야 되었다. 그렇게 하여 사위에게 수치를 안겨줌으로써 사위가 가져간 아내의 높은 지위와, 그것을 통해 얻게 된 장인의 지위를 파괴할 수 있었다. 하지만 그 결혼은 결국 깨지고 말았다.

귀족 칭호를 물려받지 못한 남자는 높은 지위의 여자와 결혼함으로써 신분이 높아질 수도 있었다. 이 남자는 으레 장자 상속의 관습으로 높은 신분의 길이 막힌 청년이다. 만약 결혼을 잘 하고 빚돈을 늘려 재산을 얻는다면, 그는 부족의 신분이 높은 사람이 될 수도 있다. 하지만 그 길은 험난했다. 여자의 가족은 딸을 평민에게 결혼시키는 것을 불명예로 생각했고 또 결혼을 하더라도 포틀래치에 의한 재산교환을 할 수 없었다. 신랑이 가난하여 필요한 물품을 모을 수 없기 때문이다. 포틀래치로 인정받지 못한 결혼은 "개처럼 야합한 것"이라는 평가를 받았다. 이런 결혼에서 낳은 자녀들은 사생아라고 경멸당했다. 만약 아내가 소유하고 있는 귀족 칭호를 남편에게 준다면 그 남자는 거저 얻었다는 얘기를 들었고, 그것은 가족에게 치욕이었다. "그들의 이름은 창피를 당하고 나쁜 이름이 되었다. 그녀가 평민을 남편으로 맞이했기 때문이다." 그가 재산을 축적하여 이름에 대하여 정당한 권리를 얻었더라도, 부족은 여전히 그것을 수치라고 생각했다. 추장들은 그를 반대하여 뭉치고, 포틀래치에서 패배시켜 그의 허세를 폭로했다. 여성 귀족의 평민 남편이 백인에게서 번 돈을 사용하여 높은 신분을 얻은 경우, 추장들은 그를 패배시키기 위해 모든 구리판을 동원했다. 그들이 그에게 영원한 수치심을 안겨준 이야기는 이러하다. 그들은 각각 1만 2,000

장의 담요, 9,000장의 담요, 1만 8,000장의 담요에 맞먹는 구리판 세 개를 태웠다. 귀족의 권리를 주장하고 나선 자는 구리판 세 개에 해당하는 3만 9,000장의 담요를 구입할 수 없었다. 그는 패배했고, 절반의 귀족인 자녀들을 다른 가족에게 입양시켰다. 그의 불명예를 아이들에게 물리고 싶지 않아서였다.

결혼만이 특권을 얻을 수 있는 유일한 방법은 아니다. 가장 명예롭게 여겨지는 수단은 권리의 소유자를 죽이는 일이었다. 상대방을 죽인 남자는 그의 이름, 춤, 장식깃을 얻었다. 소유자의 반감 때문에 탐내는 춤과 가면의 권리를 얻을 수 없는 부족들은 어떻게 할까. 그들은 그 의식의 소유권을 가진 사람이 타고 여행하는 카누를 매복하여 공격할 수 있다. 이런 식으로 사람을 죽여 춤의 권리를 얻었고, 그 권리를 추장 혹은 큰 형의 재량에 맡겨 놓은 다음 조카나 아들을 입문시켜 죽은 자의 이름과 춤을 그에게 주었다. 이렇게 양도받을 수 있었다는 것은 이런 뜻이었다. 살인자는 의례의 소유자를 죽이기 전에 이미 그 노래의 가사, 춤의 절차, 성물의 사용 등 전반적 의례 절차를 알고 있었던 것이다. 그가 얻은 것은 의례 절차의 지식이 아니라, 그런 재산에 대한 소유권이었던 것이다. 전쟁에서 패한 자의 특권이 승자(살인자)에게 넘어간다는 사실은, 그들의 초창기 역사에서 자주 벌어졌던 전쟁의 유물인 것으로 보인다. 북서 해안의 독특한 특권 분쟁은 주로 전쟁의 방식으로 수행되었고, 재산을 가지고 벌이는 경쟁은 이에 비하면 중요도가 떨어지는 것이었다.

북서 해안에서 소유자를 죽여 특권을 얻는 행위는 인간에 국한되지 않았다. 신에게서 힘을 얻으려고 할 때에도 신을 죽이려 했다. 초자연적 존재를 만나 죽인 사람은 그 신의 의례와 가면을 얻었다. 모든 사람들이 인간관계에서 널리 사용하는 행동(살해)을 초자연적 존재에게도 사용했다. 하지만 신들에 대한 경배를 무시하는 것이 그리 흔한 일은 아니었다. 아무튼 초자연적 존재들에 대한 외경심은 별로 없는 편이었고 필요할 때 그들(초자연적 존재)을 죽여 수치를 안기는 것은 멋진 행동으로 간주되었다. 그것은 북서 해안에서 인정된 관습이다.

상속도 매수도 아닌 또 다른 방법으로 특권을 얻을 수 있었다. 이것은 종교적 실천자가 되는 길이다. 샤먼이 되면서 그는 아버지나 삼촌의 인도가 아니라, 초자연적 존재에 의해 입문하고, 초자연적 방문자(정령)의 특권과 인정된 이름을 얻는다. 따라서 샤먼은 "정령의 명령에 따라" 특권을 얻고 행사했지만 그들이 소유한 특권은 상속 특권과 똑같은 것으로 인식되었고, 그 특권의 행사 또한 마찬가지 방식으로 행사되었다.

샤먼이 되는 전통적인 방법은 중병에서 낫는 것이었다. 병에서 나은 모든 사람들이 샤먼이 되는 것이 아니고, 정령의 치료를 받기 위해 숲의 집에 직접 들어간 사람들만 샤먼이 되었다. 만약 초자연적 존재가 나타나 그에게 이름과 지시를 내렸다면, 그는 다른 조직의 입문자가 특권을 상속할 때와 똑같은 과정을 밟았다. 말하자면 그는 정령의 힘을 갖고 되돌아와, 새로 얻은 특권을 사람들에게 보여주었다. 그는 자신에게 내린 신(정령)의 이름을 발표하고, 아픈 사람을 치료함으로써 자신의 힘을 드러냈다. 그는 이름의 효력을 얻기 위해 재산을 분배하고 샤먼으로서 경력을 시작했다.

샤먼은 추장과 귀족이 특권을 경쟁할 때 사용하는 것과 똑같은 특권을 사용했다. 샤먼은 경쟁자들의 초자연적 주장을 조롱하면서 그들과 경쟁하여 자신의 초자연적 힘을 보여주었다. 샤먼들은 저마다 경쟁자와 약간 다른 비결을 가지고 있고, 그의 지지자들은 다른 샤먼들을 희생시키면서 자기 주인의 치료 방법을 칭찬했다. 어떤 샤먼은 병을 빨아들이고, 어떤 샤먼은 문지르고, 어떤 샤먼은 잃어버린 정신을 되찾아 주었다. 그들이 즐겨 사용하는 방법은 환자의 몸에서 병을 자그만 "벌레"의 형태로 만들어내는 것이다. 이것을 보여주기 위해, 샤먼은 새털로 둥글게 만든 작은 공을 이빨과 윗입술 사이에 물고 다녔다. 환자에게서 치료를 요청받으면, 그는 먼저 물로 입을 헹구었다. 이렇게 하여 입 안에 아무것도 없음을 증명하고 나서, 그는 춤추며 환자의 환부를 빨아주고 이어 자신의 뺨 내부를 살짝 물어뜯어 입안에 피 묻은 침이 가득하게 만들었다. 그는 환부에서 빨아냈다고 하는 피 묻은 침 덩어리, 즉 벌레(새털로 둥글게 만든 작은 공)를 접시로 내뱉었다. 그는 이어 "벌레"를 헹구어서 그게 고통과 병의 원인이었다며 환자에게 보여주었다. 샤먼들은 흔히 단 한 번의 치료로 병을 낫게 했고, 1차 치료에서 성공하지 못한 샤먼들은 구리판 경쟁에서 패배한 추장과 마찬가지로 체면을 잃었다. 그들은 다른 샤먼에게 패배하여 수치심으로 죽어버리거나 아니면 단결하여 성공한 경쟁자 샤먼을 죽였다. 패배한 경쟁자가 승리한 샤먼을 죽이는 일은 당연시되었다. 그렇게 죽은 샤먼의 죽음은 아무도 복수해 주지 않았다. 샤먼의 힘은 남을 치료해 주는가 하면 남을 해칠 수도 있는 것이라고 생각되었다. 그런 힘을 가진 샤먼인 만큼 자기의 안전은 자기가 책임져야 했다.

콰키우틀 부족의 샤머니즘은 또 다른 측면에서 장식깃과 호칭의 효력에 집중하는 세속의 경쟁과 일맥상통했다. 식인회의 입회식은 축제 기간에 열리는 극적인 연기였다. 다른 데서는 초자연적인 존재와의 개인적인 만남이라고 여겨지는 환상이 단지 형식적인 교리에 지나지 않는다. 이와 마찬가지로 주술의의 주장을 극적으로 정당화하기 위한 술수와 훈련을 강조한 나머지, 개인적으로 정령의 비위를 맞추기 위한 의례는 아예 사라져버리고 말았다. 각각의 샤먼은 조력자를 두는데, 오히려 그를 첩자라고 부르는 게 더 나을 것이다. 첩자는 사람들과 섞여 있으면서 환자가 고통을 느끼는 신체의 부위가 어디인지 알아내어 주인(샤먼)에게 보고하는 게 임무였다. 치료해달라는 요청을 받으면 샤먼은 앓는 사람에게 모든 주의력을 기울여 초자연적 힘을 보여주었다. 첩자는 부락의 어떤 사람이 만성 피로를 호소하면 그것도 하나의 정보로서 샤먼에게 보고했다. 따라서 치료의 일반적 방식은, 샤먼이 병자들에게 영혼을 회복할 필요가 있다면서 그의 영험한 힘을 보여주는 것이었다. 그리하여 첩자들은 신들의 가르침이라고 해석되는 메시지를 가지고 카누를 타고 아주 멀리까지 갔다.

샤먼과 첩자의 속임수는 다른 샤먼은 물론이고 부족 사람들에게도 무관심의 문제가 아니었다. 많은 다른 부족들은 초자연적 힘을, 인간이 조종하는 술수를 통해 자연스럽게 꾸며진 것이라고 생각했다. 하지만 콰키우틀 부족은 그렇게 생각하지 않았다. 샤면은 절대 자신의 술수를 시인하면 안 되었다. 〈어딜 가나 사람 좋은 자〉라는 이름을 가진 절망에 빠진 샤먼만이 자신이 교묘한 술수를 부려 갈가마귀로 하여금 자신의 손을 물어뜯게 했다고 실토했다. 그러면 사람들은 "그는 샤머니즘에서 행한 모든 것을 꾸며냈기 때문에 평범한(영험력 없는) 샤먼"이라는 걸 알게 되었다. 그는 부끄러워서 샤면 노릇을 그만두었고 1년 만에 미치광이가 되었다. 속임수의 비결이 발각된 샤먼은 패배한 것과 다름없었다. 어떤 주술의(샤면)는 목 띠에서 박제한 다람쥐를 꺼내 자신의 팔위로 기어 올라가게 했다. 그의 수법은 이러했다. 그는 먼저 박제된 다람쥐와 함께 춤을 추고 나서 그것을 소생시킬 수 있다고 말한다. 그러면 지붕 위에 숨어 있던 비밀 협력자는 지붕의 판자를 옆으로 밀고서 줄을 내린다. 샤먼은 그 다람쥐 위로 넘어지는 척하면서 다람쥐를 그 줄에 연결시켜 위로 올려 보냈다. 이어 필요하면 죽은 다람쥐를 다시 내려 보내게 했다. 관중은 그가 집의 같은 자리에만 서서 다람쥐를 부르는 것을 수상하게 여겼다. 그래서 어떤 사람이 지붕으로 올라가 옆으로 밀어내는 판자가 놓인 장소를 발견했다. 이렇게 하여 속임수가 들통나자 샤먼은 무당 노릇을 그만두고, 전혀 외출하지 않았으며 〈어딜 가나 사람 좋은 자〉처럼 수치심 때문에 사망했다. 이처럼 콰키우틀 부족의 샤먼들은 자신의 영험력을 과장하기 위해 부정한 수단을 적극 사용했다. 만약 발각되면, 그것은 포틀래치 경쟁에서 패배한 것과 다름없었다.

세속의 추장들이 그렇게 하듯이, 샤먼은 재산을 분배함으로써 특권의 효력을 얻어야 했다. 그가 치료에 성공했을 때, 그는 병자 가족의 재산과 지위에 따라 보상을 받았다. 그것은 포틀래치의 재산 분배와 비슷한 방식이었다. 콰키우틀 부족은 샤머니즘이 "재산을 얻기 쉬운 방법"이라고 말했다. 그것은 상속이나 구매 없이, 신분 상승의 소중한 특권을 얻는 길이었다.

상속과 구매는 콰키우틀의 관습에서 다른 모든 특권을 얻는 수단이었다. 이 방식으로 샤먼의 특권 또한 얻을 수 있었다. 샤먼의 술수는 힘들게 배워야 하는 것이었고, 초심자에게 그런 술수를 가르친 샤먼은 돈을 받았다. 초자연적 힘의 상속이 얼마나 흔한 일이었는지는 정확하게 말할 수 없다. 식인 춤꾼들이 그렇게 하는 것처럼, 사람들은 자신의 아들을 일정 기간 동안 숲으로 은둔시킨 뒤 샤먼으로 입문시켰다. 위대한 샤먼인 〈바보〉는 석영 크리스털을 자신의 몸에서 뱉어내 아들의 몸속으로 집어넣었다. 그리하여 아들은 최고급 샤먼이 되었다. 아버지는 물론 이 행동으로 무당 노릇에 대한 모든 권리를 잃었다.

:: 조롱에 대한 두려움

북서 해안에서 일어나는 행동은 모든 점에서 자신의 위대함과 경쟁자의 열등감을 보여주려는 필요성에 지배되었다. 그들은 마음껏 자화자찬하면서 적수에게 비웃음과 모욕을 던졌다. 이 자기 과시의 구도에는 또 다른 측면이 있다. 콰키우틀 부족은 조롱을 두려워했고 그런 조롱의 관점에서 모든 경험을 해석했다. 그들은 승리와 패배를 오가는 하나의 감정 스펙트럼만 인정했다. 경제 교환, 결혼, 정치 생활, 종교 관습은 모욕의 주고받기라는 관점에서 이루어졌다. 하지만 이것도 수치에 대한 관심사가 그들의 행동을 지배하는 스펙트럼의 일부에 지나지 않는다. 북서 해안의 인디언들은 외부 세계와 자연의 힘에 대해서도 똑같은 행동의 패턴을 보였다. 사고는 어느 것이나 사람들이 부끄러워해야 마땅한 것이었다. 가령 도끼가 자루에서 빠져 발을 다친 사람은 곧 자신에게 닥친 그 수치를 닦아내야 했다. 카누가 뒤집힌 남자는 마찬가지로 모욕으로 더러워진 "몸을 씻어야" 했다. 사고가 났을 때 어떤 대가를 치르더라도 남의 비웃음을 막아야 했다.

그들이 사용한 일반적인 수단은 물론 재산 분배였다. 그것은 수치를 없앴다. 말하자면 포틀래치 행사로 우월감을 다시 확립시키는 것이다. 중요하지 않은 모든 사고들은 이렇게 다루어졌다. 큰 사고들은 겨울 의식을 열거나, 사람 사냥을 나가거나, 자살을 함으로써 대응했다. 만약 식인회의 가면이 부서지면, 그런 모욕을 닦아내기 위해, 남자는 겨울 의식을 열고 아들을 식인자로 입문시켜야 한다. 친구와의 도박에서 돈을 잃고 알거지가 된다면 자살을 해야 되었다.

:: 최고의 모욕인 죽음

죽음도 이런 모욕 씻어내기의 관점에서 다루어지는 커다란 행사이다. 북서 해안의 장례식은 이 문화가 제도화시킨 독특한 궤적의 행동을 알아야 이해할 수 있다. 죽음은 그들이 인정할 수 있는 최고의 모욕이었다. 그들은 대형사건 때처럼 재산의 분배와 파괴, 사람 사냥, 자살 등으로 대응했다. 그들은 널리 통용되는 수단, 다시 말해, 수치 씻는 방법을 취했다. 추장의 가까운 친척이 죽었을 때, 그들은 망자의 집을 해체하여 사람들에게 나누어주었다. 골조에서 벽과 지붕의 판자를 떼어내고, 운반할 능력이 있는 사람들은 그 재료들을 가져갔다. 일상적인 의미에서 그것은 포틀래치 행사이다. 모든 판자는 정당한 이자를 붙여 되갚아야 한다. 이른바 "사랑하는 사람의 죽음 때문에 광기가 발생한" 경우였다. 이런 식으로 콰키우틀 부족은 초상을 치르는데 그것은 결혼, 초자연적 힘의 획득, 싸움에서 사용했던 것과 똑같은 방법이었다.

죽음의 모욕을 더 극단적으로 맞이하는 방법도 있었다. 이것은 사람 사냥이었다. 이것은 망자를 죽인 살인자 그룹에 대한 보복의 차원이 아니다. 망자가 병에 걸려 침대에서 죽었거나 혹은 적의 손에 죽었거나 대응 방법은 마찬가지였다. 사람 사냥은 "허를 찔러 죽이기"라고 불렸고, 다른 가족으로 하여금 장례를 대신 치르게 함으로써 죽음이라는 현상에 복수하는 수단이다. 추장의 아들이 죽었을 때, 추장은 카누를 타고 나간다. 그는 이웃 추장의 집으로 들어가, 격식을 차려 주인에게 인사한 뒤, 이렇게 말했다. "나의 왕자는 오늘 죽었고, 너는 그와 함께 저승으로 가야 한다." 그러면서 상대방을 죽였다. 그들의 해석을 따르면 추장은 고상하게 행동한 것이었다. 그는 아들의 죽음에 좌절하지 않고 오히려 남의 죽음으로 되갚았기 때문이다. 이런 전체적인 절차는, 사별을 과대망상증적으로 해석하고 있음을 보여준다. 일상생활의 다른 모든 불운한 사고처럼 죽음은 인간의 자부심을 망쳐놓는 것이므로 당연히 수치의 관점에서 다루어야 하는 것이다.

죽음에 대한 이런 반응을 보여주는 이야기들은 많다. 추장의 누이와 그녀의 딸이 빅토리아로 올라갔다. 독한 위스키를 마셨거나 아니면 배가 전복되어서인지 그들은 되돌아오지 않았다. 추장은 전사를 불러 모았다. "자, 나는 부족의 여러분에게 묻겠다. 누가 슬피 울어야 할까? 내가 울어야 할까 아니면 다른 사람?" 대변인은 대답했다. "추장, 당신은 아닙니다. 다른 사람을 시켜 울게 하십시오." 그들은 곧 전쟁 기둥을 세우면서 치욕을 씻겠다는 의도를 밝히고 전사를 모았다. 그들은 곧 전투 부대를 결성하여 출발했고 일곱 명의 어른과 두 명의 어린이를 발견하여 죽였다. "그들은 저녁에 세바에 도착했을 때 기분이 좋았다."

지금 생존해 있는 어떤 남자는 뿔조개를 채집하러 갔을 때의 '1870년대' 체험을 설명한다. 그는 부족의 두 추장 중 한 명인 틀라비드의 집에 머물고 있었다. 어느 날 밤, 그는 해안의 은신처에서 잠자고 있었는데, 두 명의 남자가 그를 깨우면서 말했다. "우리는 가가헤메 추장의 공주가 죽었기 때문에 틀라비드 추장을 죽일 것이오. 세 척의 카누에 타고 온 우리는 인원이 60명이오. 우리는 틀라비드의 목을 베지 않으면 고향으로 돌아갈 수 없어요." 아침에 방문자는 틀라비드에게 용건을 말했고 틀라비드는 대답했다. "이보게, 무슨 소리를 하는 거야? 가가헤메는 나의 삼촌이야. 그의 아버지의 어머니와 나의 어머니의 어머니는 같은 사람이지. 그런 사이인데 나를 해칠 수는 없지." 그들은 식사했고 식사가 끝난 뒤, 틀라비드는 필요한 장비를 갖추어서 마을 밖의 작은 섬에 홍합을 잡으러 가겠다고 말했다. 부족 전체는 추장의 홍합 채집을 말렸지만 틀라비드는 부족의 만류를 비웃었다. 그는 망토와 노를 들고 집 밖으로 나섰다. 그는 화를 냈고 아무도 그의 심기를 건드릴 수 없었다. 그가 카누를 물에 띄웠을 때, 아들은 배에 타고 아버지와 함께 이물에 앉았다. 틀라비드는 노를 저으면서 홍합이 많은 작은 섬으로 향했다. 항해하던 도중에 틀라비드는 남자들이 가득 탄 세 척의 큰 카누와 조우하여 그들을 보자마자, 카누를 그들 쪽으로 돌렸다. 이제 그는 노를 젓지 않고, 두 척의 카누는 그의 육지 쪽으로 한 척은 그의 바다 쪽으로 접근했다. 세 척의 카누의 고물은 한 줄을 이루었다. 세 척의 카누는 멈추지 않았고, 목 없이 서 있는 틀라비드의 시체를 볼 수 있었다. 전사들은 노를 저으면서 떠나갔다. 그들이 보이지 않았을 때, 부족은 작은 카누를 물에 띄워, 틀라비드가 죽어 누워 있는 카누에 다가가 밧줄을 맸다. 추장의 어린 아들은 결코 울지 않았다. "아버지가 당한 것 때문에 크게 상심하고 있었기 때문이다." 해안에 도착했을 때, 그들은 위대한 추장을 매장했다.

친족의 죽음을 설욕하기 위해 다른 사람을 죽이기로 하면 단 한 가지 고려사항만 염두에 두었다. 죽어줘야 할 사람의 지위가 죽은 자의 지위와 동등해야 했다. 일반인의 죽음은 일반인의 것으로 씻고, 공주의 죽음은 다른 공주의 것으로 씻었다. 따라서 유족들이 동등한 지위의 사람을 죽이면, 그 사람은 비록 애꿎은 공격을 당해 죽었지만 그 지위를 유지한 것으로 간주되어 상속할 수 있었다.

좌절에 대한 콰키우틀 부족의 독특한 반응은 심술궂음과 절망의 행동이다. 만약 어떤 소년이 아버지에게 맞거나, 어떤 아버지의 자녀가 죽는다면 그는 잠자리로 물러나 먹지도 않고 얘기하지도 않았다. 위협받은 위신을 회복하겠다고 결심하면 그는 일어나 재산을 분배하거나 사람 사냥을 나가거나 아니면 자살을 선택했다. 콰키우틀 부족의 가장 흔한 전설은, 아버지나 어머니에게서 꾸중을 들은 어린이가 나흘 동안 침상에서 꼼짝 않고 드러누웠다가 자살하겠다고 숲으로 간 이야기이다. 그는 절벽에서 폭포로 뛰어내리거나 호수에 빠지려 했지만 초자연적 존재의 도움으로 죽음에서 구출된다. 초자연적 존재는 그에게 말을 걸고 힘을 준다. 그는 되돌아와, 자신의 위대함으로 부모를 부끄럽게 만든다.

실제로 자살은 비교적 흔한 일이었다. 남편이 부정하다고 친정으로 돌려보낸 여자의 어머니는 수치심 때문에 목을 매달았다. 입문식 춤에서 아들이 잘못을 저질러 괴로워하던 아버지는 두 번째의 겨울 의식에 자금을 댈 수 없어 패배했고 그리하여 자살했다.

수치를 겪은 사람이 실제 자살까지 가지는 않는다 하더라도, 아무튼 죽음은 대부분 수치심이 그 원인이었다. 치유의 춤에서 다른 샤먼에게 제압당한 샤먼, 구리판 부수기에서 패배한 추장, 놀이 게임에서 진 소년은 누구나 부끄러워 죽겠다고 말했다. 하지만 격식을 갖추지 못한 결혼은 가장 큰 대가를 치렀다. 이 경우, 상처 받기 쉬운 사람은 신랑의 아버지였다. 결혼할 때, 주로 재산과 특권의 양도로 높아지는 것은 신랑의 위신이기 때문이다. 따라서 그의 아버지는 격식을 갖추지 못한 결혼을 할 경우 잃는 게 많았다.

콰키우틀 부족은 마을의 늙은 추장이 부끄러워 죽은 일화를 전해준다. 몇 년 전, 그의 막내는 어떤 노예의 딸과 함께 머나먼 후미로 사랑의 도피행을 떠났다. 이것은 이러쿵저러쿵 말할 일이 아니었다. 막내는 계급이 낮은 별볼일 없는 사람이기 때문이다. 그 막내와 아내에게는 아름다운 딸이 있었다. 그녀가 적령기에 이르렀을 때, 막내의 형이 그녀를 보고 출신을 알지 못한 채, 결혼하기 위해 데려왔다. 그들은 아들을 낳고, 형은 자신의 귀족 칭호를 아들에게 물려주었다. 형은 자기 아들과 아내의 부모(장인장모)를 데리고 아버지 집에 나타났다. 늙은 추장은 그 사돈 남자가 자신의 막내임을 알아보았을 때 수치심을 못 이겨 죽었다. 귀족 아들이 "막내의 평범한 딸" 사이에 낳은 아들에게 그(늙은 추장)의 이름을 주었기 때문이다. 하지만 막내는 행복했다. 귀족 형을 속여 자신의 딸을 결혼시키고, 손자에게 높은 귀족 호칭을 얻어주었기 때문이다.

그 결혼에 대한 늙은 추장의 수치심에는, 근친혼에 대한 고민의 측면은 전혀 없었다. 동생이 귀족 신분을 유지하고 있을 때 그 동생의 딸과 하는 결혼은 전통적으로 인정된 결혼이었고, 어떤 가문들에서는 아주 인기가 높은 혼사였다. 북서 해안의 귀족제는 장자 상속과 밀접한 관계가 있기 때문에 우리가 생각하는 귀족 제도, 즉 "피의 자부심"이라는 것은 존재하지 않았다.

:: 정서의 스펙트럼

북서 해안에서 심술궂음과 자살은 그들이 몰입하는 승리와 수치라는 게임의 자연스러운 보완물이다. 승리를 비롯하여 수치에 이르기까지 그들이 인정하는 단 하나의 감정 스펙트럼 내에서 그런 반응이 확대되거나 축소되었다. 승리는 당당하다고 착각하여 마음껏 즐기는 반면, 수치는 죽음의 원인이 되었다. 그들은 단 하나의 감정 스펙트럼만을 알았고, 그것을 모든 경우에 사용했으며, 심지어 그럴듯하지 않은 경우에도 들이댔다.

그들의 사회는 이런 승리와 수치의 관점에서 일상생활을 잘 영위해 나가는 자에게 모든 보상을 주었다. 무엇보다도 개인의 에고가 안전하게 지켜지는 것이 가장 소중했다. 친구들의 행동, 물질적 환경에 의해 발생하는 사건 등은 에고의 안전성을 가장 크게 위협했다. 이런 에고에 타격을 입은 사람을 회복시키기 위해 확실하고도 특별한 기술이 있었다. 만약 이런 기술을 쓸 수 없다면 그는 죽을 수밖에 없었다. 그의 입장에서 보자면, 그는 에고의 과대망상에 모든 것을 걸었다. 자존심이라는 거품이 터졌을 때, 그는 의지할 버팀목이 없었다. 부풀어 오른 자아가 붕괴해 버리면 그는 바닥에 쓰러져서 일어나지 못했다.

친구와의 관계도 이와 똑같은 심리에 지배당했다. 자신의 위치를 유지하려면 그는 이웃에게 수치와 웃음거리를 안겨주어야 했다. 너의 손해가 곧 나의 이익이었다. 그는 자신의 영향력으로 그들의 허세를 "납작"하게 만들고 그들의 이름을 "제압"하기 위해 열심히 노력하는 것이 목적이었다. 콰키우틀 부족은 신들을 다룰 때에도 이렇게 행동했다. 그들이 사람에게 퍼붓는 최후의 모욕은 그를 노예라고 부르는 것이었다. 좋은 날씨를 위해 빌어도 바람이 바뀌지 않는다면, 그들은 초자연적 존재를 똑같이 모욕했다. 예전의 어떤 여행자는 침시안 족에 대하여 이런 글을 쓰고 있다. "재난이 계속되거나 심해지면, 그들은 신에게 화를 내어, 격분한 듯이 눈을 치켜뜨고 손을 들어올려, 발로 땅을 짓밟으면서 반복하여 말했다. '당신은 참 잘난 노예다.' 그 말은 가장 심한 욕설이었다."

그들은 초자연적 존재를 자비롭다고 생각하지 않았다. 그들은 허리케인과 눈사태가 무자비하다는 것을 알았고, 이런 무자비한 자연 세계의 특성을 신들의 속성이라고 생각했다. 이런 신들 중의 하나인 〈강의 북쪽 끝의 식인자〉는 여자 노예를 부려 시체(인육)를 공급받아 먹었다. 그의 경호인, 〈레이븐(갈가마귀)〉은 시체의 눈알을 먹었다. 신의 노예인 또 다른 전설적인 〈새〉는 그 부리로 시체의 두개골을 부수고 인간의 뇌를 빨아먹었다. 사람들은 초자연적 존재에게 자비가 없다고 생각했다. 까뀌로 깎아 카누를 만든 뒤, 주인이 가장 먼저 하는 일은 카누의 양쪽에 사람의 얼굴을 그려서 죽은 카누 제조자들을 놀라게 하여 쫓아내는 것이다. 만약 그가 이렇게 그 자들을 예방하지 않는다면 그들은 분명 카누를 산산조각 낼 것이기 때문이다. 이것은 주니 부족의 사제들이 망자가 된 선배 사제들에게 우호적이고 협력적인 관계를 유지했던 것과는 정반대의 행동이다. 북서 해안에서, 죽은 카누 제조자들은 살아 있는 동료를 공격한다고 믿어졌던 것이다. 우리가 보았듯이, 신에게서 은총을 받는 공인된 방법은 신을 죽이는 것이었다. 그러면 사람들은 승리했고 초자연적 힘을 얻었다.

북서 해안의 사람들이 문화적으로 제도화하려 했던 인간 행동들은 우리의 문명에서 보면, 비정상적인 것이다. 하지만 우리 서양인들의 어떤 태도들과 상당히 가깝기도 해서 충분히 이해될 수 있고, 또 우리는 그것을 정의하는 명확한 용어를 갖고 있다. 과대망상증과 편집증은 우리 사회 내에서도 결정적 위험이다. 우리는 그런 증세에 대응하는 태도들 중에서 어느 하나를 선택할 수 있다. 하나는 그것을 비정상이고 혐오스러운 행위라고 낙인찍는 일인데 우리의 문명은 이것을 선택했다. 또 하나는 그것을 이상적인 인간의 본질적 태도로 만드는 일인데, 북서 해안의 문화가 받아들인 해결안이다.

7장

사회의 성격

:: 통합과 동화

주니, 도부, 콰키우틀의 세 부족 문화는 그저 행동과 신념의 이질적인 분류가 아니다. 그들의 문화는 나름대로 행동의 방향을 결정하고 제도가 추구하는 어떤 목적이 있다. 어떤 특성이 이곳에는 있는데 저곳에는 없기도 하고, 또 다른 특성이 두 지역에서 두 가지 형태로 발견되기 때문에 그 문화들은 서로 다르다. 문화가 전체적으로 다른 방향을 지향하기 때문에 그들은 더욱더 다르다. 각각의 문화는 다른 길로 나아가면서 상이한 목적을 추구하고 있다. 한 사회의 이러한 목적과 수단은 또 다른 사회의 관점에 의해서 판단될 수 없다. 본질적으로 그것들은 비교할 수 없기 때문이다.

물론, 모든 문화는 균형 잡힌 율동적인 패턴으로 무수한 행동들을 만들어내지는 않는다. 개인과 마찬가지로, 어떤 사회 질서는 행동들을 어떤 지배적인 동기에 종속시키지 않는다. 그 행동들은 뿔뿔이 흩어진다. 만약 어느 순간, 그것들이 어떤 목적을 추구한다면, 또 다른 순간에는 예전에 갔던 모든 길과 달리 느닷없이 샛길로 빠지고, 그리하여 다가올 행동에 대한 실마리를 주지 않는다.

:: 조화롭지 못한 요소들의 갈등

극단적인 통합이 어떤 문화의 특징이라면, 이런 통합의 결핍은 또 다른 문화의 특징이 된다. 똑같은 환경이 있다고 해서 어디서나 똑같은 통합이 벌어지는 것은 아니다. 브리티시 컬럼비아 내륙의 인디언 부족은 주위의 모든 문화에서 가져온 특성을 구체화했다. 그들은 한 문화 지역에서 재산의 증식에 대한 패턴을, 또 다른 지역에서 종교적 관습의 일부를, 또 다른 지역에서는 기존의 패턴과 약간 다른 부분을 받아들였다. 그들의 신화는 주변 지역을 대표하는 세 가지의 신화에서 비롯된 문화 영웅들을 뒤범벅해 놓은 것이다. 다른 부족의 제도를 이처럼 적극 받아들였지만 그들의 문화는 아주 빈약하다는 인상을 주고 있다. 그 어떤 패턴도 적극적으로 밀어붙여 문화적 실체를 갖추지 못했기 때문이다. 그들의 사회 조직은 정교하지 못하고, 의례는 대부분의 다른 지역보다 빈약하고, 바구니와 구슬 만드는 기술은 조잡한 조형 미술의 범위를 벗어나지 못한다. 여러 방향에서 닥치는 대로 영향을 받은 사람이 그러하듯이, 이 부족의 행동 패턴은 조화롭지 못하고 변덕스러웠다.

브리티시컬럼비아의 부족들에게 통합이 결핍된 현상은 인근지역의 다양한 부족에서 가져온 특성을 단순히 그러모았기 때문이지만 사실은 그보다 더 깊은 의미를 갖는다. 그들은 생활의 각 측면에서 나름대로 조직을 가지고 있지만 다른 측면으로 퍼지지 않는다. 사춘기 때, 다양한 직업과 수호 정령의 획득을 위해 어린이의 주술 교육에 큰 관심을 기울인다. 서부 평원에서 이 비전(환상) 관습은 어른의 복잡한 생활에 스며들고, 사냥과 전쟁의 직업도 서로 관련된 신념의 지배를 받는다. 하지만 브리티시컬럼비아에서 비전 추구는 조직적인 행동이기는 하지만 전쟁과는 결부되어 있지 않다. 마찬가지로 브리티시컬럼비아의 연회와 춤은 엄격하게 사회적이고, 연기자가 관중을 즐겁게 하기 위해 동물을 흉내 내는 즐거운 축제이기는 하지만, 수호 정령이라고 여겨지는 동물을 모방하는 춤은 엄격히 금지된다. 축제는 종교적 의미를 가지지 않고, 경제 교환의 기회로 활용되지도 않는다. 모든 행동은 따로따로 분리되어 있다. 각각의 행동은 그 나름대로는 복잡하게 구축된다. 그러나 동기와 목적은 그 각각의 행동 분야에서만 통하고, 부족의 전체적인 생활까지 확장되지는 않는다. 그렇다고 어떤 특징적인 심리 반응이 생겨나와 전체 문화를 지배하는 것도 아니다.

이런 문화적 통합의 결핍과, 모순되는 영향들에 직접 노출되어 생겨난 통합의 결핍을 늘 구분할 수 있는 것은 아니다. 후자(모순되는 영향들에 노출)의 통합 결핍은 흔히 잘 구분된 문화 영역의 경계에서 발생한다. 이런 경계 지역은 독자적인 부족 문화의 밀접한 접촉이 없어지고, 그 대신 외부의 강력한 영향력에 노출된다. 그 결과, 그들은 사회 조직이나 예술적 테크닉에서 대단히 모순된 절차들을 종종 받아들이게 된다. 가끔 그들은 조화롭지 못한 재료를 뜯어고쳐 새로운 조화를 이룩하고, 갖가지 행동을 공유했던 기존의 문화와 근본적으로 다른 결과를 얻는다. 만약 이런 문화의 과거사에 정통하다면, 우리는 충분한 기간이 주어질 경우, 조화롭지 못하게 빌려온 것이 결국에는 조화를 이룬다는 사실을 알게 될 것이다. 확실히 많은 경우가 그러하다. 하지만 우리가 확실히 이해할 수 있는 동시대의 모든 원시 문화가 교차할 때, 많은 변경 지역에서 명백한 불협화음이 발견된다.

어떤 문화적 통합이 결핍된 경우에는, 역사적 환경이 원인 제공자이다. 그것은 문화가 동등하지 못한 변경의 부족뿐만 아니라, 인근 부족과 관계를 끊고 다른 문화 지역의 입장을 받아들인 부족이기도 하다. 이런 경우, 부족 사람들에게 미치는 새로운 영향력과, 이른바 고유한 행동 사이에서 아주 분명한 갈등이 벌어진다. 세력이 큰 부족이나 인구 많은 부족이 방금 어떤 지역으로 옮겨와 그곳에 큰 변화를 초래할 때에도 그와 동일한 현상이 벌어진다.

방향감각을 상실한 문화를 이해하고 연구하는 것은 아주 흥미로운 일이 될 것이다. 어쩌면 특정 갈등의 성격 혹은 새로운 영향력을 잘 받아들이는 현상의 본질이 "통합의 결핍"

이라는 포괄적 특성보다 더 중요할지도 모른다. 하지만 우리는 이런 특성이 무엇인지 추측할 수 없다. 방향감각을 상실한 문화에서조차, 부조화의 요소를 제거하고 더 확실하게 선택된 요소를 정립하려는 적응이 필요한 것이다. 이러한 적응의 과정은 그 배후인 물질의 다양성보다 더 분명하게 드러날 수도 있다.

부조화 요소의 갈등에 얽힌 가장 적절한 사례는 통합을 이룬 부족의 과거 역사에서 찾아볼 수 있다. 콰키우틀 부족은 예전에 우리가 앞에서 설명한 것처럼 일관된 문명을 항상 갖고 있었던 것은 아니었다. 북서 해안과 밴쿠버 섬에 정착하기 전, 그들은 일반적으로 남부의 세일리시(Salish) 부족의 문화를 공유했다. 그들은 여전히 세일리시와 연결된 신화, 마을 조직, 인간관계 용어를 간직했다. 하지만 세일리시 부족은 개인주의자들이었다. 세습의 특권은 최소한으로 그쳤다. 각자는 능력에 따라 실제적으로 다른 사람들과 똑같은 기회를 가졌다. 개인의 지위는 상속보다는 사냥 솜씨, 도박의 행운, 주술이나 점쟁이로서 초자연적 힘을 주장하여 성공하느냐 여부에 달려 있었다. 이것은 북서 해안의 사회 질서와는 엄청 차이가 큰 문화이다.

하지만 이런 극단적인 차이는 콰키우틀 족이 이질적인 패턴을 수용하는 과정에서 해롭게 작용하지 않았다. 그들은 이름, 신화, 집 기둥, 수호 정령, 어떤 단체에 들어가는 권리 등을 모두 개인 재산이라고 보았다. 그들의 제도에서는 그들의 높은 적응력이 분명하게 드러나는데 그것은 두 사회 질서가 상치되는 바로 그 점에서 아주 분명하게 드러난다. 다시 말해, 사회 조직의 메커니즘에서 그런 적응 능력을 엿볼 수 있는 것이다. 콰키우틀 부족은 북서 해안의 특권과 포틀래치 시스템을 채택했지만, 또 다른 특권 전수(傳授)의 틀인 북부 부족들의 엄격한 모계제를 받아들이지 않았다. 북부 부족들의 개인은 귀족의 세습 칭호에 자동적으로 적응했다. 우리가 이미 보았듯이, 콰키우틀의 사람들은 이 칭호를 얻기 위해 평생을 보냈고, 가족의 어느 가지에서나 보유한 특권을 주장할 수 있었다. 콰키우틀은 특권의 전체 시스템을 채택했지만, 북부 부족들의 계급 제도와 대비되는 위신의 게임에서 개인이 자유롭게 행동할 여지를 주었고, 또한 콰키우틀이 북서 해안으로 가져온 남부의 오랜 관습을 유지했다.

콰키우틀 문화의 명확한 특성은 새로운 것과 오래된 것의 통합에서 빚어진 특별한 갈등을 반영한다. 재산을 새롭게 강조하면서 상속의 규칙은 아주 중요한 문제가 되었다. 내륙의 세일리시 부족은 가족과 마을의 조직이 느슨했으며 대부분의 재산은 그 소유주가 사망할 때, 망자와 함께 파괴되었다. 우리가 보았듯이, 콰키우틀 부족은 북부 부족들의 엄격한 모계 제도를 받아들이지 않았지만, 장인의 특권을 사위가 주장할 수 있게 함으로써 양자 사이에 절묘한 타협안을 만들어냈다. 이 특권은 그의 자녀들을 임시로 사위에게 맡겨진 것이다. 그래서 상속은 모계를 통해 넘어가지만, 단지 할아버지에게서 아들로 가지 않고 손자로 간다는 점에서 한 세대를 건너뛴다. 할아버지와 손자의 중간에 낀 세대(사위)는 특권을 행사하지는 않고 단지 보유할 뿐이다. 우리가 살펴보았듯이, 모든 특권은 관습적 포틀래치에 의해 다루어졌다. 그것은 유별난 적응력이었고, 양립할 수 없는 두 사회 질서 사이에서 절묘한 타협을 이루어낸 것이었다. 그들이 어떻게 두 개의 상반적인 사회 질서를 조화롭게 타협시켰는지, 그것은 앞 장에서 자세히 설명된 바 있다.

따라서 통합은 근본적인 갈등에도 불구하고 이루어질 수 있다. 문화적 방향감각 상실은 당대에는 잘 드러나지 않는다. 문화에 대한 설명이 문화 그 자체보다 헷갈릴 가능성이 언제나 있다. 다시 말해, 통합의 성격은 우리의 경험에서 벗어나 인식하기 어려울지 모른다. 전자(문화에 대한 설명)는 현지 조사로, 후자(문화 그 자체)는 더 정확한 분석으로 이런 인식의 어려움을 제거했을 때, 문화 통합의 중요성이 오늘날보다 훨씬 더 명확해질 것이다. 그래도 모든 문화가 결코 주니 부족과 콰키우틀 부족처럼 동질적 구조를 가진 게 아님을 아는 것도 중요하다. 모든 문화를 프로크루스테스*의 침대에 맞추는 것처럼 억지로 가감하여 몇 개의 표어로 일반화하려는 것

---

* 프로크루스테스는 그리스 신화에 나오는 강도로 크고 작은 두 개의 침대를 가지고 있어서, 지나가는 사람들을 강제로 거기에 눕혔다. 큰 사람은 작은 침대에 눕혀 길이가 맞도록 발을 잘랐고, 반대로 작은 사람은 큰 침대에 눕혀 길이가 맞도록 발을 잡아당겨 늘였다. -옮긴이

은 어리석은 짓이다. 주제의 강조에 도움이 되지 않는다고 하여 중요한 사실을 제거해 버린다면, 그 위험은 더욱 클 것이다. 주제를 훼손하고 주제의 이해를 저해하는 작업을 시작하는 것은 도저히 있을 수 없는 일이다.

문화의 통합을 쉽게 일반화하는 것은 현지 조사에서 가장 위험한 일이다. 어떤 조사자가 어떤 낯선 문화의 언어와 특이한 행동을 터득하는 과정에서 그 통합 형태에만 전념한다면 그 문화를 전반적으로 이해하지 못할 것이다. 현지 조사자는 객관성을 충실히 지켜야 한다. 그는 관련된 모든 행동을 기록해야 하고 어떤 도전적인 가설에 따라, 주제에 맞는 사실만을 선택해서는 안 된다. 우리가 이 책에서 논의한 세 부족은 어떤 일관된 행동의 유형을 미리 정해 놓고 그 방향에 맞추어 현지 조사된 게 아니다. 민족지학을 우리의 주제에 맞추어 뜯어고치는 시도를 전혀 하지 않고 있는 그대로 기술했다. 이렇게 해서 나온 전체적인 그림은 연구자들에게 훨씬 더 설득력이 크다. 또한 문화에 대한 이론적인 논의에서도, 문화의 통합에 관한 일반화를 보편적 교리인 것처럼 주장할수록 설득력은 떨어진다. 우리는 한 사회에서 적극적이지만 다른 사회에서는 소극적인 동기부여와 행동의 대조적인 한계를 상세하게 알아야 한다. 우리는 민족지학 학파의 강령에 〈통합형태〉라는 금과옥조의 조항을 갖고 있는 게 아니다. 오히려, 상이한 문화들이 각자 추구하는 대조적인 재화(財貨)들, 그들의 제도를 밑받침하는 다양한 의도, 뭐 이런 것들이 서로 다른 사회 질서와 개인의 심리를 이해하는 데 큰 도움이 되는 것이다.

:: 우리의 복잡한 사회

문화적 통합과 서구 문화 연구의 관계, 나아가 사회적 이론과의 관계는 오해하기가 쉽다. 서양의 문화는 흔히 통합이 결핍된 극단적인 사례로서 묘사되고 있다. 대대로 내려온 엄청난 복잡성과 급격한 변화는 불가피하게 조화를 깨뜨리는데, 그런 요소는 비교적 단순한 원시 사회에서 일어나지 않는다. 하지만 통합의 결핍은 대부분의 연구에서 단순한 기술적(技術的) 오류 때문에 과장되고 잘못 해석되었다. 원시 사회는 지리적 단위에 의해 통합되어 있다. 그런데 서양 문화는 이런 통합이 없다. 그것은 계층화되고, 동시대와 동일한 장소 내의 다양한 사회 그룹들은 상이한 기준에서 살고 있고 갖가지 동기에 따라 행동한다.

현대 사회학에 인류학적 문화 영역을 적용하려는 노력은 별로 유익하지 못하다. 왜냐하면 다양한 생활 방식은 오늘날 주로 공간(지리)의 문제가 아니기 때문이다. 사회학자들 사이에서 "문화 영역의 개념"에 대해 시간을 낭비하는 경향이 있다. 분명히 말하지만 이런 "개념"은 없다. 특성들이 지리적으로 분류될 때, 그것들은 지리적으로 다루어야 한다. 만약 그렇게 하지 않는다면, 느슨한 경험의 범주에 불과한 것으로부터 보편적 원칙을 만들어내려는 우스꽝스러운 것이 되어버린다. 우리 문화에서 살펴볼 때, 인류학적 의미에서 지구의 어느 지역에서나 발견할 수 있는 획일적인 일반 문화가 있다. 하지만 노동자계급과 상위 400대 부자들, 교회를 중심으로 생활을 영위하는 그룹과 경마장을 중심으로 하는 그룹, 이런 그룹들 사이에 전례 없는 차이가 있기도 하다. 현대 사회에서 상대적인 선택의 자유는 로터리 클럽과 그리니치 빌리지[*1] 등 상이한 원칙을 대표하는 자발적 단체를 가능케 한다. 문화적 과정의 성격은 이러한 현대적 조건들로 인해 바뀌지 않지만 그 과정을 연구할 수 있는 단위는 더 이상 지역적 그룹이 아니다.

:: **조직 대 개인**

문화의 통합은 중요한 사회적 영향력을 갖고 있고, 사회학과 사회 심리학의 몇 가지 미결 문제에 영향을 준다. 첫 번째는 사회가 유기체냐 아니냐에 관한 논쟁이다. 대부분의 사회학자와 사회 심리학자는 사회가 그것을 구성하는 개인의 마음과 다르지 않고 또 다를 수 없다고 일관되게 주장했다. 설명의 일부로서 그들은 강력하게 "그룹 오류(group fallacy)"를

[*1] 미국 뉴욕 시의 맨해튼 구의 남부 지구로서 예술가와 작가의 거리. -옮긴이
[*2] 에밀 뒤르켐(Emile Durkheim, 1858~1917) : 프랑스의 사회학자. 프랑스 사회학의 아버지로서 사회 인류학에 커다란 영향을 미쳤다. 그는 사회적 사실들은 개인의 심정과는 관계없는 것이므로 심리적 관점으로는 설명될 수 없다고 주장했다.
[*3] 앨프레드 크로버(Alfred Kroeber, 1876~1960) : 미국의 인류학자. 문화현상이란 초유기적, 초개인적, 초심리적이라고 주장했다. 따라서 생물학적·심리적·자연과학적 방법은 역사적 원인론과는 무관하다는 입장을 취했다.

공격했다. 그들이 보기에, 그룹(사회)이란 허구적 실재에 지나지 않고 사회를 생각하고 행동하는 유기체라고 보는 것은 있을 수 없다는 주장이다. 반면에 여러 문화를 다룬 사람들은 개인의 심리 법칙만으로는 설명되지 않는 객관적 사실들이 분명 있으며 그것(사회)이 아주 신비한 존재인 양 언급했다. 그들은 뒤르켐*2을 좇아서 이렇게 외쳤다. "개인은 존재하지 않는다." 혹은 크로버*3를 좇아서 "문화적 과정은 초유기적인(superorganic) 것이다"라고 주장했다.

이것은 말싸움에 지나지 않는다. 이른바 유기주의자들 중 그 누구도 문화 과정에서 개인의 마음 이외의 심적 질서를 믿지 않았다. 한편, 반면에 그룹 오류를 맹렬히 비판하는 올포트*4 같은 사람도 그룹에 대한 과학적 연구의 필요성을 인정하고 그것을 "특정 사회과학의 분야"라고 말했다. 그룹을 각 개인의 총합 이상의 것으로 생각하는 사람들과, 그렇지 않은 사람들 사이의 논쟁은 주로 다른 종류의 자료들을 다루는 학자들 사이에서 벌어졌다. 뒤르켐은 처음부터 다양한 문화들 특히 오스트레일리아 문화와 친숙하기 시작하면서 막연한 어조로 문화 연구의 필요성을 거듭 말했다. 반면, 사회학자들은 우리 서양의 표준화된 문화를 다루면서 그들의 연구에서 불필요한 방법론은 말살해 버리려고 했다.

---

*4 고든 올포트(Gordon Allport, 1897~1967) : 미국의 심리학자. 어른의 동기가 유아 시절의 충동으로부터 빚어지는 것은 사실이지만 유아의 정서보다는 성인의 인성을 더 중시해야 한다는 이론으로 유명하다.

주니 부족의 경우 구성원들의 총합이 각 개인이 의도하고 만들어낸 성과를 초월하여 문화를 이룩한 것은 분명하다. 집단은 전통에 의해 유지된다. 그것은 "시간의 구속을 받는다." 그것을 유기적 전체라고 불러도 타당하다. 우리 언어에 내재된 애니미즘 때문에 우리는 그 집단이 목적을 선택하고 특별한 목표를 가지고 있다고 표현한다. 이렇게 주장하는 학자를 신비주의적 철학이라고 비난해서는 안 된다. 만약 우리가 인간 행동의 역사를 이해하려면 이 집단 현상을 연구해야 하고, 개인 심리만으로는 우리가 직면한 여러 가지 사실들을 설명할 수 없다.

사회 관습을 연구할 때, 문제의 핵심은 연구 대상의 행동이 사회적 수용이라는 바늘귀를 통과해야 한다는 점이다. 그리고 광범위한 의미에서 역사만이 사회적 수용과 거부를 설명할 수 있다. 문제로 떠오른 것은 심리만이 아니고 역사이기도 하다. 역사는 결코 내성(內省)으로 발견할 수 있는 사실의 나열이 아니다. 따라서 인간의 경쟁 심리에서 경제 제도가 나왔다는 얘기, 인간의 호전성에서 현대 전쟁이 생겨났다는 얘기, 기타 잡지와 현대의 저서에서 만나는 갖가지 설명들은 인류학자에게 헛소리에 지나지 않는다. 리버스*는 이 문제를 처음으로 적극 비판한 사람들 중의 하나이다. 그는

---

* W.H.리버스(W.H. Rivers, 1864~1922) : 영국의 심리학자 겸 인류학자. 그의 저서 『토다 부족』은 꼼꼼한 현지조사 작업으로 명성이 높다. 친족 용어를 소상히 다룬 『친족과 사회조직』(1914)이 대표작이다.

이렇게 지적했다. 종족끼리 여러 대에 걸친 유혈의 불화는 복수를 가지고 이해할 게 아니라 오히려 그 제도로부터 복수라는 개념을 이해해야 한다. 마찬가지로 어떤 지역의 성적 관계와 재산 제도의 조건화로부터 질투라는 개념을 연구해야 한다.

:: 문화적 해석 대 생물학적 해석

인간의 행동이라는 측면만 가지고 문화를 해석하는 것은 난점이 있다. 그 난점은 그것이 심리적 해석이라는 데서 생겨나는 게 아니고, 역사적 과정 그러니까 어떤 문화적 특징의 수용이나 거부의 과정을 무시하기 때문에 생겨난다. 문화의 통합 형태 해석은 일차적으로 개인 심리학의 관점에서 설명한 것이지만, 심리학뿐만 아니라 역사도 많이 감안한다. 그 해석은 이렇게 진행된다. 디오니소스적 행동이 개인 심리의 항구적 가능성이기 때문에 어떤 문화의 제도에서 강조된다. 하지만 어떤 문화에서는 그것을 강조하는 반면 어떤 문화에서는 강조하지 않는 것은 왜 그런가. 그 이유는 역사적 배경때문이다. 어떤 지역에서는 그런 행동의 발전을 촉진한 반면 다른 지역에서는 억압했기 때문이다. 이렇게 볼 때 문화 형태를 다양하게 해석하는 데 있어서 심리와 역사는 둘 다 필수이다. 어느 하나는 다른 하나의 도움이 없다면 전체를 이룰 수 없다.

이것은 우리에게 통합형태 인류학과 관련된 아주 뜨거운

논쟁거리를 가져온다. 소위 사회 현상의 생물적 기반에 대한 논쟁이다. 나는 마치 인간의 기질이 전 세계적으로 상당히 일정하고, 어느 사회에서나 대략 비슷한 자원의 분배가 가능하고, 문화가 전통적 유형에 따라 대다수의 개인을 비슷하게 형성하는 것처럼 말해 왔다. 구체적 예를 들자면, 황홀경 체험은 세계 어느 인구 집단에서나 상당수의 사람들이 느낄 수 있는 체험이라고 보는 것이다. 그것을 어떤 사회에서 명예롭게 보고 보상을 해준다면 꽤 많은 사람들이 그 체험을 획득하려고 애쓸 것이다. 하지만 우리 서양 사회에서는 가문의 불명예로 여기기 때문에 그런 체험을 추구하려는 사람들의 숫자가 줄어들고, 그런 체험을 한 사람들은 비정상으로 분류된다.

이처럼 문화적 영향을 강조하는 해석과는 전혀 다른 해석도 있을 수 있다. 어떤 사회의 특성이 문화적으로 선택되는 게 아니라 생물학적으로 전달된다고 주장하는 게 그것이다. 이 해석에 따르면, 인종적으로 뚜렷한 차이가 있다는 것이다. 가령 평원 인디언들은 종족의 염색체에 그런 필요성이 유전되기 때문에 환상을 추구한다는 것이다. 마찬가지로 푸에블로 문화는 종족의 유전 때문에 그런 행동의 냉정과 절제를 추구한다. 만약 생물학적 해석이 진실이라면, 집단행동을 이해하기 위해 우리가 찾아갈 곳은 역사가 아니라 생리학이 되어야 할 것이다.

하지만 이 생리적 해석은 결코 과학적 기반을 튼실하게 얻지 못했다. 이 관점을 증명하려면, 이 견해의 주장자들은 이해가 필요한 사회적 현상(비록 작은 부분일지라도)을 생리학적으로 설명해 주어야 한다. 기초 대사나 내분비선의 기능이 다양한 인간 집단에서 크게 다를 수 있고, 또 이런 사실 때문에 문화적 행동의 상이성을 꿰뚫어볼 가능성도 있다. 하지만 그것은 인류학적 문제가 아니다. 어쨌든 생리학자와 유전학자들이 그런 자료를 제공해 준다면 문화사 연구자에게는 가치가 있을 것이다.

:: 원시부족의 교훈을 적용하기

하지만 생물학자가 미래에 제공하는 생리적 정보는, 문화적 특성의 유전적 전달에 국한한다고 해도, 우리가 알고 있는 모든 사실을 설명하지 못한다. 모든 북아메리카 인디언들은 생물학적으로 한 종족이지만 모두가 디오니소스적 행동 패턴을 갖고 있는 것은 아니다. 주니 족은 동기부여가 정반대인 극단적인 사례이다. 이 아폴로 문화는 푸에블로 부족이 공유하고 있는데 그 한 갈래인 호피 족은 쇼쇼니 족의 하위 집단에 속한다. 쇼쇼니 족은 디오니소스적 패턴의 대표적 부족이며 그 언어가 아스텍 족 계통과도 관련되어 있다. 또 다른 푸에블로 부족 집단인 테와 족은, 생물학적으로 그리고 언어학적으로 남부 평원의 비 푸에블로 카이오와 부족과 밀접한 관계가 있다. 이렇게 볼 때 문화의 통합형태는 국지적 현상이고 다양한 생물학적 집단들과는 무관하다. 또한 환상

(비전)을 추구하는 서부 평원 부족과 그렇지 않은 부족을 구분해 주는 생물학적 단일성이라는 것도 없다. 이 지역에 거주하는 인디언 부족은 넓은 지역으로 퍼져나간 알곤킨, 아타바스칸(Athabascan), 수(Siouan) 부족의 후예인데, 이 세 부족은 여전히 특정 어족의 언어를 간직하고 있다.* 이 어족은 평원 인디언들처럼 환상을 추구하는 부족과 그렇지 않은 부족을 두루 포함하고 있다. 오로지 서부 평원이라는 지리적 한계 내에서 살고 있는 사람들만이 환상 추구를, 정상적인 남자가 반드시 갖추어야 할 필수품이라고 보는 것이다.

환경에 의한 설명도 중요하다. 특히 환경을 공간이 아니라 시간의 선후 관계라고 생각하면 더욱 그러하다. 심리적 행동의 가장 근본적 변화는 생물학적 구조가 별로 바뀌지 않은 집단에서 일어났다. 우리 자신의 문화적 배경에서 이것을 충분히 밝힐 수 있다. 유럽 문화는 중세에는 신비적 행동과 심령 현상의 유행에 빠져서 살았지만 19세기에서 빈틈없는 물질주의에 빠져서 헤어나지 못했다. 이처럼 어떤 지역의 문화는 집단의 종족적 구성이 변하지 않아도 심리적 경향을 바꾸는 것이다.

행동의 문화적 해석은 생리적 요소를 포함할 수도 있다. 생리적 요소를 부정하려는 것은 과학적 설명에 대한 오해 때문이다. 생물학은 화학을 부정하지 않지만 화학은 생물학적

---

* 이 경우, 언어적 집단은 생물학적 관계와 상관이 있다.

현상을 설명하기가 적절하지 않다. 설사 생물학이 분석하는 사실들의 기초가 화학 법칙을 인정한다고 해도 생물학은 화학 공식에 따라 연구를 수행하지 않아도 된다. 과학의 모든 분야에서 관찰하는 상황을 적절하게 설명하는 규칙과 전후의 관련을 강조하면서 동시에 논지와 상관없는 다른 요소가 있다는 것도 인정해야 한다. 그것이 최종 결과에 결정적 중요성을 미치지 못한다 하더라도 말이다. 그래서 인간의 문화적 행동에서 생물학적 기반이 대체로 무관하다고 지적한다고 해서 생물학의 존재 자체를 부정하는 것은 아니다. 단지 역사적 요인이 더 중요하다는 사실을 강조하려는 것뿐이다.

　실험 심리학도 우리 자신의 문화를 연구하는 데 있어서 위와 유사한 결론(생리적 요소보다 사회적 요소가 더 결정적이다)을 인정할 수밖에 없었다. 인성의 특징을 연구한 최근의 중요한 실험은 사회적 결정 요소가 정직과 리더십의 특성에서 결정적임을 보여주었다. 정직에 대한 어떤 실험에서, 어린이가 한 상황에서 정직했다고 해서 또 다른 상황에서도 여전히 정직할 것이라는 징후를 별로 보여주지 않았다. 정직/비정직 인간이란 없고, 오히려 정직/비정직 상황만 있다는 게 드러났다. 마찬가지로 지도자의 연구에서, 우리 자신의 사회에서도 표준적이라고 할 수 있는 획일적인 특성은 없다는 게 증명되었다. 역할은 지도자를 성장시켰고, 그의 자질은 그를 둘러싼 상황이 요구한 것이었다. 이런 "상황적" 결과는 다음과 같은 사실을 더욱 분명하게 보여준다. 어떤 사회에서의 사회적 행위는 "어떤 행위를 미리 결정해 놓은 고정된 메커니즘의 결과가 아니라, 어떤 특정 문제들이 다양한 방식으로 불러일으키는 일련의 경향이다."

심지어 같은 사회 내에서도 이러한 결론은 불가피하다. 그러한 경향은 그 사회 내에서 커다랗게 증폭되어 어떤 특징을 이루게 되고, 그런 식으로 발전해 나간 서로 다른 두 문화들, 가령 주니 족과 콰키우틀 족은 그 동기와 목적이 아주 대조적인 것처럼 보이게 된다. 인간의 행동에 관심이 있다면 우리는 무엇보다도 먼저 어떤 사회에서 구축된 제도를 이해해야 한다. 인간의 행동은 제도적 형태를 그대로 받아들이기 때문이다. 그리하여 자신의 소속 문화에 깊이 물든 관찰자는 자신이 편향되어 있다는 것을 전혀 느끼지 못할 정도로 그 문화에 푹 빠지게 된다.

이 관찰자는 자신의 문화가 아니라, 남의 문화에서만 어떤 행동들의 괴상한 결과를 주목할 것이다. 그래도 이것은 분명히 지역적이고 일시적인 편견이다. 어떤 문화가 영원한 건전성을 확보하여 역사상 인간 문제의 유일한 해결책으로 나서리라고 생각할 수는 없다. 바로 그 다음의 세대는 그 앞선 세대보다 지식이 더 많아져서 어떤 수정안이 나오는 것이다. 따라서 유일한 과학적 결론은 우리 서양 문화를 인간의 헤아릴 수 없이 많은 다양한 문화적 통합형태 중에서 한 가지 사례라고 보는 것이다.

어떤 문명의 문화적 패턴은 인간의 잠재적 목적과 동기들로 가득한 커다란 스펙트럼 중 일부를 활용하고 있다. 그리하여 우리가 앞 장에서 살펴본 바와 같이, 각 문화는 그들이 선택한 물질적 기술이나 문화적 특성을 활용하여 문화의 패턴을 형성한다. 인간의 모든 행동이 분포되어 있는 커다란 스펙트럼은 너무나 방대하고 모순이 가득하기 때문에, 그 스펙트럼을 대부분 활용한다는 것은 불가능하다. 먼저 선택을 해야만 한다. 선택하지 않는다면, 어떤 문화도 이해 가능한 패턴을 형성할 수 없다. 어떤 문화가 이 스펙트럼 중 어떤 것을 선택하여 자신의 것으로 만드는 의도는, 테크놀로지의 구체적 세부사항이나 결혼 의례의 세부 절차보다 훨씬 중요하다.

사람들이 가능한 행동들의 스펙트럼에서 선택하여 서로 다른 문화의 패턴을 구축하는 사실은 우리가 앞에서 설명한 세 부족의 사례에 의해 밝혀졌다. 그들이 선택한 목적과 동기는 결코 전 세계에서 가장 전형적일 것 같지는 않다. 우리가 이 세 부족을 예증의 사례로 선택한 것은, 우리가 이 살아 있는 문화들에 관한 상당한 정보를 알고 있기 때문이고, 나아가 관측 불가능한 문화를 토론할 때 늘 나타나는 의심을 없앨 수 있었기 때문이다. 가령 평원 인디언의 문화는 우리에게 광범위한 정보가 있고 또 일관성을 갖고 있는 문화이다. 원주민의 텍스트, 여행자의 설명, 민족학자가 수집한 원주민들의 회상과 남아 있는 관습 등으로부터 심리적 패턴을 명확하게 읽어낼 수 있다. 그렇기는 하지만 평원 문화는 상당한 기간 동안 기능이 끊겼고, 상당한 의심의 여지가 있다. 그들의 관습이 얼마나 교리와 일치하는지, 습속을 교리에(혹은 교리를 습속에) 일치시키는 데 있어서 얼마나 편법을 동원했는지 명확하게 알 수가 없다.

:: 고정된 "타입"은 없다

우리가 논의해 온 문화적 통합형태(configuration)는 어떤 고정된 좌표를 갖고 있지 않으므로 "유형(types)"이라고 할 수 없다. 각각의 통합형태(패턴)는 경험적 특성화이고, 십중팔구 세계의 다른 곳에서는 되풀이 되지 않는다. 모든 문화를 한정된 숫자의 고정적이고 선택적 유형의 사례로 설명하는 것처럼 불운한 일도 없을 것이다. 이런 유형의 범주를 모든 문명과 문화 행사에 일률적으로 적용할 수 있다고 생각하는 것은 어리석은 일이다. 도부 족과 콰키우틀 족의 공격적이고 편집병적인 경향은 이 두 문화의 상당히 다른 특성들과 관련이 있다. 문화적 패턴이라고 해서 고정된 좌표는 아니다. 주니 족과 고대 그리스는 둘 다 아폴로적 특징을 강조했지만 이 두 문화는 근본적으로 다르게 발전했다. 주니 족의 경우, 자제와 온건의 미덕은 그들의 문화에서 상이한 성격의 모든 사항들을 배제하도록 작용했다. 하지만 그리스 문명은 제도화된 디오니소스적 보상이 있었고, 이것을 인정해야만 비로소 그 문명을 이해할 수 있다. 고정불변의 "법률"은 없지만, 지배적인 태도(문화의 패턴)가 수용하는 여러 특징적 과정들은 있는 법이다.

서로 밀접하게 닮은 문화의 패턴은 어떤 지배적인 목적 아래 똑같은 상황을 선택하지 않을 수도 있다. 현대 문명의 경우, 사업 관계상 무자비하게 경쟁하는 남자는 가정으로 돌아가면 정 많은 남편이고 관대한 아버지이다. 서구 문명은 강박적이라고 할 정도로 사업의 성공을 추구하지만, 가정생활에 있어서만큼은 상업생활에서처럼 경쟁적이지는 않다. 두 가지 행동을 둘러싼 서양의 제도는 가령 도부 족과 대비해보면 엉뚱한 조합이 되어버린다. 도부 족의 부부생활(가정생활)은 쿨라(Kula) 거래와 똑같은 배신과 의심의 동기로 작동되고 있다. 심지어 도부 족의 밭일조차도 다른 사람의 얌 뿌리를 잘 훔쳐오는 것으로 평가된다. 그렇지만 때때로 텃밭 가꾸기는 문화의 패턴이 어떻게 구축되었든 그로부터 별로 영향을 받지 않는 일상적인 행동이다. 이런 텃밭 가꾸기까지 지배적인 동기가 확장되거나 축소되지는 않는다.

행동이 문화의 패턴에 영향을 받는 것은 이처럼 불규칙한데, 이것은 콰키우틀 족의 생활에서도 분명하게 드러난다. 우리는 귀족의 죽음에 대한 콰키우틀의 특징적 반응이 앙갚음을 하여 복수하는 것, 그들에게 수치심을 안겨준 운명을 되받아치는 것이었음을 보았다. 하지만 아이를 잃어버린 젊은 부모는 이렇게 행동하지 않았다. 어머니의 애도는 정말로 슬픔에 가득했다. 모든 여자들이 찾아와 울었고, 어머니는 죽은 아기를 품에 안은 채 통곡했다. 그녀는 목각사와 인형 제조자를 시켜 갖가지 장난감을 만들어 아이의 시체 주위에 뿌렸다. 여자들은 울어대고 어머니는 죽은 아이에게 이렇게 말한다.

아, 아, 아, 왜 너는 내게 이렇게 하느냐, 아가야? 너는 나를 어머니로 선택하고 나는 너를 위해 모든 것을 해주려고 노력했지. 내가 너를 위해 만든 장난감과 모든 것을 보아라. 왜 너는 나를 떠나느냐, 아가야? 내가 너에게 뭔가를 했기 때문이냐? 나는 네가 다시 내게 돌아올 때, 잘 하려고 노력할 것이다, 아가야. 내게 오직 이것을 해다오. 네가 가는 곳에서 잘 지내라. 네가 튼튼해지자마자 곧 내게 돌아오라. 그곳에서 머물지 마라. 너의 어머니인 내게 자비를 베풀어다오, 아가야.

그녀는 죽은 아기가 되돌아와, 그녀의 몸에서 두 번째 아기로 태어나도록 기도하고 있다.

콰키우틀 부족의 노래는 사랑하는 사람과 헤어질 때에도 슬픔으로 가득하다.

오, 그는 멀리 떠나네. 그는 뉴욕이라는 이름의 예쁜 곳으로 갈 것이네, 친애하는 사람이여.

오, 가엾은 작은 갈가마귀처럼 그대 곁에 날아갈 수 있다면, 나의 사랑하는 사람이여.

오, 친애하는 사람, 사랑하는 사람의 곁에 날아갈 수 있다면.

오, 나는 친애하는 사람, 나의 고통의 곁에 누울 수 있네.

친애하는 사람에 대한 사랑은 내 몸을 죽이네, 주인이여.

나를 살아 있게 만들었던 그의 말들은 나를 죽이네, 친애하는 사람이여.

그는 2년 동안 이쪽으로 얼굴을 돌리지 않겠다고 말했기 때문이네, 사랑하는 사람이여.

오, 당신의 곁에 누울 수 있도록 새가 될 수 있다면, 친애하는 사람이여.

오, 당신의 머리가 쉴 수 있는 베개가 될 수 있다면, 친애하는 사람이여.

안녕! 나는 풀이 죽네. 나는 사랑하는 사람을 위해 울고 있네.

하지만 콰키우틀의 슬픈 노래에서조차 슬픔은 수치감과 뒤섞여 있다. 그리고 그 감정은 신랄한 냉소와, 모욕을 되갚으려는 욕구로 바뀐다. 자기를 차버린 처녀에 대한 젊은이의 노래는 우리 서양 문화에서 익히 볼 수 있는 표현과 비슷하다.

오, 나의 사랑하는 처녀여, 내 생각, 당신의 행동에 대한 내 생각을 당신에게 어떻게 전할 수 있을까? 나의 사랑하는 처녀여.

그것은 웃음거리요, 나의 사랑하는 처녀여, 당신의 행동은 웃음거리요, 나의 사랑하는 처녀여.

그것은 경멸거리요, 나의 사랑하는 처녀여, 당신의 행동은 경멸거리요, 나의 사랑하는 처녀여.

안녕, 나의 사랑하는 처녀여, 안녕, 여주인이여, 당신의 행동 때문에, 나의 사랑하는 처녀여.

혹은 이런 노래도 있다.

그녀는 나를 사랑하지 않으려고, 무관심한 체 하네, 나의 참된 사랑, 나의 친애하는 사람이여.

나의 친애하는 사람이여, 당신은 너무 멀리 가네, 당신의 좋은 이름은 사라지네, 친애하는 사람이여.

친구여, 보이지 않는 사람이 부른 노래를 사랑하지 않도록 더 이상 들려주지 마라.

친구여, 참된 새로운 사랑을 받아들인다면 좋을 것이네, 친애하는 사람이여.

나는 새로운 사랑을 외칠 때, 그녀가 나의 사랑 노래를 듣기를 바라네, 친애하는 사람이여.

슬픔이 쉽게 수치로 바뀌는 것은 분명하지만, 소수의 제한적 상황에서는 그래도 슬픔을 표현하는 것이 허락된다. 콰키우틀의 친밀한 가정생활에서 따뜻한 애정을 주고받고 유쾌한 인간관계를 표현하기도 한다. 콰키우틀 족의 모든 상황이 그들에게 가장 특징적인 동기를 똑같이 요구하는 것은 아니다.

콰키우틀의 생활에서도 그렇지만 서구 문명에서도 인생의 모든 측면이 일방적으로 권력 의지(현대 생활의 두드러진 특징)

를 뒷받침하는 것은 아니다. 하지만 도부 족과 주니 족에게 생활의 어떤 측면이 그들의 문화적 통합에 별로 영향을 받지 않는지 가려내기가 쉽지 않다. 이것은 문화적 패턴의 성격 탓이거나 일관성의 의지 탓인지 모른다. 아무튼 현재로서는 간단히 결정을 내릴 수 없다.

:: 전파와 문화적 통합형태의 중요성

문화적 통합형태를 이해하고자 할 때 감안해야만 할 사회적 사실이 있다. 그것은 전파(傳播)라는 중요한 사실이다. 상당히 많은 인류학 연구서들이 인간의 모방 본능을 열심히 파고들었다. 문화적 특징이 널리 전파된 원시 지역의 넓은 범위는 인류학에서 가장 놀라운 사실 중의 하나이다. 관습, 기술, 의례, 신화, 결혼식에 의한 경제 교환 등, 이런 행사에 관한 특징은 대륙 전체에 퍼지고 한 대륙의 모든 부족은 이런 저런 형태로 그 특성을 가지고 있다. 그렇지만 이 거대한 지역에 속하는 일부 지방은 이 원 자료에 독특한 목적과 동기를 부여하여 새로운 문화적 특징을 만들어냈다. 가령 푸에블로 부족은 농업 방식, 주술 장치, 북아메리카의 상당 부분에 널리 퍼진 신화를 이용하고 있다. 다른 대륙의 아폴로적 문화(그리스 문화) 또한 다른 원 자료를 가지고 가공을 했다. 두 문화는 각각의 대륙에서 이용 가능한 원료를 수정했다는 점에서 공통점을 가지고 있지만, 실제 적용한 특성은 서로 다르다. 따라서 세계의 여러 곳에서 비교 가능한 통합 형태는 불가피하게 내용이 다를 수밖에 없다. 우리는 푸에블로 문화를 북아메리카의 다른 문화와 비교함으로써 그 문화의 나아간 방향을 이해할 수 있다. 그 문화는 다른 인디언 부족들과 동일한 요소를 공유하고 있지만 다르게 사용하고 있다. 마찬가지로 우리는 지역적으로 동지중해의 문화 가운데 위치시켜 연구함으로써 아폴로적 특징을 강조하는 그리스 문명을 잘 이해할 수 있다. 문화적 통합의 과정을 분명히 이해하려면, 전파의 사실을 파악하는 것으로부터 출발해야 한다.

일단 이러한 과정을 알게 되면 널리 전파된 문화적 특성의 성격에 대해 상당히 다르게 생각하게 된다. 결혼, 입회식, 종교 등을 연구하는 학자들은 보통 이런 행사가 그 스스로의 동기를 갖고 있는 특별한 행동의 분야라고 가정한다. 웨스터마크*는 결혼을 섹스를 해결하기 위한 상황이라고 설명하고, 성인식이란 결국 사춘기의 반항을 다스리기 위한 것이라고 일반적인 해석을 내린다. 따라서 그것들(결혼과 성인식)의 수천 가지 변종은 일련의 동일한 시리즈에 지나지 않고, 유전적 상황에 내재된 충동이나 필요성을 약간 다르게 변주한 것에 지나지 않는다.

하지만 이런 커다란 잔치를 아주 단순하게 다루는 문화들은 거의 없다. 결혼식, 장례식, 초자연적 존재를 불러내는 의

---

* 에드워드 웨스터마크(Edward Westermark, 1862~1939) : 핀란드의 인류학자. 인류가 처음에는 난혼의 상태로 살았을 거라는 추측을 부인하면서 인간의 성적 관계는 처음에 일부 일처제였다고 주장했다. 대표적 저서로는 『인류 결혼의 역사』(1891)가 있다. -옮긴이

식 등, 이런 축제는 사회가 저마다 독특한 목적을 표현하기 위해 포착한 상황이다. 사회를 지배하는 동기는 특별히 선택한 어떤 상황에서 생기는 게 아니라, 문화의 일반적인 성격이 부여한다. 결혼은 웨스터마크의 주장과는 다르게 섹스 상대를 확보하는 것과는 무관할 수도 있다. 그런 상대라면 다른 방식으로 조달할 수 있는 것이다. 어떤 문화에서 아내를 많이 두는 것은 현대 사회에서 재산을 축적하려고 애를 쓰는 것과 같은 흐름일 수도 있다. 경제적 관습은 생필품인 음식과 옷의 수요를 충족시키는 기본적 역할로부터 멀리 이탈할 수도 있다. 농업의 모든 기술은 식량 생산에 집중되는 것이 아니라 부의 과시를 위해 필요한 식량 공급의 몇 배나 축적하고, 소유주의 자존심을 과시하기 위해 여봐란 듯이 썩히기도 한다.

비교적 간단한 행사에서도 문화적 반응을 이해하기가 어렵다는 사실은 앞에서 살펴본 세 부족의 문화에서도 분명해졌다. 가령 장례식은 상실 상황에 대하여 슬픔을 표시하거나 위로를 얻기 위한 반응이다. 세 원시부족 문화는 단 하나도 장례식과 관련하여 이런 반응을 보이지 않는다. 푸에블로 부족의 장례는 슬픔이나 위로를 얻기 위한 반응에 가장 가깝다. 그들의 장례식은 친척의 죽음을 중대한 비상 상황으로 인식하면서, 그들 사회가 이 불쾌한 일을 극복하기 위해 온 힘을 동원해야 한다는 데 집중되어 있다. 그들의 장례식에서는 슬픔의 표현이 별로 제도화되지 않았지만, 그들은 상실 상황을,

최소화해야 하는 긴급 상황으로 인식하고 있다. 콰키우틀 족의 경우, 진정한 슬픔이 있는지 여부는 차치하고 장례식은 문화적 과대망상이 표출되는 특별한 행사이다. 그들은 친척이 죽으면 수치를 당했다고 생각하여 그 죽음에 앙갚음하려고 일어선다. 도부 족의 장례식은 콰키우틀 족과 공통점이 많지만, 그들은 친척에게 죽음의 피해를 입힌 것은 가까운 혈통, 가령 망자의 배우자라고 생각하여 그에게 응징을 가한다. 말하자면, 장례식은 도부 족이 배반의 사례라고 생각하는 수많은 사건들 중 하나이고, 그들은 징벌할 희생자를 선택하여 응징함으로써 그 상황에 대처한다.

부족의 전통은 환경이나 생활주기(週期)가 제공하는 어떤 상황을 선택하여 그것을 유전과는 무관한 목적에 가볍게 결부시킨다. 어떤 사건의 특수한 상황은 별로 중요하지 않다. 그래서 볼거리로 죽은 아이의 원인을 엉뚱한 사람에게 결부시켜 그를 죽이기도 한다. 또는 소녀의 첫 월경이 실제적으로 한 부족에게 모든 재산의 재분배를 초래하는 계기가 된다. 장례식, 결혼식, 사춘기 의식, 경제 행위 등은 인간의 과거 역사를 결정하고 미래를 결정하는 포괄적 충동과 동기를 가지고 있는 특별한 인간 행동이 아니다. 오히려 어떤 사회가 중요한 문화적 의도를 표현하기 위해 채택하는 건수인 것이다.

따라서 이런 관점에서 볼 때, 중요한 사회적 단위는 제도가 아니라 문화적 통합 형태이다. 가족, 원시 경제, 도덕심에 관한 연구들은 문화적 특성을 지배하는 다양한 통합형태를 연구하는 쪽으로 방향을 전환해야 한다. 콰키우틀 부족 생활의 독특한 성격은, 달랑 가족 제도 하나만을 논의 대상으로 삼아 그들의 결혼생활만으로 콰키우틀의 행동패턴을 이끌어내서는 결코 명확하게 밝혀질 수 없다. 마찬가지로 우리 자신의 문명에서 보면, 결혼을 짝짓기와 가정생활의 순수한 변종으로 이해해서는 결코 명확해지지 않는다. 우리의 문명 전반에서 인간의 목적이 개인 재산을 축적하고 과시의 기회를 늘리는 것임을 파악하지 못한다면, 아내의 현대적 위상과 현대의 질투심은 결코 이해될 수 없다. 자녀에 대한 우리의 위압적 태도는 똑같이 이런 문화적 목적의 증거이다. 우리의 자녀들은 어떤 원시 사회에서처럼 아무 의식 없이 어렸을 때부터 권리와 취향이 존경받는 개인이 아니라, 부모의 개인 재산처럼 경우에 따라 부모가 복종시키고, 또 자랑스럽게 여기는 특별한 채무 사항이다. 그들은 근본적으로 부모 자아의 확장이고, 권위를 과시하는 특별한 기회이다. 이러한 문화의 패턴은 우리가 생각하는 것처럼, 부모-자녀 상황에서 원천적으로 존재하는 것이 아니다. 그것은 문화의 주된 충동이 그렇게 요구한 것이고, 우리가 준수하는 전통적 강박관념의 하나일 뿐이다.

문화를 점점 깊이 인식할수록 우리는 어떤 상황에 깃들여 있는 자그마한 핵심과, 지역적이고 문화적이고 인공적인 방대한 첨가물을 분리하여 구분할 수 있을 것이다. 이런 첨가

물이 비록 상황의 불가피한 결과가 아니라고 해도, 우리의 행동에서 그런 첨가물을 간단히 바꾸거나 무시해버릴 수가 없다. 사실, 그것들은 우리가 생각한 것보다 훨씬 바꾸기가 어렵다. 가령 신경증을 보이는 아이의 경우를 예로 들어보자. 그 아이를 구제하기 위해 어머니가 아이의 방에서 행동거지를 일부 바꾸었다고 해서 큰 도움은 되지 않는다. 그 아이는 아주 적대적인 상황에 빠져 있어서 어머니와 접촉할 때마다 적개심이 커지고, 또 나중에 가서는 그런 심리가 학교와 직장과 그의 아내에게까지 확대될 수 있는 것이다. 게다가 그 아이에게 제시된 모든 인생의 과정은 경쟁심과 소유욕을 강조하고 있다. 어쩌면 어린이가 나아갈 길은 행운이 따르거나 어머니의 품에서 떠나는 것일지 모른다. 그런데도 우리 사회에서는 부모-자녀 상황의 타고난 어려움을 깊이 통찰하려 하지 않고, 자아 확장과 인간관계의 이용이라는 서구적 행동 형태를 강조하면서 이 문제를 해결하려 들 것이다.

:: 사회적 가치들

사회적 가치의 문제는 문화의 다양한 패턴화와 밀접한 관계가 있다. 사회적 가치에 대한 논의는 으레 어떤 인간적 특성을 바람직하다고 규정하고, 그 미덕을 포함하는 사회적 목표를 지적하는 것으로 만족해왔다. 가령 이렇게 말하는 것이다. 자아를 뽐내며 주장하는 동시에 인간관계에서 남을 이용해 먹는 것은 나쁜 일이지만, 단체 활동에 몰두하는 것은 좋은 일이다. 사디즘이나 마조히즘 같은 것을 멀리하고 나도 살고 너도 살자는 성격은 아주 좋은 것이고 장려해야 마땅하다. 하지만 주니 족에서 보았듯이, 이 "좋은" 것의 기준이 되는 사회 질서는 결코 유토피아가 아니다. 그 사회에는 미덕 못지않게 결핍도 있다. 이를테면 의지력, 개인적 독창성, 많은 문제들과 맞서 싸우려는 기질 등 우리 서양인이 높이 평가하는 기질이 설 자리는 없다. 주니 족의 기질은 대책이 없을 정도로 온순하다. 주니 족에게서 발견되는 그룹 활동은 인간의 실제 생활, 즉 출생, 사랑, 죽음, 성공, 실패, 위신 등과는 거리가 멀다. 의례 행렬만이 그들의 목적에 이바지하고 인간적인 관심사는 뒷전으로 돌린다. 주니 족에는 분명 사회적 착취나 사회적 사디즘 따위는 없지만, 동전의 뒷면처럼, 실제 생활의 주요 측면과는 별로 무관한 지나친 의례 존중주의가 위세를 떨친다. 동전의 양면, 그것은 위가 있다면 아래가 있고, 오른쪽이 있다면 왼쪽이 있는 것처럼 아주 오래된 자명한 사실이다.

콰키우틀 문화에서 사회적 가치의 문제가 복잡하다는 것은 아주 분명하다. 콰키우틀 부족의 제도가 의존하고 있고 또 현대 서구 사회와 크게 공유하는 주요 동기는 바로 라이벌 의식이다. 라이벌 의식은 행위의 진정한 목적에 집중하지 않고 경쟁자를 능가하는 일에만 집중하는 것이다. 그들의 관심은 활용하거나 즐길 수 있는 재화를 소유하거나 가족을 위해 적절하게 부양책을 제공하는 일에 모아지는 것이 아니라, 이

옷을 추월하여 그 누구보다 많이 소유하는 일에 집중한다. 남을 제압하여 이겨야겠다는 커다란 목적 앞에서 다른 모든 것은 눈에 들어오지 않는다. 라이벌 의식은 선의의 경쟁처럼 원래의 행동에만 집중하는 것이 아니다. 바구니를 만들거나 구두를 팔거나 그 행위에만 집중해야 하는데, 그 행위를 통하여 라이벌을 제압하려는 인위적 상황을 만들어낸다. 그것은 곧 충분히 다른 사람을 이겨 먹을 수 있음을 보여주는 게임으로 변질된다.

라이벌 의식은 낭비가 많은 것으로 악명이 높다. 그것은 인간적 가치의 등급에서 하급에 속하는 가치이다. 어떤 문화에서나 한번 부추김을 당하면, 어떤 사람도 자유로울 수 없는 독재, 바로 그것이다. 남보다 우월하려는 욕망은 너무나 거대한 것이어서 결코 만족이 되지 않는다. 악의적 경쟁은 그칠 줄 모르고 이어진다. 공동체가 재화를 많이 축적할수록, 사람들이 경쟁하는 판돈의 규모는 커진다. 판돈의 규모가 작을 때에는 승리를 손쉽게 거둘 수 있었지만 경쟁의 규모가 커질수록 이기기가 더욱 어렵게 된다. 콰키우틀 문화에서 이런 경쟁은 재화의 투자와 파괴를 동일시하여 그 어리석음이 극치에 달했다. 그들은 주로 재화를 축적하면서 우월성을 경쟁하지만 때때로 방향을 정반대로 바꾸어서 그에 대한 인식도 없이, 가치의 최고 단위인 구리판을 부수고, 집의 널빤지, 담요, 카누를 불태우는 방식으로 경쟁을 했다. 사회적 낭비는 분명했다. 집을 짓고 옷을 사들이고 연회에 다니노라 가정이 빈털터리가 되어버린 〈미들타운〉*의 강박적인 라이벌 의식 그대로였다.

그것은 매력적인 그림이 아니다. 콰키우틀 부족의 경우, 생존 경쟁이 이런 식으로 진행되기 때문에 모든 성공은 경쟁자를 짓밟고 일어서야만 한다. 또한 그와 유사한 미국의 〈미들타운〉의 경우, 지나친 라이벌 의식으로 인해 개인이 선택하고 직접적으로 만족할 수 있는 폭은 크게 축소되고, 다른 모든 인간적 만족을 초월하여 무슨 일이 있어도 남들 따라하려는 행태만 남아 있게 된다.

하지만 콰키우틀 부족 사회에서 그리고 아메리카 개척자 삶의 투박한 개인주의에서 볼 수 있듯이, 승리를 얻고자 하는 마음은 강한 흥미와 활기를 인간의 생존에 불어넣을 수 있다. 콰키우틀 부족의 생활은 나름대로 풍요롭고 힘이 넘쳤다. 그들이 선택한 목표는 적절한 가치가 있고, 콰키우틀 문화의 사회적 가치는 주니 문화보다 훨씬 더 단단히 엉켜 있었다. 사회적 지향이 무엇이든, 그것을 열렬히 실천하는 사회는 스스로 선택한 목표에 순응하는 미덕을 발전시킬 것이다. 그리고 아무리 최선의 사회일지라도 인간 생활에서 칭송되는 모든 미덕을 그들의 사회 질서 내에 모두 구축할 수는 없다. 인간 생활은 한 점 티없이 꽃피어나는 최종적이고도 완벽한

---

* 〈미들타운〉(1929)은 컬럼비아 대학의 사회학 교수인 로버트 린드(1892~1970)가 아내 헬렌 린드(1896~1982)와 공동 집필한 사회학 저서인데 미국의 소도시(인디애나 주 먼시)의 사회적 행태를 서술하고 있다. -옮긴이

구조의 유토피아를 얻을 수 없다. 이런 유토피아는 순전히 백일몽이라고 보아야 한다. 사회 질서의 진정할 발전은 더 신중하고 더 어려운 구별에 달려 있다. 다양한 사회 제도를 조사하고 사회 자본의 관점에서 그 제도의 비용을 계산할 수 있다. 사회 제도가 격려하는 덜 바람직한 행동 특성이 있을 경우, 인간적 고통과 좌절의 관점에서 그 특성의 비용을 계산해 볼 수 있다. 어떤 사회가 적합하다고 판단하여 선택한 특성을 위해 대가를 치를 생각이라면, 어떤 가치는 비록 "나쁜" 것이라도 그들의 문화 패턴 내에서 발전할 것이다. 하지만 생각과는 다르게 위험은 엄청 크고, 사회 질서는 그 대가를 치를 수 없을지도 모른다. 그것은 필연적인 변혁의 변덕스러운 낭비, 경제적 그리고 감정적 재난으로 붕괴될지 모른다. 현대 사회에서 이 문제는 우리 세대가 직면해야 하는 가장 큰 압력이다. 이 문제의 해결에 집착하는 사람들은 흔히 경제적 재편이 그들의 백일몽으로부터 유토피아 세계를 가져다줄 것이라고 상상한다. 하지만 그들은 어떤 사회 질서도 미덕과 그에 부수되는 결핍을 분리시킬 수 없다는 사실을 망각하고 있는 것이다. 진정한 유토피아로 가는 길에는 왕도가 없다.

:: 자기 평가의 필요

우리가 점점 문화를 깊이 인식할수록 익숙해져야 할 어려운 훈련이 하나 있다. 그것은 우리 문화의 지배적인 특성을 심판하는 훈련이다. 자기 눈을 자기 눈동자로 바라보기가 어렵듯이, 그 힘 아래서 성장해온 사람에게 그 특성을 인식하도록 가르치는 것은 어려운 일이다. 때때로 필요에 따라 그런 특성에 대한 우리의 편애를 비난해야 되는데 그것은 실천하기가 더욱 어렵다. 그것(문화적 특성)들은 사랑하는 오래된 고향집 못지않게 익숙한 것이다. 그것들이 보이지 않는 세계는 우리에게 음울하고 견딜 수 없는 세상이다. 하지만 문화의 기본적 과정이 작동하기 때문에 바로 그런 특성들이 종종 극단적으로 발전되어 나가는 것이다. 그것들은 점점 공룡처럼 몸집이 커지고 다른 문화적 특성과는 달리 툭하면 통제의 상태를 벗어난다. 비판의 필요성이 최고조에 달한 바로 그 시점에 우리는 그것에 너무 익숙해져서 비판을 해볼 생각이 거의 없게 된다. 이런 상태에 수정이 가해지는 것은 혁명이나 붕괴를 통할 때뿐이다. 질서정연한 수정의 과정은 사실상 가능성이 없다. 그것을 수정해야 할 세대는 공룡처럼 비대해진 제도를 적절히 평가할 수 없기 때문이다. 그 세대는 제도를 객관적으로 볼 수 있는 힘을 잃었기 때문에 이익과 손실의 관점에서 계산할 수 없다. 상황이 파열점(破裂点)을 통과하기 전까지는 아예 구제 대책을 생각하지 않는 것이다.

우리 자신의 지배적인 특성에 대한 평가가 지금까지 지체되는 바람에, 그 특성은 이제 더 이상 살아 있는 쟁점이 되지 못한다. 종교는 객관적으로 논의되지 않아 오다가, 더 이상 우리 문명이 깊이 의존하는 문화적 특징이 아닌 게 되자 비로소 처음으로 비교 종교학 분야에서 자유롭게 쟁점을 추적할 수 있게 되었다. 이런 식으로 자본주의를 논의하기가 아직은 불가능하고, 전시에 전쟁과 국제 관계의 문제 역시 논의할 수 없는 금기 사항이다. 그래도 우리 문명의 지배적인 특성을 아주 정밀하게 조사해야 한다. 우리는 이제 인정해야 한다. 문화적 특성들은 인간의 행동에서 기본적이고 필수적인 것이기 때문에 강제 사항이 된 게 아니라, 우리 자신의 문화에서 지역적으로 과도 성장했기 때문에 강제 사항이 되었다. 도부 부족이 인간적 본성의 기본이라고 보는 한 가지 생활양식은 근본적으로 배신이고 그에 대한 병적인 공포이다. 마찬가지로 콰키우틀 부족은 인생을 일련의 경쟁 상황으로만 인식한다. 인생에서의 성공은 오로지 이웃에게 얼마나 수치심을 안겨주었는지 그것으로 평가된다. 그들이 이러한 생활양식이 그들의 문화에서 아주 중요하다고 믿는다. 하지만 문화 제도의 중요성은 그 제도의 유용성이나 필연성과는 직접적 관계가 없다. 이러한 주장은 미심쩍다. 우리가 이러한 특성을 얼마나 문화적으로 통제할 수 있는가 하는 문제는, 결국 서구 문명 속의 총애되고 지지되는 특성들을 얼마나 객관적으로 평가할 수 있느냐에 달려 있다.

8장
개인과 문화의 패턴

:: **사회와 개인은 적대적이 아니라 상호의존적이다**

우리가 지금까지 논의한 집단행동은 역시 개인의 행동이기
도 하다. 이 세상은 각자에게 개별적으로 주어진 것이고, 그
는 이 세상에서 개인적인 삶을 영위해야 한다. 어떤 문명을
몇십 페이지로 압축하여 설명하다 보면, 집단 기준을 부각시
켜야 하고, 개인의 행동을 그 문화의 동기를 예증하는 사례
라고 묘사해야 한다. 이런 접근 태도가 개인을 문화의 커다
란 바다에 함몰시킨 것이라고 해석한다면 그때는 오해가 발
생한다.

사회의 역할과 개인의 역할 사이에는 타당한 대립관계가
있을 수 없다. 이 19세기 이원론에서 비롯한 가장 잘못된 오
해 중의 하나는 사회에서 추출한 것을 개인에게 덧붙이고 다
시 개인에서 추출한 것을 사회에게 덧붙인다는 생각이었다.
자유 철학, 〈자유방임(laissez faire)〉의 정치적 신조, 왕조를

무너뜨린 혁명은 이 이원론에 입각했다. 사회의 본질에 대한 기본적 개념에서 볼 때, 문화적 패턴과 개인 중 어느 쪽이 더 중요하느냐는 인류학의 논쟁은 사소한 파문에 지나지 않는다.

사실, 사회와 개인은 대립적 관계가 아니다. 문화는 개인이 삶을 영위하는 원료를 공급하고 있다. 만약 문화가 빈약하면 개인은 고통을 겪는다. 풍요로운 문화라면 그는 기회를 잡고 위로 향상될 가능성이 있다. 남녀를 가리지 않고 모든 사람은 전통적으로 축적된 풍부한 문명으로부터 개인적 관심사에 대한 도움을 받는다. 가장 풍부한 음악적 감수성은 전통의 장치와 기준 내에서만 작동할 수 있다. 어쩌면 그것은 전통을 살찌울 것이고 실은 이게 더 중요하다. 하지만 이러한 성취는 문화가 제공한 악기와 음악 이론에 비례하여 성취도가 높아진다. 마찬가지로 멜라네시아 부족의 어떤 개인이 뛰어난 관찰의 재능을 갖고 태어났다고 하더라도 그것은 주술·종교 분야의 변방 경계지에서 사용되고 말 것이다. 개인의 가능성이 실현되려면, 그것은 과학적 방법론의 발전에 달려있고, 필요한 개념과 도구를 다듬지 않는다면 문화는 성과를 올리지 못했다.

일반인은 여전히 사회와 개인을 대립의 관점에서 생각한다. 대체로 이것은 우리 문명에서 사회의 규제 행위만을 강조하다 보니 그렇게 된 것이다. 우리는 사회와 법률상의 제약을 동일시하는 경향이 있다. 법률은 내가 자동차를 운전하는 시속을 규정한다. 만약 이런 규제가 철폐된다면 나는 그

만큼 자유로울 것이다. 사회와 개인을 근본적 대립관계로 보는 이 시각은 철학과 정치의 기본 개념으로 확장할 때 더욱 순진한 개념이 되어버린다. 그러나 사회는 어떤 제한된 상황에서만 규제를 할 뿐이고 또한 법률은 사회 질서와 동의어가 아니다. 단순한 동질적(同質的) 문화의 경우, 사회를 운영하는 데 있어서 집단 습관이나 관습으로 충분하고 법률의 형식적 권위를 발전시키지 않는다. 가끔 아메리칸 인디언은 이렇게 말할 때가 있다. "옛날에는 사냥터나 어장을 둘러싼 싸움이 없었습니다. 당시에 법률이 없었고, 누구나 올바르게 행동했어요." 이 이야기는 그들이 예전에는 외부에서 부과된 사회적 통제를 따르지 않았음을 보여준다. 심지어 서양 문명에서조차 법률은 사회의 노골적인 도구에 불과하고 그 오만한 질주를 견제해야 한다고 생각하는 사람들이 많다. 따라서 법률을 사회의 질서와 같은 것으로 해석해서는 절대 안 된다.

이 책에서 논의한 바 사회는 그것을 구성하는 개인과 떨어질 수 있는 실체가 아니다. 어떤 개인도 자신이 참여하는 문화가 없다면 출발점에 설 수 없다. 거꾸로, 어떤 문화도 결국에 가서는 개인이 공헌하는 요소들로 구성된다. 선남선녀와 아이들의 행동을 제외한다면 사회의 특성이 과연 어디서 올 것인가?

문화적 행동이 개인의 자율성을 억압한다고 해석하는 것은 사회와 개인의 갈등을 받아들이기 때문이다. 섬너*의 『민속 Folkways』을 읽고 나면, 사람들은 으레 개인의 활동 범위와 독창성을 제약하는 민속에 항의하게 된다. 인류학은 종종 인간이 동정심 많다는 환상을 깨뜨리는 기분 나쁜 학문으로 생각되어 왔다. 하지만 다른 문화를 체험한 배경이 있는 인류학자들은 개인이 문명의 명령을 기계적으로 수행하는 로봇이 아니라고 믿는다. 지금까지 관찰된 문화는 그것을 구성하는 사람들의 기질적인 차이를 없앨 수 없었다. 개인과 문화는 늘 주고받는 관계이다. 개인의 문제는 문화와의 대립보다는 양자 간의 상호협력을 강조함으로써 더 잘 밝혀지고 해결되었다. 이러한 관계는 너무 밀접하기 때문에, 개인 심리와 문화의 관계를 특별히 고려하지 않는다면 문화의 패턴을 논의할 수 없다.

우리는 앞에서 사회가 인간 행동의 넓은 스펙트럼에서 어떤 일정 부분을 선택한다는 사실을 보아 왔다. 문화의 통합을 달성하기 위하여 문화 제도는 그렇게 선택된 부분들을 확장하고, 그에 대립되는 것들의 발현을 억제한다. 하지만 그 문화의 일부 담지자(擔持者)들은 이런 대립되는 것들이 오히려 자신의 체질에 맞는다고 생각한다. 우리는 이미 그 스펙트럼으로부터의 선택이 주로 문화적인 것이고 생물적인 것은 아님을 논의했다. 따라서 모든 구성원의 모든 체질적 반응이 그 문화의 제도를 지지한다는 이론은 있을 수 없다. 개인의

---

* 윌리엄 섬너(William Sumner, 1840~1910) : 미국의 사회학자. 그의 주저 『민속』 (1907)은 관습과 풍속이 기아, 섹스, 허영, 공포에 대한 본능적 반응으로부터 구성되고 민속은 개혁을 완강하게 거부한다고 주장했다. -옮긴이

행동을 이해하려면, 개인적 생활사를 그의 체질과 연관시켜야 하고 나아가 이런 체질을 임의적으로 선택된 정상성 (normality : 특정 문화가 행동의 스펙트럼에서 가져와 정상이라고 선언하는 것)과 대비해 보아야 한다. 또한 그의 체질적 반응과, 문화 제도가 스펙트럼에서 선택한 행동들을 서로 관련시켜 보는 것도 필요하다.

:: 패턴에 즉각 적응하기

어떤 사회에서 태어난 사람들의 상당 부분은 우리가 보아온 대로, 제도의 특이성이 무엇이든지 늘 그 사회가 결정한 행동을 따라간다. 그 문화의 담지자들은 어떤 특정 제도가 궁극적으로 보편적 건전함을 반영하기 때문에 그 행동을 따라간다고 생각한다. 그러나 실제적인 이유는 사뭇 다르다. 대부분의 개성은 인간의 뛰어난 적응 능력 덕분에 그 문화가 요구하는 형태대로 빚어지는 것이다. 개인들은 자신이 태어나는 사회의 조형하는 힘에 유연하게 적응한 것이다. 북서해안은 자화자찬의 망상을 강조하고 서양 문명은 재산의 축적을 강조하는데, 이때 어떤 특정 문화가 어떤 구체적 사항을 요구하는가는 그리 중요하지 않다. 그 문화 속으로 태어난 개인들은 대부분 자신들에게 제시된 문화의 형태를 기꺼이 받아들이는 것이다.

하지만 사회 구성원 전원이 하나 같이 그것을 자신의 체질에 맞는다고 생각하지 않는다. 자신의 잠재력이 사회가 선택한 행동 유형과 일맥상통하는 사람들은 유리한 고지를 점한 행운아들이다. 가령 푸에블로 문화의 경우, 좌절의 상황에서 가능한 한 자연스럽게 그 상황을 넘기려는 방법을 추구하는 사람들은 그 문화로부터 도움을 얻게 된다. 푸에블로 문화는 우리가 앞에서 살펴본 대로, 심각한 좌절이 일어날 수 있는 상황을 최소화하는 데 주력한다. 죽음과 같이 불가피한 상황에서도 주니 족은 애써 그런 상황들을 잊기 위한 수단을 마련한다.

:: 좌절에 대한 반응

한편, 좌절을 모욕으로 여기고 먼저 앙갚음하겠다고 생각하는 사람이 북서 해안에서 태어난다면 체질적으로 맞는 사회에 태어난 것이다. 콰키우틀 족은 이런 앙갚음의 반응을, 노가 부러지거나 카누가 전복되거나 친척의 사망으로 인한 상실의 상황까지 확장했다. 그들은 일차 심술궂음의 반응을 보이고 이어 공격에 나서서 재산을 가지고 싸우거나 아니면 무기를 가지고 싸운다. 남에게 수치를 안겨주어 절망을 달래려는 기질의 인물들은 이 사회에서 자유롭게 그리고 갈등 없이 행동할 수 있다. 그들의 기질은 그 문화와 아주 잘 어울리기 때문이다. 만약 희생자를 충동적으로 골라 그에게 자신의 불행을 뒤집어씌우는 기질을 가진 자가 도부 족 사이에서 태어난다면 그 역시 행운아일 것이다.

우리가 이 책에서 논의한 세 문화는, 현실적인 방식(최초의 중단된 일상적 행위를 아무 일도 없었다는 듯이 재개하는 방식)으로 좌절의 상황에 대처하지 않는다. 가령 죽음에 대응하는 방식은 우리의 상식으로는 도저히 이해가 되지 않는다. 그렇지만 많은 문화들이 바로 그런 것을 시도한다. 그들이 원상회복을 추구하는 방식은 우리에게 혐오스럽게 보인다. 하지만 이런 혐오스러운 행동으로 좌절에 대응하는 문화는 제도적으로 그런 행동을 극단까지 밀어붙이는 경향이 있다. 에스키모 가운데 어떤 사람이 살인을 했을 때, 피살자의 가족은 그 살인자로 하여금 피살자를 대신하라고 요구할 수 있다. 그러면 살인자는 자신의 행동으로 인해 과부가 된 여자의 남편이 된다. 이것은 상황의 다른 모든 측면 – 우리에게 무척 중요한 것들 – 을 무시하는 원상회복 방식이다. 하지만 전통이 이런 목적을 선택할 때, 그 밖의 모든 상황을 당연히 무시되어 버린다.

장례식의 경우, 서구 문명의 기준으로 덜 혐오스러운 원상회복이 이루어지기도 한다. 5대호의 남쪽, 중부 알곤킨 인디언 사이에서 통상적인 절차는 입양이었다. 어린이가 죽을 경우, 비슷한 아이를 데려와서 죽은 아이 대신으로 삼았다. 이 유사성은 온갖 방법으로 결정되었다. 흔히 습격에서 데려온 포로는 제대로 된 의미에서 가족으로 대우 받았고, 죽은 어린이에게 퍼부었던 모든 특권과 정을 쏟아부었다. 혹은 그 아이는 어린이의 가장 친한 단짝이거나 키와 생김새가 죽은 어린이와 닮은 친척 어린이가 되었다. 이런 경우, 어린이를 내준 가족은 그것을 기뻐할 것으로 기대되지만, 대부분의 경우, 그것은 우리 서양의 제도에서 커다란 발전으로 여겨질 그런 발전은 절대 아니었다. 어린이는 언제나 여러 "어머니"와 편안하게 지낼 수 있는 여러 가정이 있음을 알고 있었다. 그는 입양으로 인해 전혀 새로운 집에 가서 살게 되었더라도 예전의 집처럼 편안히 지낸다. 어린이와 사별한 부모의 관점에서 볼 때, 아이가 죽기 전의 *status quo*(현재의 상태)가 원상 회복된 것이다.

이 문화는, 어떤 구체적 개인의 죽음보다 죽음이라는 상황을 더 애도하는 사람들이 훨씬 더 잘 받아들인다. 그 용납되는 정도는 우리 입장에서는 상상조차 할 수 없을 정도로 관대하다. 우리는 이런 위로의 가능성을 인정하지만, 망자와 죽음의 일반적 상황을 서로 연결시키는 것은 가능한 한 최소화하려고 노력한다. 우리는 그것을 장례 상황을 극복하는 기술로 활용하지 않는다. 이런 해결안(서로 연결시키지 않음)에 만족하는 사람들은 혼자 힘으로 그 어려운 위기를 통과하고 그 이후에는 최초의 중단된 일상적 행위를 아무 일도 없었다는 듯이 재개한다.

좌절에 대응하는 또 다른 태도가 있다. 그것은 푸에블로 부족의 태도와 정반대이고, 우리는 그것을 평원 인디언의 디오니소스적 반응으로 설명해왔다. 그들은 좌절 경험을 되도록 최소화하면서 빨리 통과하려 하지 않고, 슬픈 감정을 극단적으로 표현하면서 위로를 찾는다. 평원 인디언들은 극단적인 탐닉에 빠져들고 감정을 격렬하게 표현한다.

:: 부적응에 대한 현저한 사례들

개인의 그룹에는, 이런 서로 다른 대응들 ─ 그것을 무시하기, 노골적으로 표현하여 탐닉하기, 앙갚음하기, 희생자를 징벌하기, 원래의 상황을 회복하기 ─ 중 어느 하나가 자신의 체질에 맞는 사람들이 있다. 우리 사회의 정신병 기록에서 어떤 충동들은 나쁜 대응 방법으로 여겨지는 한편 어떤 것은 좋은 방법으로 인정된다. 나쁜 것은 부적응과 불건전으로 향하고, 좋은 것은 적절한 사회적 기능으로 향한다고 말한다. 하지만 어떤 "나쁜" 경향과 비정상 사이에 절대적 상관관계가 있는 것은 아니다. 슬픔에서 도망치고 싶은 마음, 어떤 대가를 치르더라도 떨쳐버리고 싶은 마음은 푸에블로 부족 사이에서는 정신병적 태도로 치부되지 않는다. 제도적으로 주니 족의 구성원들이 그런 태도를 지지하기 때문이다. 푸에블로 부족은 신경증(노이로제)적인 사람들이 아니다. 그들의 문화는 정신 건강을 도와주는 인상을 풍긴다. 마찬가지로, 콰키우틀 부족 사이에서 격렬하게 표현된 과대망상증 태도는 우리 서양의 정신의학 이론에서는 철저히 "나쁜" 태도로 알려져 있다. 말하자면 그것은 다양한 성격 파탄으로 이어진다. 하지만 이런 태도를 자유롭게 표현하는 것이 체질에 맞는 개인들은 콰키우틀 사회의 지도자가 되고, 또 그 문화에서 엄청난 개인적 성취를 이루게 된다.

분명히 개인적 적응의 적부는 어떤 동기를 추구하거나 혹은 그 동기를 기피하는 데 달려 있지 않다. 그 둘의 상관관계는 다른 방향에서 찾아야 한다. 그 사회의 특징적 행동과 어울리는 체질을 가진 사람들이 선호되는 것처럼, 그 문화가 거부하는 행동을 하는 사람들은 무시되어 버린다. 다시 말해 문명의 제도가 뒷받침하지 않는 사람들은 비정상이 되는 것이다. 그들은 문화의 전통적 형태를 쉽게 받아들이지 않는 예외적인 사람들이다.

비교 정신의학이 타당한 것이 되려면, 자신을 적절하게 문화에 적응시키지 못하고 방향을 잃은 사람들이 우선 연구대상이 되어야 한다. 정신의학은 소속 문화에서 거부된 특징적 반응을 연구하지 않고, 증상의 고정된 리스트만 내세우기 때문에 문제의 핵심을 자주 놓쳐 왔다.

우리가 앞에서 설명한 세 부족은 모두가 그들의 사회에 참여하지 않는 "비정상적인" 개인들을 갖고 있다. 도부 족의 경우, 방향을 완전히 잃은 개인은 우호적인 천성을 가지고 있고, 아무런 음흉한 행동도 하지 않는 사람이다. 그는 동료를 무너뜨리거나 벌을 주려고 하지 않는 쾌활한 친구였다. 그는 자신에게 부탁한 사람들을 위해 일했고, 그들의 지시를 지칠 줄 모르고 수행했다. 그는 동료들처럼 암흑의 공포에 휩싸이지도 않았고, 아내나 누이처럼 가까운 여자들에게 다른 사람들이 보는 데서 간단한 우호적 태도를 보이는 것도 기피하지 않았다(그의 동료들은 철저하게 기피했다). 그는 사람들이 보는 데서 여자들을 가볍게 툭툭 치면서 애정을 표시하기도 했다. 도부 족의 다른 사람들은 그것을 수치스러운 행동이라고 생각했고, 그런 그가 바보짓을 하고 있다고 여겼다. 마을 사람들은 그를 이용해 먹거나 놀리지 않고 친절하게 대하기는 했지만, 그를 내놓은 인물 정도로 취급했다.

도부 족의 이 바보 인물은 우리 문명의 어느 시점에서는 이상적인 인물로 여겨졌고, 여전히 대부분의 서구 공동체에서 그런 사람을 좋게 받아들이고 있다. 특히 그 바보 인물이 여자라면, 그녀는 오늘날에도 우리의 관습 내에서 잘 받아들여지고 또 그녀의 가족과 공동체 내에서 명예로운 기능을 발휘할 것이다. 도부 족의 바보 인물이 자신의 문화에서 기능할 수 없게 된 것은 그 개인의 체질적 반응의 결과가 아니라, 그 행동반응과 문화의 패턴 사이에서 빚어진 차이 때문이다.

대부분의 민족지학자들은 사회에서 경멸되어 울타리 밖으로 내몰린 사람들도 다른 문화에서 살았더라면 내쫓길 사람들이 아니라고 인정하고 있다. 로위*는 평원의 크로 인디언들 중에서 자신의 문화적 형태를 잘 알고 있는 남자를 발견했다. 그 인디언은 그런 문화 형태를 객관적으로 보면서, 다양한 측면을 서로 관련시키는 데 관심이 많았다. 그는 계보학적 사실에도 조예가 있었고 역사적 상황에 대해서도 소중한 정보를 많이 알고 있었다. 게다가 크로 부족 생활의 이상적인 해석자이기도 했다. 하지만 이런 특성은 크로 부족 사

---

* 로버트 로위(Robert Lowie, 1883~1967) : 오스트리아 태생의 미국 인류학자. 미국의 평원 인디언들을 많이 연구했으며 그의 책 『원시사회』(1920)는 30년 동안 원시부족의 사회조직 이론을 지배했다. -옮긴이

이에서 명예롭게 여겨지지 않았다. 그는 신체적 위험이 있는 상황에서는 위축되었는데, 그런 곳에서 허풍을 치며 거들먹거리는 것이 크로 부족의 미덕이었다. 설상가상으로 그는 엉터리 전쟁 명예를 주장하여 인정을 받으려 했다. 하지만 적 캠프의 말뚝에 묶여 있는 말을 데려왔다는 그의 주장은 사실이 아닌 것으로 증명되었다. 전쟁 명예를 거짓으로 주장하는 것은 크로 부족에게 가장 무거운 죄였고, 끊임없이 반복되는 일반 여론에 따르면 그는 무책임하고 무능한 사람이었다.

이것은 우리의 문명에서 개인 재산을 경시하는 사람에 대하는 상황과 비슷하다. 개인적으로 부의 축적을 추구하지 않는 어떤 사람들은 지속적으로 부랑자 인구를 지원해 왔다. 이들이 부랑자들과 동맹을 하면, 일반 여론은 그들을 잠재적으로 나쁜 사람으로 보아 버린다. 또 그들은 그런 동맹으로 인해 반사회적 상황으로 빠져들기 때문에 결국 나쁜 사람이 된다. 하지만 그들이 부랑자를 돕는 것이 아니라, 그들의 예술적 기질을 발휘하여 해외로 나가 사는 이탈적 예술가 그룹의 일원이 되면, 일반 여론은 그들을 나쁜 사람이 아니라 어리석은 사람으로 본다. 어느 경우든, 그들은 사회적 제도의 뒷받침을 얻지 못하고, 그들 자신을 만족스럽게 표현하지 못한다.

이런 개인의 딜레마는 종종 자신의 자연적 충동을 강력 억제하고 문화가 중시하는 역할을 받아들임으로써 성공적으로 해결되는 경우가 많다. 그가 사회적 인정을 필요로 하는 경우, 그런 대안밖에 없는 것이다. 주니 부족의 어떤 놀라운 개인은 이런 대안을 받아들였다. 어떤 종류의 권위든 철저히 불신하는 주니 사회에서 그는 어떤 그룹에서나 두각을 나타내는, 타고난 개인적 매력을 가지고 있었다. 절제와 중용을 칭찬하는 사회에서 그는 혼란스러움을 느꼈고 때때로 난폭하게 행동했다. "많이 얘기하는" ‒ 말하자면 다정하게 수다를 떠는 ‒ 유순한 성격을 칭찬하는 사회에서 그는 조롱받고 소외당하는 인물이었다. 이런 사람에 대한 주니 부족의 유일한 반응은 그를 검은 주술사라고 낙인찍는 일이었다. 그는 밖의 창문에서 안을 엿보는 자로 알려졌고, 이것은 마술사의 분명한 증거였다. 그는 어느 날 술에 취해, 그들이 자신을 죽일 수 없다고 떠벌렸다. 전쟁 사제들이 그를 붙잡아, 서까래에 그의 두 엄지손가락을 묶어 매달자, 그는 본의 아니게 검은 주술(마술)을 부린다고 고백해야 되었다. 이렇게 자백을 강요당하는 것은 마술 혐의로 고발된 사람의 통상적인 절차였다. 하지만 그는 전령을 미국 정부 군대에게 보내 도움을 요청했다. 그들이 현장에 도착했을 때 그의 어깨는 이미 평생 불구가 되어 있었다. 검찰은 극악무도한 행위를 저지르는 전쟁 사제들을 투옥할 수밖에 없었다. 전쟁 사제들 가운데 한 명은 주니 부족의 최근 역사에서 가장 존경 받는 중요 인물이었다. 연방 교도소에 투옥된 뒤 풀려났을 때, 그는 사제직을 다시 맡지 않았다. 그는 자신의 힘이 꺾였다고 생각했다. 이것은 아마 주니 부족의 역사에서 유일하게 발생한 복수극일 것이다. 그것은 사제단에 대한 도전이었고 검은 주술사는 노골적으로 사제단에 반기를 들었다.

하지만 이 저항 드라마 이후 40년 동안, 이 반항자의 인생 역정은 우리의 예상과는 다르게 굴러갔다. 그는 검은 주술사로 비난 받았지만 컬트 집단의 회원 자격을 박탈당하지는 않았다. 그가 사회적 인정받는 길은 오히려 그 길에 있었다. 그는 엄청난 기억의 소유자로 구두 전승을 많이 암기했고, 노래하는 듯한 달콤한 목소리의 소유자였다. 그는 믿을 수 없을 정도로 많은 신화, 신비한 의례, 컬트 노래를 알고 있었다. 그가 죽기 전에 구술한 이야기와 의례의 시가를 받아 적은 내용은 수백 페이지에 달했다. 그는 자신의 노래들이 수록된 것보다 훨씬 더 광범위하다고 생각했다. 그는 의례 행사에서 없어서는 안 될 사람이었고, 죽기 전에는 주니 부족의 통치자가 되었다. 그는 타고난 체질로 인해 소속 사회와 타협할 수 없는 갈등에 돌입했으나, 가지고 있는 재능을 잘 활용하여 딜레마를 해결했다. 그러나 쉽사리 예상해 볼 수 있듯이 그는 행복한 사람이 아니었다. 주니 부족의 통치자이고, 비밀 컬트의 고위직에 있고, 공동체의 주요 인물이면서도, 언제 죽을지 모른다는 강박관념에 사로잡혀 있었다. 그는 안분지족하는 주니 사람들 사이에서 사기를 당한 사람이었다.

그가 평원 인디언들 사이에서 살았더라면 어떻게 되었을까? 그곳의 모든 제도는 그의 난폭한 체질을 좋게 보아 권장했을 것이다. 개인적 권위, 과격함, 남을 경멸하는 태도 등은 그의 경력에서 명예가 되었을 것이다. 또 다른 상상으로서, 만약 그가 샤이엔 족의 전쟁 추장이었더라면 어떻게 되었을까? 그가 주니 족의 성공한 사제 및 통치자로서 겪었던 불행은 아예 존재하지 않았을 것이다. 불행은 그의 타고난 자질에서 비롯된 것이 아니라, 그런 자질의 배출구를 마련해 주지 못한 문화의 탓이었다.

:: 동성애자들의 수용

우리가 지금까지 논의한 개인들은 어떤 의미에서든 정신이상자가 아니다. 그들은 체질적으로 문화의 제도와 어울리지 못하는 딜레마의 사례이다. 사회가 그 개인의 행동을 이상하다고 단정할 때, 그의 딜레마는 정신이상의 문제로 탈바꿈한다. 서구 문명은 가벼운 동성애 증상조차 비정상이라고 본다. 임상적 관점에서 볼 때, 동성애는 그런 증상(신경증 및 정신병)의 간접 원인일 뿐인데도 신경증 및 정신병과 동일시된다. 또한 동성애는 부적절한 기능과 행동 장애를 일으킨다고 강조한다. 하지만 우리는 동성애를 일률적으로 부적절하다고 보지 않는 다른 문화를 감안해야 한다. 그 문화들이 그처럼 동성애를 인정해 주었다고 해서 반드시 기능 부전으로 끝나지는 않았다. 어떤 사회에서는 그런 문화를 몹시 환영하기도 했다. 물론, 플라톤의 『공화국』은 가장 설득력 있게 동성애를 칭찬한 사례이다. 이 책에서 동성애는 좋은 삶의 주된 수단으로서 제시되어 있는데, 동성애를 도덕적으로 높이 평가한

플라톤의 반응은 당시 그리스의 관습에 의해 지지를 받았다.

아메리칸 인디언들은 플라톤처럼 동성애를 도덕적으로 가치가 높다고 평가하지 않지만, 동성애자를 흔히 능력이 몹시 뛰어난 사람이라고 본다. 대부분의 북아메리카에서는 프랑스인이 명명한 〈베르다슈(berdache)〉라는 제도가 있다. 베르다슈는 사춘기 때나 그 뒤에 여자의 드레스를 입고 여성의 일을 하는 남자들이다. 가끔 그들은 남자와 결혼하여 함께 살기도 했다. 때때로 그들은 성도착자가 아닌 경우도 있었다. 남성으로서 성적 기능이 허약하여 여자들의 조롱을 피하기 위해 일부러 베르다슈의 역할을 선택한 것이다. 베르다슈는 결코 시베리아의 여장 남자같이 일등급의 초자연적 힘의 소유자가 아니라, 오히려 여성적 일의 리더로서, 어떤 질병에 대해 뛰어난 치료사로서, 혹은 사교적 문제의 온화한 조직자로서 우호적으로 간주되었다. 이처럼 그들을 받아들인 풍속에도 불구하고, 사람들은 약간 당혹스러운 시선으로 그들을 바라보았다. 남자로 알려져 있고, 주니 족의 남자 묘지에 묻힐 사람을 "그녀"라고 부르는 것은 좀 웃기는 일이었다. 하지만 베르다슈는 사회적으로 인정을 받았다. 대부분의 부족에서는 여성의 일을 맡은 남자들(베르다슈)이 남성적 힘과 주도권 때문에 월등히 잘하고 그리하여 여자들이 형성하는 재산 축적과 여성의 기술에서 리더가 된 사실을 강조했다. 한 세대 전의 모든 주니 부족에게서 가장 잘 알려진 사람 중의 하나는 웨화라는 이름을 가진 베르다슈였다. 그의 친구인 스티

븐슨 부인의 말에 따르면 그는 "확실히 주니 부족에서 정신적·육체적으로 가장 강한 인물"이었다. 의례 절차에 대한 뛰어난 기억력 덕분에 그는 의례 행위가 벌어질 때면 중심 인물이 되었고, 그의 힘과 지식 덕분에 온갖 공예의 지도자가 되었다.

주니 족의 여장 남자는 모두가 강건한 자립적 사람들은 아니다. 어떤 사람들은 남성적 행동에 참여할 수 없기 때문에 이런 식으로 자신을 지키기 위해 베르다슈가 되기도 했다. 거의 백치인 사람도 있고, 덩치가 어린 소년 정도밖에 안 되어서 여자처럼 우아한 맵시를 가진 사람도 있었다. 주니 사회에서 어떤 사람이 베르다슈가 되는 여러 이유가 있었지만 그게 무엇이든, 공공연히 여자의 드레스를 입겠다고 선택한 남자들은 사회의 기능을 다하는 일원으로서 다른 사람들과 똑같이 사회 내에서 활약할 수 있었다. 그들의 선택은 사회적인 인정을 얻었다. 만약 타고난 재능이 있다면 베르다슈들은 그것을 발휘할 수 있었다. 만약 성격이 약한 존재라면 그들은 성격이 강하지 못해서 실패한 것이지 동성애자이기 때문에 실패한 것은 아니었다.

베르다슈라는 인디언의 제도는 평원 지역에서 가장 잘 발달했다. 다코다 부족은 "베르다슈와 같이 멋진 가재도구"라는 속담을 갖고 있는데, 그것은 여자가 집안의 가재도구를 잘 간수하는 데 대한 최고의 칭찬이었다. 베르다슈는 일석이조였다. 그는 여자들의 일에서 기술이 뛰어났고 게다가 남자들의 사냥 행위에도 한몫 끼어서 가사(家事)를 뒷받침할 수 있었다. 따라서 그보다 더 부유한 사람은 없었다. 의례적 축제를 위해 대단히 멋진 구슬 세공이나 동물 가죽 무두질이 필요할 때, 사람들은 다른 누구보다도 베르다슈의 작업을 선호했다. 다른 무엇보다도 강조되는 것은 그의 사회적 타당성이었다. 주니 부족에서 그에 대한 태도는 이중적이고, 어울리지 않는 존재라는 일말의 불편함이 엿보였다. 하지만 사회적 경멸은 베르다슈에게 퍼부어진 것이 아니라 그와 함께 살고 있는 남자에게 쏟아졌다. 이 남자는 문화의 공인된 목표 대신에 쉬운 길을 택한 허약한 남자 취급을 당했다. 그는 아내인 베르다슈가 혼자 노력하여 다른 가정들에 모범이 될 정도로 일구어놓은 가사를 전혀 돌보지 않았다. 베르다슈의 남편을 비난할 때 그의 성적 취향을 지적하는 것이 아니라, 경제적 무능을 비난하는 것이고, 그래서 그는 사회의 버림받은 자였다.

그러나 이런 관용적 상황과는 다르게, 동성애적 반응을 변태라고 보는 사회에서, 동성애자들은 정신이상자의 취급을 당한다. 죄책감, 부적응의 느낌, 실패감 등은 사회적 전통이 그에게 가한 압력의 결과이고, 어떤 사람이든 사회의 기준이 뒷받침되지 않은 생활을 만족스럽게 할 수가 없다. 동성애자들에게 요구되는 사회적 적응사항들은 오히려 그들의 활기를 빼앗아버리고, 그런 위축된 결과가 동성애 때문이라고 하면서 그들의 책임으로 돌린다.

:: 권위에 이르는 수단인 몽환과 경직성 발작

우리의 사회에서는 몽환 상태 역시 정상으로 취급되지 않는다. 서구 문명에서는 아주 온건한 몽환 증세조차 일탈로 간주된다. 우리 사회 내의 몽환(황홀경)이나 경직성 발작을 연구하려면, 우리는 정신이상자의 병력(病歷)을 알아보아야 한다. 따라서 황홀경의 체험과 신경증 환자 및 정신병자의 체험은 상관관계가 일치한다. 하지만 동성애자의 사례에서 보듯이, 20세기의 어떤 지역적 상관관계일 뿐이다. 우리 자신의 문화 배경에서조차, 다른 시대에서는 그것을 다르게 보았다. 가톨릭이 황홀한 체험을 성인의 징표로 삼았던 중세의 경우, 사람들은 황홀경 체험을 높이 평가했다. 중세의 그런 사람들은 20세기의 유사한 사람들처럼 재난에 휩쓸리지도 않았고, 그런대로 사회의 인정을 받아 자신의 삶을 추구할 수 있었다. 그들은 그런 삶에 대하여 정당성을 인정받았고 정신이상으로 낙인찍히지도 않았다. 그리하여 황홀경에 잘 빠지는 사람들은 그것 때문에 불이익을 받는 법 없이 타고난 능력에 따라 인생을 개척했다. 이처럼 중세에는 황홀경을 높이 평가했기 때문에 위대한 지도자도 종종 황홀경을 연출했다.

원시부족들은 황홀경과 경직성 발작을 몹시 높게 평가했다. 캘리포니아의 어떤 인디언 부족은 주로 황홀경을 체험한 사람들에게 특권을 부여했다. 모든 부족이 오로지 여자만이 그런 축복을 받는다고 믿은 것도 아니었다. 하지만 샤스타 부족 사이에서는 샤먼, 즉 여성을 하나의 관습으로 받아들였다. 그들의 샤먼은 모두 여성이었고, 샤먼들은 공동체에서 가장 높은 지위를 부여받았다. 그들은 체질적으로 황홀경에 잘 빠지고 또 공수(신의 말씀)를 잘 받기 때문에 샤먼으로 뽑혔다. 어느 날 무당 될 운명의 여자는 일상적인 일을 하다가 갑자기 바닥으로 쓰러졌다. 그녀는 무척 강렬한 어조로 자신에게 무언가를 말해주는 목소리를 들었다. 몸을 일으켰을 때, 그녀는 몽환 속에서 활과 화살을 당긴 남자를 보았다. 그로부터 화살에 심장이 뚫린 고통을 노래하라는 명을 받았지만, 그녀는 너무 위압적인 체험을 이기지 못해 의식을 잃고 쓰러졌다. 곧 가족이 모여들었다. 그녀는 뻣뻣하게 드러누운 채 숨을 제대로 쉬지 못했다. 가족은 그녀에게 나타난 조짐을 이미 알고 있었다. 그녀는 예전부터 샤먼의 소명을 알려주는 특별한 성격의 꿈, 회색 곰을 피하여 절벽이나 나무에서 떨어지는 꿈, 말벌떼에게 둘러싸인 꿈을 자주 꾸었다. 이럴 때 공동체는 어떻게 대응해야 할지 잘 알고 있었다. 몇 시간이 지난 뒤, 그녀는 서서히 신음하며 땅바닥에서 구르다가 몸을 맹렬하게 흔들기 시작했다. 그녀는 몽환 중에 신으로부터 지시받은 노래를 곧 부를 것으로 예상되었다. 깨어났을 때, 그녀의 신음소리가 점점 더 분명히 신의 노래로 바뀌다가, 드디어 그녀는 신의 이름을 말했고 곧 그녀의 입에서 피가 흘러나왔다.

신과 처음 만난 뒤에 제정신을 차린 그날 밤, 그녀는 샤먼을 시작하는 첫 번째의 춤을 추었다. 그녀는 지붕에 매단 밧줄로 묶인 채, 사흘 밤 사흘 낮을 춤추었다. 세 번째 저녁 때, 그녀는 신의 힘을 자신의 몸에 받아들인다. 그녀는 춤을 추다가 그 순간이 다가오는 것을 느끼자 소리쳤다. "그는 나를 쏠 것이다, 그는 나를 쏠 것이다." 그녀의 친지들은 바싹 다가섰다. 그녀가 일종의 경직성 발작에 사로잡혀 비틀거리면, 재빨리 부축하여 쓰러져 사망하는 것을 막아야 했기 때문이다. 이때부터 그녀는 신의 힘을 가시적으로 자신의 몸에 실현했다. 그것은 고드름 비슷하게 생긴 물건인데 그녀는 춤을 추면서 몸의 일부에서 그 고드름을 만들어내어 또 다른 부분으로 집어넣는 동작을 했다. 이때 이후 그녀는 경직성 발작 증세를 계속 보여주면서 자신의 초자연적 힘을 정당화했다. 이웃에게 생사가 걸린 인생의 중대 고비가 있거나, 치료를 해주어야 할 경우, 또는 점을 치거나 상담해야 할 일이 있을 때면 사람들에게 불려갔다. 달리 말해, 그녀는 이런 소정의 절차를 거쳐서 큰 힘을 가진 중요 인물로 바뀌었다.

인디언 부족은 경직성 발작을 가문의 오점이자 무시무시한 질병의 증거로서 보기는커녕 그것을 문화적으로 인정하고 사회적 권위의 통로로 만들었다. 무당은 가장 존경 받는 사회적 타입의 하나이고, 그런 타입의 인물은 공동체에서 가장 명예롭게 기능을 발휘하여 보답을 받았다. 이 문화에서 경직성 발작을 겪은 사람은 권위와 리더십이 있다며 뽑힌 사람들이었다.

어떤 사회가 문화적으로 관용하여 선택한 타입일 경우, 그런 "비정상적" 타입의 유용성은 세계 전역에서 증명되었다. 가령 시베리아 샤먼들은 공동체를 지배하고 있다. 시베리아 사람들의 생각에 따르면, 그들은 신의 의지에 복종하여 자신에게 들이닥친 중병 – 발작의 내습 – 을 치료했고 이 수단으로 초자연적인 힘과 비할 수 없는 활기와 건강을 얻은 사람들이다. 무당의 부름을 받았던 시기에, 어떤 사람은 몇 년 동안 미친 상태가 아주 심했다. 어떤 사람은 겁 없이 눈 속에서 돌아다니다가 얼어 죽지 않도록 끊임없이 감시를 해야 할 정도였다. 어떤 사람은 건강이 쇠약하여 죽을 정도였고 가끔 피투성이의 땀을 흘리기도 했다. 이런 병에서 치료되는 것이 샤먼이 되는 절차였다. 그들은 이렇게 주장한다. 시베리아 강령회(seance)의 극단적인 시련은 그들로 하여금 자신의 병을 이겨내게 하고 그리하여 그런 비슷한 병에 걸린 자들을 고치는 능력을 준다. 경직성 발작은 무당 굿거리의 필수적인 부분이었다.

좀 낡은 자료이기는 하지만 캐넌 갤러웨이의 설명은 샤먼의 신경증 증세와 사회가 그에게 기울인 관심을 잘 묘사하고 있다. 이 자료는 남아프리카 줄루 부족의 노인 얘기를 그대로 기록한 것이다.

점쟁이가 되려는 사람의 상태는 이렇다. 처음에 그는 분명히 튼튼했지만 시간이 지나면서 허약해지는데, 뚜렷한 증세도 없이 허약해진다. 그는 습관적으로 어떤 음식을 피하고, 자신이 좋아하는 음식만을 선택하고 그 음식을 먹어도 많이 먹지 않는다. 그는 끊임없이 몸의 이곳저곳이 아프다고 불평했다. 그리고 강물에 떠내려가는 꿈을 꾸었다고 사람들에게 말했다. 그는 여러 가지 꿈을 꾸고, 그의 몸은 〈강물처럼〉 진흙투성이고 꿈의 집이 된다. 그는 줄창 많은 것을 꿈꾸고, 깨어나면 친구들에게 말한다. "오늘, 내 몸은 진흙투성이다. 나는 여러 사람들이 나를 죽이는 꿈을 꾸었다. 나는 어쩔 줄 몰라 도망쳤다. 깨어나면, 몸의 일부가 내 몸이 아닌 느낌이 든다. 내 몸은 예전과 너무 다르다." 드디어 그 남자는 병이 심해지고, 사람들은 물어보려고 점쟁이를 찾아갔다.

점쟁이들은 그가 부드러운 머리(말하자면, 샤먼이 될 소질)를 가질지 어쩔지 금방 알아보지는 못한다. 그들이 진실을 꿰뚫어보기가 어렵다. 그들은 끊임없이 엉뚱하게 말하고 잘못된 얘기를 한다. 그러다가 그들의 명령에 따라 병든 남자는 자신의 소를 모두 먹어치웠다. 그들은 부족의 신이 소를 요구한다면서 그것을 음식으로 먹으라고 말했다. 결국 남자의 모든 재산이 소진되고 그런데도 그는 여전히 병을 앓는다. 그들은 더 이상 어떻게 할 것인지 알지 못한다. 그에게는 소가 없기 때문이다. 친구들은 그에게 필요한 생계를 도와준다.

드디어 한 점쟁이가 등장하여 지금까지의 모든 조치가 틀렸다고 얘기한다. 그는 이렇게 말한다. "그는 신들에게 사로잡혔다. 다른 것 문제가 없다. 신들은 그에게 들어와, 두 패로 나뉘었다. 어떤 신은 말한다. '아니, 우리는 우리의 아이를 다치게 하고 싶지 않다. 우리는 그걸 원치 않는다.' 그 이유 때문에 그는 건강을 회복하지 못하고 있다. 만약 너희가 신들에게 대항하여 길을 가로막는다면 너희는 그를 죽이고 말 것이다. 그는 점쟁이가 되지 못하고, 다시 사람이 되지도 못할 것이기 때문이다."

그래서 그 남자는 회복이 안 된 채 2년 동안 앓는다. 어쩌면 그보다 훨씬 더 오래갈지 모른다. 이 상태는 그의 머리카락이 빠질 때까지 이어진다. 그의 몸은 비듬투성이에 건조해진다. 그는 몸에 기름을 바르고 싶지 않다. 그는 거듭 하품하고 계속 재치기하면서 점쟁이가 될 조짐을 보여준다. 그것은 코담배를 좋아하는 그의 행동에서도 분명히 나타난다. 코담배를 거의 손에 달고 있고 툭하면 그것을 피운다. 사람들은 그가 자신의 몸에 좋은 것을 받아 지녔다고 깨닫기 시작한다.

병을 앓은 뒤부터 그는 경련이 일어났다. 그에게 물을 퍼붓자, 경련은 잠시 수그러들었다. 으레 처음에는 조금씩 눈물을 흘리다가 드디어 엉엉 운다. 사람들이 잠잘 때, 그는 시끄러운 소리를 내고 노래를 불러 사람들을 깨운다. 그는 노래를 지어냈고 남자와 여자들은 깨어나 그와 함께 어울려 노래를 부른다. 마을 사람들은 누구나 잠을 이루지 못해 괴로웠다. 점쟁이가 될 사람이 큰 문제를 일으키기 때문이다. 그는 잠을 자지 못하고 머릿속에서 끊임없이 생각하기 때문이다. 그는 선잠에 빠질 뿐이고 깨어나면 여러 가지 노래를 불렀다. 이웃 사람들은 저녁이면 마을을 빠져나와, 그가 큰 소리로 부르는 노래를 들으면서 함께 어울려 노래를 불렀다. 어쩌면 그는 새벽까지 노래를 부르고 한 잠도 자지 못할 것이다. 그런데 그는 갑갑증이 일어나 집에서 개구리처럼 이

리저리 뛰어다녔다. 집은 그에게 너무 비좁았다. 그는 밖으로 뛰어나가 물속의 갈대같이 몸을 떨면서 노래를 불렀고 땀이 물방울처럼 떨어졌다.

이런 상황에서 사람들은 날마다 그가 죽을 것이라고 예상했다. 지금 그는 바짝 말라 뼈와 가죽만 남았고, 내일 해가 뜨면 그가 살아 있지 않을 것이라고 생각했다. 이 무렵, 그는 많은 소들을 잡아먹었다. 사람들이 그를 점쟁이가 되도록 격려했기 때문이다. 드디어 (꿈속에서) 고대 선조의 신이 그에게 나타나 알려주었다. 이 신은 그에게 말한다. "아무개에게 가면 그가 너에게 구토제(샤먼 입문식의 일부로서 마시는 약)를 만들어줄 거야. 그러면 너는 온전한 점쟁이가 돼." 그리하여 그는 며칠 동안 잠잠해지고, 점쟁이에게 가서 약을 만들게 한다. 그는 다시 온몸이 청결해지고 진정으로 점쟁이가 되어, 예전과 완전 딴사람이 되어 돌아온다.

그는 이후 평생 신에 사로잡혀 살면서는 사건을 예언하고 잃어버린 물건을 되찾아 주는 역할을 맡는다.

:: 사회 내의 "부적응자"의 위치

문화는 이처럼 불안정한 인간적 유형의 가치를 인정하고 그것을 사회적으로 유용하게 만든다. 만약 특이성을 인간적 행동의 가장 소중한 변종이라고 취급한다면, 문제의 인물은 그 상황을 적절히 활용하여 훌륭한 사회적 역할을 수행할 것이다. 우리처럼 사회적으로 적응하는 유형과 적응 못하는 유형을 구분하는 일은 없을 것이다. 사회에서 적응하지 못하는 사람들은 어떤 고정된 "비정상적" 특성을 지닌 사람이 아니라, 그들의 행동이 문화의 제도로부터 지지를 얻지 못한 사람들이다. 이런 일탈자들이 많은 약점을 가지고 있다는 것은 대체로 보아 환상에 지나지 않는다. 그들은 활기가 부족한 것이 아니라, 그들의 체질적 반응이 사회의 지원을 얻지 못한다는 사실에서 비롯된다. 사피어*가 말했듯이, 그들은 "견딜 수 없는 세계로부터 소외되어 있는 것이다."

시대와 지역의 기준으로 뒷받침되지 않아 엄청난 조롱에 노출된 인물로는 돈키호테가 있다. 그는 유럽 문학에서 잊어버릴 수 없는 인물이 되었다. 세르반테스는 실제적 기준이 변화되었는데도 여전히 관념적인 전통을 지키려는 인물을 창작해 냈고, 이 가엾은 노인(돈키호테)은 예전 세대의 낭만적 기사도를 수호하려다 바보가 되고 말았다. 그가 창으로 찔렀던 풍차는 거의 사라진 세상의 적대자였지만 세상이 더 이상 그것을 요구하지 않는데도 창 찌르기를 계속하는 것은 바보 짓이었다. 그는 전통적 기사도 정신에 입각하여 둘시네아를 사랑했지만 그 당시에는 이미 다른 형태의 사랑이 유행했고, 그의 열정은 미친 짓으로 간주되었다.

---

* 에드워드 사피어(Edward Sapir, 1884~1939) : 미국의 언어학자 겸 인류학자. 아메리칸 인디언들의 언어를 깊이 연구했고 인간은 주로 언어를 통하여 세계를 인식한다는 주장을 폈다. 루스 베네딕트의 초창기 논문들을 칭찬하면서 많이 격려해 주었다.

우리가 살펴본, 원시문화의 대조적인 세계들은 지역적으로 서로 구분되어 있으나, 현대 서구 역사에서는 그런 세계들이 시기적으로 서로 계승되어 있다. 공간적이든 시간적이든 주된 쟁점은 마찬가지이다. 하지만 우리가 시간 속에서 계승되어 내려온 문화적 통합 형태를 이해하려고 한다면, 현대 세계에서 벌어지는 현상을 이해하는 것이 더 중요하다고 생각한다. 어떤 문화가 그 자체로 안정되어 있고 지역적으로 다른 문화와 분리되어 있다면(가령 에스키모 문화), 이런 쟁점은 순전히 학술적인 것에 지나지 않게 된다. 하지만 우리의 문명은 우리의 목전에서 사라지는 문화적 기준과, 멀리 지평선에서 새롭게 올라오는 기준을 동시에 다루어야 한다. 우리는 우리를 키운 도덕성이 문제가 될 때에도 기꺼이 정상성(normality)의 변화에 주의를 기울여야 한다. 기존의 도덕관을 확고하게 지키면서 도덕적 문제를 다루기가 어려운 것처럼, 불가피한 생존의 필요성과 지역적 정상성을 동일시하면 인간 사회의 문제를 제대로 다루기가 어렵다.

　어떤 사회도 아직까지 다음 세대에서 새로운 정상성을 만들어내는 방향으로 나아가는 의식적 시도를 하지 않았다. 듀이는 이런 사회적 공학이 가능하긴 하지만 얼마나 어려운지를 지적했다. 왜냐하면 어떤 전통적 제도들은 인간적 고통과 좌절이라는 아주 큰 대가를 치렀기 때문이다. 이 제도가 절대 명령이 아니라 단지 제도로서 우리에게 제시된 것이라고 이해한다면, 우리의 합리적인 과정은 합리적으로 선택된 목적에 연계될 수 있을 것이다. 하지만 우리는 그렇게 하지 않고 낡은 전통을 지키려는 돈키호테를 조롱하면서 우리의 현재 제도가 사태 발전에서 최종적 단계인 것처럼 생각하고 행동한다.

한편, 이런 부류의 정신병자를 치료하는 문제는 흔히 오해를 샀다. 현실 세계와 소외된 사람들에게 현재의 낯선 제도를 받아들이라고 윽박지르는 것보다 더 합리적인 방법이 있다. 이와 관련하여 두 가지 방향이 언제나 가능하다.

첫째, 현 제도에 적응할 수 없는 사람은 자신의 문제를 더욱 객관적으로 파악하고 자신의 일탈을 좀더 침착하게 다루어야 한다. 그가 겪는 고통이 그의 잘못이 아니라 전통적인 관습의 지원 부족 탓이라는 것을 명확히 인식한다면 그는 점점 덜 고통스러운 차도를 보게 될 것이다. 지나친 정서 장애를 느끼는 조울증 환자와 은둔을 선호하는 정신분열병자는 그런 병을 앓지 않는 사람들에 비해 존재의 가치를 더 소중하게 느낄 수도 있다. 사회의 후원을 얻지 못해도 자신의 타고난 미덕을 잘 활용하여 바람직한 행동 노선을 선택할 수 있을 것이고, 그렇게 하면 스스로 만들어낸 개인적 환상의 세계로 도피할 필요가 없을 것이다. 그는 자신의 일탈에 대해 점점 고통을 덜 받고 또 독립적인 태도를 지닐 수 있고, 이런 태도를 바탕으로 하여 적절한 역할을 다하면서 일상생활을 영위해 나갈 수 있을 것이다.

둘째, 환자의 자력갱생에 발맞추어 비정상적인 유형에 대한 사회의 관용이 더욱 커져야 한다. 이 방향에서의 가능성은 무한하다. 전통은 환자 못지않게 신경증적이다. 우발적인 어떤 기준을 정해 놓고 그것에서 벗어날까봐 몹시 두려워하는 사회의 성향은 정신병자의 성향과 별반 다를 바 없다. 사회의 이런 두려움은 공동선을 지키기 위해 어느 정도의 순응을 요구하는 그런 토대에서 나온 게 아니다. 어떤 문화에서는 다른 문화보다 훨씬 더 많은 개인적 일탈을 허용하는데 그렇게 했다고 해서 다른 문화에 비해 더 많은 고통을 겪는 것도 아니다. 미래의 사회 질서는 우리가 겪은 어떤 문화보다 훨씬 더 관용을 많이 베풀고 개인적 차이를 용납하며 격려하리라 본다.

:: 관용의 배제

현대 미국의 경향이 이와는 정반대로 쏠리고 있기 때문에, 우리는 이런 태도가 초래할 변화를 상상하기가 쉽지 않다. 〈미들타운〉은 일반인의 행동이 이웃과 조금만 달라도 두려워하는 도시의 전형적인 사례이다. 남한테 기생(寄生)하는 것보다 괴짜로 낙인찍히는 것이 더 두려움의 대상이다. 가족의 누구라도 이웃과의 일치가 부족하다는 오명을 듣지 않기 위해 엄청 시간과 노력을 들이고 있다. 학생들은 어떤 종류의 양말을 신지 못하고, 어떤 춤 강습에 다니지 못하고, 어떤 차를 운전하지 못한다고 해서 커다란 비극을 느낀다. 남과 다를까봐 두려워하는 마음은 〈미들타운〉을 지배하는 동기이다.

이런 남들 따라하기가 사람들의 정신에 미치는 악영향은 미국의 정신병원들에서 분명하게 확인할 수 있다. 남들 따라하기를 무시하는 사회에서는, 정신병적 그림이 사뭇 다를 것이다. 현대 미국에서 벌어지고 있는 정신병적 비극의 무거운 짐을 다루는 가장 효과적인 방법은, 사회의 관용, 미들타운이나 기타 도시에서 찾아보기 어려운 자존심과 독립심 등의 촉진, 이와 관련된 교육 프로그램의 실시 등이다. 이에 대해서는 아무도 이의를 제기하지 않을 것이다.

물론, 모든 정신병자가 타고난 체질 때문에 소속 문화와 엇나가지는 않을 것이다. 또 다른 대규모 그룹의 사람들은 사회에 적응하라는 요구를 지나치게 받았는데 실제로는 적응하지 못함으로써, 견딜 수 있는 것 이상으로 실패의 고통을 느끼는 사람들이다. 권력에 대한 의지를 가장 높이 평가하는 사회에서 실패자는 체질이 아예 그렇게 생겨먹은 것이 아니라, 단순히 여건이 좋지 않은 사람들일 뿐이다. 열등 콤플렉스는 우리 사회에서 많은 고통을 일으킨다. 이런 유형의 피해자는 타고난 강력한 소질 때문에 좌절을 겪는 그런 역사를 겪어서는 안 된다. 그들의 좌절은 흔히 어떤 목표를 이룩할 수 없다는 사실에서 오는 것이다. 전통적인 목표는 주로 소수의 사람들에게만 접근 가능하다는 점에서도 문화적인 함축이 있다. 성공을 강박적으로 요구하고 또 성공이 소수에게만 주어질 경우, 훨씬 더 많은 사람들은 부적응이라는 극단적인 벌을 받게 되는 것이다.

따라서 어떤 문화가 가치의 목표를 더 높이 설정할수록 비정상으로 치부되는 사람들의 숫자가 늘어날 것이다. 이러한 목표 달성은 더욱 강조될지 모른다. 사회적 태도는 아주 작은 변화라 할지라도 그런 상관관계에 커다란 영향을 미치기 때문이다. 하지만 사회적 관용과 개인적 차이의 인정이 지금껏 적극 시도되지 않았기 때문에 그것(관용하지 않고 차이를 인정하지 않는 것)을 비관하기에는 시기상조인 듯하다. 확실히 우리가 방금 논의한 것과 사뭇 다른 사회적 요소들은 더 많은 신경증 환자와 정신병자를 만들어내고 있다. 문화는 본질을 크게 바꾸지 않고서도 그런 사회적 요소들에 대응할 수 있다. 진정으로 대응하겠다고 마음만 먹으면 말이다.

우리는 사회 적응 능력의 관점에서 개인을 살펴봤다. 이 사회 적응은 임상적으로 정상성을 정의하는 한 가지 방법이다. 또 고정된 징후를 가지고 정상성을 정의하기도 하고, 통계적 평균치를 가지고 정상을 정의하기도 한다. 하지만 그러나 이 평균치는 연구실에서 나온 것일 뿐이다. 그 수치에서 벗어나면 비정상으로 정의하는 것은 문제가 있다.

:: 어떤 문화 타입의 극단적 사례들

단일 문화의 관점에서 볼 때, 이 절차는 대단히 유용하다. 그것은 문명을 임상적으로 묘사하고, 그 사회에서 인정되는 행동에 대하여 중요 정보를 제공한다. 하지만 이것을 절대적 정상이라고 일반화하는 것은 전혀 별개의 문제이다. 우리가 보았듯이, 다양한 문화에서 정상 상태(정상성)의 범위는 일치하지 않는다. 주니 부족과 콰키우틀 부족의 문화는 너무나 다르기 때문에 중복되는 것이 거의 없다. 북서 해안에서 통계적으로 결정된 정상 상태는 푸에블로 부족에게서 극단적인 비정상 범위에 들어갈 것이다. 콰키우틀 부족에서 정상이라고 판정하는 수치는 주니 부족에게 오면 비정상의 극치로 판정될 것이다. 다른 사람을 굴복시키고 잘난 척하는 것을 싫어하는 주니 부족의 전통적 태도는 북서 해안의 귀족 남자에게 얼빠진 바보짓으로 보일 것이다. 어느 문화에서든 비정상적인 행동은 결코 행동의 최소 공통분모와 관련하여 결정될 수 없다. 가장 큰 관심사에 따라, 어떤 사회든 히스테리, 간질, 편집증 증세를 강화할 수 있는 동시에, 사회 운영의 측면에서 점점 더 그런 증세를 보이는 개인들을 지도자로 내세울 수 있다.

정신의학에서 이 사실은 중요하다. 이것은 모든 문화에서 존재하는 또 다른 비정상적 그룹의 존재를 밝혀주기 때문이다. 지역적 문화 유형을 극단적으로 지키려는 사람들이 바로 그런 그룹(비정상적 그룹)이다. 이 그룹은 사회적으로 우리가 논의했던 그룹, 문화적 기준을 맞추지 못하는 사람들과 정반대의 입장에 있다. 사회는 이 그룹(지역적 문화 유형을 극단적으로 지키려는 사람들)의 비리를 폭로하기는커녕 그들의 극단적 탈선을 오히려 뒷받침했다. 그들은 방종에 가까운 자유의 면허를 가지고 있었고 그것을 끝없이 행사했다. 이런 행동을 했는데도 그들은 현대 정신의학에서 말하는 정신병자 취급을 받지 않았다. 그들을 길러낸 세대가 작성한 아주 꼼꼼한 책자에서도 그들의 행위가 제대로 기술되어 있지 않다. 하지만 다른 세대 혹은 다른 문화의 관점에서 볼 때, 그들은 그 시대의 가장 기괴한 정신병자들이었다.

:: 퓨리턴 성직자들과 현대의 성공한 에고이스트들

18세기 뉴잉글랜드의 청교도 성직자는 당시 여론의 관점에서 볼 때 정신병자가 아니었다. 그들만큼 완전한 지성과 감성의 독재를 휘두른, 신망 두터운 그룹은 그 어떤 문화에서도 찾아보기 드물다. 그들은 신의 소리였다. 그러나 현대의 관찰자가 보면, 청교도 시대의 뉴잉글랜드에서 노이로제 환자들은 마녀라는 죄목으로 고문받은 불쌍한 여자들이 아니라, 그 여자들을 사형에 처한 청교도 목사들이었다. 자신의 개종 경험에서 그리고 개종한 사람에게 요구했던 극단적인 죄책감은 온건한 사회의 정신병원에서나 찾아볼 수 있는 증상이다. 그들은 몇 년에 걸쳐 지속적인 자책과 고통으로 희생자를 굴복시켰던 죄를 강요하면서 그것을 깨닫지 못하면 구원을 인정하지 않았다. 목사들은 어린 아이들의 마음에 지옥의 두려움을 집어넣었고, 모든 개종자에게 신이 마음대로 그들을 단죄할 수 있다는 사실을 받아들이라고 윽박질렀다. 그것이 목사의 임무였다. 이 시대의 뉴잉글랜드 청교도 교회의 기록을 뒤져보면 마녀 또는 열 살 미만의 어린이가 구원

되지 못한 사례, 이런 주제를 저주와 운명예정설로 다룬 사례 등이 수두룩하게 나온다. 그 당시의 문화적 교리를 명예롭게 수행한다면서 이런 극단적인 짓을 저지른 목사들은 우리 세대의 약간 바뀐 관점에서 보면 용납할 수 없는 일탈자들이다. 비교 정신의학의 관점에서 볼 때, 그들은 비정상의 범주에 해당한다.

우리 자신의 세대에서도 자화자찬의 에고 강화는 이와 비슷하게 극단적인 형태로 뒷받침되고 있다. 가족이나 법률가나 사업가로서 오만하게 날뛰는 이기주의자들은 소설가와 희극작가들이 거듭 묘사해왔고, 그들은 모든 공동체에서 흔히 발견할 수 있다. 청교도 성직자들처럼, 그들의 행동 양식은 흔히 교도소의 수감자보다 더 반사회적이다. 그들처럼 주위에 고통과 좌절을 퍼뜨리는 자들도 없을 것이다. 그들의 정신은 굉장히 비틀어져 있다. 하지만 그들은 영향력 높고 중요한 지위를 맡고 있고, 대체로 보아 집안의 아버지들이다. 그들이 각자의 자녀와 우리 사회의 구조에 대한 영향력은 엄청난 것이다. 그들은 우리 문명의 모든 신조로부터 지원받기 때문에 정신의학 교과서에서 사례로 등장하지 않는다. 그들은 실제 생활에서 자기 자신을 확신하면서 자기가 사회의 나침반이나 다름없다는 확신을 내보인다. 그래도 미래의 정신의학은 비정상의 유형을 밝히기 위해 소설, 편지, 공공 기록을 샅샅이 뒤질 것이다(이런 자료들이 아니면 그런 비정상을 타당하게 지적해낼 방법이 없다). 모든 사회에서 가장 극단적인 유형의 인간 행동은 문화적으로 격려되고 강화되는 바로 이 그룹의 소행이다.

:: 사회적 상대성은 절망이 아니라 희망의 교리이다

현대의 사회사상은 문화적 상대성을 적절하게 설명하는 것보다 더 중요한 임무가 없을 것이다. 사회학과 심리학의 분야에서 특히 더욱 그러하다. 인간들 사이의 상호 접촉과 변화하는 기준을 다루는 현대 사상은 건전한 과학적 방향이 몹시 필요하다. 그러나 현대인의 복잡한 정신은 기존에 그 필요성을 인정한 작은 영역에서조차도 사회적 상대성을 한심한 이론이라고 생각한다. 그것(현대의 복잡한 정신)은 문화적 상대성은 영구불변과 이상(理想)이라는 정통적 꿈과는 맞지 않는 개념이고, 개인의 자율성과도 일치되지 않는 개념이라고 지적한다. 인간의 경험이 보편성, 항구성, 자율성을 포기한다면, 인간이라는 존재가 공허해진다고 반박한다. 만약 우리의 딜레마를 이런 식으로 해석한다면 그것은 시대착오를 저지르는 게 된다. 그런 해석이 가져올 필연적 문화의 후진이 예상되기 때문에 우리는 새로운 것 속에서 옛것을 다시 발견해야 하고, 새로운 유연성 속에서 오래된 확신과 안정성을 찾아야 한다고 주장하는 것이다. 문화적 상대성을 인정한다는 것은 나름대로 가치가 있고, 그 가치가 반드시 절대주의 철학과 일치해야 할 필요는 없다. 사람들이 문화적 상대성을 비관적으로 바라보는 것은, 그 안에 본질적인 어려움이 있기 때문이 아니라, 그들이 옹호하는 제도를 혼란 속으로 빠뜨릴 것 같기 때문이다. 하지만 새로운 의견(문화적 상대성)을 관습적 신념으로 받아들이자마자, 그것은 선량한 생활의 또 다른 믿음직한 방패가 될 것이다. 그러면 우리는 더 현실적인 사회적 신념에 도달하고, 인류가 생존의 원자재에서 자신을 위해 만들어냈던, 공존하면서도 유효한 삶의 패턴을 희망의 토대와 관용의 새로운 기초로 받아들이게 될 것이다.

문화 인류학을 넘어선 우리 시대의 고전

베네딕트는 문화의 패턴이 다양한 인간 행동의 스펙트럼에서 어떤 가능성을 선택하여 조합하느냐에 따라 달라진다고 말한다. 스펙트럼은 하얀 광선이 프리즘을 통과하면서 파장과 에너지에 따라 분광되어 빨주노초파남보의 일곱 빛깔로 나누어지는 빛의 전 영역을 가리키는 말이다. 어떤 사회에서는 빨간색이 많을 수 있고, 어떤 문화에서는 파란색이 강할 수 있고, 어떤 사회에서는 노란색이 강하게 드러날 수 있다는 것이다. 그녀는 이런 문화의 특징이 언어의 특징과 비슷하다고 말한다. 영어에서 사용되는 50종의 소리는 300~400개에 달하는 음소에서 선택한 것이다. 각 언어는 이런 무한한 소리 중에서 일부를 선택하여 그것만 고집하는데 이렇게 해야 의미를 제대로 전달할 수 있기 때문이다. 언어학이 무수하게 많은 소리들 중 어떤 것들만을 선택하여 활용 음소로 삼는 것처럼, 문화도 인간의 연령대, 자연환경, 인간의 활동 등 다양한 관심사들로 이루어진 커다란 스펙트럼 중에서 어떤 것을 선택하여 패턴을 형성한다. 다시 말해 어떤 문화의 정체성이란 바로 이 스펙트럼의 어떤 부분을 선택하느냐에 따라 결정된다. 음소에 파열음, 폐쇄음, 순음, 치음, 치찰음, 유성음, 무성음, 구음, 비음, 연구개음이 있듯이 문화에도 혼인과 가족, 친족, 사회조직, 경제체계, 정치와 법, 종교, 개인의 인성, 언어, 예술, 환경 등 강조점이 다르게 놓이는 다양한 분야가 있는 것이다. 이런 분야 중 어떤 것에 집중하여 문화가 형성되느냐에 따라서 그 사회의 문화 패턴이 결정된다. 베네딕트는 주니 문화의 경우는 종교 행위에 집중하는 이성적인 아폴로 패턴으로, 도부 족은 의심과 배신의 거래를 강조하는 편집병적 패턴으로, 콰키우틀 족은 재산과 부의 이용과 관련하여 과대망상적인 디오니소스의 패턴을 갖고 있다고 진단한다.

그녀는 또한 문화는 인성의 확대(personality writ large)라는 말을 사용하여 심리적 접근을 강조하고 있으며, 문화의 일탈과 관련하여 편집증, 과대망상 같은 정신의학 용어를 사용하여 의학적 접근도 시도하고 있다. 하지만 그녀는 문화가 심리학이나 의학 혹은 생물학의 틀 내에서만 이루어지는 것이라고 보지 않았다. 오히려 개별 문화를 민족지학적 관점에서 꼼꼼하게 기록함으로써, 이론보다는 실제 행동의 관찰과 분석을 중시했다. 실제로 문화와 인성, 국민성 연구 등 일부 전제 조건들은 오늘날 폐기되었다. 그러나 베네딕트가 깊은 관심을 기울였던 신화, 상징, 스토리텔링(이야기하기), 문화적 패턴, 문화와 개인의 관계 등은 민속학과 문화학 분야에 크게 기여했다.

베네딕트는 이 책에서 다양한 문화가 존재하고 또 앞으로도 존재할 수 있음을 보여주고 있다. 그 다양성을 스토리텔링이라는 수법에 의존하여 생생하게 제시하고 있다. 사실 베네딕트의 또 다른 저서 『국화와 칼』을 읽어본 독자들은 알겠지만, 그녀의 책에는 이야기의 요소가 아주 강하다. 먼저 이론을 제기하는 것이 아니라, 어떤 객관적 사실들(주로 인간의 행동들)을 제시하고 거기서 자연스럽게 이론을 도출하고 있다. 물론 그녀가 제시한 사실들을 다르게 배열하면 그에 따라 이론도 달라질 수 있겠지만(후대의 베네딕트 비평가들은 주로 사실의 배열을 문제 삼았다), 책을 읽는 독자의 입장에서 보자면 그 스토리텔링이 너무나 핍진하다는 느낌을 주는 것이다.

이 책에 제시된 세 부족의 사례는 프란츠 보아스가 추천사에서 "극단적 사례"라고 언급할 만큼 아주 흥미진진한 내용이다. 그러나 이야기는 기존에 나온 것들과는 뭔가 달라야 읽을 맛이 나는 것이다. 이미 다 알고 있는 얘기를 중언부언하면 독자는 따분함만을 느낄 뿐이다. 세 부족 중 도부 족은 멜라네시아에 거주했기 때문에 아메리카 대륙의 인디언과 교류가 없었던 부족이다. 또 콰키우틀 족과 주니 족의 거주지는 같은 아메리카 대륙이라도 하나는 북부이고 다른 하나는 남부이기 때문에 지역적으로 상당한 거리가 있다. 그러나 이 세 부족의 생생한 사례 보고를 읽어보면 인간의 대인 관계가 도부 – 콰키우틀 – 주니 족의 순으로 진화해 왔겠구나 하는 느낌을 갖게 된다.

문화인류학에서는 사유재산을 섹스와 거의 같은 수준의 본능으로 간주하는데, 이 사유재산을 두고 벌어지는 인간관계가 도부는 적대적 관계, 콰키우틀은 거래적 관계, 주니 족은 협동적 관계를 보여준다. 그런데 이 세 부족의 민족지학이 그들만의 원시적 이야기로 그치는 것이 아니라 좀더 심원한 것을 가리키고 있다. 『맹자』의 「진심하장」에는 근이지원(近而指遠 : 글을 잘 쓰려면 가까운 것을 가지고 먼 것을 가리켜야 한다)이라는 말이 나오는데, 베네딕트는 세 개 원시부족 이야기를 아주 쉽게 풀어나가고 있으나 실은 더 심각한 문제, 즉 미국 사회, 더 나아가 서양 문명의 여러 행태를 예리하게 비판하고 있다.

가령 주니 족의 의례 중심주의는 서양의 기독교 중심주의에 대한 비판이 되고, 콰키우틀 족의 포틀래치는 서양의 경제 제도에 대한 통렬한 패러디가 된다. 또한 도부 족의 주술사는 서양 중세의 마녀사냥이나 미국 청교도의 지나친 엄숙주의에 대한 간접 공격이다. 특히 서양의 경제 제도에 빗대어 콰키우틀 족이 일상생활에 필요한 재화를 생산하여 그 욕구를 충족시키는 것이 아니라 재산을 축적하고 과시의 기회를 늘리는 데 지나치게 집중한다고 비판한다.

또한 이 책은 베네딕트의 생애와 관련하여 자기지칭성의 측면을 강하게 갖추고 있다. 가령 제7장에 나오는 다음과 같은 말은, 교사와 도서관 사서 등으로 근무하면서 힘겹게 두 딸을 키우면서 툭하면 "내가 너희들 때문에 이 고생을 한다"고 했다는 저자의 어머니를 연상시킨다.

자녀에 대한 우리의 위압적 태도는 똑같이 이런 문화적 목적의 증거이다. 우리의 자녀들은 어떤 원시 사회에서처럼 아무 의식 없이 어렸을 때부터 권리와 취향을 존경받는 개인이 아니라, 부모의 개인 재산처럼 경우에 따라 부모가 복종시키고 또 자랑스럽게 여기는 특별한 채무 사항이다. 그들은 근본적으로 부모 자아의 확장이고, 권위를 과시하는 특별한 기회이다.(제7장)

또 사회의 일탈자들을 향한 이런 조언도 있다.

현 제도에 적응할 수 없는 사람은 자신의 문제를 더욱 객관적으로 파악하고 자신의 일탈을 좀더 침착하게 다루어야 한다. 그가 겪는 고통이 그의 잘못이 아니라 전통적인 관습의 지원 부족 탓이라는 것을 명확히 인식한다면 그는 점점 덜 고통스러운 차도를 보게 될 것이다…… 그는 자신의 일탈에 대해 점점 고통을 덜받고 또 독립적인 태도를 지닐 수 있고 이런 태도를 바탕으로 하여 적절한 역할을 다하면서 일상생활을 영위해 나갈 수 있을 것이다.(제8장)

이것은 소외된 자들에 대한 조언이지만 실은 그녀 자신을 위한 조언이기도 하다. 베네딕트 자신이 평생 일탈자의 삶을 살았다. 어릴 적에는 조울증을 앓았고 성 정체성과 관련하여 심한 갈등을 겪었으며, 나중에 결혼해서는 전업주부를 바라는 남편의 뜻을 거부했기 때문에 결혼생활에 소외감을 느꼈

401

고, 남성 중심의 대학 사회에서는 여성이라고 차별 대우를 받았으며, 레즈비언이라는 성적 정체성 때문에 심한 제약을 받았다. 베네딕트는 이런 불리한 상황 아래서 자신의 독립적 태도를 유지하는 방편으로 인류학 연구를 선택했다. 그녀는 문화가 사회 내의 "비정상적" 개인을 규정한다고 진단하면서 자신의 개성은 그저 개성일 뿐 비정상과는 거리가 멀다고 확신하게 되었다. 남편에게 반발하는 여자, 레즈비언의 성 정체성을 가진 여자, 남성 우위의 대학 사회에 저항하는 여자, 사회 개혁을 원하는 여자로 평생을 일관해온 베네딕트의 일생은 본인 자신이 직접 그렇게 말하지는 않았지만 페미니스트의 한평생이었다. 따라서 현대의 레즈비언과 게이 인류학자 협회(SOLGA : 미국 인류학회의 공식 지부)가 베네딕트를 사상적 대모로 여기는 것은 그리 놀라운 일도 아니다.

위에서 그녀의 책에 대한 비판은 주로 사실의 배열에 대한 비판이라고 했는데 가령 멜빌 허스코비츠는 "콰키우틀 족의 주된 동기는 사회적 위신을 무제한적으로 추가하고 일단 획득한 것은 끝까지 지키는 것이었고 그런 위신을 잃으면 엄청난 열등감과 수치감을 느꼈다. 이러한 경향은 너무나 현저하여 친밀한 가족생활 내에서 나타나는 화기애애한 측면은 쉽게 무시되어 버린다"라는 보아스의 말을 인용하면서, 베네딕트는 이 부족의 편집증적인 행태만 묘사하고 있다고 지적했다. 이러한 지적은 베네딕트의 동료이며 연인이었던 마거릿 미드의 『세 부족 사회의 성과 기질』(1935)에서도 거론된 것으로, 세 부족의 민족지학에 대해서도 미드가 사실을 임의적으로 추출했다는 비난이 퍼부어졌다. 그러나 어떤 부족의 생활상을 완전 순수의 눈으로 기술한다는 것은 불가능한 일이다. 게다가 베네딕트는 이 책의 제7장에서 콰키우틀 족의 가정생활은 단란했다는 점을 분명히 기술하고 있다. 또 주니 족에도 종교 집중적인 인물만 있는 게 아니라 쾌활하고 현세적인 성격을 가진 인물이 있음을 거론했고, 도부 족에도 아내와 이웃을 의심하는 남자만 있는 게 아니라 아내와 누이에게 다정하고 이웃의 일을 자기 일보다 더 소중하게 여기는 남자도 있음을 언급했다.

문화인류학의 연구 목적은 대체로 보아 인류의 역사를 복원하고, 문화의 원리를 발견하고, 인종 편견을 소멸시키고, 원시부족을 개화시키고, 문명 민족 내의 야만적 풍습을 제거하고, 같은 나라 안에서 사는 여러 민족을 동화시키는 것이다. 『문화의 패턴』은 이러한 목적에 잘 봉사하고 있다. 베네딕트가 사회의 다양성을 인정하고 서로 관용해야 한다는 주장은 21세기의 지금 이 세계에서도 그대로 유효하다. 이 책을 읽으면 섹스, 결혼, 친족, 사유재산, 사회단체, 예술 등 문화 인류학의 여러 주제들을 생생하게 느껴볼 수 있다. 설사 문화인류학에 관심이 없더라도 세 부족의 사례는 읽는 이에게 인간이라는 존재를 곰곰 생각하게 한다.

베네딕트는 세 부족을 독립된 문화의 패턴으로 제시하고 있으나, 도부 족 같은 의심, 콰키우틀 같은 과시, 주니 족 같은 달관이 현대인에게는 셋이면서 하나로 종합되어 있는 것이 아닌가 하는 느낌도 든다. 가령, 현대인은 어떤 때는 의심에 빠지고, 어떤 때는 과시를 하는가 하면, 어떤 때는 달관의 태도를 보이는 그런 모순적인 존재이다. 만약 자신이 의심을 많이 하는 현대인이라고 생각된다면, 베네딕트의 가르침대로 (그렇게 의심이 많게 된 것은 본인의 성격이라기보다 문화적 조건화에 의한 것이므로) 본인의 노력에 따라 얼마든지 바꿀 수 있다. 이러한 노력은 개인의 차원뿐만 아니라 사회의 차원으로 확대되어 나가는 것이 바람직하다고 베네딕트는 주장하고 있다.

지금까지 설명해 온 문화인류학의 이론을 아는 것도 좋겠지만, 그보다는 이야기의 측면에서 한번 읽어볼 만한 책이다. 이 책은 총 8장으로 구성되어 있으나 순서 무시하고 도부 족(제5장), 콰키우틀 족(제6장), 주니 족(제4장)의 민족지학 자료를 먼저 읽어볼 것을 권한다. 이 석 장에 제시된 흥미진진한 이야기를 읽고 그들은 왜 이렇게 행동할까 하는 의문을 갖게 되면 자연스럽게 나머지 이론을 다룬 다섯 장을 마저 읽게 될 것이다. 고대 로마의 시인 호라티우스는 "엄마도 예쁘지만 딸은 더 예뻐(matre pulchra filia pulchrior)"라는 명구를 남겼는데, 베네딕트의 이론 도출도 훌륭하지만 그 이론을 뒷받침하는 이야기가 더 훌륭하다. 따지고 보면 세 부족의 생명력 넘치는 이야기 때문에 이 책은 발간 후 70년이 지난 지금에도 전 세계 독자의 사랑을 받고 있는 것이다.

참고문헌

제1장

44   Itard, Jean-Marc-Gaspard, *The Wild Boy of Aveyron*, translated by George and Muriel Humphrey, New York, 1932.
     이런 아이들 중 일부는 정상 이하의 수준이고 그 때문에 버려졌을 가능성이 있다. 하지만 그들 모두가 정상 이하일 가능성은 거의 없다. 하지만 모든 아이들이 관찰자에게 팔푼이처럼 보였다.

48   Boas, Franz. *Anthropology and Modern Life*, 18-100. New York, 1932.

제2장

61   위기 의례로서의 사춘기 의식에 대한 분석으로는 Van Gennep, Arnold. *Les Rites de Passage*. Paris, 1909.

67   Mead, Margaret. *Coming of Age in Samoa*. New York, 1928.

72   Howitt, A. W. *The Native Tribes of South-East Australia*. New York, 1904.

79   Benedict, Ruth. The Concept of the Guardian Spirit in North America. *Memoirs of the American Anthropological Association*, no. 29, 1923.

제3장

94   Malinowski, Bronislaw. *The Sexual Life of Savages*, London, 1929; *Argonauts of the Western Pacific*, London, 1922; *Crime and Custom in Savage Society*, London, 1926; *Sex and Repression in Savage Society*, London, 1927; *Myth in Primitive Psychology*, New York, 1926.

Stern, Wilhelm. *Die differentielle Psychologie in ihren Grundlagen*. Leipzig, 1921.

95　Worringer, Wilhelm. *Form in Gothic*. London, 1927.

Koffka, Kurt. *The Growth of the Mind*. New York, 1927.

Köhler, Wilhelm. *Gestalt Psychology*. New York, 1929.

게슈탈트 학파의 업적 요약을 위해서는 다음 자료를 볼 것. Murphy, Gardner, *Approaches to Personality*, 3-36, New York, 1932.

97　Dilthey, Wilhelm. *Gosammelte Schriften*, Band 2; 8. Leipzig, 1914-31.

Spengler, Oswald. *The Decline of the West*. New York, 1927-28.

제4장

105　전통적인 Zuñi 표기는 n자 위에 물결 모양이 있는데 이것은 사람을 헷갈리게 하기 쉽다. 이 ñ자는 영어의 n자와 똑같이 발음된다.

다음은 주니 족에 대한 참고문헌을 선별적으로 제시한 것이다. 이 장에서의 인용 표기는 이 리스트의 번호를 따랐다.

Benedict, Ruth.

1.Zuñi Mythology. *Columbia University Contributions to Anthropology*, 2 vol., XXI. New York, 1934.

2. Psychological Types in the Cultures of the Southwest. *Proceedings of the Twenty-Third International Congress of Americanists*, 572-81. New York, 1928.

Bunzel, Ruth L.

1. Introduction to Zuñi Ceremonialism. *Forty-Seventh Annual Report of the Bureau of American Ethnology*, 467-544. Washington, 1932.

2. Zuñi Ritual Poetry. *Ibid.* 611-835.

3. Zuñi Katchinas. *Ibid.* 837-1086.

4. Zuñi Texts. *Publications of the American Ethnological Society*, XV. New York, 1933.

Cushing, Frank Hamilton.

1. Outlines of Zuñi Creation Myths. *Thirteenth Annual Report of the Bureau of American Ethnology*. Washington, 1926.

2. Zuñi Folk Tales. New York, 1901.

3. My Experiences in Zuñi. *The Century Magazine*, n.s. 3, 4, 1888.

4. Zuñi Breadstuffs. *Publications of the Museum of the American*

Indian, Heye Foundation, VIII. New York, 1920.

5. Zuñi Fetishes. *Second Annual Report of the Bureau of American Ethnology.* Washington, 1883.

Kroeber, A. L. Zuñi Kin and Clan. *Anthropological Papers of the American Museum of Natural History*, vol. XVIII, part 2. New York, 1917.

Parsons, Elsie Clews. Notes on Zuñi, I and II. *Memoirs of the American Anthropological Association*, vol. 4, no. 3, 1927.

Stevenson, Matilda Cox.

1. The Zuñi Indians. *Twenty-Third Annual Report of the Bureau of American Ethnology.* Washington, 1904.

2. The Religious Life of the Zuñi Child. *Ibid.*, V. Washington, 1887.

106   Kidder, A. V. *Southwest Archaology.* Yale University Press. New Haven, 1934.

111   주니의 의례 기도문은 Bunzel 2에 기록되어 있다.

112   Bunzel 2:626.

113   Bunzel 2:689.

114   Bunzel 2:645;2:716.

115   Bunzel 2:666-67.
       Bunzel, 1 and 3.

120   Stevenson 1:94-107.

125   *Ibid.* 407-576.

128   배우자와 헤어진 데 대하여 주니 족이 온화하게 행동하는 데 대해서는 이 책의 p.172을 볼 것. 그 아래에 두 여인의 주먹 싸움 얘기도 나온다.

134   Nietzshe, Friedrich. *The Birth of Tragedy.* New York, 1924.

135   'Measure in the Hellenic sense,' *ibid.* 40.
       'And retains his civic name,' *ibid.* 68.

138   Benedict, Ruth. The Vision in Plains Culture. *American Anthropologist*, n.s. 24;1-23. 1922.

142   Reo F. Fortune. Secret Societies of the Omaha. *Columbia University Contributions to Anthropology*, XII. New York, 1932.
       Benedict 1.

144   Lewin, Louis. Weber Anhalonium Lewinii und andere Cacteen. Zweite Mitteilung. *Separatdruck aus dem Archiv für experimentelle Pathologie und Pharmakologie*, Bd. XXXIV. Leipzig, 1894.

Wagner, Günther. Entwicklung und Verbreitung des Peyote-Kultes. *Baessler Archiv*, 15:59-144. Hamburg, 1931.

145 Benedict 2.
인용문은 Bunzel 1:482.

147 Stevenson, *Thirtieth Report of the Bureau of American Ethnology*, 89.

150 선인장 입회식에 대해서는 Cushing 3 (vol. 4):31-32.
화염 입회식에 대해서는 *ibid*. 30-31; Stevenson 1:526.

153 D. H. Lawrence. *Mornings in Mexico*, 109-10. New York, 1928.

154 제단에서의 코라 춤에 대해서는 다음 자료 참조. Preuss, K.T. *Die Nayarit Expedition*, 55. Leipzig, 1912.
호피 춤에 대해서는 Voth, H.R. Oraibi Summer Snake Ceremony. *Field Columbian Museum Publicaiton*, no. 83, 299. Chicago, 1903.

160 Bunzel 1:480.

164 Malinowski, B. *Sex and Repression in Primitive Society*, 74-82. New York, 1927.

166 Junod, Henri A. *Story of a South African Tribe*, I:73-92. Neuchâtel, 1912. 묘사문은 바통가 족에 관한 것이다.

168 이 민담은 베네딕트 1, vol.II에 들어 있는데 1850년경에 발생한 사건을 바탕으로 한 것이다. 그 집안의 딸이 얘기해준 것이다. Bunzel 4:35-38

171 질투의 문화적 토론에 대해서는 다음 자료를 볼 것.
Mead, Margaret, Jealousy, Primitive and Modern. In *Woman's Coming of Age*, edited by S. D. Schmalhausen and V. F. Calverton. New York, 1931.

175-176 Parsons, Elsie Clews. Isleta, New Mexico. *Forty-Seventh Annual Report of the Bureau of American Ethnology*, 248-50: and Goldfrank, Esther Schiff, MS.

177 죽은 아내에 대한 기도는 Bunzel 2:632를 볼 것.
평원지역에서의 장례식은 다음 자료를 볼 것.
Grinnell, George Bird. *The Cheyenne Indians*, II. Yale University Press, 1923:162.

178 무덤을 떠나지 않으려는 유족의 태도에 대해서는, *ibid*, II:162.
무덤을 계속 방문하는 것에 대해서는 다음 자료를 볼 것.
Donaldson, Thomas. The George Catlin Indian Gallery in the U. S. National Museum, 277. (Smithsonian Institution), *Report of the Board of Regents of the Smithsonian Institution to July*, 1885, Part V.

Washington, 1886.

다코다 부족의 장례식에 대해서는 Deloria, Ella, MS.

인용문은 데니그에게서 나온 것. Edwin T. The Assiniboine, 573. *Forty - Sixth Annual Report of the Bureau of American Ethnology.* Washington, 1930.

180 일탈자의 토론에 대해서는 아래 7장을 볼 것.

181 2:679-83.

184 Grinnell, George Bird. *The Cheyenne Indians*, II:8-22. New Haven, 1923.

머리가죽 춤에서의 광대에 대해서는, *ibid.* 39-44.

187 Benedict 1.

190 Bourke, John J. Notes on the Cosmology and Theogony of the Mojave Indians of the Rio Grande, Arizona, 175. *Journal of American Folklore*, II (1889), 169-89.

193 호피족의 다산성 상징에 대해서는 Haeberlin, H.K.를 볼 것.

The Idea of Fertilization in the Culture of the Pueblo Indians, 37-46. *Memoirs of the American Anthropological Association,* III, no. 1, 1916.

194 페루의 남자와 여자의 달리기 시합에 관해서는 다음 자료를 볼 것.

Arriaga, P. J., *Extirpacion de la Idolatria del Peru,* 36, Lima, 1621.

196 주니 족을 잘못 해석한 극단적 사례에 대해서는 Parsons, Elsie Clews, Winter and Summer Dance Series in Zuñi in 1918, 199. *University of California Publications in American Archaology and Ethnology*, 17, no. 3, 1922.

Cushing, 1:379-81.

197 "애정 어린 훈육 조치"는 번즐 박사의 말임. Bunzel 3:846.

198 인용문은 Bunzel 1:486;497.

200 주니 족의 체념 결핍에 관한 인용문은 Bunzel 1:486.

이 의례의 축약은 Bunzel 2: 784; 646; 807-08 참조.

제5장

203 이 장은 Reo F. Fortune의 현장 연구서인 *The Sorcerer of Dobu*, New York, 1932를 바탕으로 한 것이다. 이 장은 포춘 박사의 연구서를 축약한 것이라 할 수 있다. 책을 쉽게 찾아보게 하기 위하여 특별한 사항들에

대해서는 페이지를 제시했다.

212 도부 족의 토템에 대해서는 Fortune 30-36.

216 마누 족의 혼인제도에 대해서는 Mead, Margaret. *Growing up in New Guinea*. New York, 1930.

222 인용문은 Fortune 16.

224 텃밭 의례에 대해서는 Fortune 106-31.

228 여기에 제시한 설명은 축약된 것이다. Fortune 139-40.

233 바다에 대해서는 Fortune 158-64, 비교 자료는 284-27.

235 Malinowski, Bronislaw. *Argonauts of the Western Pacific*. London, 1922.
　　쿨라의 경제적 배경은 Fortune 200-10.

241 Fortune 216-17.

243 배우자 죽음에 따른 장례 절차에 대해서는 Fortune 11; 57; 194.

247 인용문의 근거는 Fortune II.

250-251 Fortune 197-200.

252 장례식의 심술궂은 의심에 대해서는 Fortune 23; 170.

252 얌에 대한 이런 태도에 대해서는 Fortune 222.

256 Fortune 78.

257 Fortune 85.

258 Fortune 109.

제6장

261 다음은 콰키우틀 족에 대한 Franz Boas의 선별된 저작이다.

　　1. The Social Organization and Secret Societies of the Kwakiutl Indians, *Report of the U.S. National Museum for 1895*, 311-738. Washington, 1897.

　　2. Kwakiutl Texts, by Franz Boas and George Hunt. *The Jesup North Pacific Expedition*, III, *Memoir of the American Museum of Natural History*. New York, 1905.

　　3. Ethnology of the Kwakiutl, 2 vols. *Thirty-Fifth Annual Report of the Bureau of American Ethnology*. Washington, 1921.

　　4. Contributions to the Ethnology of the Kwakiutl. *Columbia University Contributions to Anthropology*, III. New York, 1925.

　　5. The Religion of the Kwakiutl Indians, vol. II. *Columbia*

University Contributions to Anthropology, X. New York, 1930.

263   비밀 단체의 행위에 대해서는 Boas 1.

264   Boas 1:466.
       Ibid. 513;467.

266   *Ibid.* 459.

267   식인회의 춤에 대해서는 *ibid.* 437-62;500-44.

271   엑소시즘, Boas 3:1173.

280   벨라 쿨라 족의 동족혼에 대해서는 다음 자료 참조.
       Boas, Franz. The Mythology of the Bella Coola Indians, 125. *Publications of the Jesup North Pacific Expedition* 1, 25-127, *Memoirs of the American Museum of Natural History.* New York, 1898.

281   "우리는 재산을 가지고 싸운다." Boas 1:571.

282-283   Boas 3:1291;1290;848;857;1281.

285   Ibid. 1288;1290;1283;1291.

289   Boas 1:622.

290-291   *Ibid.* 346-53.

292-293   Hunt, George, The Rival Chiefs. *Boas Anniversary Volume*, 108-36. New York, 1906.

296   Boas 3:744.
       Boas 1:581.

298   Boas 4:165-229.

300   Boas 1:359 ff.;421 ff.

302   *Ibid.* 422.

304   *Ibid.* 424. 혼인에 의한 경쟁에 대해서는 *ibid.* 473.

305   Boas 3:1030.

306   Boas 1:366.

307   Boas 3:1075.
       Boas 3:1110-17.

308   Boas 2:441 etc.

309   "정령의 명령에 따라." Boas 3:740.
       샤먼의 특권 증명에 대해서는 Boas 5:18, 30.

310   경쟁자 샤먼을 죽이는 데 대해서는 Boas 5:31-33.

312   샤먼의 첩자에 대해서는 Boas 5:15:270.
       Ibid. 277-288.

313 *Ibid.* 271.

314 뒤집어진 카누에 대해서는 Boas 4:133.
부서진 식인 가면에 대해서는 Boas 1:600.
알거지 된 노름꾼에 대해서는 Boas 2:104.

315 "광기가 발생한." Boas 2:104.
이 머리가죽 사냥에 대해서는 Boas 3:385.
Ibid. 1363.

317 Boas MS

319 Boas 3:1093-1104.

322 Mayne 인용문. Boas, F., Tsimshian Mythology, 545. *Thirty-Fifth Annual Report of the Bureau of American Ethnology.* Washington, 1916.
Boas 1:394.

제7장

335 Durkheim, Émile. Les Règles de la méthode sociologique. 6th edition. Paris, 1912.
Kroeber, A. L. The Superorganic. *American Anthropologist,* n.s., XIX (1917), 163-213.
이 문제의 자세한 논의 사항에 대해서는 Folsom,J.R. *Social Psychology,* 296 ff.New York, 1931.
집단 오류를 비난한 것에 대해서는 Allport F. H. *Social Psychology.* Boston, 1924.

336 Rivers, W. H. R. Sociology and Psychology, in *Psychology and Ethnology.* London, 1926.

341 Murphy, Gardner. *Experimental Psychology,* 375.

346-347 Boas 5:202; Boas 3:1309. 앞 장(6장)의 첫 부분에 제시한 보아스의 선별 저서 참조.

350 Westermarck, E. A. *History of Human Marriage.* 3 vols. 5th edition. London, 1921.

제8장

363 Sumner, William Graham. *Folkways.* Boston, 1907.

367 Jones, William. Mortuary Observance and the Adoption Rites of the

Algonkin Foxes of Iowa, 271-77. *Quinzième Congrès International des Américanistes,* 273-77. Quebec, 1907.

368　평원 부족의 장례 절차에 대해서는 위의 책 p.282를 볼 것.

373　Fortune, R. F. *Sorcerers of Dobu,* 54. New York, 1932.

376　주니 족에서 벌어진 이 검은 주술에 대한 원주민의 이야기는 다음 자료 참조.
　　　Bunzel, Ruth L. *Publications of the American Ethnological Society,* XV:44-52. New York, 1933.

376　주니 족의 베르다슈(동성애자)에 대해서는 다음 자료 참조.
　　　Parsons, Elsie Clews. The Zuñi Ĺámana. *American Anthropologist,* n.s. 18 (1916), 521-28.
　　　For Mrs. Stevenson's description of We-wha, Stevenson, Mathilda C. The Zuñi Indians. *Twenty-Third Annual Report of the Bureau of American Ethnology,* 37;310-331;374.

378　Deloria, Ella, MS.

379-385　From Benedict, Ruth. Culture and the Abnormal. *Journal of General Psychology,* 1934, I, 60-64.

380　Dixon, Roland B. The Shasta. *Bulletin of the American Museum of Natural History,* XVII:381-498. New York, 1907.

381　간편한 요약을 위해서는 다음 자료 참조.
　　　Czaplicka, M. A. *Aboriginal Siberia.* Oxford, 1914.

383　Callaway, Canon H. Religious System of the Amazulu. *Publications of the Folklore Society,* XV:259 ff. London, 1884.

386　Sapir, E., in *Journal of Abnormal and Social Psychology,* XXVII (1932), 241.

387　Dewey, John. *Human Nature and Conduct.* New York, 1922.

389　Lynd, Robert and Helen. *Middletown.* New York, 1929.

395　May Sinclair의 장편소설이나 체호프의 단편 소설에는 이런 개인들이 단골 주제로 나온다.

찾아보기

니체, 프리드리히   134, 135

[ㄷ]
다코다 족   179
답례 지불금   275, 279, 302, 305, 306
도부 족   203, 204, 211, 213, 214, 219, 234, 325, 344, 345, 349, 352, 360, 366, 370, 371
돈키호테   386, 388
동성애   375, 378
뒤르켐, 에밀   335
듀이, 존   31
디거 부족   56
디거 인디언   55
디오니소스   136, 137, 191, 192, 194, 267, 269, 271, 272
디오니소스적 경향   143
디오니소스적 문화   183, 264
디오니소스적 반응   368
디오니소스적 사회   190
디오니소스적 태도   179
디오니소스적 행동   337, 339
디오니소스 형 인간   134
딜타이, 빌헬름   97

[ㄱ]
가면신   61, 109, 117, 120, 121, 123, 162
갤러웨이, 캐넌   382
게슈탈트 심리학   96
겨울 의식   267, 294, 319
겨울 춤   269
곰 회   278
『공화국』   375
근친혼   71

[ㄴ]
나바호 아파치 족   107
나바호 인디언   168
난디 부족   63
내관 심리학   95
노르딕 족   48
누트카 족   295
뉴기니 부족   30

[ㄹ]

라스무센 69

로렌스, D.H 153

로위, 로버트 371

루이스 140

룸펠스틸헨 219

리버스, W.H 336

린네 44

[ㅁ]

마기주의자 99

마누 족 215

마니투 155

마이두 족 152

마조히즘 355

말리노프스키, 브로니슬라프 94, 164, 235, 203

멜라네시아 부족 362

모하비 족 190

미데위인 회 190

미드, 마거릿 67

미들타운 357, 389

미션 인디언 69

[ㅂ]

바다 디아크 족 29

바보회 278, 279

번즐, 루스 L 117, 121, 161

베르다슈 138, 184, 376, 377, 378

벨라 쿨라 족 280

부시 족 38

브리티시컬럼비아 63, 65, 79, 80, 81, 326, 327

블레이크, 윌리엄 134

비교 종교학 40, 360

[ㅅ]

사디즘 355

사춘기 61, 66, 67

사피어, 에드워드 386

샤머니즘 156, 159, 311, 313

샤스타 족 84, 379

샤이엔 족 185

샬라코 117, 124, 132

『서구의 몰락』 97

선인장 회 150

섬너, 윌리엄 363

성인식 61~65, 79, 80, 90, 165, 166, 306

세르반테스 386

세일리시 부족 329

셈 어 47

쇼쇼니 족 190, 339

수 족 340

수수 207, 210~213, 215, 216, 245, 246

슈펭글러, 오스발트 97~101

시베리아 강령회 382

시베리아 샤먼 382

식인 춤꾼 267

식인회 269, 278, 279, 302, 315

실험 심리학 95, 341

[ㅇ]

아메리칸 인디언 80, 146, 165, 264, 363, 376

아스텍 족 68, 142, 339

아코마 족 108

아타바스칸 족 340

아파치 족 66, 165, 172

아폴로 문화 339

아폴로 형 100, 135, 136

아폴로적 관습 185

아폴로적 인생관 99

아폴로적 태도 179

아폴로적 특징 344

알곤킨 인디언 367

알곤킨 족 340

애니미즘 336

애컬레이드 166

앵글로 색슨 족 42, 85

얌 209, 216, 220, 222~225, 237, 246, 258, 345

에스키모 48, 69, 367

에스키모 문화 387

엑소 시즘 122, 151, 230, 231, 271, 272

오리겐 86

오세이지 족 80, 82

오이디푸스 콤플렉스 164

올포트, 고든 335

와부와부 241

웨스터마크, 에드워드 350, 351

유토피아주의 54

이로쿼이 인디언 52

이집트적 인생관 99

인류학 29, 33, 43, 70, 92, 72

[ㅈ]

주니 족 108, 110, 111, 114, 116~118, 120, 124, 127, 131, 149, 152, 157, 160, 161, 164~ 166, 168, 174, 177, 186, 194~

198, 202, 220, 325, 331, 339, 342, 355, 357, 366, 373, 374, 376~378, 392,
주술의 집단 117, 125, 126
줄루 족 382

[ㅋ]
카산드라 156
카이오와 부족 339
카치나 120, 122~125, 157, 162, 168
캐리어 인디언 부족 65, 66
코스키모 부족 297
코페르니쿠스 33
콰키우틀 292
콰키우틀 부족 263, 266, 267, 269, 270, 273, 276, 278, 281, 282, 287, 289, 297, 311~313, 315, 318, 319, 325, 329~342, 344~348, 352, 353, 355~357, 360, 369, 392
쿠르나이 족 72, 73, 74
쿠싱, 프랭크 해밀턴 196
쿨라 235~240, 242, 243, 258, 345
크로 부족 372

크로 인디언 158, 159, 371
크로버, 앨프레드 335
클라크 140
키바 121, 154, 161, 162, 168, 107, 123, 180

[ㅌ]
타오스 부족 148
테와 족 339
토테미즘 82
트로브리안드 94, 203, 204, 241, 244
트로브리안드 부족 164, 208

[ㅍ]
파우스트 98, 100
파우스트 형 인간 99, 101
파우스트적 인생관 99
페요테 143, 144, 148
평원 문화 343
평원 인디언 138, 158, 159, 160, 177, 185, 187, 343, 368, 374
포춘, 레오 222, 232, 243, 255
포틀래치 262, 276~279, 285, 287~290, 296, 298~300, 307, 313, 315

폴리네시아 인종 36

푸에블로 78, 79, 108, 109

푸에블로 문화 333, 350, 366

푸에블로 부족 106, 107, 134,
 135, 145~148, 150, 151, 154,
 160, 164, 172, 174, 179, 189,
 200, 264, 272, 338, 339, 349~
 351, 366, 368, 369, 392

푸에블로 인디언 105, 131

프레데릭 대제 97

프로크루스테스 331

플라톤 375, 376

피그미 족 39

피마 족 143, 183, 190

[ㅎ]

햄 어 47

헤드헌팅 88

헬레니즘 135

호모 페루스 44

호피 족 108, 154, 155, 339

『황금 가지』 90